U0872670

中国旅游协会温泉旅游分会推荐教材

张 越◎总主编

新编 旅游大类专业精品教材

温泉旅游概论

李鹏◎主编

北京·旅游教育出版社

图书在版编目（CIP）数据

温泉旅游概论 / 李鹏主编. -- 北京 : 旅游教育出版社，2022.1（2025.12重印）
新编旅游大类专业精品教材
ISBN 978-7-5637-4365-0

Ⅰ. ①温… Ⅱ. ①李… Ⅲ. ①温泉－旅游－教材 Ⅳ. ①F590.7

中国版本图书馆CIP数据核字(2022)第009282号

新编旅游大类专业精品教材
温泉旅游概论
李鹏　主编

责任编辑	巨瑛梅
出版单位	旅游教育出版社
地　　址	北京市朝阳区定福庄南里 1 号
邮　　编	100024
发行电话	（010）65778403　65728372　65767462（传真）
本社网址	www.tepcb.com
E - mail	tepfx@163.com
排版单位	北京旅教文化传播有限公司
印刷单位	唐山玺诚印务有限公司
经销单位	新华书店
开　　本	787 毫米 × 1092 毫米　1/16
印　　张	18
字　　数	309 千字
版　　次	2022 年 1 月第 1 版
印　　次	2025 年 12 月第 2 次印刷
定　　价	58.00 元

（图书如有装订差错请与发行部联系）

编 委 会

‖前　言‖

温泉旅游近几十年在中国的蓬勃发展是对中国旅游业进入后观光时代的典型回应。中国温泉旅游开发的广度与深度都是前所未有的。据全球健康研究机构（Global Wellness Institution）的测算，2015 年中国温泉产业市场规模约为 157.2 亿美元，已经远超世界温泉大国日本（同年日本约为 124.9 亿美元）。日本温泉一直是国内温泉业界模仿与学习的对象，其温泉沐浴的文化精髓和国民泡浴温泉的普及程度令人赞叹。但是，就好像一个天生的巨人走进篮球场刚学会了基本的步伐，就轻易超越了刻苦的优等生一样，中国温泉旅游在还未成熟之际，已经创造了世界最大的温泉旅游消费市场，而骄人成绩的取得只因顺应了国人对于休闲度假的需求。温泉作为度假产业的最佳元素在国家级旅游度假区的建设历程中也得到体现。自 2015 年国家建设国家级旅游度假区以来，已经建成的国家级旅游度假区中有三分之一都含有温泉元素。可以说，温泉旅游已经成为中国度假旅游的标志性产品。

但是客观地看，这个世界最大的温泉消费市场的出现很大程度上取决于经济的持续增长和富裕人群规模的不断上升，却并不能掩饰我国温泉产业诸多不尽完善之处。毕竟从 20 世纪 90 年代至今，中国现代温泉旅游产业的建设才走过了短短 30 年。在产业规模迅速壮大的过程中，新的问题不断涌现，有待更多的人共同思考与解决。例如，如何平衡温泉资源的开发与保护？据《中国温泉旅游产业发展报告》统计，2020 年全国已有温泉企业 4475 家，而 2018 年发布的《中国地热志》统计出的全国地热资源总数也不过 2767 个。虽然大量位于西部的温泉还未得到有效开发，但大部分东南地区的温泉资源已经得到较高强度，甚至是过度的开发了。众所周知，日本等温泉大国有专门的《温泉法》保障温泉资源的可持续利用，而中国目前没有全国性的温泉法，只能援引矿产资源、水资源等相关法律，或以地方法规的方式来治理。显然，相关法律间存在的矛盾以及地方法规权限较低等问题导致地方在面对温泉资源开发乱象时捉襟见肘。再比如，中国的温泉旅游服务一直以精致而著称，而“精致”的背后往往需要大量经过严格培训的基层员工，有的大型温泉度假村动辄就要数千名服务人员的投入，才能保证其服务质量。但是随着Z世代年轻人进入职业市场，对服务业的看法有了巨大的转变，严苛的服务流程要求、高强度的工作环境和整体偏低的薪资待遇已然不能满足其职业诉求。温泉旅游企业的服务品质如何才能在新生代崛起的年代持续下去？这已经成为众多温泉旅游职业经理人共同关注的问题。这些问题构成了本书编撰的基本动机：聚焦温泉旅游行业面临的关键问题，在明晰基本概念的基础上，促使行业内部在人力资源培训中形成基本的问题导向，使得身处温泉旅游行业中的同事都能在实践中归类自己的问题与思考，形成行业最基本的知识体系与理论框架。

另外一方面，作为本书的编撰者，希望能够借由本书，更好地把中国温泉旅游推介给高校的年轻人。中国的高校鲜有针对温泉的课程，现有的旅游管理、酒店管理、会展等相关专业的人才培养也存在毕业即转行的尴尬局面。大学的课程设置过于偏向理论和通识，使得学生对行业实践缺乏认知的机会，更不用说温泉旅游这类如此细分的领域。2019年中国旅游协会温泉旅游分会在华南师范大学举办了第一届“中国温泉旅游学术大会”，中国工程院院士卢耀如教授、中山大学长江学者保继刚教授等国内顶尖学者出席大会并作了专题报告，而第一次会议就收到来自全国各地70多名参会者提交的论文和参会申请。在场有学生感叹：“没有想到温泉旅游也能做高深学问。”会后，我受中国旅游协会温泉旅游分会秘书长张越先生委托，开始筹划在华南师范大学开设一门面向本科生的课程。在旅游学院院长刘俊教授的支持下，“温泉旅游概论”作为旅游学院的选修课于2019年9月正式启动。这门课程得到中国旅游协会温泉旅游分会会员单位尤其是广东省温泉业界的大力支持。课程主要采取移动课堂的形式，聚焦当年行业关注的焦点问题，在引导学生阅读相关基础理论文献、设计调研方案的基础上，与企业合作开展研究并完成调研报告。在两年多的时间里，我们先后走访了珠海海泉湾温泉旅游度假区、珠海御温泉、从化碧水湾、广东温泉宾馆、天沐集团、清远聚龙湾天然温泉度假村、广州海森机构、广州沐方等温泉企业。在它们的大力支持下，学生在调研过程中加深了对温泉行业的理解，并最终完成了一批高质量的研究报告。如果说这门课程的设置就像种下一颗种子，而业界与高校之间的互动则是为人才的培养施以沃土。让我们共同期待有朝一日这颗种子能够结出丰硕的果实。

在张越秘书长的鼓励和支持下，由我负责全书的组织编撰工作，并召集了一批温泉旅游业界经验丰富的专家和经理人共同组成了编写团队，编写团队的主要成员如下：

黄志敏，中国旅游协会温泉旅游分会会长、世界温泉及气候养生联合会副主席，江西省政协常委、江西省工商联副主席，长江商学院工商管理硕士、清华大学五道口金融硕士。2003 年创办天沐集团，担任天沐集团董事长兼总裁。2011 年被中国旅游协会温泉旅游分会聘任为专家委员会委员，并被暨南大学聘任为国际商学院院外导师。多次被评为省级、市级优秀民营企业家，获江西省突出贡献人才奖、品牌中国人物等称号。

王捷，重庆箱根温泉产业发展集团有限公司董事长，亚太（重庆）温泉与气候养生旅游研究院院长，中国旅游协会温泉旅游分会副会长，全球康养研究院（GWI）温泉智库（G3T）联合发起人。

徐阳，中国旅游协会温泉旅游分会副会长，广州最佳东方温泉酒店管理有限公司董事长。拥有近 30 年温泉旅游行业管理运营和市场营销实战经验，曾筹建和运营过包括从化碧水湾温泉度假村、清远美林湖温泉大酒店、长春国信南山温泉酒店、广州从化碧泉空中温泉、南京汤山紫清湖旅游区等多个项目。

张波，国家级温泉星级标准评定员，全国服务标准化技术委员会温泉分会委员，中国温泉旅游专业委员会委员，世界温泉及气候养生联合会 2012、2017 年杰出贡献奖获得者。

付溟，中国温泉旅游专业委员会委员，全国服务标准化技术委员会委员，国家级温泉星级标准评定员，云南省温泉与水疗协会名誉会长。曾作为负责人编制三项温泉旅游行业标准。

文飞，广东聚龙湾天然温泉度假村总经理，广州聚龙湾酒店管理有限公司董事长，中国酒店职业经理人联谊会副会长，广东省旅游行业协会副会长，广东省温泉行业协会执行会长。曾获中国酒店业最佳创新人物、中国酒店品牌建设优秀经理人、广东省旅游酒店业总经理荣誉勋章、广东省年度旅游突出贡献奖。

张文宁，高级工程师，天沐集团副总裁，广东天沐文旅建设有限公司总经理。曾主导开发明月山天沐温泉、贵州思州温泉项目、广东经律论文化温泉旅游小镇、重庆庆隆南山希尔顿温泉酒店改造、云南芒市天沐文旅项目、江苏荷兰花海天沐温泉等多个大型项目。

杨守稳，工程师，云南省标准化协会副秘书长。作为主要起草人完成行业标准 3 项、地方标准 5 项、团体标准 50 余项。

陈丽锦，中科天沐智旅信息科技有限公司总经理，澳门城市大学硕士，“天沐云”智慧文旅系统架构师、规划师。曾参与北大壶御湖温泉项目、江苏盐城九龙口项目等文旅项目开发。

李鹏，博士，副教授，华南师范大学地理科学学院人文地理与城乡规划系主任，华南师范大学中国温泉可持续发展产学研基地主任，国家级温泉星级标准评定员。

全书由李鹏副教授负责大纲的构建、统稿、修订和审核，同时负责编写第一章、第二章、第三章和第九章，王捷先生负责编写第四章和第十章，黄志敏、张文宁和陈丽锦先生负责编写第五章和第六章，徐阳先生负责编写第七章，文飞先生负责编写第八章，张波、付淏和杨守稳先生负责编写第十一章。李鹏任主编。

本书不仅适合作为旅游管理专业的本科生和研究生的教材和阅读材料，而且能为广大从事温泉旅游行业的管理人员提供借鉴与参考。

在编写的过程中，编者综合了众多学者和企业实践者的研究成果和经验，也吸收了不同学科的知识，从不同类型的出版物中收集了原始材料，参考或引用了许多专家的观点，编者尽可能地在教材的参考文献中列出。本书的出版要感谢这些著作和论文的作者，教材后面的参考文献反映了他们的成果和贡献。本书还要感谢林郁倩、曹慧玲、韩秀清等我的几名研究生助理和姚路超、颜楚倩、欧倩怡、陈家怡等几名本科同学，他（她）们在资料收集、外文文献翻译、图件制作和初期排版等工作上为本书作出了贡献。

由于时间匆促、水平有限，书中难免有疏漏和不当之处，恳请专家和广大读者批评指正。

李鹏

2021 年 11 月 30 日

目　录

第一章　绪论

第一节　温泉旅游的现实意义

温泉是世界范围内最重要的旅游资源之一。美国的黄石公园是世界上最具盛名的温泉旅游目的地，每年超过400万游客前往参观。德国巴登-巴登和英国巴斯等温泉小镇是欧洲著名的历史文化名镇，享誉海内外。日本被誉为“温泉之国”，沐浴温泉已经成为日本民众的日常生活习惯。2019年，中国已建成的温泉旅游接待设施有3800余家，年接待游客超过7亿人次，温泉旅游总收入超过2400亿元，温泉旅游是中国现代休闲度假的核心业态。现代温泉旅游在世界各地的蓬勃发展，已经使其成为全球旅游业中最引人瞩目的部分。温泉旅游之所以能够在全世界都保持着增长的态势，主要得益于其在满足人们的健康诉求、多元化的业态和拉动边远地区经济发展等方面的现实意义。

一、温泉旅游的本质是人类对健康的追求

纵览世界各地温泉与人类关系的发端，往往都起源于人类对温泉健康功效的探索与实践。公元前460—公元前370年的古希腊医师认为，人的疾病来源于水、火、气、土四种元素导致的内部失调，因此可以通过特定的方法从大自然中重新摄取相关的元素予以医治，温泉疗法自此在西方应运而生。古罗马帝国时期修建了大量浴场，大部分分布在今天的欧洲、中东和北非。古罗马的浴场就是利用温泉资源建立起来的康养设施。埃及最后一位法老克利奥帕特拉（被称为埃及艳后）曾经在死海边的托勒密王朝伊伯克（Ein Bokek）和艾因盖迪（Ein Gedi）建立起当时世界上最大的美容院，相传这位传奇的埃及艳后每天都要将身体浸泡在死海矿物温泉中，让水中的矿物质充分滋润肌肤，同时她还用死海泥涂抹全身，坚持数十年，所以皮肤一直细腻柔润。西方的温泉疗法在古罗马时期被发扬光大，大量用于公共沐浴的温泉浴场被修建，既有保健之用，又兼具社会交往的功能，温泉疗法逐渐在民间开始盛行。随着古罗马帝国的东进，温泉浴法的传统在拜占庭帝国时期流入中东地区，土耳其的温泉浴法即传承于此，一直延续至今。

SPA一词的来源与比利时的温泉小镇SPA有关，SPA自14世纪起就将本地的温泉用

于康复与疗养，并逐渐发展成为健康度假目的地（Altman N，2000）。SPA一词现在已经成为西方日常生活和一些度假区内的服务项目的称谓，而且SPA也不要求一定使用天然温泉水。“二战”结束之后，欧洲的大部分温泉浴场都被用于战后伤员的康复与疗养，温泉疗法继续发挥重要作用。温泉疗法在欧洲大规模的应用与西方国家医疗保险制度的完善密不可分，正是因为保险业将温泉等疗养地的康复、医疗项目列入保险支付的范围，为温泉疗法的再次复兴提供了庞大的市场基础。瑞士、德国、匈牙利等国的部分温泉疗养院是欧盟国家重要的温泉疗养地，接纳各国医保支付的疗养客人。同时，温泉疗法也以新的形式与现代酒店和度假村融合，成为众多健康型旅游目的地吸引游客的核心项目。

中国早在东汉时期张衡的《温泉赋》中就有“温泉汩焉，以流秽兮。蠲除苛慝，服中正兮”的记载。北魏时期地理学家郦道元所注《水经注》里，已有31处温泉的记载，其中鲁山温泉、太一山（终南山）温泉都有治病功效的详细说明。古代中国的温泉颇受上层统治阶层的喜爱，如唐朝诗人白居易所著《长恨歌》谓“春寒赐浴华清池，温泉水滑洗凝脂”，诗词道明了温泉的美容功效。13世纪蒙古人建立起横跨欧亚大陆的庞大帝国，中西方文明发生了史无前例的交汇。西方的温泉疗法首次进入中国。据考证，北京故宫内遗存的浴德堂建于元大都时期，由当时的拜占庭工匠修建，其建筑形式深受罗马温泉浴场的影响，这也成为源于西方的温泉疗法流入中国的历史见证。但是，这一仅有的中西合璧的温泉疗法只是作为元朝皇帝的宫室所用，终究没能在中国社会普及。新中国成立初期，中国兴起了温泉疗养院的建设风潮，20世纪60年代建立的各类疗养院多达1500家，其中不少是温泉疗养院。这一阶段的中国温泉疗养院从苏联引入了较为完善的温泉疗法，使其成为全国医疗体系的重要组成部分。但是，随着20世纪90年代的体制改革逐渐推开，国家对疗养院事业的经费支持逐渐减少，大批疗养院因为缺少病人而倒闭转业。20世纪90年代开始，中国温泉迎来新的大发展，民营资本大量参与温泉旅游设施的建设，短短20年时间，数千家温泉旅游度假村与酒店拔地而起，温泉旅游作为一种新的健康休闲方式逐渐深入人心。

除此之外，在日本、新西兰等亚太地区中，温泉和SPA都是改善人体健康水平的重要休闲方式，并得到了长足的发展。因此，温泉旅游在全世界的蓬勃发展不是偶然现象，而是基于人类自古以来对健康孜孜不倦追求的必然结果。

二、世界性的旅游资源，多样化的旅游业态

全世界的温泉资源以不均匀的方式分布在不同的大洲。温泉资源虽然并不为某一个地区或国家独有，但是受到地球板块运动的影响，作为地热能作用的产物，温泉的分布呈现出明显的地理聚集性。全球的温泉分布与地热能的分布紧密相关，主要分布在板块生长、开裂带，大洋扩张脊以及板块碰撞、衰亡、消减带。

全球的温泉资源主要分布在四个地区：①环太平洋地热带：它是世界上最大的太

平洋板块与美洲、欧亚、印度洋板块的碰撞边界。世界许多著名的温泉，如美国的黄石公园、科罗拉多州格伦伍德温泉、华盛顿州的歌德梅尔温泉，墨西哥的托兰通哥洞穴温泉，新西兰的罗托鲁阿，日本的别府、热海和曹津温泉，中国广东的恩平、从化、丰顺与台湾的马槽、北投温泉等均在这一带。②地中海-喜马拉雅地热带：它是欧亚板块与非洲板块和印度洋板块的碰撞边界。土耳其的棉花堡、意大利的拉德瑞罗、中国的西藏羊八井及云南腾冲都在这个地热带中。③大西洋中脊地热带：这是大西洋板块开裂部位。冰岛的克拉弗拉、纳马菲亚尔和亚速尔群岛等一些温泉就位于这个地热带。④红海-亚丁湾-东非裂谷地热带：它包括吉布提、埃塞俄比亚、肯尼亚等国的温泉。

温泉的广泛分布使得温泉旅游成为一种世界流行的旅游行为成为可能。虽然在漫长的历史发展中，世界各国的温泉利用方式在交流中相互影响相互借鉴，但是，纵观当前世界各国的温泉旅游业态，仍然存在较大的差异。

在美国这片西方文明较晚涉足的地区，大部分温泉资源都被原生态地保护下来，以国家公园和自然保护区的形式被开发为旅游产品。比如，拥有全世界最壮观的连片温泉景观之一的黄石国家公园就是美国历史上第一个国家公园，它的存在被视为一种有效解决资源保护与开发利用矛盾的保护模式。黄石国家公园所在的区域经历了 3 次剧烈的火山喷发：大约分别在 200 万年、130 万年和 64 万年前。岩浆喷涌而出，部分区域塌陷，再加上冰川活动和河流冲刷，形成了我们今天在公园中看到的火山口、盆地、湖泊、峡谷和瀑布。由于强烈的地热活动从未停止，无数处大大小小的间歇泉、温泉、喷气孔和泥沸泉不断形成。黄石公园拥有世界一半以上的地热景观，特别是间歇泉，数量达 300 多个，占全世界的 2/3。猛玛温泉（Mammoth Hot Springs）是几千年来冷却沉淀的温泉水所形成的一连串阶地，展现了独特的钙化梯田景观，这里也是世界上已探明的最大的碳酸盐沉积温泉。著名的老忠实间歇泉（Old Faithful），平均每 90 分钟喷发一次，从不让人失望。每次喷发的水柱有 3 米多高，可以持续喷发 2–5 分钟。黄石大峡谷落差超过百米，是由过去 64 万年间河流冲刷黄石高原上的火山凝灰岩而形成的。地下热水与这一区域的岩石发生化学作用之后留下红、黄、白、紫等斑斓的色彩。黄石国家公园的价值不仅仅在于处处显露出大自然奇迹的壮美景观。威斯康星大学的布鲁克教授在黄石的温泉里发现的数种细菌中，有的被广泛用于抗艾滋病或抗癌药物，有的被作为犯罪侦察时 DNA 序列比对的反应酶。科学家们还在对黄石温泉内的其他细菌进行研究，希望可以找到更多种疾病的治疗方法（杨芳，2014）。

欧洲温泉起源于“公共浴场”。随着时代的变迁，欧洲温泉越来越大众化，温泉地成为人们旅游和维护身心健康的好去处。在修建形制上，欧洲温泉往往在一个温泉区建设一个或几个公共的温泉中心作为人们享受温泉的主要场所，一些小的水疗中心则散落在区内。欧洲温泉中心内部空间高大、标识明晰、装饰华丽，园林景观艺术性强，充分体现了西方传统和现代艺术特点。欧洲人十分看重温泉的医疗价值，供医疗健身用的诊断设施、物理治疗器械（针对不同疾病或身体部位需要进行专门设计）和健身设施等也是必不可少的。欧洲人借由温泉疗养来促进身体健康的旅游行为模式具有悠久的历史，早在17世纪就在巴登-巴登温泉区兴建供病人复健用的“温泉保养馆”（德文名为KURHAUS）。由于温泉对治疗人体酸痛的功效显著，“温泉保养馆”在18世纪时便风靡欧洲各国，政府积极鼓励国民前往度假、疗养，并由政府社会保险辅助这方面的支出。“二战”以后，这一温泉疗养的模式被纳入欧洲的工会团体与企业的保障政策之中。员工在假期期间被组织到温泉旅游地，享受5-7天的旅游、疗养。欧洲许多国家早已将这种旅游方式视为一种维护健康的预防性办法。在德国、法国、瑞士等国家，取得医师诊断书就可以到水疗度假区享受免费或价格低廉的水疗服务项目。这也是欧洲温泉医疗、保健功能比较突出的原因之一。除此之外，欧洲温泉十分重视对温泉城镇整体旅游环境的营造，通过设立温泉科普馆，展示温泉养殖栽培以及温泉衍生产品的研发，增加温泉目的地的旅游吸引力。温泉城镇在建设上注重生态环境的保育、人工环境与自然环境的和谐、历史文脉的延续、地方特色的保持、旅游氛围的营造等，整个温泉城镇就是一个多功能的旅游区。从某种程度上说，泡温泉只是游客来此的目的之一，更多的是温泉城镇的整体观览。比如，薇姿、埃维昂除了因温泉而为世人所知外，更因为一些重大的国际会议、活动在此举行而提高了其国际影响力。

而在东亚地区，温泉起源于“大众澡堂”，是普通市民谈论家长里短的地方。这种“沐浴文化”的根基对现代东亚地区的温泉形式具有重要影响。在日本，大多数的温泉都由酒店开设，温泉水均不进入客房，而是采用“露天风吕”的形式提供给旅店客人共用。日本温泉沐浴区的细部设计充分体现了“沐浴”的需求，考虑到人们洗澡搓背的使用要求，淋浴处均按人的坐高设计，化妆间内更会免费提供毛巾、化妆品、吹风机、饮用水、体重秤、搓背机等，体现人性化关怀。后来，日本对温泉医疗功能的认识逐步深化，20世纪70年代引进欧洲KURHAUS技术，融合日本传统的“汤治文化”及现代运动生理学，将温泉保养馆的功能融入SPA并加以提升，同时注入日本色彩，使其较从前更精致、形式更为多样（姜莉，2005）。日本的温泉保养馆多根据泉质（如食盐泉、铁泉、硫黄泉）来分设不同的温泉泡池。散布于日本全境的温泉保养馆已成为家庭度假休闲与保养养生的好去处，日本厚生省也将这类温泉保养馆列为国民健康计划中的重点推广设施。日本制定了包括温泉法、休憩法、温泉地区建设要求等在内的法律、规范，并将温泉的医学功能作为国民健康计划的重要推广内容，从国家的高度来推动温泉旅游业的发展。

中国的现代温泉旅游产业建立的时间较晚，既受到东亚沐浴传统的影响，又充分融合了现代主题乐园和娱乐业的元素，有着自己独特的形式，我们在后续还会结合中国的实际情况展开论述。

综上所述，温泉虽然广泛分布于世界众多国家，且大多数都被作为重要的旅游资源进行开发和利用，但是，在开发形式和模式上却存在较大差异。每一个国家的温泉旅游模式的形成与演变都是其温泉资源禀赋、国民文化习俗和国家对温泉出台的各项规则所共同作用的结果。

三、温泉旅游是推动区域经济发展的有效模式

温泉旅游属于典型的面向内需的消费型服务业，对国民经济具有重要意义。不论是欧洲各国、日本还是中国，温泉旅游的消费者都是以本国居民为主要客源，这与主要面向国际游客的观光旅游具有显著区别。回顾中国温泉旅游发展的历史，2008—2010 年全国出现了一波温泉旅游投资的高潮，正好处于 2008 年全球金融危机之后。金融危机之前，中国过多地依靠投资和出口拉动经济发展，其经济模式对于外部的市场依赖和对资源环境的消耗都比较大。全球金融危机发生后，一方面给中国传统的发展方式和经济结构提出了重大的挑战，特别是对外出口受国际需求下降的影响越来越大。另一方面，金融危机也对中国经济结构调整提供了一个重大机遇，即利用市场的倒逼机制，加大经济结构调整和发展方式的转变：一是由投资和出口拉动向消费、投资、出口协同拉动转变，二是由工业带动向一产、二产、三产协调发展转变，三是由过度依靠资源消耗向依靠技术、管理、创新方面转变。在 2008 年金融危机后的中国经济宏观调控中，温泉旅游产业的综合功能被不同地区的政府所认识，温泉旅游业的发展具备促进经济社会全面协调可持续发展、拉动消费和扩大内需等特殊功能，从而造就了 2008—2010 年的全国温泉旅游投资热潮。比较典型的是辽宁省，2010 年辽宁省召开加快推进全省温泉旅游工作会议，组建“辽宁省温泉旅游开发建设领导小组”，之后沈阳市政府设立 1000 万元的温泉旅游资源开发引导扶持专项资金，同时本溪市设立了 1 亿元的温泉旅游开发启动资金，推动温泉旅游的发展。至 2017 年，辽宁省内温泉旅游企业达 212 家，温泉旅游接待总人次约 3000 万，温泉旅游产业总收入达到 158 亿元。其中，温泉企业收入约 55 亿元，温泉带动的旅游消费 103 亿元。温泉休闲度假已经成为辽宁省现代旅游产业的重要组成部分，温泉产业的持续发展为辽宁冬季旅游找到了突破口，温泉旅游日益成为新时代辽宁老百姓冬季休闲的主流选择。

温泉旅游产业已经成为中国现代旅游业的重要组成部分。根据全球康养研究院（GWI）的估算，中国温泉旅游总收入位列世界首位。2017 年全国温泉旅游接待总人次达 7.69 亿，温泉旅游总收入达 2428 亿元（《中国温泉旅游产业发展报告》，2018）。尤其在居民收入较高的地区，基于温泉资源基础开发的温泉度假地和娱乐场所提供了一种完全不同于观光旅游的新兴产品类型，可以满足旅游者对于休闲度假的需求。以广东为例，广东省居民旅游消费需求旺盛，是中国最重要的客源地。但是，广东省近年来自身的旅游产业发展相对滞后，除长隆、华侨城两大主题乐园品牌以外，缺乏旅游吸引物。温泉旅游的发展不仅成为广东省旅游经济中的亮点，还成为广东旅游业对外的名片之

一。2016 年广东省温泉旅游业接待规模约 1.15 亿人次，其中，接待过夜游客约 6040 万人次。2016 年广东省温泉旅游业总收入约 352 亿元。其中，温泉企业收入约 92 亿元，温泉带动的旅游消费 260 亿元（《广东省温泉旅游产业发展报告》，2017）。广东省温泉企业的抽样调查显示，2016 年广东省温泉酒店平均每家接待约 30 万人次。其中，全省温泉企业 2016 年接待人次中温泉项目接待的单日游人次约为 5421 万，占全部温泉接待人次的 47.3%。消费市场对温泉旅游的青睐在北京都市圈、上海都市圈及江苏、浙江、福建、山东等沿海省份都得到了验证。

除此之外，温泉旅游在推动区域经济发展中的财富再分配作用也十分明显。首先，因为大部分温泉资源分布于远离大城市的郊区和边远地区，温泉旅游产业的发展往往成为当地区域经济的主导产业。比如，广东省的从化温泉，地处距离广州市 70 公里的北部郊区，因为处于流溪河水源保护区内而限制了工业等门类的发展，是广州市经济较为落后的山区。在这一背景下，从化温泉成为从化区域经济发展最重要的引擎之一。不论是新中国成立初期开始建设的温泉镇，还是 20 世纪 90 年代新建的流溪温泉旅游度假区，都吸引了大批国有企业和民营企业的积极投入，区内建成的广东温泉宾馆、从都国际、碧水湾温泉度假村、都喜泰丽温泉度假村等都是国内著名的温泉旅游企业，吸引了大批高端消费人群前往度假。温泉度假经济的蓬勃发展又进一步吸引了其他方面的投资，比如区内养生地产的发展、从化生态设计小镇的建设、周边徒步旅游和农家乐的发展，都与温泉项目形成了有效的协同。

其次，温泉旅游对于吸纳区域内的本地人口就业具有重要作用。据测算，2017 年全国温泉旅游拉动 GDP 增加值约合 6292 亿元，温泉企业带动直接就业人数 45 万人和间接从业人数 82 万人（《中国温泉旅游产业发展报告》，2018）。温泉旅游产业属于典型的人力资源密集型服务业，从温泉池区到酒店的客房、餐厅，再到会议设施，每一个部分都需要大量的服务人员。2018 年的全国温泉企业抽样调查显示，全国温泉企业的一线员工中有 64% 来源于本地社区，只有 36% 来源于外地。同时，温泉企业一线员工的平均工资只有 2888 元，充分说明本地社区的就业岗位主要是由本地经济水平偏低的社区人口来担任的。对于很多区位偏远的温泉目的地而言，温泉旅游的发展能够为本地缺乏迁移能力和受教育程度较低的社区居民提供大量的工作岗位，这对改善偏远地区的经济状况具有深远的社会意义。

第二节　温泉旅游的内涵

温泉旅游的内涵是驱动世界不同国家和不同历史时期的人们开展温泉旅游实践活动的本质原因。从社会心理层面而言，温泉旅游所反映的是人们对于健康、康养、快乐、幸福和生活品质的追求，这些概念就构成了温泉旅游的内核。

一、健康

国际社会普遍采用1948年世界卫生组织（WHO）对健康所作的定义，即“健康是指身体、精神和社会的完整状态，而不仅指疾病与羸弱的消除”。首先，世界卫生组织认为健康的首要意义在于不再将其简单地定义为疾病的反义词。世界卫生组织是第一个为健康提供相对权威定义的国际卫生机构。其次，这一定义强调健康是由不同维度构成的整体性观念，比如身体、社会、精神、智力，以及总体的认知。

虽然WHO对于健康的定义被广泛引用，但是对这一定义的批评一直存在。不少学者认为此定义过于完美，使得健康成为一个难以实现的乌托邦的存在，导致人们碰到各种各样的问题都找到医生，从畸形到自杀，从不孕不育到人工流产，从婚姻问题到学习障碍，从遗传咨询到药物成瘾，从懒惰到犯罪。对于那些需要医疗服务的帮助，但又无法通过医学检查等手段确认为生病的“病人”，被西方医学家命名为“担心健康的健康人（the worried well）”。另外，有的学者认为这一定义会受到社会因素的影响，该概念在不同文化背景下会出现不同的适用情景，从而在指标化的过程中出现无法在全世界进行统一的问题（杨忠伟，2004）。

因此，1984年WHO把健康重新定义为：“个人或群体能够实现愿望和满足需要的程度，以及应对和改变环境的能力。健康是每天生活的资源，不仅仅是生活的目标；它是一个积极的概念，强调社会和个人的资源以及个人身体的能力。”1990年WHO对健康的阐述则是：“在躯体健康、心理健康、社会适应良好和道德健康四个方面皆健全。道德健康的内容是指不能损坏他人的利益来满足自己的需要，能按照社会认可的行为道德来约束自己及支配自己的思维和行动，具有辨别真伪、善恶、荣辱的是非观念和能力。”

综上所述，当代关于健康的概念主要包含以下几个方面：第一，从健康涉及的内容来看，健康不仅指身体健康（没有疾病和伤残），而且还包括心理健康、社会适应良好和道德健康；第二，健康的概念中还包括一种平衡的思想，这种平衡不仅是身体各部分之间的平衡和身体与精神之间的平衡，还包括身体内部之间及其与外在环境之间的平衡，甚至包括个人的能力和其行为目标之间的平衡；第三，健康还是一种资源，是个人借以实现愿望、满足需要以及应对和改变环境的能力；第四，健康也是一种个人能主观感觉到的全面良好状态，这种良好的主观感觉状态包含了当下和未来的良好状态。由此，健康也是每个人追求的生活目标（董希望，王弟海，2014）。

二、康养

康养是指人所处的一种高水平的健康状况。穆勒（Mueller）和考夫曼（Kaufmann）在对瑞士的健康旅游产业进行研究的基础上提出了康养的外延模型（Mueller,

Kaufmann，2001）。康养的核心是人的自我责任感，由此发展出人对于自身的身体、精神、健康和放松的需求，最后达到与社会与环境的良性互动（见图 1-1）。这个理论框架概括了康养的概念系统，为相关研究提供了理论基础。

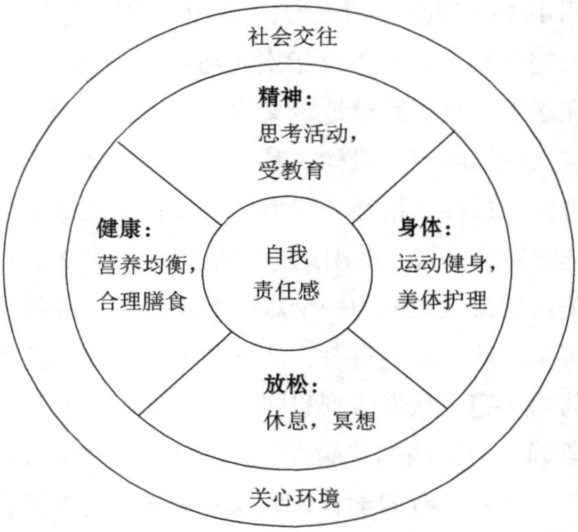

图 1-1　康养的概念系统

20 世纪 60 年代，Halbert Dunn（1959）主张健康不是一种静止状态，而是一种趋向最适功能的运动过程。更多的健康教育工作者则力图扩展健康的维度，并在 20 世纪 60 年代形成了“整体健康运动”。整体健康（holistic health）是预防医学的一种体系，它重视个体对自身康宁及所有因素对健康的全面影响。随着整体健康和康养观念的广泛被接受，人们又对 WHO 提出的健康维度进行了扩展，形成了康养的七个维度（徐斌，2001）。

1. 身体维度（Physical Dimension）

指个体的结构与功能特征。包括：对疾病的易感性、体重、视力、听力、体能、协调性、耐力及康复能力。

2. 情绪维度（Emotional Dimension）

包括应对应激的能力、灵活性、解决冲突的忍让以及基本的情绪特征。个人的亲情、生活目标、抱负以及对日常生活情境的情感均与健康的情绪维度相关，它影响个人的成长与发展。不良的情绪体验可导致个人整体满意度与活力的降低。

3. 理智维度（Intellectual Dimension）

对信息的作用和处理，对价值观及信念阐明以及决断能力的训练；应对技巧、灵活性、在恰当的时机讲适当话的技巧；运用信息及理解新观念的能力都归入此维度。这方面的不足可能会妨碍个体的生活经验对成长和发展所提供的帮助。

4. 社会维度（Social Dimension）

体现在人际交往的方方面面，对个人来讲就是生活方式及社会支持。个体自身成长和发展离不开对所生存的社会以及人与人之间关系的依赖。

5. 心灵维度（Spiritual Dimension）

心灵（Spirituality）一词也可译作“精神”，相当于“精神体系”和“思想境界”。过去常从哲学与宗教意义上被阐述，体现为“四信”（信仰、信念、信心、信任）的概念。从健康意义上来说，正确的信仰是健康的精神支柱，坚定的信念是健康保持的必要条件，必要的信心是克服障碍促进健康的具体动力，信任包括自信与信人，这些是在人类社会中保持健康心态和建立良好人际关系的根本。

6. 职业维度（Occupational Dimension）

有人将职业性人际关系从一般社会关系中分离出来，以强调它在当今社会中的重要性。这一维度反映个体对受雇用的满意度并直接影响个体的健康，也可以通过作用于其他维度而发挥间接影响。

7. 环境维度（Environmental Dimension）

环境纬度是个大概念，包括宏观及微观两方面。微观环境可以从分子到生物个体、种群到人文景观，大致上与社会维度相一致，除了家庭、学校、工作单位的人际关系外，社会治安、社区条件都属此范畴。宏观环境则涉及城市、国家、世界甚至地球、宇宙，这个维度通过国际争端、战争、饥荒、环境污染、臭氧层的破坏、自然灾害等影响人体健康。

三、快乐

“快乐（Hedonic）”一词源于古希腊。“ Hedo”是一个希腊文词根，表示快乐、欣慰、愉悦的人类情感。伊壁鸠鲁认为，人一降生就有趋乐避苦的天性。这种与生俱来且持续存在的感觉与要求，使追求快乐成为人类的共同本性。伊壁鸠鲁反对纵欲的快乐主义，主张节制与淡泊的快乐。身体的无痛苦和灵魂的无纷扰是古希腊哲学家们的快乐基线。在哲学中，快乐与目的论联系在一起，以解释人类行为的终极性原则。哲学快乐论的出发点是：人类行为的根本目的在于趋乐避苦，一切取舍服从快乐原则，快乐是人类之自然的和最高的善（陈惠雄，2005）。

近代以来，伦理学家对快乐原则及人类行为的伦理方式进行了深入思考，形成了伦理学中的功利主义。由于伦理学的学科使命与问题意识，使得伦理学家把快乐与行为的道德准则、价值判断相联系。快乐是以人与世界的物质存在与人对对象与自我的消费为基础，又超然于这种物质之上的愉悦的精神感受。把快乐体验联系到“数”的意义，是从伦理学家边沁开始的（陈惠雄，刘国珍，2005）。边沁提出了测算快乐的七个描述性指标，以指导人们的选择行为，它们分别是：

（1）强度（Intensity）。即比较两个选择中哪一个更加有助于满足选择者的强烈需要。

（2）持久性（Duration）。即优先选择那些预期后果是较为持久而不是较短暂的目标。

（3）确实性（Certainty）。即优先选择那些能够较确定地带来预期后果而不是可能性较小的目标。

（4）远近性（Propinquity or Remoteness）。即优先选择应当能较快带来预期后果的目标。

（5）因缘性（Fecundity）。即优先选择的目标应有助于其他价值的实现。

（6）纯洁度（Purity）。即优先选择那些副作用较小的项目。

（7）广延性（Extent）。即优先选择那些预期结果适用于较大范围情景的目标。

边沁提出了快乐对于利益相关者的“数量”意义，即“最大多数人的最大快乐”的社会功利主义原则。边沁关于快乐的这三个方面的数量意义对于推动快乐的数量研究与指数测度而言是一个里程碑式的初启动。边沁也是第一个以最大多数人的最大幸福为基础，并试图把“最大多数人的最大幸福”这一道德原则运用到政治、立法、行政、司法等各个实际领域中去的改革家。

四、幸福

幸福一直是哲学、心理学和社会学等多学科关注的焦点。当今对幸福的研究已经摆脱了经验心理性的感受、感悟的朦胧模糊状态，进入心理学的科学实证领域，并遵循西方哲学快乐论与实现论两种走向：以快乐论为哲学基础的主观幸福感理论，认为幸福是个体对自身生活产生的评价，这种评价带有较多的积极情绪与较少的消极情绪；以实现论为基础的心理幸福感探索理论，强调人潜能的实现，并将以生活目标、个人成长等因素为主的多维模型作为客观评价指标。进入21世纪后，美国心理学家沃特曼（Waterman）等在主观幸福感和心理幸福感的研究基础上，开创了实现幸福感的研究。实现幸福感源自实现论哲学，吸收了人本主义心理学理论的精髓，由心流和人格展现研究发展而来的一种全新的幸福感类型，是指个体能成功地认同、发展并利用他们自身的潜能并以此提高和完善其生活意义的程度。实现幸福感是指个体试图“找到自我”的过程，并在这一过程中从事促进个人成长和自我实现的活动（苗元江，胡亚琳，等，2011）。

沃特曼（Waterman）针对实现幸福感的测量开发了《实现幸福感问卷》，对个体水平的实现功能进行测量（Waterman 等，2010）。该问卷的开发是在对显示幸福感进行操作性定义的基础上进行的，首先考虑了在哲学基础上能够更好地理解实现功能的题项，包括哲学领域中反映实现功能特殊性质的题项和概括实现论主观体验的题项。为了同其他的幸福感测量工具保持一致，该问卷的题项反映的是被试者实现功能的一般水平，不包括与特殊活动有关的体验。该问卷共有 21 个项目 6 个维度：

（1）自我发现：实现论要求个体朝着自我实现的方向努力奋斗。但在这之前，必须认识自我并了解自我，这是自我实现的前提。

（2）潜能感知：实现论哲学家认为，个体需要努力将个体最佳状态的潜能实践出来，这样个体就能获得充分的发展。

（3）生活目的：为了体验到实现幸福感，个体必须在识别自身能力的基础之上追求个人目标，并在这一过程中找到运用技巧和能力的方式。

（4）追求才智：实现幸福感需要个体充分运用自身才能来达到自我实现。因此，个体投入该活动的努力水平必须比个体从事其他活动时要高得多。

（5）活动投入：衡量幸福感体验程度的指标之一应该是个体感受到的强烈投入某项活动的频率。

（6）人格展现：具有高实现幸福感水平的个体报告他们在从事某项活动时会产生人格展现体验，并在一定范围内比低实现幸福感的人更常产生这种体验。

五、生活质量

生活质量（Quality of Life）一词，1975 年以后才出现在医学文献之中。1993 年世界卫生组织生活质量研究组给出的定义为：不同文化和价值体系中的个体对于他们的目标、期望、标准以及所关心的事情有关的生活状况的体验，同时强调对自身价值和自我实现的认知以及对社会的责任和义务（郭元星，李彦豪，2001）。根据这个定义，世界卫生组织研制了 WHOQOL-100 量表，该量表包含 100 个问题，覆盖了与生活质量有关的 6 个领域和 24 个方面（见表 1–1）。

表 1–1　世界卫生组织生活质量测量 WHOQOL-100 量表分类

领　域	项　目	领　域	项　目
生理领域	疼痛与不适	社会关系领域	个人关系
	精力与疲倦		所需社会支持的满足程度
	睡眠与休息		性生活
心理领域	积极感受	环境领域	社会安全保障
	思想、学习、记忆力和注意力		住房环境
	自　尊		经济来源
	身材与相貌		医疗服务与社会保障
	消极感受		获取新信息
独立性领域	行动能力		休闲娱乐活动
	日常生活能力		环境条件
	对药物及医疗手段的依赖性		交通条件
	工作能力	精神支柱 / 宗教 / 个人信仰	精神支柱 / 宗教 / 个人信仰
		总的生存质量与健康状况	

第三节 温泉旅游者的分类

以温泉或温泉衍生产品为旅行目的地的旅行者，称为温泉旅行者。由于温泉业态的多样性，从单一的温泉泡浴到温泉酒店、SPA、温泉度假村、温泉水乐园等，其吸引的旅游者类型是截然不同的。

在许多具体的旅游研究和实际工作中，经常需要根据研究工作的目的，对温泉旅游者进行分类。例如，对欧美地区的旅游宣传和接待方式，与阿拉伯地区相比是有天壤之别的。同一类温泉旅游者在需求方面有许多的共性。

一、以国界为标准

根据旅游者在旅游时是否跨越国界，可把温泉旅游者分为国际旅游者和国内旅游者。二者的主要区别是游客是否跨越国界（境）。国际旅游者要征得目的地国家的许可，才可以实施旅游。目前中国温泉的国际旅游者比例很低，国内旅游者是中国温泉的主要客群。而日本、东南亚及欧洲地区的温泉，国际旅游者的比例就明显要高出许多。

二、以费用来源为标准

按照旅游者旅游费用的来源一般可将旅游者分为以下四种类型。

1. 自费旅游者

自费旅游者是指由自己来支付全部旅游费用的旅游者。随着经济的快速发展，我国自费旅游者已经成为国内游客的主力军。

2. 公费旅游者

公费旅游者是指旅游费用全部由国家、单位承担，自己不必支付任何费用的旅游者。在国家反腐倡廉工作的有力推进下，公费温泉旅游者所占比例已非常低。

3. 社会旅游者

社会旅游者是指享受社会福利补贴的旅游者。这种类型在国外常见，欧洲发达国家就将温泉疗养作为医疗保健体系提供给民众。

4. 奖励旅游者

奖励旅游者是指在工作中或因参加某种活动而得到以外出旅游为奖品的旅游者。例如，组织“五一劳动奖章”获得者、工会组织离退休人员疗养旅游等。

三、以组织形式为标准

按照温泉旅游者外出旅游的组织形式可将旅游者分为以下三种类型。

1. 团体旅游者

团体旅游者是指一定数量的来自同一单位、组织的游客，他们的旅游活动由旅行社统一安排、组织和策划、管理、服务，并一次性地收取旅游费用。

2. 个体旅游者

个体旅游者通常也叫散客，是指以单个个体的形式参与旅行社组织的旅游活动的旅游者，这是相对于团体旅游者而言的。旅行社把散客组成一个旅游团后，提供的服务就与团体旅游者一样。

3. 自助游者

自助游是近年来兴起的一种旅游方式。所有产品（服务）就如同自选商场里一样都明码标价，由游客根据自身条件（包括时间、预算、身体状况等）自由选择服务组合，是不完全依赖旅行社套装行程的旅游类型。随着家庭汽车拥有量的剧增，自驾游比例增加很快。由于温泉度假村等多位于城市远郊，交通不便，所以将泡浴温泉作为唯一目的的游客越来越多采用自驾游的方式前往。自驾游者是近年来明显上升的一个群体。自驾游费用比较高昂。

四、以消费水平为标准

根据温泉旅游者外出消费的情况一般可将旅游者分为以下三种类型。

1. 经济型旅游者

经济型旅游者是指由一般收入的工薪阶层组成的旅游者。他们收入较低，外出旅游消费水平也相对较低。一般都乘坐公共交通出行或跟随旅行社出行，住宿多选择价格适中的温泉酒店。

2. 大众型旅游者

大众型旅游者消费水平中等，比较大众化，相对而言，对旅游条件比较讲究。通常选择快速火车、飞机出游，住宿要求设施完善的温泉酒店，对服务要求较高，相对比较挑剔。

3. 豪华型旅游者

豪华型旅游者是指经济条件优越、生活富有情趣的旅游者。他们出游就是为了享乐、舒适，对温泉设施的要求相当高，火车要坐软卧、飞机喜欢商务舱，常住星级温泉酒店。

五、以旅游目的为标准

（一）观光型旅游者

观光型旅游者是指以欣赏温泉地的自然风景和风土人情为主要活动内容的旅游者。这类旅游者，是 20 世纪 50 年代至 60 年代初期世界上最常见、最普通的旅游者。所谓传统的旅游者就是指这部分人。

观光型温泉旅游者的特点主要有以下几点：

- 旅游者外出旅游的季节性强。
- 旅游者在旅游目的地的选择上自由度较大。
- 旅游者兴趣构成具有广泛性、多样性。
- 旅游者对产品价格较为敏感，在旅游活动过程中花费不大。
- 重游率低。

（二）娱乐消遣型旅游者

娱乐消遣型旅游者是指通过娱乐、消遣活动，以求得精神上的放松，并享受临时变换环境所带来的欢愉的旅游者。旅游需求多为新鲜、好玩、舒适。

娱乐消遣型旅游者的特点有以下几点：

- 数量大。
- 季节性强。大多数旅游者都会利用特殊的假期进行旅游活动，如学生的寒暑假时间，职员的春节假期、带薪年假等，这也是好多景区、景点形成淡旺季的原因。
- 自由度高。这主要体现在旅游者对目的地的选择、活动方式、路线、交通工具等方式上。
- 对价格敏感。对于大多数消遣型旅游者而言，经济实惠性是首先要考虑的要素。除此之外，旅游者希望在旅游产品上物有所值、价格实在。
- 在目的地停留时间相对观光型旅游者长。

（三）休闲度假型旅游者

度假型温泉旅游者出行时间多发生于节假日，出行也主要以家庭、朋友等聚集式出行为主。在温泉目的地的选择上，多以温泉度假村、温泉综合体等复合型的旅游服务承载地为主。除旅游目的地的选择外，出行费用是其考虑的重要因素之一。目前，亲子游是度假型旅行者重要的类型之一。据《2019 温泉旅游消费趋势报告》，单个温泉订单中有 14 岁以下小朋友的订单占比达到了 25%，家庭游客成为温泉旅游市场的重要客群。

（四）文化型旅游者

文化型旅游者是指以促进文化交流、了解民俗风情、求学、考察、考古、探险等为主要目的的旅游者。他们出游是为了领略异国他乡的新奇文化、乡俗，以及不同文化之间的冲突、渗透、融合，以此来扩展视野、增长见识。伴随我国高等教育水平的提高，文化旅游者的数量和关注的内容都有很大的提升。尤其是近年国家大力提倡研学旅行的背景下，文化型的温泉旅游者数量大幅提高。文化型温泉旅游者的特点有以下几点：

- 具有较为明确的学习或体验目的。
- 对温泉地的文化具有特殊的兴趣。
- 对旅游线路的科学性敏感，可能多次到同一地方旅游。

（五）医疗保健型旅游者

医疗保健型旅游者主要指为达到消除疲劳、增进身体和心理健康、治疗慢性疾病等目的而参加一些有益于身心健康的旅游活动的旅游者。保健型旅游的主要参与者是经济发达国家的一些旅游者以及发展中国家的一些较高收入者，其中以中老年人居多。保健型旅游项目的具体形式主要包括医疗旅游、森林旅游、避暑旅游、温泉旅游以及体育保健旅游等。由于这类旅游者大多是收入较高者，因此消费较高，选择的旅游目的地主要是一些带有度假保健特色的旅游景点。例如，古巴依托其绵长的海岸线，依靠精湛的医疗技术和卫生设备，开辟海滨胜地，发展度假保健旅游，吸引了大批的海内外游客。我国地域辽阔，拥有众多的适宜疗养的胜地，同时又有疗效神奇而独特的中国医药学，这些都会对世界各国该类型旅游者产生巨大的吸引力。目前，虽然有些地区也开展了此类旅游项目，但总体来说还没有形成一定的规模。

温泉含有微量矿物元素，游客在泡温泉时，大部分的化学物质会沉淀在皮肤上，改变皮肤酸碱度。此外，其化学物质可刺激自律神经、内分泌及免疫系统，同时也有利于皮肤病、心脏病、关节炎等疾病的康复。我国最早开发的温泉资源场所为工人疗养院，其最初目的是缓解和治愈工人在工作中所产生的部分疾病，保障工人的生活质量。随着社会的发展，越来越多的温泉场所结合医疗开发特殊的温泉医疗产品，著名的有法国依云小镇、冰岛蓝湖温泉等。其中，冰岛蓝湖因其特殊的硅酸型温泉水和火山矿物泥的医疗保健功能而广为人知，且成为冰岛旅游产业的重要组成部分。

（六）家庭及个人事务型旅游者

家庭及个人事务型旅游者指的是以探亲访友、出席婚礼、参加开学典礼或节庆活动等涉及处理家庭和个人事务的行程为目的的旅游者。这类旅游者比较复杂，其特点需要具体情况具体分析，一般而言有以下几点：

- 对价格较为敏感。
- 外出季节性较弱。
- 这类旅游者在旅游过程中往往比较少利用旅游地住宿及其他服务设施。
- 这类旅游者对目的地没有选择的自由，往往因时间紧迫，对交通工具不会特别挑剔。

（七）康养型旅游者

康养旅游是建立在自然生态、人文环境基础上，结合休闲、康体、游乐等形式，以达到强身健体、修身养性等目的的旅游活动。简而言之，康养旅游即以健康为主题的旅游行为。温泉康养是温泉和康养结合的新模式。有研究表明：人在沐汤时，人体会受到不同温度的刺激从而产生不同的应激反应，引起交感神经和副交感神经不同程度的兴奋；同时人体会受到浮力作用，因此温泉有舒缓筋骨、放松精神和运动功能恢复的功效。

目前，康养作为健康产业的一种，被深入开发并植入温泉项目当中。相关数据表明：预计2040年，我国50岁以上人口占全国人口总数46.5%，届时社会将迈向全民康养的道路。未来，康养型旅游者也将是温泉行业的主要客群。

（八）商务型旅游者

商务型旅游者是指以经济、商务为主要目的的旅游者。他们既是旅游史上最早的旅游者，也是现代旅游中最主要的客源之一。商务旅游者追求效率和紧凑，他们所有的需求可以分为四个基本方面：时间安排、便利、舒适、特殊服务。

其中，特殊服务是指旅游营销人员对商务旅行群体开发的一些特殊服务，用来增强某些特定旅游产品对这个重要市场的吸引力。例如，商务饭店现在都提供电熨斗和吹风机，他们知道对于商务型旅游者而言，个人形象尤为重要，这些用品可以使他们去参加商业会晤时看起来更加得体。

不同于一般商务型旅游者的是，温泉商务型旅游者更注重场所的会议及会议相关服务功能。温泉项目的综合性和品质是此类旅行者的选择标准，他们更注重温泉场所提供的专业完善的会议相关服务。除会议外，温泉项目的宴会餐饮服务也对其选择产生重大影响。

第四节　温泉旅游形式的变迁

温泉旅游的内核是人们对于健康与生活品质的追求，温泉旅游体现了人们对健康、生活品质的追求。在历史的流变、社会制度的变迁、技术的发展和人对于健康和生活品质的观念革新中，温泉旅游的外在表现形式一直处于变动之中，因而出现众多与温泉相关的康养旅游概念（见图1-2）。这些概念包括温泉疗法、疗养院、SPA、康养旅游和医疗旅游等，它们没有严格的时间先后顺序。比如，温泉疗法是最早的人类利用温泉改善健康的康养旅游形式，但是欧洲等地的温泉疗法并没有随着时间的流逝完全消失，而是与现代的医学和技术相结合，完成了现代意义的传承。在全球化的时代，不同时期出现过的温泉旅游形式更是在全世界范围内进行着交流与互相影响。因此，我们在中国的温泉旅游发展中，经常能够看到同一个温泉旅游地中包含着不同形式的温泉旅游业态。下文将按照不同温泉旅游形式与概念出现的历史顺序，阐述相关概念的历史背景与意义差异。

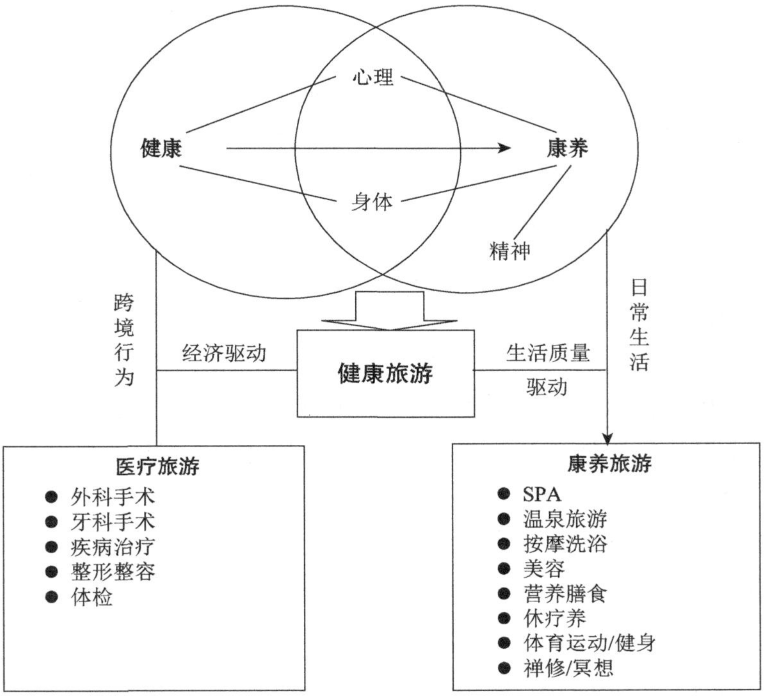

图 1-2 康养旅游概念体系

一、温泉疗法（Balneotherapy）

西方有关康养旅游的概念缘起于古希腊与罗马帝国时代的温泉疗法与温泉浴。公元前 460—公元前 370 年的古希腊医师认为：人的疾病源于水、火、空气和土地四种元素导致的内部失调，因此可以通过特定的方法从大自然中重新摄取相关的元素予以医治。古希腊医师给出的调节身体元素平衡的方法包括食疗、按摩和温泉疗法。到了罗马帝国时期，温泉疗法逐渐在民间开始盛行。古罗马时期修建了大量用于公共沐浴的温泉浴场，它们既有健康保健之功用，又兼具社会交往的功能。这一温泉浴场的传统约在 13 世纪流入中东地区的伊斯兰教国家并一直延续至今。

至 18 世纪中叶，温泉疗法又重新获得欧洲新贵阶层的青睐，成为一种流行于贵族之间的新兴的减肥方式。因应这一潮流，欧洲涌现了一大批兼具健康与休闲性质的温泉浴场和温泉小镇，如捷克的卡罗维发利和德国的海利根达姆、巴登-巴登等。这些温泉浴场除了给上流社会提供泡浴温泉的服务外，还因为赌场和各种宴会交际，吸引了更多其他从业者或人口的进驻，逐渐发展成了人口密集的小镇。19 世纪末 20 世纪初，德国等国家开始禁止温泉地区的赌博活动，加之随之而来的世界大战，导致持续兴旺近两百年的温泉浴场和温泉小镇日益衰落。但是这一时期继承而来的浴疗法的传统，以及曾经繁荣的温泉浴场，都对现代西方的康养旅游产业的发展具有深远影响。

二、疗养旅游（Cure Tourism）

“二战”结束之后，欧洲的大部分温泉浴场都被用于战后伤员的康复与疗养，逐渐转型发展成为疗养旅游目的地。除了温泉地之外，欧洲的很多滨海、森林等气候适宜的地区在这一时期都成为疗养目的地。疗养旅游的大规模发展与西方国家医疗保险制度的完善密不可分，正是因为保险业将温泉等疗养地的康复、医疗项目列入了保险支付的范围，从而为疗养旅游的发展提供了庞大的市场基础。迄今为止，疗养旅游者依然是欧洲很多旅游目的地最重要的客源之一。

疗养旅游兴起于 20 世纪中叶的西方。首先，疗养一词的传统含义本就是指“使虚弱的健康状况得以改善和稳定，各项疾病的康复或得到持续的浴疗”，可见疗养旅游者最主要的驱动力是通过某种特殊的疗法得以预防疾病或病后恢复。但是，过于偏重医疗功能的导向，导致疗养旅游地聚焦了大批的康复人群和老龄人口，他们与大量的年轻人和家庭游客相比，对健康的需求有所不同。很多疗养旅游目的地如今已经变成了“沉闷”的代名词。其次，世界温泉及气候养生联合会（FEMTEC）对欧洲温泉疗养场所提出了非常严格的医疗标准，这些标准又与保险公司的条款及国家津贴的发放挂钩，这就导致温泉疗养地的产品供给多年来保持不变，没有做到与时俱进的改革与创新，逐渐被年轻人诟病为“陈旧”与“老套”。除此之外，FEMTEC 还非常重视疗养地的环境保护和文化传统的复兴，不主张在疗养地开展歌舞厅、快餐厅及其他被认为“不健康”的娱乐活动。这进一步加深了人们对疗养旅游陈旧、无趣的刻板印象。

疗养旅游是现代康养旅游产业的一个部分。但是，因为其形成于战后的特定历史时期，偏重于医疗、康复的功能，加之与西方保险制度挂钩，使其逐渐成为康复患者、老龄人口这一特定人群的旅游形式。随着西方年轻人、家庭和中产阶级健康理念的变化，以及对生活品质的追求，康养旅游成为西方社会日益流行的健康旅游新概念。

三、康养旅游（Wellness Tourism）

美国医生邓恩（Dunn，1959）用“well being”和“fitness”创造了“wellness”（本文将其翻译成“康养”）一词，他认为一个人的健康应该取决于其在特定环境中的身体、思想、精神与状态的总和。“康养”表达的是高水平的健康状态。达到康养状态的人应该是身体、心灵和精神和谐发展，具有高度的自我责任感、身体健康、合理饮食、精神放松、持续地接受教育，并且关心环境和社会的人士。这一概念随后迅速在欧美国家得到广泛传播和应用。穆勒（Mueller，2001）在康养的概念基础上，提出了康养旅游，并将康养旅游作为健康旅游的其中一个分支。所谓康养旅游是指基于健康目的驱动的旅程所形成的所有关系与现象的总和。康养旅游者一般会居住在特定的酒店，享受个性化的健康服务，包括健身、运动、美容、按摩、营养膳食、放松、禅修及教育等专业化的服务项目。

从概念上说，康养旅游不是对传统疗养旅游的取代，而是因应新的时代需求而产生的新的产品类型。20 世纪 90 年代，欧洲经历了经济萧条，部分国家对健康保险法案进行了修改，把温泉酒店和疗养机构从其保险报销的名目中剔除，导致众多以浴疗法为主营业务的温泉酒店和疗养地丢失了大批的顾客。为了应对这一社会变革，很多疗养中心和酒店都寄希望于迅速发展的康养旅游，通过进一步完善健康配套服务，吸引新的客源。从传统的疗养旅游转向康养旅游，配备健康设施的温泉旅游地得以再次复兴。可选择的医疗项目与康体、温泉池相结合，成为追求健康生活方式与生活品质的新一代热衷的旅游方式。如今，除了少部分依然面向疾病治疗和疗养，大部分温泉地和疗养地发展成为现代康养旅游地。这些国家的康养旅游目的地通常都位于与城市保持一定距离的位置，目的地的酒店会提供一系列的健康产品，如健康餐饮、美容、按摩和其他各类满足顾客健康需求的项目。与疗养旅游地的区别在于，康养旅游目的地不要求顾客一定要接受某项医疗服务，而是代之以高品质的接待服务和餐饮服务。康养旅游产品的主要特征，就是顾客通过旅游目的地提供的各类健康设施和服务，身体与心理的健康得以恢复，或预防健康问题的出现。提供康养旅游产品的可以是星级酒店、疗养院、医疗机构或其他提供健康服务的酒店。

四、医疗旅游（Medical Tourism）

现代社会，人们对健康日益关注，技术的创新与全球化不断推进，交通成本变得较为低廉，而医疗成本日益高涨，加上发达国家人口老龄化进程的加快，使得人们对于跨国寻求可负担的优质医疗服务需求与日俱增，这一切促使医疗旅游（Medical Tourism）这一新的旅游产业迅速崛起。医疗旅游指的是长途旅行前往国外接受牙科、整形、手术、体检等医疗服务，并顺便完成度假和观光的行为。因此，医疗旅游最显著的特征是跨境接收医疗服务，旅游是跨境医疗的副产品（Connell，2006）。

医疗旅游的需求最早产生于富裕地区，比如北美、西欧、中东地区。这些地区之所以产生庞大的跨境医疗人群，最重要的原因是国内高昂的手术成本。西方很多国家的医疗产业私有化程度很高，医疗保险支出远超普通人能够承受的范围，公共医疗保障不健全，即使在有医疗保险的前提下，人们预约某项手术的轮候时间也很长。而处于社会底层的部分民众根本无力购买医疗保险，一旦健康出现危机则完全无法负担手术的费用。与此同时，全球旅行的交通成本不断下降，这就给普通民众提供了到海外接受物美价廉的医疗服务的可能性。也有研究指出，40% 的医疗旅游者不是因为成本而选择医疗旅游，而是为了在全球寻找最好的医疗条件。对于这部分医疗旅游顾客而言，医疗质量远比医疗的成本更重要。而对于发展中国家的民众，选择跨境医疗或许仅仅是因为国内医疗水平的限制，只有跨境才能找到合适的医疗服务。

亚洲和东欧是目前世界医疗旅游最重要的目的地（李鹏，2020）。通常情况下，一个国家会发展出一两项拔尖的医疗项目用于从全球招徕客人。比如，匈牙利致力于打造“世界牙科之都”的医疗目的地形象，泰国则是全世界最知名的变性手术目的地。各国的医疗旅游目的地在推广自身的医疗项目时都会强调周边的旅游吸引物，如海滩、景区、古代遗迹和文化遗产。比如，泰国普吉岛的广告会打出“健康与度假的结合，节省您的时间与金钱”的口号；印度则号称拥有最先进的医疗设备和最资深的医生，并称这些医生都在发达国家接受医学教育并具有在西方国家从医的经验。与此同时，在医疗旅游的客源地和目的地都涌现出一批新的医疗旅游专业公司，为医疗旅游者提供中介服务。它们通常会为客人提供行前咨询和地接的交通、住宿和医疗服务的预约。

五、小结

综上所述，不论哪个时期出现的温泉旅游形式，都属于健康旅游的范畴。不同历史时期形成的温泉旅游的概念、游客的需求和行为、配套旅游产品的供给模式也都具有显著差异（见表 1–2）。温泉及浴疗法标志着西方康养旅游的萌芽，这一古老的疗法至今仍然属于欧美部分历史悠久的疗养旅游目的地和康养旅游产品中的项目之一，受到欧美游客的喜爱。疗养旅游具有较为浓厚的社会福利性质，形成于“二战”之后，与西方国家的社会医疗保险制度具有紧密联系，但是因为主要针对特定疾病人群、康复病人和老人群体的健康问题，不能满足年轻人、家庭等无明显病状人群对于健康的需求。康养旅游则是建立在“康养”哲学之上的健康旅游类型，通过在酒店或目的地提供健身、运动、美容、按摩、营养膳食、放松、瑜伽、禅修、教育等一系列的产品促进旅游者在身体、心灵和精神上的和谐发展。医疗旅游是 20 世纪 90 年代才出现的新生事物，其与康养旅游的区别在于，医疗旅游强调的是跨国接受医疗（手术），医治已经出现的疾病或改变原有的生理现象；而康养旅游则更多地指向人的日常健康需求与旅行实践，强调的是防止“未病”的发生，保持人们健康的状态。医疗旅游产生的背景是医疗成本与医疗技术的全球不均衡，因此，医疗旅游所反映出的全球健康公平问题及其对医疗旅游目的地的影响是学术界关注的焦点。

表 1–2 与温泉相关的旅游概念比较

项 目	健康旅游（Health Tourism）			
	温泉疗法 Balneotherapy	疗养旅游 Cure Tourism	康养旅游 Wellness Tourism	医疗旅游 Medical Tourism
定 义	摄取温泉水相关的元素予以人体元素平衡的医治方法	使虚弱的健康状况得以改善和稳定，各项疾病的康复或得到持续的浴疗旅游	基于健康目的驱动的旅程所形成的所有关系与现象的总和	为接受牙科、整形、手术、体检等医疗服务而前往其他国家的长途旅行

续表

项　目	健康旅游（Health Tourism）			
	温泉疗法 Balneotherapy	疗养旅游 Cure Tourism	康养旅游 Wellness Tourism	医疗旅游 Medical Tourism
出现时间	古希腊	“二战”后	20 世纪 50 年代	20 世纪 90 年代
目的地	温泉地	温泉地，滨海，森林等	大城市周边，拥有优越的环境资源	主要分布于亚洲、东欧、拉美等发展中国家
需求市场	病人，上流社会	特定疾病人群，康复病人，老人	年轻人，有孩子的家庭，中产阶级，老人	发达国家的中产阶级，寻求全球最佳医疗条件的富裕人群，寻求整形美容、变性等特殊医疗的人群
产品供给	温泉疗法，赌场等娱乐场所	温泉疗法，气候疗法，康复医疗，专业的医疗服务	健身、运动、美容、按摩、营养膳食、放松、瑜伽、禅修及教育项目	牙科、整形美容、生育、干细胞治疗、器官移植、骨科手术、心脏手术、眼科手术、肿瘤治疗等现代医学手术

第五节　温泉旅游研究的学科体系

一、温泉旅游与其他学科的关系

温泉旅游的发展涉及跨学科知识的综合运用。从温泉资源的勘探、开发，到温泉项目的规划设计，再到温泉旅游企业的运营与管理，以及协调应对温泉旅游发展中的社会问题，温泉旅游的发展需要借助到不同学科的知识和工具。

（一）温泉旅游与地质学

地质学是研究地球的物质组成、内部构造、外部特征、各层圈之间的相互作用和演变历史的一门学科。温泉旅游发展的基础是温泉资源，温泉资源的形成涉及地球内部构造与水的地下运动之间的关系。地质学是理解温泉资源形成和开发原理的必备知识，它也为温泉旅游项目的前期勘探和选址提供了依据。

（二）温泉旅游与地理学

地理学是研究地理要素或者地理综合体空间分布规律、时间演变过程和区域特征的一门学科。温泉旅游在全世界不同地区拥有不同的开发模式和市场环境，即使在中国国内，南方的温泉和北方的温泉也具备明显的气候差异和游客行为差异，这些都有赖于从地理学的角度给予理解。

（三）温泉旅游与环境科学

环境科学是一门研究人类社会发展活动与环境演化规律之间相互作用关系，寻求人类社会与环境协同演化、持续发展途径与方法的科学。温泉旅游的开发建立在人类对于温泉资源的利用方式的革新之上，这种革新体现在对温泉资源的管理制度、温泉水的开采与分配以及对于温泉尾水的处理等方面。环境科学对于指导温泉水的可持续开发与管理具有重要作用。

（四）温泉旅游与管理学

管理学是研究管理规律、探讨管理方法、建构管理模式、取得最大管理效益的学科。温泉旅游涉及的市场营销、品牌建设、人力资源管理、服务质量管理等都属于管理学探讨的范畴。管理学的知识对于温泉企业的管理至关重要。

（五）温泉旅游与保健医学

保健医学是研究环境对人群健康的影响，并探讨其发病的规律，从而制定有效的预防对策和措施，以达到保护健康、促进健康目的的科学。保健医学有助于研究形成一套系统的温泉保健方法，并形成温泉旅游与健康的系统知识。

二、温泉旅游的研究内容

温泉旅游中的诸多问题涉及跨学科的知识。本书基本按照温泉旅游开发的流程进行章节的设置（见图 1-3），以尽可能完整的内容体系介绍温泉旅游发展过程中需要了解的知识。

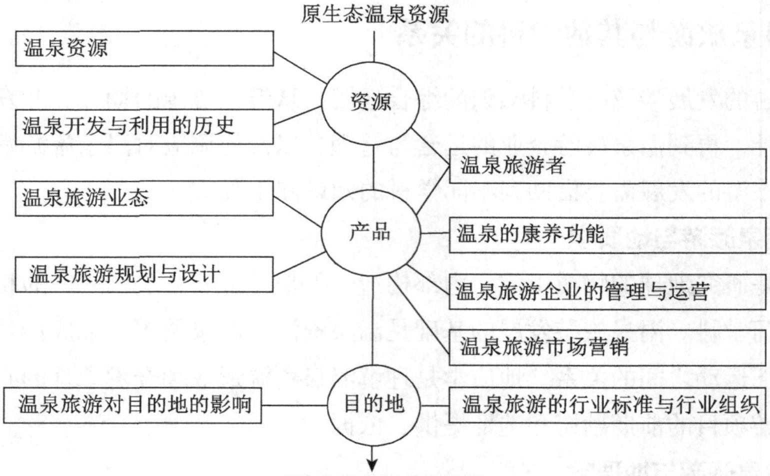

图 1-3　温泉旅游开发流程与研究内容

（一）温泉资源

这部分内容首先介绍温泉资源的定义、温泉资源的地质成因以及温泉资源的不同类别，其次对世界温泉资源的分布、中国温泉资源的分布特征进行阐述，也会对国内外典型的温泉地进行介绍，构建有关温泉资源的整体格局。

（二）温泉开发与利用的历史

从历史的角度，对温泉旅游的起源进行研究，介绍亚洲、欧洲、美洲及中东地区温泉旅游的发展历史。

（三）温泉的康养功能

首先是对温泉不同成分矿物质的对应疗养功能进行介绍，其次将对与温泉有关的自然疗法、慢生活运行、自我发展和生活品质等问题进行阐述。

（四）温泉旅游业态

温泉旅游的开发大多数属于旅游综合体，涉及多种不同的旅游业态。本书主要介绍SPA、水上乐园、度假村、温泉地产、康养产业等主要温泉旅游业态。

（五）温泉旅游者

从市场需求的角度，对温泉旅游者的驱动力、温泉游客的群体类别、游客体验及满意度、游客的忠诚度等概念进行介绍。

（六）温泉旅游企业的管理与运营

温泉旅游的企业管理既涉及住宿业、餐饮业等旅游接待业的基本管理问题，又涉及温泉区及康养项目的特质化的服务内容。温泉旅游目的地多位于远离城市中心的郊区，其市场营销与人力资源管理也与位于城市中心的商务型酒店等产品不同，这是温泉旅游企业管理与运营中需要理解的核心问题。

（七）温泉旅游对目的地的影响

温泉旅游发展往往成为目的地重要的社会事件，其影响不仅仅是对区域经济的提升，也对温泉资源的管制规则、温泉地的生态环境以及本地社区的生活带来诸多影响。开发者需要了解温泉旅游发展所引发的系统性影响，并尽量降低影响的负面效应，提升正面效应。

（八）温泉旅游规划与设计

温泉旅游规划是保障温泉旅游可持续发展的重要一环。现代社会对于温泉旅游规划的评价既包括项目的盈利性的考虑，也包括其在实现经济、文化、环境协调发展方面的理念与方法。因此，温泉旅游的规划与设计对规划者的理论、视野和具体的实操手法都有较高的要求。

（九）温泉旅游市场营销

这部分内容主要介绍温泉旅游市场定位、温泉企业的定价、旅游市场营销环境分析，以及分销渠道和营销战略与方法等温泉旅游市场营销的相关知识。

（十）温泉旅游的行业标准与行业组织

中国的温泉旅游发展标准化程度越来越高。温泉旅游的开发过程中涉及水法、矿产资源法、环境保护法等法律的约束，建设中还需要考虑中国已经发布的温泉旅游的国家标准和行业标准。另外，本书还将介绍世界上主要的温泉旅游非政府组织及其主要职能。

参考文献

[1] Altman N. Healing Springs：The Ultimate Guide to Taking the Waters [M]. Inner Traditions/Bear & Co，2000.

[2] Connell J. Medical tourism：Sea，Sun，Sand and... Surgery [J]. Tourism Management，2006，27（6）：1093-1100.

[3] Dunn H L. High-level Wellness for Man and Society [J]. American Journal of Public Health and the Nation's Health，1959，49（6）：786-792.

[4] Mueller H，Kaufmann E L. Wellness Tourism：Market Analysis of a Special Health Tourism Segment and Implications for the Hotel Industry [J]. Journal of Vacation Marketing，2001，7（1）：5-17.

[5] Waterman A S，Schwartz S J，Zamboanga B L，et al. The Questionnaire for Eudaimonic Well-Being：Psychometric Properties，Demographic Comparisons，and Evidence of Validity [J]. The Journal of Positive Psychology，2010，5（1）：41-61.

[6] 陈惠雄，刘国珍．快乐指数研究概述 [J]．财经论丛（浙江财经学院学报），2005（3）：29-36.

[7] 陈惠雄．"快乐"的概念演绎与度量理论 [J]．哲学研究，2005（9）：81-87.

[8] 董希望，王弟海．经济学中的"健康"：定义和度量——学科比较的视角 [J]．福建论坛：人文社会科学版，2014（12）：19-26.

[9] 郭元星，李彦豪．生存质量研究及展望 [J]．第一军医大学学报，2001（6）：464-466.

[10] 姜莉．欧、亚温泉区发展特点之比较 [J]．小城镇建设，2005（4）：72-74.

[11] 李鹏，叶卉悦，赵永明．康养旅游相关概念辨析与国际研究进展 [J]．旅游论坛，2020，13（1）：69-81.

[12] 苗元江，胡亚琳，周堃．从快乐到实现：实现幸福感概观 [J]．广东社会科学，2011（5）：114-121.

[13] 徐斌．从 WHO 的健康定义到安康（wellness）运动——健康维度的发展 [J]．医学与哲学，2001（6）：53-55.

[14] 杨芳，全景．黄石——世界上第一个国家公园 [J]．森林与人类，2014（5）：128-135.

[15] 杨忠伟．人类健康概念解读 [J]．体育学刊，2004（1）：132-134.

第二章　温泉资源

第一节　温泉的分类及相关概念辨析

一、温泉

我国学术界对于温泉最早的定义出自陈炎冰（1939）："地下涌出之泉水，其温度较涌出地点之年平均温度为高者称温泉。"按照陈炎冰的定义，不同区域内判别温泉的标准温度不尽相同，年平均气温高的地方较之年平均气温低的地方的温泉判别温度高。但是，陈炎冰并没有作出究竟比地方年平均气温高出多少可以称为温泉的精确描述。

陈炎冰之于温泉的定义与西方学界的定义具有相当程度的传承关系。国外早在1875年就有过对温泉的定义：凡温度高于当地年平均温度3.3℃的泉水就叫温泉。怀特于1957年提出，"温度显著高于当地平均温度的泉水叫温泉或热泉，一般来说，5℃就为显著"（White，1975）。但是此标准应用于中国的实践中尚须改进，因为中国拥有众多的高纬度地区和高寒山区，其年平均气温往往不到3℃，即使高于当地平均气温10℃的泉水也不能称之为温泉。

温泉大国日本1948年出台的《温泉法》中规定，高于25℃的地下天然涌水，且包含一定量矿物成分的就是温泉。因为日本的气候接近我国北方地区，所以日本对温泉水温度的标准也比较适合于广大的中国北方地区。另外，日本对于温泉的定义中，除了对于温度的明确限定外，也强调了水中矿物成分的作用，这对于温泉在旅游中的应用尤其重要。同属东亚的韩国也同样强调温泉须不包含对人体有害的物质。对于水中矿物成分的规定得到东亚国家的普遍重视。

有鉴于此，中国2017年出台的《温泉旅游泉质等级划分》中对温泉的定义为：从地下自然涌出或人工采集，并含有多种对人体有益的矿物质及微量元素，且水温≥25℃的矿水。这一定义明显是符合我国所处的东亚地区的环境特点的。

温泉还存在"地热"和"热矿泉"等不同表述。"温泉"一词是被社会普遍接受的惯用语，尤其是旅游行业使用率高。"地热"一词更强调地质科学及能源的属性，"热矿泉”则强调水中的成分。以下我们就这两个与温泉息息相关的概念进行介绍。

二、温泉与地热

地热是温泉形成的能量来源。地热能是来自地球深处的可再生性热能，它起于地球的熔融岩浆和放射性物质的衰变，并以热力形式存在，是引致火山爆发及地震的能量。温泉是以水为介质将地下热能带到地表而形成的一种地质现象。地热具有多种类型的地表热表现形式，其中绝大多数的地热资源都以＜ 80℃液态水形式存在，就是传统意义的温泉。因此，所有的温泉都属于地热资源。

1989 年发布的《地热资源勘查规范》(GB 11615—89）对地热资源的温度和用途进行了分级（见表 2-1）。凡是能以液态水形成存在的地热资源，都属于温泉。在这一分级中，温泉涵盖了从低温地热到中温地热的两个分级。

表 2-1　地热资源温度和用途分级

温度分级		温度界限 t/℃	主要用途
高温地热资源（I 级）		t ≥ 150	发电、烘干
中温地热资源（II 级）		90 ≤ t ＜ 150	工业利用、烘干、发电
低温地热资源	热水（III 级）	60 ≤ t ＜ 90	取暖、工艺流程
	温热水（IV 级）	40 ≤ t ＜ 60	医疗、洗浴、温室
	温水（V 级）	25 ≤ t ＜ 40	农业灌溉、养殖、土壤加温

注：表中温度是指地热流体的出井口温度

在借鉴该分级标准的基础上，中国学者在温泉的分析和统计中把＜ 25℃的略而不计，分为 25-40℃、40-60℃、60-80℃和 80℃四个温级，并统称温泉。至于＞ 80℃的温泉中达到或略高于当地高程水的沸点的，则称为沸泉（陈墨香，1992）。由于温泉作为一种旅游资源在最近 30 年不断得到开发利用，所以不少旅游学者也对温泉有过相关定义。如刘振礼等（刘振礼，王兵，1996）将泉水分为冷泉、温泉与热泉，20℃以下为冷泉，20-37℃为温泉，38-42℃为热泉，43℃以上为高汤泉，超过当地沸点的泉为沸泉。

虽然只有以液态水形式存在的地热才能称为温泉，但是地热能带来的地表热能活动会形成许多独特的地表热能景观，成为独特的旅游吸引物。典型的地热能地表景观包括水热爆炸、泉华、间歇泉、水热蚀变、火山地貌（刘时彬，2005）。

（一）水热爆炸

水热爆炸是一种激烈的水热活动现象。由于近地表岩体中含有水温超过 200℃的饱和状态或过热态的地下热水，当它在上升运动过程中，因近地表围压的降低，产生突发性汽化，这一蒸汽压力超过上覆岩层的静压力时，就会将热水储层顶盖掀开，盖层上的泥沙、砾石连同热水和蒸汽一起冲出，并伴随巨大的爆炸声。爆炸后地表会遗留大小不等的坑穴，有的逐渐演变成热水塘或热水湖等。发生水热爆炸的原因主要包括高温热水区的地震、大气压突变以及补给系统热量的突增等。美国的黄石公园、新西兰的维奥塔普、冰岛的克拉弗拉和意大利的托斯卡纳、日本北海道的登别都有水热爆炸的观测记录。我国西藏阿里地区普兰县的曲普、羊八井，云南龙陵县邦腊掌、腾冲热海、朗蒲热水塘、云县大空蚌、马鹿田坝、瑞丽棒蚌，四川攀枝花硝塘，台湾台北北投等地都发生过水热爆炸现象。

（二）泉华

泉华就是由温泉水带到地面的一种沉积物。由于地下热水和蒸汽自身溶有各种矿物物质和矿物盐成分，当它沿着一定的通道上升到地表时，由于温度、压力等条件的变化，温泉水在流经岩石裂隙或地表时，会沉积出各种类型的化学沉积物，即泉华。泉华不仅能反映泉水的化学成分，而且能带出水热系统深部和上行通道的地质、地球化学、地温梯度等重要信息。根据泉华中主要化学成分的差异，又可以分为钙华、硅华、硫华和盐华四种。一般情况下，只有高温水热活动区才会出现硫华和硅华，而中低温水热活动区只会出现钙华和盐华。泉华在世界各地的分布较为广泛，在我国比较有代表性的泉华包括西藏措美县古堆热田的茶卡温泉钙华区、藏北双湖区龙马尔钙华石林，云南腾冲热海景区内的蛤蟆嘴、狮子头与昌宁县鸡飞澡塘水热区的泉华锥等。

（三）间歇泉

间歇泉是高温地热区的典型标志，常与大量的热泉、沸泉、喷汽孔等伴生，因其喷射沸水和蒸汽具有定时定量的特点，因此被称为间歇泉。间歇泉的形成首先应该具备一个地下水室，水室中的热水由于局部受热而不断升温，同时密度下降、压力增强，当水的热含量达到某一临界点状态时，水室的水体将会出现不稳态，发生突发性汽化后扩容体积增长 1500 倍，从而将水猛烈冲出地下水室。喷射后水室又重新注入冷水，这时喷泉进入间歇期。通过热源的重新加热，又开始新一轮的水室汽化和激喷。世界著名的间歇泉包括冰岛的雷克雅未克东北 70 公里的冰岛大喷泉，美国黄石公园的老实泉，新西兰罗托鲁阿南部的波呼托；中国境内有西藏昂仁县桑桑区搭各加间歇泉、谢通门县龙桑区查布乡间歇泉、南木林县芒热乡泮扎龙间歇泉、那曲市谷露乡间歇泉、措美县谷堆乡布雄郎古间歇泉，四川省甘孜藏族自治州巴塘县茶洛间歇泉，云南龙陵县邦腊掌间歇泉。

（四）水热蚀变

水热蚀变是指高温热水或蒸汽沿构造运动形成的通道运移过程中，与围岩岩体相互作用所产生的一系列复杂的重结晶、溶解和沉淀等相应反应，比如热水失去一些钙，而围岩发生方解石化、白云岩化、高岭石化、沸石化等。水热蚀变的特点就是在地面呈现出五颜六色的色彩，因此往往成为温泉目的地的旅游吸引物。我国的羊八井、腾冲热海是比较典型的观察水热蚀变的地区。

（五）火山地貌等地质遗迹

火山喷发及其遗留的地质遗迹是地热活动最强烈的地表显现。火山喷发是地壳运动的一种表现形式，是地球内部巨大热能通向地表的最强烈的显示。不少火山活动区或间歇活动区都分布有高温温泉。火山分活火山、休眠火山和死火山三类。我国黑龙江五大连池火山区在史书中记载于1719—1720年曾发生过喷发，新疆昆仑山中的卡尔达西火山群1951年5月曾有一座发生喷发，这些都属于活火山。云南腾冲的火山群，最老不过20万年、最年轻只有6万年，属于休眠火山。广西北海的涠洲岛及其相邻的斜阳岛为第四纪海底火山喷发沉积后经构造运动而升出海面的火山岩岛。

三、温泉与矿泉

矿泉是指含有一种及以上的盐类成分、矿物质、气体成分、微量元素，以及放射性成分的天然涌出泉水。矿泉可以根据温度分为冷矿泉和热矿泉，热矿泉即温泉。世界各国皆有不同的划分矿泉与非矿泉、温泉与冷泉的规定。矿泉因其成分及温度，用途十分广泛，已在工业、农业、医疗以及生活各方面被广泛应用。在医疗上应用者为医用矿泉，医用矿泉对于温泉旅游尤为重要。

医疗矿泉是指对人体有医疗价值的矿泉。医疗矿泉中所含有的多种化学成分可适用于人类医疗保健事业，而对机体不会造成不良影响或损害。我国在1964年卫生部召开的全国理疗疗养专题组会议上将医疗矿泉定义为：从地下自然涌出或人工钻凿取得的地下水，每升含有1克以上可溶性的固体成分，一定的特殊气体成分与一定量的微量元素，或具有34℃以上的温度，可供医疗与卫生保健应用的泉水（王立民，安可士，1993）。

医疗矿泉可以根据不同的标准进行划分。按照温度不同可以分为以下几种：

- 冷泉：25℃以下；
- 微温泉：25-33℃；
- 温泉：34-37℃；
- 热泉：38-42℃；
- 高温泉：43℃以上。

根据渗透度不同可以划分为以下几种：

- 低渗：可溶性固体1-8克/升；
- 等渗：可溶性固体8-10克/升；
- 高渗：可溶性固体10克/升以上。

根据 pH 值不同分为以下几种：

- 酸性泉：pH2-4；
- 中性泉：pH6-7.5；
- 碱性泉：pH8.5-10；
- 弱酸性泉：pH4-6；
- 弱碱性泉：pH7.5-8.5。

王立民等人提出医疗矿泉主要包括十二类（见表 2-2）：氡泉、碳酸泉、硫化氢泉、铁泉、碘泉、溴泉、砷泉、硅酸泉、重碳酸盐泉、硫酸盐泉、氯化物泉、淡泉。这些矿泉的主要成分都有其对应的适应证，本书在第四章会详细展开论述。值得注意的是，王立民（1993）认为，总固体成分不足 1 克，其他微量元素、气体成分、放射性成分与化学成分等皆未达到医疗标准，温度超过 34℃的单纯温泉虽然不能称为医疗矿泉，但是因为其温度达到 34℃以上，亦比普通淡水拥有更高的医疗价值，具有镇静神经的作用。因此，对于温泉水中矿物质的医疗功效的认识应尽量实事求是，不论是属于达到命名标准的医疗矿泉还是单纯温泉，都具有一定的适应证。

表 2-2　医疗矿泉分类表

分　类	名　称	主要成分		矿化度
		阴离子	阳离子	
1	氡　泉	Rn		3Bq/L 以上
2	碳酸泉	CO_2		1g/L 以上
3	硫化氢泉	S		10mg/L 以上
4	铁　泉	Fe^{2+}、Fe^{3+}		10mg/L 以上
5	碘　泉	I		5mg/L 以上
6	溴　泉	Br		25mg/L 以上
7	砷　泉	As		0.7mg/L 以上
8	硅酸泉	H_2SiO_3		5.0mg/L 以上
9	重碳酸盐泉	HCO_3	K、Na、Ca	1g/L 以上
10	硫酸盐泉	SO_4	K、Na、Ca	1g/L 以上
11	氯化物泉	Cl	K、Na、Ca	1g/L 以上
12	淡　泉	—		34℃以上

我国于 1989 年出台了国家标准《地热资源地质勘查规范》（GB 11615—89），其中对于医疗矿泉的命名作了明确的规定（见表 2-3）。这一标准成为我国温泉旅游开发中对温泉水质进行检测和医疗矿泉命名的重要依据。

表 2-3　医疗热矿水水质标准（热矿水温度 25℃）

单位：mg/L

成　分	有医疗价值浓度	矿水浓度	命名矿水浓度	矿水名称
二氧化碳	250	250	1000	碳酸水
总硫化氢	1	1	2	硫化氢水
氟	1	2	2	氟　水
溴	5	5	25	溴　水
碘	1	1	5	碘　水
锶	10	10	10	锶　水
铁	10	10	10	铁　水
锂	1	1	5	锂　水
钡	5	5	5	钡　水
锰	1	1	—	—
偏硼酸	1.2	5	50	硼　水
偏硅酸	25	25	50	硅　水
偏砷酸	1	1	1	砷　水
偏磷酸	5	5	—	—
镭（g/L）	10-11	10-11	＞10-11	镭　水
氡（Bq/L）	37	47.14	129.5	氡　水

注：本表引自国家标准《地热资源地质勘查规范》（GB11615—89）

第二节　温泉的地质成因

一、地热田

地热田，是指现代地壳内占有一定空间位置和有利地质构造部位、具有一定的物理特性（温度、压力、相态）和特殊化学组分的地下热水和蒸汽。地热田是温泉上涌的蓄水池，是温泉水涌出地表前存储在地下的水热空间体（见图 2-1）。

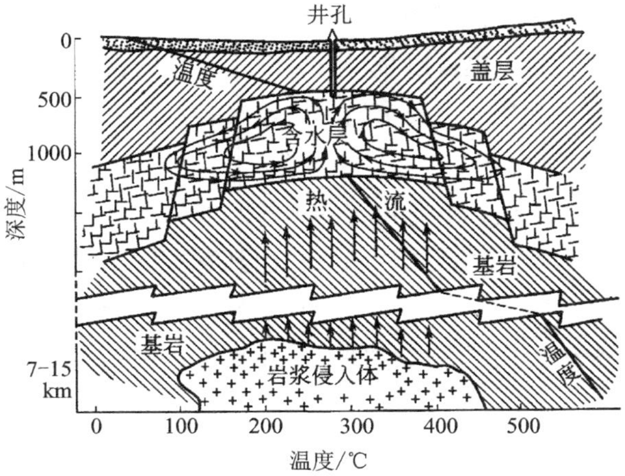

图 2-1 地热田的基本模型

注：引自刘时彬《地热资源及其开发利用和保护》

（一）地热田的构成

地热田的概念是从矿田的概念演变而来的。与其他矿产资源一样，温泉也可以理解为一种储藏于地下的热能资源。热能资源经历长短不一的历史时期以及复杂的地质过程后，在地下富集在一起，从而构成了一个“田”，即地热田。要形成地热田，必须具备三个要素：大量热输出的天然热源、渗通性良好的热储层（含水层）和致密的盖层（刘时彬，2005）。

1. 热源

一般公认热源来自地壳里发生的岩浆侵入活动，其深度通常在 7-15km，其温度在 600-900℃。当前，世界各地所有著名的高温热田都位处中新世到第四纪有过火山活动或仍然有火山活动的地区。在活火山区，岩浆通过深大断裂系统侵入地表。坚硬岩石的断裂为上升岩浆流提供了通道，而塑性岩石如黏土等则可能通过重力作用流入断层空隙，并从上方使之封闭。岩浆侵入的能量足以穿透坚硬岩石中的断层系统，但它不能穿透塑性岩石构成的覆盖层。在这种情况下，岩浆可能侵入坚硬岩石与塑性岩石之间的交接面而止步。这种潜火山作用可能在没有近代火山活动的地区发生，同时更有可能在巨厚层塑性岩层的构造单元中发生，如可在浊流岩系（复理岩、硬砂岩）中被发现。岩浆侵入而未形成现代喷发活动，在酸性岩火山区普见，也可能在基性岩火山区出现。这样的岩浆侵入为位于火山之上或其附近的中部热田提供了热源。

2. 热储层

热储层是指能够富集和储存地热能，并使载热流体做对流运动的地下空间。如果储存的热流体为蒸汽，则称蒸汽储；如果是热水，则可称热水储。热储的底部就是加热带的顶部。加热带一般都具有强大而持续的传导热流作为补充源。

任何透水的岩性均可作为良好的地下热储，岩石类型并不存在专属性。热储层可以是具有裂隙透水性的硬砂岩，也可以是具有岩溶透水性的碳酸盐岩，或者是覆有流纹岩及浮石角砾岩的裂隙熔结凝灰岩、透水的火山凝灰岩等。

3. 盖层

盖层是指储热层或含水层之上所覆盖的不透水或弱透水岩层，它在热田构成中主要起隔热隔水的圈闭作用。所有产出蒸汽的地热田都有盖层。有的热田盖层由原生的不透水层构成，也有一些热田原来无盖层，经过长期的水热活动，使上覆松散的沉积物发生水热蚀变，或热水所含的矿物质发生沉淀，使松散沉积物转变为不透水的泉胶岩层，形成自我封闭的盖层。

（二）地热田的形成特征和条件

地热田的形成是经过一系列的地质作用，诸如火山作用、岩浆活动、断裂活动及沉积作用等因素综合影响的结果，同时也受地质、水文地质、地球热状态等因素的控制。地热田在形成过程中都具有以下这些共性特征及条件：

（1）地热田的浅部，存在着正在冷却的火山物质和侵入的岩浆体等，构成热田强大的热源。

（2）地热田的表部，有致密的火山岩等或塑性岩石形成的、具有很强隔热保温作用的盖层。

（3）盖层之下具有透水性良好的孔隙、裂隙或岩溶热储。

（4）基底有裂隙发育的构造断裂带，为地下热水和地热蒸汽上升运移提供良好通道。

（5）地热田所在地区的热流和地温梯度都明显高于地壳的平均值，一般要高出几倍，甚至十几倍。

（6）地热田泄漏区出露的水热活动不仅温度高而且强烈，大量的沸泉、喷气孔、硫质气孔、间歇泉、冒汽地面、沸泥塘以及硅质泉华、强烈水热蚀变现象于泉区内普见。

（7）地热田的水质主要为氯化物及硫酸盐型，并富含硅酸、氟以及偏硼酸、砷、锂等元素。气体组分以二氧化碳和硫化氢为主，个别有甲烷存在。大部分热水的酸碱度呈酸性或强酸性。物质组分主要来源于水-岩反应中的溶滤作用及热力变质作用，也有来自上地幔的喷气作用。

（8）氢氧同位素测量的地球化学证据证实，地热储中至少有 90% 的水来源于大气降水，当然也不排除为量不多的岩浆蒸汽穿过基岩的断裂和裂隙渗入储热层来，这一部分水的含量不超过 5%。

（三）地热田的分类

地热田可分为热水田、湿蒸汽地热田、干蒸汽地热田等。

1. 热水田

热水田属水热型地热田，即我们所称的中低温温泉。产出非饱和态地下热水的地热田，为含有温度 60-100℃的热水储地热田。这类热田中的增温梯度变化范围，可从正常的每公里 33℃到正常值的两倍或更高。热水田的地质情况与冷的地下水系统很相似，其不同之处在于前者是靠地热梯度值增温成热水。热水田有封闭型（自流型），也有开放型（没有盖层）。低温热水田十分普遍，从开发的成本效益比来看，值得作为能源开发的热水田地区所具备的条件应是深度小于 2000 米，水温至少 60℃，热流值（Heat Flow Unit，HFU）至少达到 2.2HFU，且单井涌水量大。

2. 湿蒸汽地热田

湿蒸汽地热田属水热型热田，即我们所称的高温温泉。热田一般含有的承压热储的水温超过 100℃，是适于作为热能开发的最一般的热田。

世界上已经进入商业开发的新西兰怀拉基、墨西哥塞罗普列埃托、冰岛雷克雅未克地区、美国索尔顿湖、日本大岳等均属这类热田。当高温热水从钻井中上升到地面时，其压力迅速下降，一部分热水扩容汽化成蒸汽，因此井口流体将是处于饱和状态下的水占优势的汽水混合物。不同热田的汽水比各异，甚至同一热田内的生产井汽水比也不一样，具体取决于深部流体的焓和井口的压力。湿蒸汽田主要用于发电。

3. 干蒸汽地热田

又称干饱和蒸汽地热田，或简称干汽田，指在井口产出压力超过大气压的不含液态水的地热田。湿蒸汽热田经历大规模开采后，由于压力漏斗形成，在含水层的顶部往往形成扩容空间，水面以上出现干饱和蒸汽，从而使湿蒸汽田转变为干蒸汽热田。

此类型被开发的有拉德瑞罗（意大利）、盖瑟尔斯（美国）以及松川（日本）等热田。这类热田也主要用于地热发电。

二、板块边缘构造运动形成温泉

（一）板块构造运动

温泉的形成与地球的板块运动和板块内部的地壳运动有直接关系。大多数高温温泉都分布于相对比较狭窄的板块活动带附近，而低温温泉则多分布于板块的内部。因此，要理解温泉的成因，首先需要了解地球的板块构造运动（见图 2-2）。

板块构造学说是地质学领域最知名的理论，是 20 世纪 60 年代以来逐渐形成的，集大陆漂移、海底扩张和地幔对流假说于一体的基础理论。板块构造说认为，地球运动以宏观的水平运动为主，同时存在相对于地轴的旋转运动；在漫长的地球发展过程中，地球表面分成若干块体，块体之间经常发生规模不等的位移和错动，规模大的移动距离可达数千公里甚至上万公里。这些经常处于相互作用的块体就称为板块。板块是超巨型的地质实体，在全球岩石圈仅划分出大小不等的几块。岩石圈以下为软流圈，其厚度为 400-600 公里。软流圈经地球物理方法测试后命名为低速层。巨大的板块似乎就漂浮在软流圈之上，板块的行动似乎也受控于软流圈。

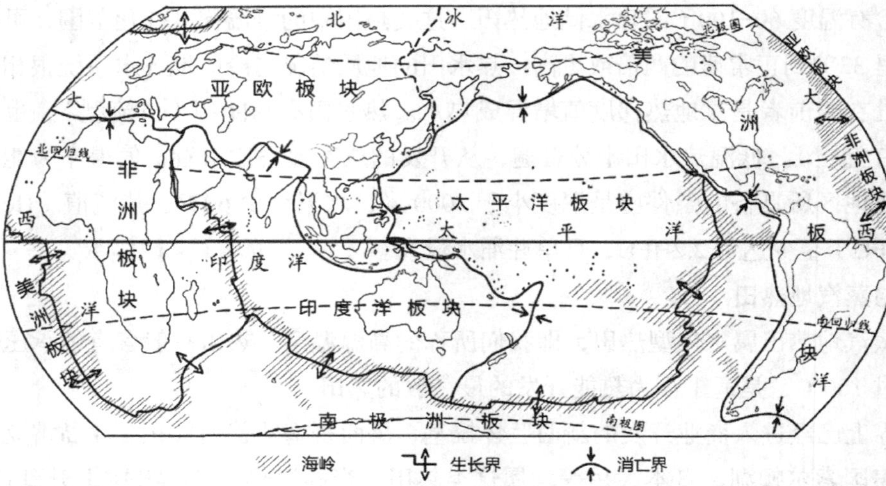

图 2-2　地球板块分布与运动

注：陈家怡绘制

由于构造运动是板块与板块之间的相对运动，因此现代岩石圈板块的界面地带必然成为活动性最强的地带。这里既有高热流区的异常显示，也会出现火山活动、岩浆侵入、造山运动、地震活动以及变质作用等事件，为地热田的成热提供有利条件和场所。板块构造运动为高温地热活动的形成与分布提供了充分的热源、上升通道，并为高温地热流体能含有某些特殊元素创造了有利条件。

板块内部的地壳运动则与板块之间的运动不同。板块内部地壳运动是相对比较刚性的块体，主要是指不同地质年代里层发生或正在发生的强烈的褶皱、断裂和升降运动。虽然也有火山喷发和岩浆侵入事件发生，但与岩石圈的板块与板块界面地带发生的激烈活动相比，不论从构造活动强度、断裂深度还是断裂活动规模等方面都无从比拟。处于板块内部的水热活动区绝大部分都是中低温温泉，少数高温水热区存在特殊的热源，如岩浆囊。

板块运动对全球温泉资源的分布规律和活动控制均有十分明显的作用。纵观全球，可以认为距离板块活动边界越远的地区，构造活动强度越弱，受控于板块构造运动导致的地热活动强度也随之越低；反之亦然。

（二）板块边缘地热带

板块边缘地热带是指沿板块边界展布的相对比较狭窄但可延伸数千公里的高温地热活动带。板块边缘地热带出现的位置正好在地球各大板块的边缘附近，并且它的热源又与板块的扩张或消亡有明显的关系，而且具有全球规模的首尾相接，所以又称环球地热带。根据板块界面的力学性质及其地理分布，把全球的板块边缘地热带划分为四大带和三个亚带（见图 2-3）。

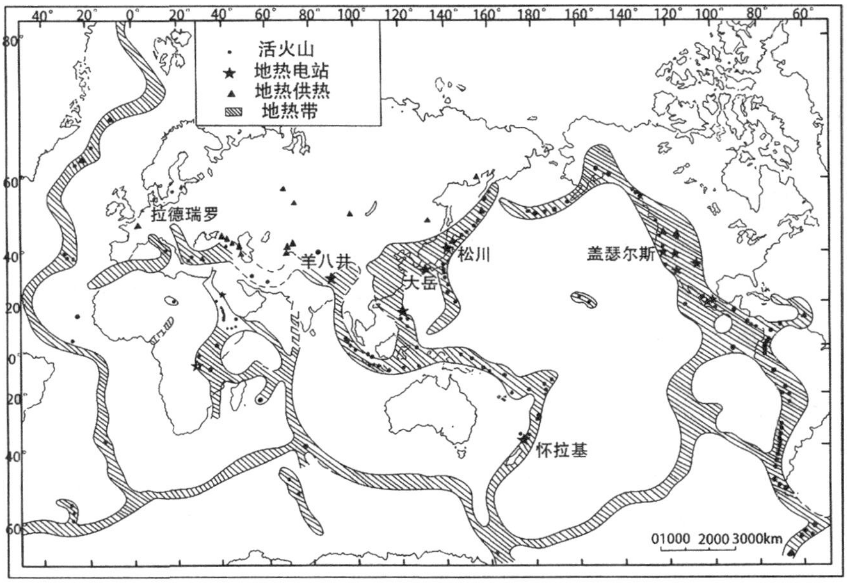

图 2-3 环球地热带分布

注：引自刘时彬《地热资源及其开发利用和保护》

1. 环太平洋地热带

环太平洋地热带是沿地壳构造活动带展布的一个巨型环球带，位于欧亚、印度及美洲三大板块与太平洋板块的边界。环太平洋地热带又可分为三个亚带：东太平洋中脊地热亚带、西太平洋岛弧地热亚带、东南太平洋缝合线地热亚带。世界上的高温地热田多数集中在这一地带，比较著名的有堪察加半岛的鲍葱茨卡（200℃）、日本的松川（250℃）、中国台湾的大屯（293℃）、新西兰北岛的怀拉基（266℃）、智利的埃尔塔蒂奥（221℃）、墨西哥的赛罗普列埃托（388℃）、美国加利福尼亚州的盖瑟尔斯（288℃）和索尔顿湖（360℃）。

2. 地中海–喜马拉雅地热带

地中海–喜马拉雅地热带沿欧亚板块及非洲、印度等大陆板块碰撞结合地带展布，其分布范围与地中海–喜马拉雅地震带趋于一致。西起地中海北岸的意大利，东南经土耳其、巴基斯坦进入我国西藏阿里地区的西南部，向东经雅鲁藏布江流域至怒江，而后折向东南与云南西部地热活动带相接。意大利的拉德瑞罗、土耳其的克泽尔代尔，以及我国西藏的羊八井与羊易、云南腾冲的热海等均出露于此地热带上。

3. 红海–亚丁湾–东非裂谷地热带

红海–亚丁湾–东非裂谷地热带是沿洋中脊扩张带及大陆裂谷带展布的地热带，位于阿拉伯板块与非洲板块的边界，以高热流、现代火山作用以及断裂活动为其特征。其分布范围自亚丁湾向北至红海，向南可能与东非大裂谷联结。比较著名的地热田有索马里的吉布提、埃塞俄比亚的达洛耳和肯尼亚的奥加利亚。

4. 大西洋中脊地热带

这是出露于大西洋中脊扩张带的一个巨型环球地热带，沿美洲与欧亚、非洲等板块边界展布。地热带具有高热流、强烈高温地热活动的特征，与活火山作用、现代断裂活动以及频繁的地震活动等密切相关。这一地热带上分布着冰岛、亚速尔群岛、阿森松群岛等火山岛。这些都是火山喷发形成的岛屿，岛上多高温地热田分布，如冰岛北部的克拉克夫、中西部的雷克雅未克等。大西洋中脊地热带的海底也存在强烈的水热活动，研究表明这一水热活动至少已经持续了100万年。

三、板块内部地壳活动形成温泉

除了板块边缘地带以外，各大板块内部的地壳隆起–褶皱山系、山间盆地和沉降区–中新生代沉积盆地内还广泛发育着一些低温地热活动带，在特定条件下也会发育成为板块内部的高温地热活动。板块内部的地热活动与地震活动无伴生关系，活火山非常罕见，中新世以前的岩浆侵入和喷发作用带来的热量已经消失变冷，不构成板块内水热活动的直接热源。因此，板块内部水热活动的热能主要源于正常的地热梯度，所以多半生成的是中低温地热田，少见沸泉，也见不到间歇喷泉。这些板块内部的温泉水化学成分多与其所在地区的围岩性质密切相关。板块内地热的形成主要受到以下两类地壳活动的影响。

（一）断裂型

断裂型地热区指地壳隆起区内，包括古老褶皱山系、山间盆地等，沿构造断裂带展布的、常呈条带状分布的温泉密集区。温泉带的延伸长度因地而异，主要取决于构造断裂的强度和规模大小，小者几公里，长者几十公里甚至上百公里。断裂型温泉的主要特征如下：

（1）浅部无近代火山或岩浆热源。水热区的地下水于地壳内深循环的过程中，正常地温梯度的温度是其增温的热源，增温幅度的大小主要取决于地下水的循环深度、径流和排泄等条件。

（2）因补给区和排泄区的相对高差而产生的静水压力，致使经深循环形成的热水沿深大断裂带上涌至地表，以温泉的形式出露。温泉一般出露于山间盆地、滨海盆地、山前地带、河谷底部或阶地之上。

（3）化学类型比较单一，主要取决于地下热水在循环过程中径流经过的围岩成分，如经过花岗岩、火山岩及麻岩地区，大部分为低矿化度的重碳酸盐钠型水，多呈碱性，水中氟和硅酸含量高；如经灰岩及砂页岩地区，多为硫酸盐–钠–钙型水或重碳酸盐–硫酸盐–钠–钙型水。

（4）泉华沉积多为钙质泉华。

（5）温泉热水水源来自大气降水。

（二）沉积盆地型

沉积盆地一般指沉降区（主要为中新生代沉积盆地）内沿基底或盖层内构造断裂带展布的地热带或大型自流热水盆地。由于板块内部相对于板缘范围更广，因此这一类型的地热带广泛分布于世界各地。沉积盆地型可以分为断陷盆地型和凹陷盆地型两类，还有的是两者的结合。

1. 断陷盆地型

断陷盆地型地热区为板块内地壳沉降区有厚层沉积物覆盖的地堑、地垒式构造盆地，盆地边界有断裂控制，基底阶梯状断裂发育。我国的华北盆地、匈牙利盆地、莱茵地堑均属此类型。断陷盆地型地热的形成特点如下：

（1）地下水深循环过程中来自地壳正常地温梯度的热量增温。

（2）基底岩层的上部一般都具有较厚的保温隔热盖层。

（3）基底岩层内断裂系统发育，经过深循环加热的热水沿构造通道向上运移，并富集在基岩的顶部形成隐伏热异常，其分布面积由几平方公里到几百平方公里不等。如沉积盖层内有透水岩层的夹层，经基底热储加热后，常形成浅层次生热储层。

（4）地热田水源大部分来自补给区大气降水，个别地区有可能存在少量封存水。

2. 凹陷盆地型

凹陷盆地型地热田是板块内地壳稳定下降过程中，在边凹陷边沉积的条件下形成的，其边界一般没有控制性断裂，所以为连续沉积盆地。我国的四川盆地、江汉盆地以及法国的巴黎盆地均属此类，其形成具有以下特点：

（1）地下水在近水平或微倾斜的含水层中慢慢运移，与围岩趋于热平衡，水温与岩层温度接近。

（2）地温梯度一般低于或接近正常的地温梯度，水温相对较低。

（3）地热田的水源多为古沉积水，矿化度高，一般为 100-200 克 / 升。

（4）断裂通道不发育，以层状热储为主，分布面积大，由数十至数百、数千平方公里不等。

第三节 中国温泉资源分布

一、中国温泉资源分布特征

我国是温泉资源丰富和开发历史悠久的国家。不同历史时期的古籍都有对温泉的记载。5 世纪末至 6 世纪初，北魏地理学家郦道元的《水经注》记载了当时所知的 41 处温泉以及温泉洗浴治病的情况，是我国最早对于温泉的记录。1939年陈炎冰编著的《中国温泉考》记载了584处温泉。1956年章鸿钊所著《中国温泉辑要》记录了958处温泉。1993年黄尚瑶发布的《1：600万中国温泉分布图》则记录了2200处温泉。

20世纪90年代以后，我国温泉开发由于缺乏科学规划，造成了无序开采和资源浪费的局面，一些天然温泉露头逐渐消失。同时，我国大面积新生代沉积盆地和断陷盆地中相继发现地热资源，地热井越打越多，原先没有天然温泉露头的地方通过打井生成了地热井。2018年，原国土资源部中国地质调查局启动了全国地下热水资源现状调查评价工作，对各省现有的温泉、地热井的动态变化、开发利用历史和现状进行了系统的调查，在此基础上出版了《中国地热志》。该书总共收录了温泉（群）、代表性地热井2767处，其中温泉（群）2082出，代表性地热钻孔685处（见表2-4）。

表2-4　中国各省（自治区、直辖市）温泉数量统计

省/自治区/直辖市	温泉数量				
	25-40℃	40-60℃	60-90℃	＞90℃	合计
江　苏	4	20	6	0	30
浙　江	7	5	3	0	15
福　建	24	45	19	0	88
江　西	56	51	16	0	123
河　南	1	13	8	1	23
湖　北	10	34	3	2	49
湖　南	54	40	12	1	107
安　徽	9	54	6	0	69
山　东	5	16	8	1	30
台　湾	6	7	0	1	14
重　庆	13	31	2	0	46
四　川	116	150	84	2	352
北　京	5	13	0	0	18
天　津	1	3	8	3	15
河　北	13	36	4	0	53
山　西	12	17	6	2	37
内蒙古	1	7	5	0	13
辽　宁	8	12	13	0	33
吉　林	6	3	5	0	14

续表

省 / 自治区 / 直辖市	温泉数量				
	25–40℃	40–60℃	60–90℃	＞ 90℃	合计
黑龙江	11	19	1	0	31
陕　西	5	11	0	1	17
甘　肃	2	6	0	0	8
宁　夏	1	1	2	0	4
青　海	9	8	13	2	32
新　疆	71	47	6	1	125
云　南	259	332	143	18	752
贵　州	34	22	1	0	57
西　藏	0	63	142	63	268
广　东	45	154	63	6	268
广　西	25	21	6	0	52
海　南	7	35	15	0	57

数据来源:《中国地热志》，科学出版社，2018

调查结果显示，我国现有 25℃的温泉 2800 处，其中 25–40℃者为 820 处，40–60℃者为 1276 处，60–90℃者为 600 处，＞ 90℃者为 104 处，分别占全国温泉总数的 29%、46%、21% 和 4%。

温泉分布按行政区统计，温泉数量居全国前列者为云南（752 处）、四川（352 处）、西藏（268 处）、广东（268 处）四个省区，约占全国温泉总数的 58.6%。

温泉密度（每 1 万平方公里的温泉数量）10 的有 5 个省区，其中云南最高（19.2），海南次之（16.3），之后依次为广东（14.9）、天津（12.5）、北京（11.2）。

我国＞ 90℃的温泉有 104 处。其中西藏最多，达 63 处；云南次之，为 18 处；天津 3 处；四川、青海、湖北各 2 处；湖南、河南、山东、陕西各 1 处。在＞ 90℃的温泉中，不少是属于高于当地高程水沸点的沸泉。主要包括西藏的谢通门县查布（4800 米，96.4℃）、普兰县曲普（4650 米，95℃）、当雄县羊八井（4300 米，93.1℃），云南腾冲热海（1480 米，96℃）、朗蒲热水塘（1125 米，98.7℃）、景洪县温泉农场（625 米，100.7℃），台湾北投县大屯山（100℃）、宜兰县清水–土场（98℃）、南投县庐山（98℃），四川巴塘县茶洛热坑（3625 米，100℃）、甘孜县拖坝（3300 米，96℃）。

综上所述，从数量、密度和温度来看，我国温泉分布以西南部的藏南、川西和滇西地区以及东部台湾省为最，这些地区是我国沸泉、间歇泉和水热爆炸等高温热显示的集中分布区。以闽、粤、琼为主体的我国东南沿海是我国另一温泉广布和密集地带，90℃

的温泉数量多，相对于我国大陆东部其他地区来说，属于水热活动较活跃的地区。西北地区温泉稀少，华北、东北地区除胶东半岛和辽东半岛外，温泉也不多。我国温泉分布呈明显的地域性和地带性特点，这与我国地质构造格局、地热背景和区域水文地质条件有着密切关系（陈墨香，汪集旸，邓孝，1994）。

二、中国主要区域温泉资源及其特征

（一）东北地区

本区隆起山地对流型温泉资源主要分布于吉林省东部、东南部构造隆起的长白山区与辽东和辽西山地区。吉林省又可分为长白山北坡二道白河热储带、长白山西坡梯子河热储带两个高温地热田以及抚松县仙人桥热储带、长白县十八道沟热储带、临江市华山热储带三个中低温地热田。辽宁省辽东和辽西山区，可以划分为七个带，即绥中凸起断裂地热成矿带、寒岭-偏岭岩石圈断裂地热成矿带、庄河-桓仁断裂地热成矿带、金州断裂地热成矿带、鸭绿江断裂地热成矿带、赤峰-开原断裂地热成矿带和新宾聂尔库-雅河断裂地热成矿带。

沉积盆地型温泉资源主要分布于黑龙江的松嫩平原、吉林省的依舒盆地和辽宁下辽河平原。

（二）华北地区

本区隆起山地对流型温泉资源主要分布于大兴安岭、燕山、太行山等山前地区，即河北北部与西部、山西东南部及内蒙古东部。河北省主要为断裂带开放型热储，占全省地热资源的71%，主要分布在基岩山区及沟谷地带。山西的隆起山地对流型温泉资源主要分布于恒山燕山断块浑源汤头、太行山穹状隆起盂县寺平安、鄂尔多斯盆地东坡、沁水煤盆地等地。内蒙古隆起山地对流型温泉资源主要分布于大兴安岭山地西部地热田、大兴安岭西南边缘和阴山东段地热田以及凉城-乌拉特前旗山前平原型地热田。

本区沉积盆地型温泉资源主要分布于华北平原、汾河盆地、河套平原和鄂尔多斯盆地。

（三）西北地区

西北地区隆起山地对流型温泉资源主要受控于区域地质构造。裂隙型带状地热流体主要赋存于阿尔泰变质岩构造带、天山昆仑山褶皱带、秦祁昆褶皱带以及秦岭山前变质岩类构造裂隙带等。受裂隙切割深度影响，本区隆起山地对流型温泉差异较大，但均属于中低温温泉。甘肃、青海两省的祁连山加里东造山带受多期构造运动的影响，大断裂与复式褶皱发育，岩浆侵入活动频繁，热储温度可达130℃以上。昆仑山、天山和阿尔泰山不同构造体系的交接复合部位也均有地热资源分布，温泉温度界于30-70℃。秦岭山前地区受山前断裂影响，形成多个对流地热系统。

西北地区的沉积盆地温泉资源主要分布于关中盆地、西宁盆地、柴达木盆地、塔里木盆地、准噶尔盆地等沉积盆地。

（四）华中和华东地区

华东、华中地区温泉资源类型按照所处大地构造环境分为沉积盆地型和隆起山地型。

沉积盆地型温泉资源主要分布在华北平原、淮河盆地、苏北盆地、江汉盆地；隆起山地型地热资源主要分布在胶东半岛和福建、台湾地区，主要以温泉形式显现，温度较高。华东和华中地区的温泉资源分布不均，主要分布于台湾、福建、湖南和江西等省份。

（五）华南地区

华南地区温泉资源按成因和热水赋存运移条件分为两种类型：隆起山地对流型和沉积盆地传导型。

华南隆起山地对流型温泉的地热田沿深大断裂呈线状分布，主要出露于深大断裂及其附近以及断裂交会部位；其余则多分布于各深大断裂之间位置，局部受衍生的次一级断裂或羽状断裂群影响。本区的地表温泉分布和岩浆活动密切相关，一般在多期复式岩体、岩体与岩体接触带、岩体与围岩接触带及岩体中发育的断裂破碎带或后期发育的硅化带、各种岩脉、岩墙等地段出露。成因机制为大气降水、地表水体或常温地下水通过基岩裂隙下渗，在深循环过程中汲取正常或偏高地热背景下被深部热流加热的岩石热量，在恰当位置上升出露或经人工钻探而显示。其中，广东省隆起山地对流型温泉资源分布十分广泛，主要为水热型。粤东和粤北地区地热资源分布最多，其次为粤西南一带，粤中地区地热田分布较少。广西隆起山地对流型温泉资源主要分布于桂东、桂东北和桂东南地区，温泉出露分布与区内深大断裂、活动性断裂、岩浆侵入体密切相关。海南隆起山地对流型温泉资源分布于五指山褶皱带和三亚台缘凹陷带，在地表大都以泉点形式出现。

华南沉积盆地型温泉资源与区域构造密切相关。广东沉积盆地型温泉资源主要分布于三处地热田，分别为粤西的雷州半岛沉积盆地地热田、茂名沉积盆地地热田以及粤东澄海沉积盆地地热田。广西隐伏盆地温泉主要分布于桂西、桂南的白色盆地、南宁盆地等六个盆地中，为广西经济相对发达的首府、沿海、沿边城市或地区的红色旅游之地。海南的沉积盆地地热资源主要位于北部海口地区、西南部的莺歌海–九所斜地、南部的三亚斜地。

（六）西南地区

本区的隆起山地型温泉主要位于藏南–川西–滇西水热活动的密集带。该带位于喜马拉雅山脉山脊以北和冈底斯–念青唐古山系以南的区域，向东延伸至横断山脉，经川西甘孜后转折向南，包括滇西腾冲和三江之间的地区，又称喜马拉雅地热带或藏滇地热带。该带西端与巴基斯坦–土耳其–地中海地区的地热带相连，东南端与泰国北部清迈和印度尼西亚环太平洋地热带衔接，此地热带是绵延上万公里的地中海地热带的组成部分。由于高温水热系统众多，这一地区是我国温泉资源最丰富的区域。

第四节　世界温泉资源分布

世界上的温泉大多数分布在板块边缘地带，环太平洋的日本、新西兰和美洲太平洋沿岸、欧洲的意大利和北非的阿尔及利亚等地被公认为世界上温泉资源较为密集的区域。这些地区的温泉资源大多处于板块边缘运动形成的地热火山带或其延伸地带之上。世界各国对于温泉的定义存在差异，比如日本和南非认定温度超过25℃才能被称为温泉，而其他国家的规定则是20℃。除了温度界限以外，世界上还有很多地方的温泉不为人所知，或者因为语言的问题，没有被世界通用语言所记载，因此，要完全弄清世界温泉资源的分布是十分困难的。汤原浩三（1970）曾经整理过世界上4500多处温泉资源，是目前国际上少有的世界温泉分布的研究。本书基于汤原浩三的研究对全世界温泉分布的大致情况进行介绍。

一、欧洲

欧洲温泉主要分布于意大利和匈牙利两个国家，德国、瑞士和法国亦有不少温泉分布。

在西欧，大部分温泉分布于莱茵河沿岸，贯穿瑞士西部至法国萨瓦地区。其中，比较知名的温泉包括德国亚琛（Aachen）、埃姆斯（Ems）、威斯巴登（Wiesbaden）、巴登-巴登（Baden-Baden）、巴登（Baden），瑞士的洛伊克巴德（Leukerbad），法国的艾克斯莱班（Aix-les-Bain）、依泉（Uriage）。除此之外，位于法国的奥弗涅山地和比利牛斯山地也存在一些温度较高的温泉，比如奥弗涅山地的波旁拉尔尚博（Bourbon-l'Archambault）、内里莱班（Néris-les-Bains），比利牛斯山地的泰尔姆镇（Ax-les-Thermes）、韦尔雷班（Vernet-les-Bains）、科特雷（Cauterets）、达克斯（Dax）。蒙特比卡尔达斯（Caldas de Montbuy）则是西班牙境内温度最高的温泉地。比利时的绍德方丹（Chaudfontaine）、英国的巴斯（Bath）、葡萄牙的卡尔达斯（Caldas）也是世界知名的温泉胜地。

位于南欧的意大利是欧洲温泉资源最丰富的国家，意大利亚平宁山脉西南侧托斯卡纳区和拉齐奥区、坎帕尼亚区以及西西里岛是欧洲高温温泉最集中的区域。前者包括拉尔代雷洛（Larderello）、坎皮弗莱格里伊（Campi Flegrei）、伊斯基亚（Ischia），西西里岛区域包括了卡拉塔菲米（Calatafimi）、夏卡（Sciacca），除此之外，还有位于伦巴第平原上的尤金山麓的阿巴诺（Abano）和皮埃蒙特的阿奎泰尔梅（Acqui Terme）。

在希腊半岛和爱琴海的部分岛屿上也有温泉分布，比如迈萨纳（Methana）、温泉关（Thermopylae）。

东欧的温泉主要分布于匈牙利盆地，包括豪伊杜索博斯（Hajduszoboszló）、梅泽克韦斯德（Mezekevesd）、塞格德（Szeged）。除此之外，还有捷克的卡尔斯巴德（Karlsbad）、奥地利的盖斯登（Bad Gastein）、保加利亚的萨帕雷沃（Saparevo）、土耳其的布尔萨（Brusa）。

北欧的温泉分布较为稀少，冰岛是一个特例。冰岛东部和北部由第三纪玄武岩组成，岛的西部有分层和断裂，导致该地区有不少碱性温泉涌出。温度较高者包括赫鲁塔菲约布尔（Hrutafjorbur）、米布菲约鲁尔（Mibfjoreur）、斯卡雷（Skare）、雷贾尔霍尔（Reykjarholl）、霍夫（Hof）、雷克贾弗菲（Reykjahverfi）。冰岛南部沿海和内陆地区被第四纪火山喷发区所覆盖，形成了几个重要的地热区：温吉尔（Hwngill）、格里姆斯沃顿（Grimsvotn）、雷基尔（Reykir）、克林加菲奥尔（Kerlingarfjoll）、雷克雅未克（Reykjavik）和赫韦拉格迪（Hveragerdi）。

俄罗斯地跨欧亚大陆，拥有丰富的温泉资源。首先，高加索山脉一带都有温泉分布，从西到东，迈科普（Maykop）、艾达赞斯克（Xadyzhensk）、纳尔奇克（Nalchik）和思科福斯齐（Shixovskie）都位于这个地区。在里海岸边的土库曼斯坦分布有恰贝克（Chepekei）和内必达（Nebit-Dag）两个高温温泉。在贝加尔湖周边西南方的玉斯巴蒂亚（Yush-Bepdyr）以及贝加尔湖东岸还分布有多普希雷琴斯基（Dopsherechenskiy）、阿林斯基（Allinskiy）和瓦克斯基（Uakitskiy）等十几个温度较高的温泉。堪察加半岛经千岛列岛与日本北海道相邻，也拥有丰富的温泉资源，堪察加半岛北部的阿兰斯基（Alanskie）、基雷尤斯（Kireunskie），半岛东海岸的盖泽尼（Geyzernye）、波修瓦班亚（Bolshoi Bannye），南端的波热采基（Pauzhetskie）、厄兹诺夫斯基（Ozernovskie），幌筵岛的沃克尼郁夫斯基（Verxne-Yurevskie），国后岛的格婼雅淇（Goryachiy Plyazh）。鄂霍次克海东北部的舍利霍夫湾北岸也有温泉分布，包括托尔斯基（Talskie）、纳亚扬斯基（Nayaxanskie），楚科奇半岛面向白令海峡的查林斯基温泉（Chalinskie）、塞尼亚文斯基温泉（Senyavinski）和梅奇门斯基温泉（Mechigmenskie）。除此之外，俄罗斯在远东地区还拥有间宫海峡的安妮姆斯基温泉（Annemskie），哈巴罗夫斯克西边沿黑龙江岸边的库鲁尔（Kullur）和扎沃都索夫斯基（Zavodousovsk）。

二、非洲

非洲大陆已知的温泉最多的地区是阿尔及利亚、埃塞俄比亚、吉布提、肯尼亚、南非和非洲西南部。

在地中海沿岸的阿尔及利亚记载有174处温泉，其中中东部的君士坦丁（Constantine）最多，包括知名的哈曼-梅斯库蒂翁（Hamman-Meskoution）、汉曼·埃尔-比班（Hanman El-Biban）；而西部沿着阿特拉斯山脉北麓有一条断裂带一直延伸到摩洛哥山脉的西侧，这一带都有温泉分布。

在东非，埃塞俄比亚的温泉记录较为完整，其中，包含了东非大裂谷的一部分。由埃塞俄比亚高原向东一直延伸到亚丁湾的区域被称为埃塞俄比亚中央温泉区，最知名的温泉是位于亚的斯亚贝巴附近的亚的斯菲沃哈温泉（Addis Filwoha）。位于厄立特里亚南部，靠近吉布提和埃塞俄比亚交界处的厄立特里亚-阿法尔（Eritrean-Afar）温泉带蔓延 100 多公里，因为火山活动形成了众多的温泉与地热景观。同属该区域的吉布提也拥有丰富的温泉资源。在东非大裂谷上的刚果、乌干达、坦桑尼亚也存在温泉，但是没有详细的记录。

南部非洲全境都有温泉分布，比较知名的温泉包括津巴布韦的奇比塞（Chipise）、南非的布兰德夫莱（Brandvlei）、纳米比亚温得和克的帕尔斯普林（Pahlspring）。马达加斯加岛上也有 90 多个温泉，大致沿着中部的高原山脉分布。

三、亚洲

由于中国温泉的分布前文已做过介绍，这里不再赘述。对于亚洲部分的温泉分为南亚、中亚、东亚和东南亚四个部分进行介绍。

南亚地区的温泉主要分布于印度西海岸的西高止山脉、比哈尔邦的拉杰马赫特丘陵（RajmahaT）和克什米尔高原，以及缅甸和泰国的边境。位于德干高原西部的西高止山脉的温泉分布可能与火山活动有关，其他地区则由板块内的地壳活动所形成。克什米尔的马尼卡恩（Manikarn）、朱姆诺特里（Jumnotri）、乔戈（Chongo）和霍尔昆（Khorkun），位于缅甸和泰国边境的拉杰马哈尔（Rajmahal）、贝尔卡皮（Belkapi）、西尔古贾（Sirguja）和坦托利亚（Tantolya），都属于高温温泉。

中亚的塔吉克斯坦和吉尔吉斯斯坦境内也有温泉分布，扎瑞夏纳（Dzhayrai-Xana）、艾首欧加姆（Xodzha-Obi-Garm）和贾拉姆恰希玛（Garm-Chashma）是中亚温泉的代表。

东亚朝鲜半岛有记载的温泉有 50 多处，比较著名的温泉包括黄海道的新川温泉、安岳温泉，半岛南部有东莱温泉、海云台温泉、玉城温泉和温阳温泉等。日本的温泉研究十分细致，1068 年日本的全国温泉普查中记录了 1479 个温泉目的地，25℃以上的温泉点 10 585 个。温泉集中分布在从北海道的知床半岛向西南延伸，在靠近淀山后转而向南，沿着奥地区的宗良山脉向南延伸的地带，以及从北陆地区经上信越地区延伸到三仁地区。在九州的濑户内地区，从北陆经伊豆半岛延伸到山阴。在九州，连接濑户内海和有明海的地区，以及由北向南直角延伸的九州西部地区都有温泉。这些温泉带与千岛、那须、长海、白山、富士、阿苏、雾岛等火山带相吻合，都是由于处于火山带而形成。

东南亚菲律宾群岛分布着60多个温泉，大致分布于吕宋岛中部山区、南部和东南部的火山地区、宿州岛南部及内格罗斯岛。位于吕宋岛的巴统布海（Batomg Buhay）、罗巴莫斯（Los Bamos）和蒂维（Tiwi）都与该岛的火山活动密切相关。中南半岛上有77处温泉的记录，温度最高的温泉位于越南北部地区的西侧至老挝的高地，以及越南中部的沿海山区，前者包括那腾（Na Ten）和芒乐（Muong Niem），后者包括曲都（Triem Duc）和哈巴屯（Ha Ba Tuan）。泰国已有的温泉记录有27处，集中分布在靠近缅甸北部的边界地区和马来半岛南部，其中，方（Fang）和米钱（Mae Chan）位于靠近缅甸的边界地区，木昂（Muamg）和柴亚（Chai Ya）位于马来半岛，都属于温度较高的温泉。除此之外，从苏门答腊岛到爪哇岛、弗洛勒斯岛，印度尼西亚的骨干地带有很多火山分布，孕育了不少温泉，比如苏门答腊岛的贾杰列斯特（Gajalesten）和贝玛塘巴塔（Pematang Bata），爪哇岛的贝巴克蒂（Perbakti）、卡瓦卡莫姜（Kawah Kamodjang）、特拉嘎博达（Telaga Bodas），弗洛勒斯岛的怀萨摩（Wai Samo）和伊利拉贝坎姆（Ili LabCkam）。斯迪贝斯岛（Cdebes）上有8个地热区，包括密马多（Memado）附近的滩潘（Tempang）。婆罗洲岛的沙捞越州（Negeri Sarawak）西部有Semah温泉。

四、北美洲

北美洲阿拉斯加半岛的阿留申群岛、育空河流域及白令海峡的西沃德半岛都有温泉分布，这一地区的温泉主要形成于熔岩层和火山活动。虽然育空河盆地有广泛的第四纪熔岩分布，但是只有瑟克尔（Circle）和费尔班克斯周边有温泉出现，应该是受到侵入岩的影响。在西沃德半岛，有高温北极温泉（Arctic Hot Spring）流出。

加拿大不列颠哥伦比亚省的海岸线上有几处温泉，位于从阿拉斯加向南延伸的区域。另外一处重要的温泉是艾伯塔省洛基山脉的班夫温泉（Banff）。

美国本土的温泉大多位于西部山区，即落基山脉、山间高原和海岸山脉，这一带遍布第三纪和第四纪的火山岩，成为温泉的热源。但是，内华达州、犹他州和爱达荷州南部的温泉是直接由地底的火山活动形成的，最著名的例子就是怀俄明州的黄石公园，加州的间歇泉（Geyser）和卡萨迪亚波罗（Casa Diablo）、内华达州的汽船泉（Steamboat Springs）以及蒙大拿州的暖泉（Warm Spring）。美国东部的弗吉尼亚州、西弗吉尼亚州、北卡罗来纳州和佐治亚州都有温泉分布，这一带的温泉处于阿巴拉契亚山地的裂隙带之上。除此之外，阿肯色州和得克萨斯州的边界上亦有温泉分布。

五、拉丁美洲

墨西哥的温泉广泛分布于从马德雷山脉经伊达尔戈至米却肯州阿纳瓦克高原的地区。墨西哥北部有格兰德（Grande）、伊星堂（Ixtian）等多个温泉，这一地区与加州半岛的地热存在关联。墨西哥南部与萨尔瓦多、危地马拉的科斯塔里卡山脉和一线分布着众多的高温温泉，都与埃尔奇琼火山（El Chichon volcano）有关，比较有代表性的温泉包括危地马拉的祖尼尔（Zunil）和特库姆巴诺（Tecuamburro），萨尔瓦多的阿瓦查潘（Ahuachapan）、乌苏卢坦（Usulutan）等。除此之外，尼加拉瓜还有特利卡（Telica）和莫莫通博（Momotombo），而哥斯达黎加有米拉瓦利斯（Miravalles）和波埃斯（Poes）等多个温泉。

小安的列斯群岛的温泉主要分布在多米尼加岛，有圣卢西亚的夸里邦（Qualibon），蒙特塞拉特岛的高尔维斯（Galways），尼维斯岛的温泉。大安的列斯群岛也有欧克斯布瓦讷（Eaux Boynes）温泉。

南美洲的大多数温泉都处于安第斯山脉。智利北部有众多的温泉，最有名的是埃塔西奥（EI Tatio）。阿根廷北部的胡胡伊省（Jujuy）和萨尔塔省（Salta）也有很多温泉资源，比较知名的有庞贝亚（Termas di Pompeya）、帕尔马（Termas del Palmam）。这一地带的温泉地热资源一直延伸到秘鲁和玻利维亚。秘鲁最知名的温泉是阿雷基帕附近的杰西（Jesus）温泉。玻利维亚也有很多温泉资源，但是文献记录较少。厄瓜多尔的鲍诺什（Banos）、哥伦比亚的特莫斯（Termales）也有温泉资源。智利南部的圣地亚哥至科尔科瓦多湾、安第斯山脉西侧，拥有奇林浴场（Termas de Chillam）和卡蒂略巴莫斯（Bamos de Catillo）两个知名的温泉。巴西也拥有丰富的温泉资源，有记载的就有30多处温泉和20多处矿泉，大部分温泉的温度在40℃左右，分布于巴伊亚、米纳斯吉拉斯、圣保罗和圣卡塔琳娜州的山区。其中，卡尔达斯诺瓦斯的戈亚斯温泉（Fontes Termais de Goias）的温度达到51℃，是该地区温度最高的温泉。

六、大洋洲

俾斯麦群岛、所罗门群岛和新几内亚东部的新赫布里底群岛分布着许多温泉，比较有代表性的有新几内亚东北部的塔洛温泉（Talo），新大不列颠岛的拉包尔温泉（New Britain），新爱尔兰岛的安比特儿温泉（Ambitle），所罗门群岛的辛布（Simbo），新赫布里底岛的苏雷塔马泰（火山）、猎人岛（火山）。

新西兰是世界上温泉资源最丰富的地区之一。北岛的丰盛湾向西南延伸的陶波大裂谷中集中分布了几十个高温温泉，比较著名的有怀拉基（Wairakei）、怀陶（Waiotapu）、罗托鲁阿（Rotorua）、奥雷凯科拉科（Orakeikorako）。南岛沿着南阿尔卑斯山脉也有温泉分布，比如汉默温泉（Hanmer）。这一带的温泉处于陶波大裂谷同一条断裂带上。

澳大利亚约克角半岛东北部的阿瑟顿高原上有一处因诺特（Innot）温泉，澳大利亚南部的丘陵地带还有一处放射性温泉——帕勒桑泉（Paralana）。

参考文献

[1] White D E. Thermal Water of Volcanic Origin [J]. Geological Society of America Bulletin，1975（68）：1637-1658.
[2] 陈炎水．中国温泉考 [M]．中华书局印行，1939.
[3] 陈墨香．新编中国温泉图及其说明 [J]．地质科学，1992，12（增刊），322-332.
[4] 王立民，安可士．中国矿泉 [M]．天津：天津科学技术出版社，1993.
[5] 刘时彬．地热资源及其开发利用和保护 [M]．北京：化学工业出版社，2005.
[6] 陈墨香，汪集旸，邓孝．中国地热资源——形成特点和潜力评估 [M]．北京：科学出版社，1994.
[7] 王贵玲，等．中国地热志（西南卷一）[M]．北京：科学出版社，2018.
[8] 王贵玲，等．中国地热志（西南卷二）[M]．北京：科学出版社，2018.
[9] 王贵玲，等．中国地热志（西南卷三）[M]．北京：科学出版社，2018.
[10] 王贵玲，等．中国地热志（华南卷）[M]．北京：科学出版社，2018.
[11] 王贵玲，等．中国地热志（华东、华中卷）[M]．北京：科学出版社，2018.
[12] 王贵玲，等．中国地热志（华北、东北、西北卷）[M]．北京：科学出版社，2018.
[13] 湯原浩三．世界の温泉分布 [J]．地学雑誌，1970，79（2）：1-23.

第三章 温泉开发与利用的历史

第一节 世界温泉开发的历史进程

一、世界温泉文化变迁简述

西方医学之父希波克拉底（约公元前460—公元前377年），被认为是西方温泉疗法的创始者。他观察到古代渔民常常在海上受伤，常用海盐治愈受伤的皮肤和减轻疼痛。经过他的研究发现，同类型的盐、水和阳光的结合，可以促进矿物质对血液的渗透，供给人体免疫系统所需要的成分，这种组合也被验证可用于治愈如牛皮癣等皮肤疾病。在古希腊文明的记载中，战士会使用冷水浴来锻炼身体。在印度河的考古发掘中，发现了与古希腊文明同时代的水管、浴室和浴池的古代遗迹。波斯人在公元前600年至公元前300年已经使用蒸汽浴和泥浴，希伯来人在公元前200年通过在死海中浸泡引入了水净化仪式，亚洲的暹罗人则在公元前100年就开始有了SPA。

罗马帝国留下了举世瞩目的温泉浴场遗产，包括始建于公元76年的英国巴斯温泉浴场、100年建成的比利时斯帕小镇、211年建成的德国巴登-巴登温泉等。其中，建于212年到217年靠近罗马的卡拉卡拉浴场（Caracalla）是罗马时期最豪华的温泉浴场（刘儒庭，1997）。这一浴场是以建造者卡拉卡拉皇帝（其真名为马可·阿奥利里奥·安东尼诺）的名字命名的。卡拉卡拉浴场是一个规模宏大的综合性建筑群，占地11万多平方米，几近于正方形（337米 ×328米），四面有高大的廊厅式围墙，正面有突出围墙外的宽大的大门作为入口，正面左右两侧各有一个向外凸出的半圆形。这个建筑包括浴场部分、庭院、辅助娱乐休闲设施以及引水设施和蓄水设施。浴场围墙内侧廊厅和两侧向外凸出的半圆形主要建有辅助健身房、体育教练工作场地、图书馆和阅览室、会议室、化妆品和香水库房和火烟暗道设施。在这座建筑的后面，正中位置有几十个蓄水池，总容量3300立方米，水由高架输水道输入。蓄水池群里侧前有个运动场，几排梯形看台背靠着水池。看台左右两侧是拉丁图书馆和希腊图书馆，廊厅式围墙内侧四周是草坪和喷泉。浴场主体建筑处于整个建筑的中间靠前部分，四周是绿地，呈长方形

(240米×114米)，并有一个半圆形热水浴厅，占地面积达2.6万平方米。内部布局非常对称，里面有冷水浴厅、温水浴厅和热水浴厅以及蒸汽室与健身房专用洗浴室等，可同时容纳1600人沐浴。附属部分有会堂(又称中心厅)、休息厅、物品寄存处、半露天锻炼场地、庭院、健身房、半圆形回廊式交谊厅和体育学校。锅炉房、仓库、奴隶和仆役休息室都在地下。地下还有一些过道，奴隶和仆役们从过道进入浴场各部去服务，犹如角斗士从地下通道到直接出入竞技场一样，这与当时的建筑理念一致。主体建筑用大理石砌成，高大的石柱支撑着厚重的拱门，厅室顶呈拱券圆形。浴场内部的装饰十分华丽。地面、墙面上都是用来自不同地区的光滑闪亮的彩色大理石镶嵌成色彩华美的绘画和图案。壁龛里和靠墙的装饰性柱子的柱头上陈设着雕像。浴室屋顶一般是穹形，中央有高敞明亮的大厅，有宽大的窗户，便于采光，阳光在白天任何时候都能照射进来。这样不仅可以使浴室内部更加明亮，还可使人们在享受蒸汽浴、冷热水浴的同时，享受到太阳浴。卡拉卡拉浴场的热水浴大厅的穹顶直径35米。大冷水浴厅是3个十字拱，长55.8米、宽24.1米，十字拱的重量集中在8个墩子上，墩子外侧有一道短墙，短墙之间建有筒形拱，增强了整体性。浴场内部空间的复杂的组合达到了很高水平，简捷而又多变，层次丰富而讲究对称。大正门、冷水浴厅、会堂、温水浴厅、热水浴厅以及运动场和高架输水道建在纵向的中轴线上，两侧是用作辅助设施的厅室，形成大空间之间以小空间过渡，开阖有致，相互通达。在这些大厅之间还建有一些院落，既保证室内都有足够的光照，有通风换气的功用，也便于人们随时到庭院中活动。追求空间效果和华美装饰是卡拉卡拉浴场的特点。卡拉卡拉浴场有很好的采暖设施。地面、墙体和拱顶内都砌着一层扁方的空心砖，形成管道。从锅炉房输来的热烟，从空心砖管道里通过，地面、墙面和拱顶都散发热气，保持宜人室温，使冬季人们也可以入浴。为公共浴场输水的输水道，就是罗马建筑的又一杰作——输水渠道，或称引水工程。从奥古斯都时代起，便造了许多高架在拱门上的输水渠道，从远处向罗马城里输水，包括为众多的大型公共浴场供水。

在古罗马时期，医学并不是很发达，人们平均寿命约为40岁，所以只有富有的公民会去旅行，希望在更健康的环境中得到治疗或恢复身体。古罗马人典型的旅行包括从意大利到亚历山大港的海上旅行，或到现在的维希、普罗旺斯的艾克斯、巴斯和威斯巴登的矿泉之旅，也有人会去希腊的德尔菲、爱琴海的德洛斯或小亚细亚的克拉罗斯。参观阿斯克勒庇俄斯(希腊医学之神)的圣所时，健康和宗教被结合在一起。在那里，参观者进入圣所，通过沐浴得到净化，进入神殿，躺下休息，认为上帝将会造访此地并治愈他们，或者给予他们一些“建议”。

800年，奥斯曼帝国建造了土耳其浴场，英国的骑士在1200年前后的十字军东征时体验到了这些浴场。桑拿浴早在1000年就开始出现在芬兰的波罗的海沿岸。14世纪，意大利的波米出现了第一个浴场，匈牙利的布达佩斯、德国的卡尔斯巴德以及捷克的卡尔洛维也出现各种形式的温泉场所。

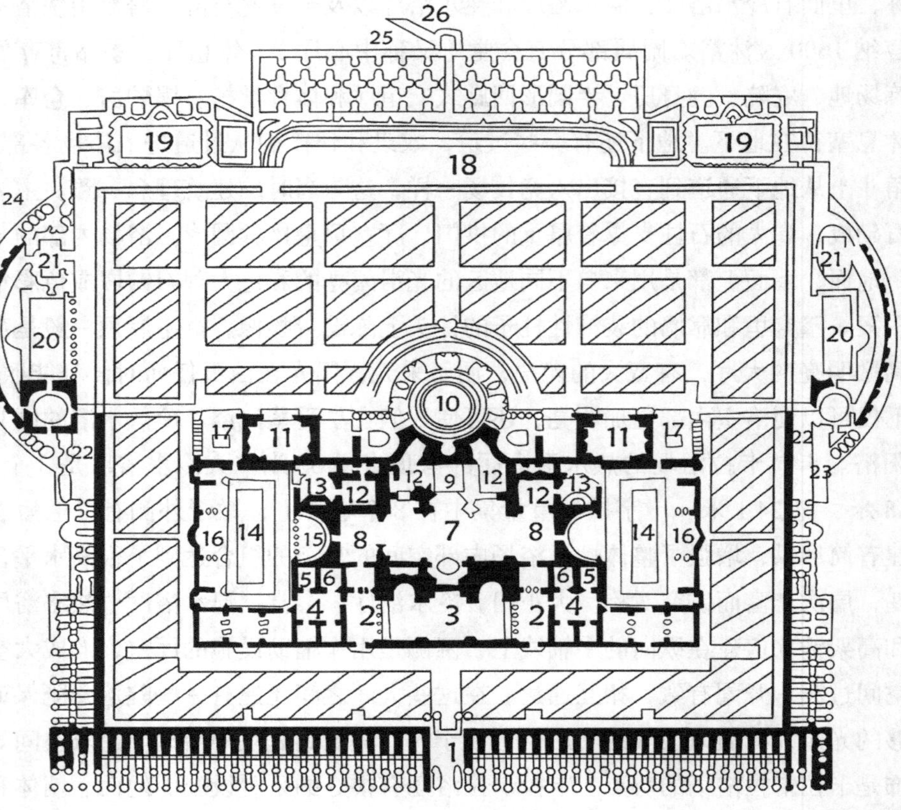

1.正门（入口）	8.休息厅	15.半圆形回廊式交谊厅	22.化妆品和香水库房
2.冷水浴厅入口	9.温水浴室	16.体育学校	23.火烟暗道设施
3.冷水浴厅	10.圆形浴室	17.健身房专用洗浴室	24.体育教练工作场地
4.物品寄存处	11.半露天锻炼场地	18.运动场	25.蓄水池
5.敷油膏厅	12.庭院	19.拉丁图书馆和希腊图书馆	26.高架输水道
6.泥沙浴室	13.蒸汽室	20.辅助健身房	
7.会堂	14.健身房	21.图书馆和预览室以及会议室	

图 3–1　卡拉卡拉浴场示意图

图片来源：Roth，Leland M. Understanding Architecture：Its elements，history and meaning first. Boulder，CO：Westview Press，1993.

陈佳怡修改

进入 15 世纪后，欧洲经历了梅毒、麻风病等瘟疫的大流行，人们开始对在温暖的海水中进行公共沐浴感到担忧，裸浴和混合浴也被认为是不道德的，这就是英国当代的温泉浴场很多人都会穿着衣服沐浴的原因。

欧洲文艺复兴时期（14 世纪），温泉疗法开始向现代医疗转变，尤其是在有着著名硫黄泉的意大利，在帕多瓦、卢卡和卡迪亚罗还有泥浴。1553 年，威尼斯出版了第一本欧洲温泉目录，列出了200多个温泉。1571年，为了让英国人不去西班牙、比利时旅行，伊丽莎白女王开始向大众提倡公共沐浴。19世纪中叶科学家开始研究温泉水的化学和矿物特性。为了让人们更加理解温泉水的医疗功效，科学家们将不同矿物质对人体的影响列出，并且还对不同温度的影响进行了研究。许多欧洲的国王和王后都支持温泉浴。18世纪晚期，人们又重新认识到海水的益处，海洋疗法得以复兴，这种疗法在法国特别流行（Cohen and Bodeker，2008）。欧洲当时的水疗出现了两种主要类型：矿泉或热泉疗法，以海水为基础的海洋疗法。

现代按摩技术是从19世纪早期开始发展起来的，尤其是在瑞典。与此同时，美洲土著印第安人建造的温泉浴场景观——一种圆形的泉水池——开始被当作一种精神景观，受到西方世界的欣赏。在德国，第一个现代水疗SPA也是在19世纪早期发展起来的，这些SPA为人们提供健康的治疗方案，如新鲜空气、干净的水和饮食。这种趋势同时在欧洲和美国变得流行。1880年，塞巴斯蒂安-克内普神父开始为穷人进行水疗，他的做法延续至今。19世纪初，旅游业在全世界范围内（主要是加勒比地区和北非的温泉胜地，以及欧洲等）推广空气和日光的健康疗法，上层阶级对健康和锻炼的热情日益高涨，面向康养的旅游业变得流行。到20世纪初，SPA对战争伤员的益处在欧洲各地得到了充分的认可，工人也被国家鼓励去海边旅游。

从西方温泉文化历史的演变可以看到，人们越来越认识到水、海水、热水或矿泉水的健康特性。希腊人和罗马人注重清洁和健康，并了解各种水疗法对健康的好处。

日本人也有他们自己的SPA——以自然温泉为基础称为Onsen（天然温泉）。737年，日本的第一个天然温泉在伊苏莫附近开张。几个世纪后，第一个温泉客栈（Ryoken）建成，提供精美的食物、住宿、禅宗花园、户外浴盆和室内浴盆。与欧洲古代文明相比，亚洲、中东和世界各地的土著民族早在几个世纪前就意识到了瑜伽、冥想、草药和其他形式的治疗和灵修的好处。尽管世界各地，如印度、非洲或土著部落许多人的生活水平和生活质量仍然被西方视为低水平，但这些人已经找到了保持健康和维持福祉的方法。早在西方研究心灵的科学和神秘主义出现之前，东方的先贤就认识到了呼吸、静止、静默和心灵、身体的最佳功能之间的联系。一些来自亚洲的本土传统和技术在现代水疗中越来越受到重视。西方的游客们热衷于参观或体验有某些东方习俗的温泉和传统的温泉疗法，如印度的阿育吠陀和泰国按摩。

二、世界温泉发展历史起源与脉络

温泉被人类使用的历史可以追溯到世界范围内最早的人类文明。人类与温泉之间的互动关系应该早在史前时代就已经存在，但是因为缺乏书面记录，无法查证到。史前诸多关于天然温泉的使用以及当时各种温泉沐浴习俗的知识和信息应该都是通过口耳相传的方式进行传承的。因此，试图找出世界上第一个温泉沐浴文化的起源地十分困难，许多为了健康使用温泉的古代习俗和传说的材料也都难以确认。大部分有关温泉的古代历史都有着许多猜测的成分，为后人探索温泉沐浴文化的起源留下了巨大的想象空间。

当今世界有关温泉使用的人类书面记载可追溯到公元前3000年左右。因为世界不同地区的温泉早期使用的历史涉及不同地区的古代文明和不同文字材料的记载，加上世界各地区的朝代更替和动乱中文明的颠沛流离，很多有关温泉使用的准确时间和方式都语焉不详。但是，可以肯定的一点是，人类使用温泉的历史全球具有普遍性，只有极少数国家，如丹麦和瑞典没有相关温泉的历史记载。从西方的古希腊与古罗马到东方的中国和印度河流域，克里特岛的米诺斯人、西西里人、埃及人、中国人和中美洲人等对温泉的使用几乎都始于公元前3000年。

为了更完整地了解世界温泉发展的历史脉络，本书在帕特里夏和马尔科姆（2009年）汇总的世界最早有关温泉利用的记载的基础上进行了补充与完善，形成了一条自公元前3000年开始的世界温泉历史的发展主线（见表3-1）。

表3-1　世界范围内温泉使用的历史时间表

时　间	地　点	历　史
公元前3000—公元前1700年	巴基斯坦 印度河流域	始于公元前2500年，位于摩亨约达罗（Mohenjo Daro）和哈拉帕（Harappa）的印度河流域文明，很可能使用过温泉，因为当地包括大量天然温泉。
公元前1680—公元前1193年	土耳其安纳托利亚	赫梯帝国曾将温泉用于娱乐和治疗。
公元前1430年	意大利利帕里-西西里岛	带温泉水的石砌池塘可能用于治疗性热浴。
公元前1050—公元前771年	中国华清池	华清泉是历朝历代皇帝最喜爱的温泉。
公元前1000年	中美洲	玛雅帝国可以追溯到公元前1000年左右，它包括墨西哥的尤卡坦半岛、危地马拉以及伯利兹和洪都拉斯的部分地区。这些国家有许多温泉，玛雅人是一个高度发达的民族，他们把这些温泉用作各种用途。
公元前8世纪	意大利	庞贝大约是在这个时候建立的，温泉被用来为城市建筑供热。
公元前8世纪—1世纪	希　腊	荷马（公元前9世纪—公元前8世纪）、希波克拉底（约公元前460—公元前377年）、柏拉图（公元前427—公元前347年）、亚里士多德（公元前384—公元前322年）和老普林尼（23—79年）等都提到了温泉。
公元前8世纪	希腊路特奇	路特奇的温泉在科林斯举行运动会期间被再度利用。
公元前863年	英格兰巴斯	巴斯城建立的传说中，李尔王的父亲布拉杜德通过浸泡那里的温泉治愈了他的疾病。

续表

时 间	地 点	历 史
大约公元前 750 年	日 本	四国岛爱媛县的道后温泉（Dogo Onsen）是日本最古老、最著名的传统温泉浴场之一，大约在 3000 年前甚至早在绳纹和弥生时代就已经使用。
公元前 5 世纪	西班牙	考古证据表明，阿尔切纳的温泉可能被早期伊比利亚定居者使用过。
公元前 500 年	危地马拉	玛雅王国可能使用过温泉。
公元前 3 世纪	印 度	希腊大使提到了印度温泉的药用价值。
公元前 3 世纪—2 世纪	希 腊	希腊和其他地中海国家交易地热的副产品，如高岭土、硫黄、火山灰、氧化铁等。
公元前 2 世纪	土耳其	希拉波利斯（Hierapolis）由帕加马王国（Pergamum）国王尤梅内斯（Eumenes）建立。公元前 133 年，这座城市被遗赠给罗马人，罗马人在温泉周围建造了大型浴场。
公元前 1 世纪—14 世纪	拜占庭帝国	士兵在军事远征中参观温泉并进行热浴。
大约公元前 120 年	法国艾克斯莱班	罗马人建造了舒适的热水浴池，后来被称为感恩之水。
公元前 84 年	希腊艾迪普索斯	罗马将军苏拉接受了温泉疗法，之后他支持建造一个“水疗设施”——苏拉的温泉浴场。
公元前 49 年	葡萄牙里斯本	昆图・卡西欧（Quinto Cassio）和卢西奥・卡西欧（Lucio Cassio）统治下的卡西安温泉（Cassian SPA），是以朱利叶斯・恺撒的名义建造的。
公元前 1 世纪	约 旦	古罗马和拜占庭历史学家（公元前 1 世纪至 6 世纪）在古典文学中描述约旦河谷泉水具有治疗作用，尤其是能治疗麻风病。
大约公元 1 世纪	叙利亚巴尔米拉	硫黄泉（Efca）在“圣经时代”曾用于健康目的，现在仍在使用。
1 世纪	北美黄石公园	据说黄石国家公园的肖肖尼印第安人住在温泉附近，并利用温泉进行治疗。据推测，其他部落也在可用的地方使用热温泉，而且他们使用温泉的时间比文献记载的要早得多。
1 世纪	克罗地亚瓦拉日丁托普利采	第一个古罗马浴场建在瓦拉日丁托普利采（一个克罗地亚的城镇）。
50 年	奥地利	维也纳附近的巴登是由罗马人建立的，名叫 Aquae。
70 年	英格兰巴斯	罗马人建造了一个更复杂的浴场，其中包括巴斯的庙宇，并将其命名为 Aquae Sulis。
81 年	葡萄牙维泽拉（Vizela）	罗马浴场是提图斯・弗拉维乌斯（Titus Flavius）统治时期建造的。
2 世纪	中东哈马特加达尔（Hammat Gader）	2 世纪左右，罗马人首次开发了哈马特・加德尔（Hammat Gader，耶尔穆克河流域的温泉遗址）的温泉，并将其改造成温泉浴场。
2 世纪	以色列提比里亚	罗马人首先在提比里亚市开发了温泉，并将其改造成温泉浴场。

续表

时　间	地　点	历　史
5 世纪	格鲁吉亚第比利斯	瓦赫坦（Vakhtang）国王在具有治疗功能的温泉遗址上建立了第比利斯市。
大约 700 年	日本加贺	山中温泉是在加贺（日本城市）附近的一座寺庙里建成的。
870—930 年	冰　岛	根据萨加斯的说法，温泉水被用于洗涤和沐浴。
800—1200 年	日本熊本	熊本县的筱山市（Yamaga）温泉被认为有 1200 年的历史，发现其为平安时代（794—1192）的遗迹。
1137 年	波兰切普利采（Cieplice）	历史记载中提到了被认为是波兰第一个疗养胜地的希隆斯克（Cieplice Slaskie）。据传说，这个温泉是在 1175 年被高大的博拉斯劳斯王子偶然发现的，当时他正在追赶一只受伤的鹿，这只鹿在温水中恢复了体力。
1178 年	匈牙利布达佩斯	当今在盖勒特酒店的旧址上建了一所医院。
12 世纪	匈牙利	圣约翰骑士团致力于治疗现在圣卢卡奇温泉区域的病人。
1281 年	波兰切普利采（Cieplice）	耶路撒冷圣约翰骑士使用温泉水治疗疾病的历史记录。
大约 14 世纪	比利时	在 SPA 城建立了一个疗养胜地。
1300 年	新西兰	毛利人一直使用温泉疗伤
1349—1350 年	捷克卡罗维发利	据传说，在一次猎鹿活动中，在温泉附近发现了卡罗维发利（捷克西部，以硫黄温泉著名），并出现了新的定居点。
1359—1389 年	土耳其	土耳其人在穆拉特统治时期建造了一个巨大的圆顶浴场。
1417 年	意大利蒙特卡蒂尼	意大利浴疗学的创始人乌戈利诺德蒙特卡蒂尼（Ugolino de Montecatini，1348—1425）建议使用蒙特卡蒂尼的矿泉水。
1458 年	韩　国	Oonyang SPA 仍在使用。
1485 年	葡萄牙	Caldas Da Rainha 医院是由蕾奥娜（Leonor）皇后在发现具有治疗功能的天然温泉后创建的。
15 世纪	德　国	在富有的市民中很流行每年都去温泉疗养中心。
15 世纪	美　国	北美首次记录欧洲式温泉 SPA 的历史。
1502—1533 年	秘　鲁	根据口述历史，印加统治者阿塔瓦尔帕（印加帝国皇帝）和他的宫廷使用了卡哈马卡（秘鲁城市）的温泉。
1522 年	捷克卡尔斯巴德	16 世纪，Mill 泉的水主要用于沐浴，大约 1522 年左右，引进了卡罗维发利的饮用疗法。
1541 年	美　国	西班牙探险家埃尔南多·德·索托据说是阿肯色温泉的第一位欧洲游客，这个温泉后来被命名为蒸汽谷。
1545 年	巴　西	卡尔达斯诺瓦斯温泉在西班牙出版物中首次被提到。
1558—1603 年	英格兰巴斯	在伊丽莎白时代，作为温泉浴场的巴斯对温泉进行了改进并复兴为 SPA，开始吸引贵族成员在巴斯度过时尚的“Saison”。

续表

时　间	地　点	历　史
1565 年	匈牙利布达佩斯	布达佩斯的亚尔斯兰（Arslan）开始建造基拉伊温泉浴场。
16 世纪	匈牙利布达佩斯	布达佩斯鲁达斯温泉建于土耳其占领时期。
1697 年	中国台湾	《北海集游》手稿中首次提到温泉，但直到 1893 年才完全发展起来。
17 世纪	比利时 SPA	SPA 小镇进一步发展。
17 世纪	中国和日本	医生对几种药用泉水进行评估和分类。
1700 年	芬兰娜塔莉（Nantali）	具有疗愈功能的热泉已为人所知和使用。
1709 年	日　本	日本首次对温泉进行医学研究。
1722 年	巴西卡尔达斯诺瓦斯	巴托罗缪·布埃诺·达·席尔瓦在寻找金矿时发现了这个地区的温泉，随后定居者利用了温泉。
1737 年	比利时	发表了《SPA 矿泉水的效用示范》。
1741 年	法　国	第一个温泉浴场是在雅漾（Avene）建造的。
1776—1784 年	法　国	撒丁岛国王维托里奥·阿梅迪奥二世建立了被称为“皇家浴池”的温泉浴场。
1790 年	美　国	萨拉托加温泉（纽约州）开始提供 SPA 服务和住宿。
18 世纪早期	匈牙利布达佩斯	在布达佩斯，玛丽亚·特蕾西亚（奥地利大公爵夫人、匈牙利女王）下令进行第一次水分析。
19 世纪	葡萄牙亚速尔群岛	弗纳斯温泉度假村已经是一个受欢迎的旅游目的地，当地人可能从 15 世纪就开始使用温泉。
19 世纪早期	奥地利	维也纳附近的巴登重新发展了洗浴传统，建立了 SPA 小镇政策。
1826 年	夏威夷	早期的传教士和历史学家威廉·埃利斯描述了卡波霍地区火山口湖的温泉的使用情况。
1832 年	美国阿肯色州	阿肯色州的温泉区成为美国第一个国家保护区。
1834 年	智　利	1834 年查尔斯·达尔文曾到被认为是智利最古老的温泉中心之一的亚韦尔（Jahuel）温泉考察。
1859 年	新西兰（南部）	从那时起汉默泉被发现和使用。
1862 年	澳大利亚	白人定居者首次发现赫本矿泉。
1873 年	非洲纳米比亚	瓦姆巴德（Warmbad）温泉（贝拉贝拉）的潜力是白人定居者发现的，但当地部落更早的时候就知道温泉的存在并利用温泉来治病。
1876 年	非洲乌干达	非洲探险家斯坦利（HM Stanley）访问了乌干达的姆塔甘塔（Mtagata）温泉——当地居民似乎使用温泉来治疗疾病。
1878 年	新西兰	罗托鲁阿的神父泉是由一位天主教神父发现的，温泉治好了他的关节炎。
1879 年	澳大利亚	昆士兰州的希利顿温泉（Helidon SPA）最早被开发出来。

续表

时 间	地 点	历 史
1882 年	加拿大	欧洲游客发现并使用班夫温泉。
1884 年	匈牙利	布达佩斯的 Lucac's Bath SPA 酒店落成。
1891 年	保加利亚	保加利亚颁布了第一部《矿泉保护法》，并宣布泉水为国家财产。
1891 年	吉尔吉斯斯坦	吉尔吉斯斯坦的 Issyk-ata 疗养院建于 1891 年，是一家温泉保健院。
1895 年	澳大利亚	大自流盆地的第一个钻孔是在莫里（Moree）的热水自流浴池中完成的，据说这里的热水可以治愈许多疾病。
1895—1945 年	中国台湾	日本占领时期台湾温泉迅速发展。
20 世纪早期	澳大利亚	维多利亚赫本温泉保护区深受游客喜爱。
20 世纪早期	土耳其	康加尔疗伤泉水首次引起了人们的注意是因为一个脚受伤的牧羊人在温泉中治愈了他的伤口。
1911 年	捷 克	1911 年，卡尔斯巴特（Karlsbad）温泉迎来了历史上最多的温泉客人，当年共有 70 935 人接受了治疗。
1925 年	匈牙利	有人在豪伊杜索博斯（Hajduszoboszló）钻探石油时发现了具有治愈功效的温泉。
1929 年	保加利亚	保加利亚的浴疗协会成立，并联合了来自不同科学领域的专家。
1931 年	日 本	日本开始在温泉领域开展更多的科研项目。
1936 年	中国从化	从化温泉吸引上层阶级投资兴修会所，战争爆发前新建了数十栋温泉别墅。
1940 年	美 国	大多数美国温泉胜地都在衰败。
20 世纪 40 年代	格鲁吉亚第比利斯	第比利斯温泉疗养胜地落成。
1945 年	中国台湾	温泉文化走向衰落。
1970 年	法 国	艾克斯莱班恢复和扩大温泉浴场。
1975 年	非洲突尼斯	突尼斯温泉浴办公室成立。
1976 年	冰 岛	在斯瓦特森基（Svartsengi）发电厂修建了一座地热发电站，不久之后，一名员工注意到废水（干净的）具有疗愈的特性，并借此创造了一个巨大的温暖的潟湖。
1978 年	英格兰巴斯	由于公众担忧泉水的纯净度，因此关闭旧的温泉浴场，沐浴也被禁止。
1979 年	匈牙利	布达佩斯日间医院在浴场中建立了综合温泉浴设施。
1982 年	中 国	发现并修复华清池皇家温泉池遗址。
1987 年	冰岛蓝色潟湖	第一家公共洗浴设施开业。
1994 年	葡萄牙	40 个使用天然热水和矿泉水的健康 SPA 中心开始运作，政府允许在其中的 17 个 SPA 中心治疗皮肤病。
1995 年	日 本	医院利用温泉整合成 SPA 疗法。

续表

时　间	地　点	历　史
1997 年	阿根廷	在成功钻探到热水之后，阿根廷东北部的第一家温泉于 1997 年开业。
1990—2010 年前后	中　国	各地快速地建立起数以千计的现代温泉度假村。

从已有的文献记载来看，欧洲和东亚是世界温泉两大文明中心，两个地区的温泉都拥有悠久的历史，并随着时代的发展，从早期的沐浴、治病向现代的健康与科学疗养转型。尤其是进入 21 世纪之后，全球化时代日益增强的文化交流使得各国的温泉产业充分融合。中国最近 20 年来的温泉发展也受到许多来自欧洲的启发。而在非洲、中东和美洲地区，温泉被人类利用的历史也同样悠久，但进入现代社会后，温泉的发展出现了停滞，这一现象产生的背景各不相同。例如，北美的温泉逐渐被 SPA 替代，自然温泉更多被当作自然遗产进行保护。非洲则因为经济发展水平的限制，温泉消费尚未得到重视，制约了温泉文化的发展。

纵观世界各国的温泉发展历史，在主线一致的前提下又各有其独特路径与特点，下面章节将分地区对世界主要地区的温泉发展历史进行梳理与介绍。

第二节　亚洲温泉的发展历史

亚洲地区具有独立的温泉文化传统。至少从公元前 3000 年起，印度河流域和中国就充分利用了丰富的温泉和矿泉资源，同样，日本岛丰富的温泉意味着当地的沐浴文化很早就在人类定居的区域发展起来了。亚洲对温泉资源利用的记载有可能是世界最早的。

一、南亚

巴基斯坦的印度河流域通常被认为是古代文明的发源地之一。考古发掘表明，人类大约从 5000 年前就定居于摩亨约达罗（Mohenjo Daro）和哈拉帕（Harappa）地区，很可能是因为这个地方距离水源较近。印度河流域城市文明中的大多数建筑都包括了浴室、厕所、排水系统、水井和水箱，这表明人们的生活中不缺乏水源。在摩亨约达罗，考古学家发现了疑似大型公共浴室、游泳池或水箱的遗迹（Erfurt-Cooper & Cooper，2009）。摩亨约达罗的住宅都有淡水、排水系统和内部浴室。所有这些遗址都表明，该地区一定有充足的水供应这类高度文明的设施。考虑到该地区处于一个严重依赖季节性降雨的环境中，这些奢华建筑所需的水源应该存在多种来源。根据水文地质资料的评估，印度河流域的许多地区拥有丰富的天然温泉资源（Bakht，2000）。这些天然的冷泉和热泉为摩亨约达罗、哈拉帕等印度河流域的城市提供了大量的水资源。源源不断的水源为当地居民将天然温泉用于健康和康养目的提供了条件。

在印度古老的阿耶维达疗法传统中，水被描述为治疗许多疾病的主要元素。公元前3世纪，一位在印度旅行的希腊大使将印度的泉水描述为“纯净的水”，以显示其非凡的力量。尽管印度有300多个矿泉和温泉，但是历史文献中很少提及这些温泉被用于健康和康养。因此，很难确定印度历史上使用温泉的可靠日期。但在许多地区，温泉与某些神相关联，这表明人们可能很早就认识到温泉的功用并从中受益。印度一些地方宗教的重要寺庙是与温泉比邻而居的，这也从侧面印证了温泉对于早期印度社会的功用。例如，传说印度北部库鲁地区的曼尼卡兰的温泉就与湿婆神以及他的妻子帕尔瓦蒂有关。帕尔瓦蒂在冷水池塘洗澡时弄丢了耳环，湿婆一怒之下将冷水烧开。从那时起，人们发现高温水可以用来烹饪食物，而当冷却到足够的温度时，池塘水则具有治疗风湿病和肌肉疼痛的药用价值。在印度，温泉用于治疗疾病的传统十分悠久。努布拉河谷因其药用温泉而闻名于世。塔塔帕尼著名的天然硫黄泉因其治疗功效而闻名遐迩，发展成为一个受欢迎的温泉旅游胜地。塔塔帕尼还因其宗教意义也成为印度教徒的朝圣中心。

尼泊尔至少有50个温泉，当地称之为“tatopani”（意思是热水）。尼泊尔最著名的温泉位于塔托帕尼镇——每年吸引约6万名游客，他们相信这个温泉具有神奇的医学疗效。当地有一种节日就是通过洗浴温泉水来治疗和预防疾病。

印度的阿育吠陀（生命科学）被学者视为世界上最古老的治疗系统，也是印度、斯里兰卡和尼泊尔的主要治疗传统。后来在英国殖民时期，阿育吠陀被用于现代SPA，并且被越来越多的人所接受。阿育吠陀的任务是通过适当的饮食、油和按摩疗法、草药疗法、瑜伽和冥想来恢复身体的平衡。如在度假时，通过按摩或饮食的方式来发展身体的平衡关系，即空气、火和土的关系。一些沐浴仪式与宗教和朝圣有着密切的联系，如世界著名的大壶节（Kumbha Mela），就有沐浴的习俗。

二、东亚

中国有着相当长的温泉利用历史，西安的华清池、北京的小汤山、南京的汤山、辽宁鞍山的汤冈子、广东的从化、台湾的北投等温泉地，有的与早期历代帝王将相相关，有的则早在新中国成立前就已经闻名远近。但在1949年前，中国大部分温泉只被当地居民所利用。一些温泉地尽管建设了保养设施，但只供少数达官贵人及外国入侵者使用。例如，辽宁省著名温泉地，多少都与当时日本占领者的开发、利用相关。真正的温泉开发可以说是从1949年后才开始，特别是1978年改革开放后（王艳平，2002）。新中国成立后，本着为人民大众服务的宗旨，中央政府及各部委建立了上百所冠以工人温泉疗养院等名称的温泉疗养设施。由于当时与苏联的友好关系，工业基地集中于北方，温泉疗养院也主要建立在北方工业集中地域，尤以重工业基地辽宁省为多。抗美援朝期间，辽宁省的丹东五龙背温泉、营口熊岳温泉、鞍山汤岗子温泉在接治伤员方面起到了相当大的作用。改革开放后，伴随医疗制度的改革，公费温泉治疗患者大幅度减少，既存的温泉疗养院开始走多种方式经营的路子。一是设立健康疗养部门，实际上是接待公费疗养人员。例如，辽宁省熊岳温泉疗养院、省劳改局熊岳温泉疗养院、大连市安波温泉疗养院都设立了观光接待部门，且医院内设置歌舞厅、泳池及餐厅。二是设立所谓旅馆式的高级病房，实际以接待观光宾客为主。例如，辽宁鞍山汤岗子温泉疗养院 9 个病房中，有 2 个以龙宫、玉泉馆为名，实际作为旅馆经营，分别为本院职工个人承包及韩国资本经营。三是开设综合门诊加强普通医院治疗机能，此举对当地综合医院造成了很强的冲击。南方则率先吸引外资进入新温泉度假村的建设，最早的有广东中山温泉宾馆，1990 年到 2005 年间又集中建成了珠海的御温泉、海泉湾旅游度假区、碧水湾等温泉度假村。这一阶段的温泉开发已经摆脱了疗养院的模式，通过主题乐园、温泉水乐园、度假村、自助餐厅等综合配套，面向人的休闲和养生度假需求的开发模式逐渐成为中国新时代温泉旅游业的代表。

日本温泉浴的传统与当时当地的贵族息息相关，至少可以追溯到平安时代（794—1192 年）。然而，日本古代军阀使用温泉的目的和罗马人一样，是为了治疗战争中受伤的士兵。在江户时代（1603—1868 年），温泉浴在各个阶层都很普遍，人们将洗温泉作为放松身心、与朋友和邻居进行社交活动的重要事项。从那时起，日本民间的温泉泡浴习俗就一直延续至今。日本拥有丰富的温泉资源，考虑到日本大部分地区的冬天都非常寒冷，可能早在绳纹时代（约公元前 13000—公元前 400 年），当地人就开始使用温泉资源。与大多数国家一样，古代日本人对于区域温泉资源的开发和利用的文字记载并不多，但是考古证据表明，早在远古时期人们就在长野县诹访湖以东地区开始了温泉浴。考古学家在当地遗址大约 6 米深的地方发现了带有矿物外壳和硫化氢气味的石头，故推测这些石头可能被用来建造用于热浴的温泉浴池。道后温泉是日本最古老的温泉之一，位于四国岛西海岸的爱媛县松山中心，距离松山市只有几公里。道后温泉有超过 1500 年的历史记录，曾被日本最古老的诗集《万叶集》所提及，这本诗集收录了大约 759 年的诗歌。据传说，日本圣德太子（574—622 年）曾在道后温泉中沐浴（Erfurt-Cooper & Cooper，2009）。除此之外，下吕温泉、有马温泉、草津温泉、箱根温泉等都具有较为悠久的历史，是日本最知名的温泉旅游地。

朝鲜半岛南部大部分地区地质构造环境稳定，温泉仅存在于少数几个地区。有文献记载早在公元前 57 年至 668 年的三国时期，新罗皇室就享受过温泉沐浴。后来，景顺宗（1083—1094 年）悬赏在离首都更近的地区寻找新的温泉。后来各地区的总督负责管理和维护温泉浴场，并对有关温泉使用进行记录和立法。在 1910 年日本占领朝鲜之前，温泉主要是由皇家贵族享用。在日据时期，朝鲜半岛的温泉被开发成典型的日式沐浴场所。忠清道的温阳温泉是朝鲜半岛最古老的温泉之一，大约在1300年前首次被发现，至今已经运营了700多年。根据历史记载，世宗王（生于1397年）和后来的皇室成员拜访了当地温泉，并治愈了他的皮肤病。自此以后，温阳温泉就广为人知。在朝鲜半岛，大多数温泉都因其独特的疗效而久负盛名（Erfurt-Cooper & Cooper，2009）。整个朝鲜半岛有70多个温泉，它们都极力宣传温泉中富含矿物质，以吸引康养游客。许多温泉区一直深受当地人的欢迎，目前已发展成为先进的温泉度假村吸引国际游客。

蒙古的温泉被用于各种用途，如建成疗养院和成为健康旅游胜地。大多数温泉目的地都位于海拔近2000米的山区，有些目的地只有越野车才能到达。关于蒙古温泉的历史记录很少，其中位于阿布拉格市的一个温泉因与成吉思汗的历史有关而得以记载。蒙古也向外界宣传本国的几家温泉疗养院和健康度假村，认为温泉水可以治疗疼痛和某些疾病。

三、东南亚

泰国拥有众多的温泉，主要分布于泰国北部地区。比较著名的温泉包括叻丕府省的博赫伦温泉（Bor Khlueng Hot Spring）——被认为可以缓解肌肉疼痛。在清迈的湄登区，有以原生态的环境、没有过度商业化著称的巴帕（Pa Pae）温泉。位于泰国最北端的芳县的大片山地森林中分布着几十个温泉。除此之外，泰国北方较为有名的温泉还包括兰邦的耶松（Jae Son）温泉和湄宏顺府的拜县温泉（Muang Paeng）与巴邦（Pa Bong）温泉。在泰国南部的拉廊府的拉科萨瓦雷（Raksavarin）森林公园中，温泉被抽取后建立了高端的度假酒店，度假村提供全套的健康和娱乐设施（Kanokratana，2004）。泰国以泰式按摩闻名，该技术已有2500年的历史，并且这种按摩手法在世界各地的康养中心都有使用。人们穿着衣服，通过做类似瑜伽的动作来伸展、放松关节和放松肌肉。泰式按摩既有精神上的，也有身体上的。按摩师在开始按摩之前通常会做一个简短的祈祷，祈祷被按摩者身体健康。

印度尼西亚的天然温泉资源十分丰富，因为大量的活火山为温泉提供了地质基础。当地土著很早就会用温泉来沐浴和洗东西，有些温泉具有治疗风湿和皮肤病的功效。近年来，印度尼西亚开发了温泉SPA中心和带有热游泳池和治疗设施的度假村，以吸引健康和康养游客。

马来西亚的天然温泉也源自火山，富含矿物质，以有益健康而闻名。像森美兰的必达士（Pedas）温泉这样的小地方，长期以来以温泉的疗效而闻名，这里的温泉旅游已经发展了60多年。为了吸引更多的游客，马来西亚的温泉也开始建立大型的水上乐园。但是，大多数马来西亚温泉都处于未被开发和有效开发的状态，基本是被当地人当作传统的医疗资源使用。

四、西亚

沐浴温泉是土耳其古老而重要的文化传统，这项传统可以追溯到公元前1680年至公元前1193年，当时赫梯帝国在安纳托利亚（Anatolia）的地理区域使用温泉进行娱乐和治疗。现在，土耳其的每个城市或城镇都有几个公共浴室，通过温泉或中央供暖。土耳其最负盛名的温泉是位于土耳其代尼兹利市北部的棉花堡（Pamukkale），土耳其文Pamuk表示棉花，Kale表示城堡。此地不仅有上千年的天然温泉，更有钙化形成的好似棉花一样的山丘。坐落在棉花堡附近山上，由帕加马王朝于公元前2世纪所建的历史古城希拉波里斯，目前还遗留有大浴场、竞技场、街道、大剧场和古坟场等残垣断壁。这里从古罗马时代就吸引着众多的人来此进行水疗，并为今天的人们遗留下了温泉中心和温泉池，旁边还设有泊车旅馆。土耳其西北部的布尔萨（Bursa）是该国第四大城市，其在拜占庭帝国统治时为一军事要地。14世纪，布尔萨为当时的宗教和文化中心。在穆拉德统治时期（1359—1389年），奥斯曼人在布尔萨建造了一个由圆顶浴池组成的大型建筑群，如今这里是土耳其最受欢迎的温泉目的地之一。该城在1855年大地震时受到严重破坏。从古至今，布尔萨都以丝绸贸易和毛巾制造以及温泉著称。这里几乎所有的酒店都有温泉，也有传统的哈马姆浴室。新温泉于1552年为苏莱曼大帝的宰相鲁斯塔姆帕夏所建，旧温泉是拜占庭时代的浴场遗址上建起的最老的浴池。卡拉穆斯塔法帕夏浴池在布尔萨以最好的质量受到好评。

格鲁吉亚首都第比利斯是以30多个温泉命名的，第比利斯直译的意思是“温暖”，因为这座城市拥有很多含硫量较高的温泉。这些温泉水富含多种矿物质，对各种皮肤疾病、关节疾病和胃肠道疾病都有一定的疗效，所以每年吸引着世界各地的游人来此体验第比利斯温泉的美妙。有关第比利斯的起源还流传着很多传说故事。其中一种说法是，伐克堂·葛瑞加萨里国王有一次在密林中打猎时，突然看见一只野山鸡飞过，国王立即放出他驯养的猎隼去捕捉，但是两只飞禽在争斗中一起从天空坠落到了远方的丛林深处。伐克堂国王为了寻找自己的爱鹰来到密林深处，在一番寻找之后，人们发现两只飞禽都跌落在丛林里一个巨大的温泉里，被喷涌而出的温泉水烫熟了。伐克堂国王当即下令，“这个地方以后就叫第比利斯”，并迁都于此。这座城市因此而得名——“温暖的城市”。世界上很多地方有温泉，以温泉命名的地方也不少，但第比利斯是唯一一个以温泉命名的国家首都。第比利斯城南的古硫黄浴池区保存了17、18世纪的圆顶地穴式温泉浴池。这些浴池不仅提供温泉疗养服务，更是当地民众交流情感的重要地点。1890年，在第比利斯的浴场里，SPA已经相当盛行。贵族阶级经常去泡硫黄浴，男人们浴后会互相按、压、捶、拉，以此放松身体，甚至还一起抽水烟。今天，在这里仍然能感受到古代人的闲适。法国作家大仲马和俄国诗人普希金都曾在第比利斯洗过温泉浴并为之欢喜赞叹。大仲马写道：“在第比利斯的温泉浴池中，一种极大的自由感和舒适感渗透全身。我所有的疲惫消失干净，我感觉我有力量举起一座山峰。”普希金说：“自我出生到现在，我从未感受到任何像第比利斯温泉这样奢侈的享受。”原创建筑和大自然的完美结合给予了这座城市无与伦比的魅力和色彩。在中世纪时，第比利斯是一座繁荣昌盛的城市，这里也是那些天才诗人如绍塔·鲁斯塔维利和很多与他一样天赋异禀且卓越的诗人们的家园。除此之外，亚历山大·格里鲍耶多夫的不朽戏剧《聪明误》、托尔斯泰的小说《童年》等在世界文学史上享有盛誉的重要著作也诞生于此。所有的这一切，使这座城市具有一种完美的诗歌精神和独特的文艺气质。在第比利斯，搓澡师被认为是一个最古老的行当。10 世纪的阿拉伯旅行家阿布·杜拉夫在自己的游记中描述了第比利斯温泉浴的搓澡师。2011 年 8 月，考古学家在第比利斯发现古罗马式澡堂，随后的研究则将这一行当的出现时间向前推移至 1 世纪左右。

五、中东

以色列的提贝里亚斯城外的寒玛斯（Hammath）古温泉区一直是广受欢迎的 SPA 和健康旅游目的地，最早可能建于罗马时代（Wolf，1996）。提贝里亚斯城是加利利的首都，建于公元 20 年左右，以提贝里亚斯皇帝的名字命名。作为一个休闲 SPA 中心，它开发了大约 17 个低于海平面 200 米的天然矿物温泉。第一个“现代”SPA 中心于 1929 年在提贝里亚斯国家温泉公园（Tiberias）落成。如今，提贝里亚斯温泉是以色列最大的温泉胜地，每年吸引成千上万的国内外游客。新的 SPA 中心可为顾客提供个人治疗池、美容泥浆池和治疗室。

然而，提贝里亚斯城本质上是一个犹太人的城镇，宗教文化氛围浓重。因此，当地人除了出于健康目的经常泡温泉，宗教寓意也是非常重要的一部分。不同宗教团体对于泡浴温泉具有完全不同的道德观念。拉比团体强烈反对在温泉浴场进行沐浴，因为那里陈列着“外国”神像。这样的限制导致许多 SPA 游客前往哈马特加德尔泉进行短途旅行，因为哈马特加德尔泉不但没有类似的限制，而且设有各种娱乐活动。哈马特加德尔温泉的疗效自古以来就很有名，4 世纪历史学家尤纳皮乌斯造访该温泉后对其有详细的描述。哈马特加德尔泉靠近约旦和叙利亚边界，坐落于加利利海东岸的亚尔穆克山谷，距提贝里亚斯约 20 公里。和提贝里亚斯温泉一样，哈马特加德尔泉也位于海平面以下约 150 米处。罗马人在 2 世纪左右将哈马特加德尔泉开发成温泉浴场。哈马特加德尔温泉的疗效十分出名。然而，与邻近的提贝里亚斯温泉相比，哈马特加德尔温泉浴场由于因混合沐浴的习惯有“放荡和轻浮”的名声（Erfurt-Cooper & Cooper，2009）。5 世纪和 6 世纪，哈马特加德尔温泉浴场发展至鼎盛。7 世纪，哈马特加德尔浴场建筑因地震损坏，后修复，但最终于 9 世纪被废弃。在一块刻有欧多西亚皇后统治时期（421—460 年）的碑文的大理石石板上，记载着对哈马特加德尔温泉浴场的赞美，碑文中提到了 16 座建筑，包括大厅、游泳池和喷泉。19 世纪末，以色列对哈马特加德尔进行了大规模的考古挖掘，大部分浴场的古代建筑群已被修复并向游客开放，游客可以体验哈马特加德尔温泉浴场的神奇疗效。中东的历史事件和近代地缘政治改变了我们今天所知道的约旦和以色列地区的状况。哈马特加德尔和提贝里亚斯的温泉在过去同属于罗马帝国和拜占庭帝国的统治区，如今的哈马特加德尔温泉则位于以色列、约旦和叙利亚三国交界处。

约旦温泉的使用始于罗马帝国时代，当时众多温泉地区都被用作健康和 SPA 的娱乐场所。约旦的健康和 SPA 旅游主要集中在以约旦河和 50 多个热硫黄泉为来源的死海区域。圣经中提到死海的疗效，2000 多年前以色列国王希律也有相似的论述。死海可能是人类历史上最古老的热疗健康度假区之一（Abels，1996）。许多作家和历史学家都提到死海具有药用价值。热水的独特品质和矿物质含量，以及有益的气候在过去吸引着人们，现在也仍然被用于治疗各种健康问题。距离首都安曼西南约 50 公里处的哈马马特・马恩（Hammamat Ma'een）浴场拥有完备的旅游设施的度假综合体，吸引着那些为了健康追寻泉浴的游客。此外，约旦的阿夫拉（Afra）、扎噶马（Zarga Ma'in）和阿尔希玛（Al Himma）都是拥有优美的风景历史建筑遗迹的温泉胜地。

在叙利亚，圣经城市巴尔米拉的温泉和矿泉水的主要来源是一个名叫 Efca 的泉水，这里的温泉含有硫黄等，被认为具有治疗作用。

也门也有许多天然温泉浴场，如亚丁的阿尔沙拉尼（Al-Shaarani）、哈辛的阿尔阿斯鲁姆（Al-Asloum）和卡菲尔的布尔汉（Burhan）。然而，由于也门不重视对温泉及其医疗价值的宣传和推广，当地大部分温泉的开发程度很低。

第三节　欧洲温泉的发展历史

欧洲的温泉浴场和 SPA 小镇经历了数千年的开发、繁荣、萧条、废弃和复兴。罗马帝国时期的一些举措对欧洲温泉浴场的普及起到决定性作用。但早在罗马帝国统治之前，欧洲许多地区的温泉不仅已被当地居民所熟知，其治疗潜力也被有所认识，但他们很少像罗马人那样为了娱乐建造温泉浴场。476 年西罗马帝国灭亡，北欧和西欧的温泉首次迎来衰落，当时大部分 SPA 中心年久失修。在欧洲的一些地方，受基督教会对温泉设施的态度影响，这种温泉浴场的衰落持续了近千年。教会认为温泉设施是道德松散的中心。因此，虽然温泉浴的主要功能是为了治疗和健康，但是传统的信教人士仍认为洗浴温泉水是不道德的（Maier & Fiedler，2004）。尽管如此，15 世纪时的一些温泉依然受到神职人员和贵族的青睐。欧洲启蒙运动之后，温泉洗浴的健康性质被重新发现，温泉再次成为许多欧洲国家的旅游胜地。从那时起，温泉疗法被医生用于治疗风湿病、关节炎、不孕症和皮肤疾病，促进了温泉疗养医学的新发展，并逐渐形成影响至今的欧洲温泉疗法和水疗学说（Leavy & Bergel，2003）。

欧洲的温泉文化对于世界的影响十分深远，随着欧洲势力的全球性扩张，欧洲的温泉文化对亚欧大陆及亚非拉的温泉文化都产生了重要影响。本节主要从欧洲内部不同地区来分开论述。

一、南欧

希腊神话中有很多关于温泉的传说。在希腊诸神中就有一位温泉的守护神——阿尔忒弥斯。在民众为希腊医神艾斯库累普修建的寺庙里，还有专门提供热水浴的场所（Melillo，1995）。医神艾斯库累普的传说和古希腊医师希波克拉底（约公元前 460—公元前 377 年）都强调饮用和沐浴温泉水对健康的重要性（Bullard，2004）。公元前 7 世纪，荷马史诗描述了几种不同类型的浴池，佐证了温泉水在古希腊文明中的重要地位。

在前希波克拉底时期，医学之神埃斯库拉皮乌斯的神殿是行医之处。神殿被建在温泉附近，以便将温泉疗法纳入治疗过程之中（Katsambas，Antoniou，1996）。柏拉图（公元前 427—公元前 347 年）、亚里士多德（公元前 384—公元前 322 年）和老普林尼（23—79 年）等几位古典作家也提到了温泉的有益用途。公元前 5 世纪，希波克拉底在他著名的阿斯克勒庇俄斯中心用温泉疗法治疗了来自地中海各地的病人（Cataldi 等人，1999）。希波克拉底还写了一本关于医学方面的百科全书，其中就对温泉进行了系统地分类，并列出了它们独特的治疗特性和治疗标准（Katsambas，Antoniou，1996）。

古希腊城市的温泉浴场的名字来自温泉的保护神阿尔忒弥斯的名字。鲁特奇是希腊最著名的天然矿泉水和温泉地，该温泉地可能是西方历史上首批用于治疗，并作为旅游小镇以供人们健康度假的地方。古希腊历史学家色诺芬在讲述科林斯战争和波伊特战争时，首次提到了温泉水及其治疗作用（公元前 396—公元前 371 年）。这一地区的考古发掘证实后来的罗马人为了娱乐在遗址上建造了有关温泉的宏伟的复式建筑群。如今，鲁特奇被称为希腊的热浴和健康旅游中心，而被称为“生命之水”的温泉水被视为健康生活方式的象征。

欧洲大部分的温泉传统文化都归功于罗马帝国。这主要是因为罗马帝国在古代欧洲的统治疆域达到了史无前例的范围，当时很多地区还没有建立自己的国家。罗马帝国的温泉浴场遗址以及在后来的传统中对它们的再利用成为当代欧洲温泉的宝贵文化遗产。从英国的威尔士到中东的幼发拉底河，众多被发现的温泉浴场遗址都是按照罗马人的风格设计的，曾经被广泛地用于军队和平民的娱乐和治疗。罗马人更喜欢在天然温泉附近建设浴场，比如英国的巴斯、德国的亚琛等地都拥有天然的温泉露头。但是有的罗马浴场会在必要时注入热水。许多历史悠久的罗马温泉浴场逐渐演变成了 SPA 小镇和度假村并延续至今，比如英国的巴斯、特里尔，德国的亚琛和巴登，法国的艾克斯莱班和雷内莱班，捷克的特普利采和卡罗维发利，意大利的巴尼奥–迪罗马涅（Bagno di

Romagna），保加利亚的丘斯滕迪尔（Kyustendil），匈牙利的布达佩斯，西班牙的阿切纳和葡萄牙查韦斯等（见表 3-2）。

表 3-2　作为温泉旅游目的地的罗马 SPA 城镇

现在的欧洲温泉城镇	对应的拉丁名字
亚琛（德国）	Aquae Grannii or Aquis Granum
艾克斯莱班（法国）	Aquae Gratianae（Aquae Allobroyum）
普罗旺斯艾克斯（法国）	Aquae Sextiae
巴登-巴登（德国）	Aurelia Aquensis or Aquae
巴登（奥地利）	Aquae
巴登（瑞士）	Aquae Helveticae
巴登（德国）	Aurelia Aquensis（Aquae Aurelia）
巴登韦勒（德国）	Aquae villae
巴斯（英格兰）	Aquae Sulis
布达佩斯（匈牙利）	Aquincum
卡尔达斯-德马拉韦利亚（西班牙）	Aquae Voconis
卡尔德斯-德蒙布伊（西班牙）	Aquis Calidae
查韦斯（葡萄牙）	Aquae Fluviae
绍德方丹（比利时）	De Calida Fontana
绍德赛格（法国）	Calentes Aquae
卡提尼亚（意大利）	Aquae Cutiliae
哈马姆鲁尔哈（阿尔及利亚）	Aquae Calidae
拉恰德（法国）	Calidum
特里尔（德国）	Augusta Treverorum
瓦拉日丁托普利采（克罗地亚）	Aquae Iasae（Aquae Viva）
维希（法国）	Aquae Solis
维拉法希拉（西班牙）	Aquarius Vicus
威斯巴登（德国）	Aquae Matticae

罗马人对温泉的使用传统起源于伊特鲁里亚人（Melillo，1995）。早在罗马人统治整个意大利以及地中海周边的邻国之前的公元前 8 世纪到公元前 6 世纪，伊特鲁里亚人就开始使用温泉进行沐浴。后来伊特鲁里亚被罗马征服，罗马人将伊特鲁里亚人温

泉沐浴的传统经验用于军队的疗伤。从公元前 2 世纪起，罗马人又系统地发展了热浴学，并逐渐在整个罗马帝国流行起来。众所周知，罗马人在他们的温泉浴场和浴室里虽然会使用人工加热的水，但他们更喜欢天然的温泉，他们的居住地往往接近天然的温泉资源。

罗马人的温泉浴场随着罗马帝国的扩张遍布整个欧洲，并在 1 世纪至 3 世纪达到了顶峰。从 4 世纪下半叶开始，西欧温泉浴场的使用率迅速下降，并在 5 世纪和 6 世纪随着西罗马帝国的衰落进入了一个长期的停滞期，一直延续到 10 世纪末。只有在某些特定的地方，比如威尔士的兰德林多德韦尔斯（Llandrindod Wells）温泉浴场才得到持续的使用。但是，在东罗马帝国及后续的拜占庭时期，温泉浴场的使用持续了相当长的一段时间，后被土耳其人继承。在罗马帝国遗留下来的众多建筑遗迹中，每一个罗马城镇的定居点周边至少有一个温泉浴场，温泉浴场成为罗马帝国定居点的重要历史遗迹。

有钱有势的古罗马人还会把温泉水从遥远的地方引到他们的私人住宅。罗马人的温泉浴场最初主要是用于为军人疗伤。到公元 43 年，温泉浴场逐渐开始在罗马帝国内部的公众间普及，成为居民的休息和放松的一种方式。到 300 年左右，整个罗马帝国已拥有 900 多个温泉浴场。罗马的浴室里都配备了精通浴疗学的男性服务员，他们接受过护理顾客的培训，包括卫生方面的培训。这些男性服务员为罗马的社会名流提供清洗、擦洗、拔头和按摩的服务。在罗马时期，温泉浴的流程可能需要几个小时。沐浴者除了洗浴，还会进行锻炼和社交活动。罗马温泉浴场是一个非常重要的社交场所。除了健身房，成规模的温泉浴场通常还会有花园、图书馆、餐厅、酒吧、市场等，有的还有杂耍、杂技、音乐独奏会等特色剧院。沐浴者从华丽的温泉浴场内一个房间前往另一个房间，进行各种社交活动。

意大利是欧洲温泉使用历史最悠久的国家之一，伊特鲁里亚人就是起源于意大利地区。早在公元前 1430 年，西西里岛的利帕里群岛就有石砌的池塘，池塘里的温泉有可能是用于治疗。从罗马时代起，卡塔尼亚附近的热硫黄泉就被用于热疗等。卡塔尼亚的温泉疗效和绝佳的气候条件享有盛誉。除此之外，蒙特卡蒂尼的温泉小镇也举世闻名，在 14 世纪就为人所知。1417 年，意大利热浴学的创始人乌格里诺·蒙特卡蒂尼（Ugolino de Montecatini，1348—1425）就建议将温泉用于医疗（Altman，2000）。大约在 18 世纪末，大公彼得罗·莱奥波尔多下令建造温泉浴场。自此，蒙特卡蒂尼温泉水的健康效用扬名于世，到 19 世纪末已享誉全球。在意大利的伊斯基亚岛，温泉是当地一种常见的景观。伊斯基亚岛的温泉在 16 世纪为医生朱莉奥（Giulio Lasolino）所用，吸引富有的病人来此疗养，伊斯基亚也逐渐成为世界上最富有的温泉区之一（Rando，2003）。早在公元前 9 世纪左右，阿巴诺和威尼斯地区的温泉就被当地居民认为具有宗教和文化的意义。其中，意大利的阿巴诺温泉还经历了多次的改造、重建和现代化建设，以满足不断增长的需求。

西班牙自古以来都将具有治疗功能的温泉作为宗教中心和朝圣场所，在包括罗马和阿拉伯文明的不同统治时期，都留下了温泉发展的历史遗产（Ledo，1996）。最早的历史记录始于公元前 2 世纪。罗马人在温泉的吸引下建立了一个称为 Aqune Calidae 的自治市（现在称为卡尔德斯蒙布伊），温泉就位于现在的城市中心。随着时间的推移，卡尔德斯蒙布伊已经发展成为一个现代化的温泉小镇，以温泉浴而闻名。

葡萄牙的温泉历史与罗马占领时期引进的罗马沐浴文化有着密切的联系。查韦斯地区周边有丰富的温泉资源，由于其特殊的矿物质含量而具有治疗功能，被罗马人用来休息和娱乐。该地区后被称为布拉干萨。如今，布拉干萨的温泉中心为寻求健康的游客提供多种疾病的治疗方案，包括风湿病、消化问题和高血压等。中部沿海地区的卡尔达斯达赖尼亚是以莱奥诺拉皇后的名字命名的。据说 1484 年，莱奥诺拉皇后无意中路过该地，发现一些农民在路边的臭气熏天的池塘里洗澡，后得知这里的温泉对治疗风湿病有益。女王亲身体验后验证了当地温泉的治疗价值，故在当地投资建立了一家医院，并在周边建设了公园和教堂。如今，卡尔达斯达赖尼亚是一个受康养游客欢迎的温泉胜地（Michelin，2002）。葡萄牙的亚速尔群岛和马德拉群岛由于其活跃的火山环境也有许多温泉，但是开发的历史并不久远。在葡萄牙，大多数温泉水还会包装成具有高天然矿物质含量的保健饮料进行销售。

二、西欧

有文字记载的德国温泉 SPA 历史跨越了近两千年。大约在公元 77 年，普林尼写下了他在西欧旅行时访问的德国温泉地区，包括亚琛、威斯巴登和巴登-巴登（Freedman，Waugh，1996）。亚琛是罗马人选择定居的地方之一，因为他们欣赏温泉，并以凯尔特人的水神和治愈之神格兰努斯（Grannus）的名字将温泉命名为 Aquae Granni。古代凯尔特人的部落定居在亚琛地区，公元 1 世纪罗马人占领了亚琛并为他们的军队建立了温泉浴场。几个世纪后，由于基督教的影响，温泉沐浴成为大众避讳的行为。但是法兰克国王查理曼（742—814 年）使沐浴文化在中世纪早期得以存活。在一些靠近温泉的城堡和修道院中，浴室被重新引入。15 世纪，温泉疗养中心再次受到德国富人的欢迎。最著名的就是巴登-巴登。69 年至 79 年，罗马占领了巴登-巴登附近的天然温泉，并建设了温泉浴场。213 年至 217 年，在罗马皇帝奥利里乌斯的统治下，巴登-巴登温泉浴场经历了大规模的扩张，但在 3 世纪几乎被完全摧毁。如今，重建于 1847 年的原始洗浴设施中，只有 10% 的古代温泉浴场设施留存了下来。罗马时期的遗址已经变成供游人参观的博物馆。

奥地利有几个天然温泉在历史上曾被用于保健和娱乐，如今拥有许多温泉 SPA 中心，温泉旅游业发展态势良好。奥地利的巴登镇以热硫黄泉及其有益的矿物质含量闻名，14 个硫黄泉构成了地热资源的核心，每天约提供 400 万升水。该地最初也是为罗马军队服务而建立的温泉浴场。巴登的主泉被称为罗马泉，这个名字至今仍在使用。罗马泉的附近还建造了祭坛，游客可以通过对神祇的祭拜表达治疗成功的感激之情。后来新建成的SPA中心也参考了罗马人的名字，称为“Romertherme”，与复原的中世纪的“水疗馆（Kurhaus）”临近。水疗馆现在是一个现代化的健康中心。16世纪，奥地利的蒂罗尔州地区具有疗效的温泉被认为是当地的宝藏，该地区在18世纪与其他欧洲国家一样经历了衰落（Kuntscher，1990）。今天被称为华姆百德菲拉赫（Warmbad Villach）的地区，其温泉使用可追溯到凯尔特人和罗马人时期。16世纪著名的医生帕拉塞尔苏斯（Paracelsus），在他的《沐浴康养》一书中提到了这些温泉的治疗作用（Erfurt-Cooper & Cooper，2009）。

几乎每个讲德语的国家都有一个叫作巴登的城镇。在瑞士的巴登镇发现的温泉可以追溯到公元前58年。传说有一个年轻人正在寻找一只失踪的山羊，当他发现这只山羊时，它正站在一块岩石附近，岩石上有热水涌出。后来，年轻人带她瘫痪的妻子到热水中洗澡，他的妻子奇迹般地痊愈了。罗马人建造了一个令人印象深刻的温泉浴场，并将其命名为Aquae Helveticae。瑞士拉格斯温泉小镇拥有丰富的温泉历史。600多年前就有人通过探险的方式考察当地峡谷里的温泉资源。这条峡谷现在可以通过沿着岩石而建的桥进入。现在的拉格斯温泉小镇在高度专业化医疗人员的帮助下，专注于疾病的预防和治疗。

法国有着悠久的温泉历史（Weisz，2001）。艾克斯莱班（Aix-les-Bains）是位于法国罗纳-阿尔卑斯大区萨瓦省的城镇。“Aix”来源于拉丁语“Aquis”，即“水”之意；“les bains”在法语中为“水浴”之义。据史迹推断，古罗马时期，围绕着公共浴场与神庙（狄安娜神庙），各种居所不断扩大，天然矿物质热泉的存在使这里逐渐发展为依附于古罗马城市维也纳的一座村落。从中世纪到法国大革命前，艾克斯莱班是一座小村镇，人口约为1000人。城墙围绕的中心村落和十几个田野间的村寨共同组成了这座城镇。1779到1783年间，国王维托里奥·阿梅迪奥三世下令兴建一座温泉疗养所，为此后的现代化温泉疗养开了先河。艾克斯莱班的温泉疗养开始成为一种流行趋势，并在帝国的推动下不断兴建酒店等基础设施，城镇得到大力发展。前往艾克斯莱班的温泉疗养者人数不断增长，并于1808年达1200人次。当地政府随后出台了道路美化等相关政策。1860年的萨瓦合并运动（L'Annexion de la Savoie），取缔了进出不同地区的烦冗手续与关防，更为艾克斯莱班的温泉疗养高速发展注入了新活力。1886年铁路运输与火车站的设立，标志着艾克斯莱班进入城市化，并出现了越来越多的新兴住宿，如宫殿、度假别墅等。1875到1910年间，市中心根据城市发展的不同需要进行规划整改，如扩建市政府广场、移动教堂等。1875年前后，不断扩大的大港港口（Le Grand Port）已成为当地旅游观光的一个站点，可以停靠去往里昂方向的蒸汽轮船与观光布尔歇湖的游船。美好时代的到来又使艾克斯莱班全方面得到了发展。20世纪20年代后，艾克斯莱班的经济全面发展。50 年代，人口快速增长，整个地区的城市化不断提升。1939 年后，艾克斯莱班成为法国第一大温泉疗养地，80 年代接待温泉疗养者数量已达到 6 万人次。

维希是法国传统 SPA 的典型代表。维希的水来自奥弗涅的火山脚下，渗入地下 3000 米，被岩浆加热后溶解了许多矿物盐和机体必需的微量元素，最后以泉水的形式流至地面。这一泉水，可以用来洗澡，也可以饮用。在维希有很多这样的泉眼，其中有一处叫 Céléstins 的泉水对公众开放。正因为维希的泉水有如此的好处，早在高卢–罗马时期（公元前 52 年），维希就吸引了爱泡澡的罗马人的“投资”，据记载恺撒大帝就曾路过并宣布要搞开发。罗马人在阿列河（Allier）上建了桥，在河边建了小村落，开始利用维希的泉水。罗马人还在河边新建了许多的温泉。直到今天，那里依旧坐落着维希最重要的两个 SPA 中心——Thermes Callou Vichy 和 Thermes Les Dômes Vichy。随着罗马帝国的终结，维希在中世纪陷入衰落。直到拿破仑三世统治的第二帝国，维希城迎来了一次巨大的发展机遇。拿破仑三世一生五次“南巡”维希，并改造了许多城市景观。拿破仑三世改造了河边的景观，在阿列河上建大坝，并把旁边的沼泽改造为“英式公园”。每年 4 月最后一个周末，维希小镇都要举办“拿破仑三世节”，即全城身着拿破仑三世时代服饰庆贺。维希还曾经是第二次世界大战时被纳粹德国扶植的维希法国政权的首都。另外，法国三大化妆品品牌之一的“薇姿”就诞生于维希。自 1862 年以来，薇姿集团一直管理着维希温泉疗养中心，其旗下的薇姿赛林斯丹温泉 SPA 馆，占地 7500 平方米，是欧洲最大的 SPA 馆之一，被公认为欧洲三大最漂亮的水疗目的地之一。2013 年，赛林斯丹温泉 SPA 馆获得世界水疗大奖，被法国官方机构评为 SPA 甲类机构。这里会集了一流的医疗专家，拥有温泉热学医生、全科医生专家、专科医生专家、理疗专家和营养师的专业医疗团队、美容团队和温泉水疗团队。

英国的巴斯城是英国温泉历史上最具代表性的城镇。巴斯的英文意为浴池。传说公元 1 世纪，英国还在古罗马版图之内，一个名叫布拉杜德（Bladud）的王子，到雅典读书后，染上了麻风病，回国后被放逐到乡下养羊。无意间，他发现羊群经常在山脚下的一处有着奇怪气味的泥塘里打滚。于是，布拉杜德就下泥塘去驱赶羊群，还不时在泥塘旁的一眼温泉里洗浴。每次洗浴回来后，感到浑身舒服。如此一来，这温泉水所含的矿物质竟治好了他的麻风病，而且王子的皮肤变得细滑。后来，布拉杜德接替王位成为国王，不忘巴斯那个有着奇怪气味的温泉，便派人化验温泉水质，发现温泉水富含硫黄等矿物质，对某些神经系统和皮肤的疾病有疗效。布拉杜德下令挖深井把温泉水从地下抽上来，蓄到石砌的巨池中，大兴土木建起了沿袭古罗马风格的“国王的浴池”和庙宇，每年都要带着王公贵族来洗几次浴。16 世纪又在旁边建起了“王后的浴池”。至今，在热气腾腾的古老浴池旁，还保存有国王当年洗浴的“宝座”和他的塑像。巴斯保存着许多罗马帝国时代建造的精美温泉浴室、这里有位于地面下 6 米的大浴池、国王浴池的温泉，以及神殿遗迹、神像、许愿池和各种礼器文物，观赏价值极高。在罗马帝国统治英国的时代，罗马人在巴斯修建了许多带有桑拿及泳池的大型浴室，还把这里定为水和智慧女神米诺拉的领地，并建起了华丽的宫殿。随着岁月的流逝，这些建筑大部分都被埋在了地下，直到19世纪末，英国又重新唤醒了这些沉睡在地下的古迹。位于博物馆中心的大浴池是露天浴池，19世纪70年代才被发现。大浴池池边的阶梯、石头基座都是罗马时代的遗迹，池水温度保持在46.5℃左右，平台上的雕像是19世纪所建的恺撒等人的纪念物。18世纪著名的设计师约翰·伍德对巴斯进行了完整的设计，老城的格局就是当年留下的。皇家新月楼建于1767—1775年，是巴斯最有气势的大型古建筑群，由连体的30幢楼组成，共有114根圆柱。皇家新月楼的道路与房屋都排列成新月弧形，尽显高雅贵族风范，被誉为英国最高贵的街道。新月楼1号现为博物馆，展出许多珍贵的文物、肖像。英国著名女作家简·奥斯丁和巴斯有着深厚的情缘。19世纪末，她和姐姐在巴斯度过两个长假后，便喜欢上了这座小城，并在这里完成了其成名作《傲慢与偏见》的初稿。1801年，简·奥斯丁随退休的父亲迁居到巴斯后，深入了解了巴斯的城市面貌和社会生活，尤其是中产阶层的人际关系，她之后的小说《劝导》和《诺桑觉寺》都是以巴斯为背景创作的。坐落在市中心盖尔街上有简·奥斯丁纪念馆。当地的街道、建筑以及市容还和200多年前差不多，依然如她笔下描绘的那么美妙、优雅、有序。也许正是这个缘故，英国BBC影视公司前些年还在这里重拍了《劝导》和《诺桑觉寺》的电视剧。小城巴斯，以它别样的精致、美丽和文化，每年吸引着众多的欧洲和世界各地的游客。

三、中欧与东欧

匈牙利有“温泉之国”的美誉，而首都布达佩斯则是世界著名的“温泉之都”。在匈牙利已开发的约1300处温泉中，布达佩斯就占了1/10。布达佩斯位于断层线上，其温泉浴场由120个温泉自然供给。这座城市拥有众多令人印象深刻的温泉浴场，其中许多浴场的历史可追溯至16世纪。新石器时代的证据表明，早在罗马人到来之前，凯尔特人和达契亚人就在匈牙利的温泉附近定居，并探索温泉疗法的基本形式（Erfurt-Cooper & Cooper，2009）。罗马人离开匈牙利几个世纪后，匈牙利首都在土耳其统治下（16—17世纪）进一步发展。从那时起，各种形状和大小的浴室成为布达佩斯最重要的文化遗产，至今仍然是城市生活和接待客人的一部分。Széchenyi酒店坐落在布达佩斯城市公园的新巴洛克式宫殿内，是布达佩斯最大的温泉浴场。这个庞大的遗址建于1913年，拥有15个室内游泳池和3个不同温度的大型室外游泳池。Gellért Baths酒店拥有马赛克墙壁和地板、彩色玻璃窗和罗马风格的柱子，是布达佩斯最美丽的沐浴场所。这座新艺术运动风格的建筑于1918年开业，设有室内和室外浴池，由附近的盖勒特山（Gellért Hill）的温泉供应。具有土耳其风格的鲁达斯浴场的历史可追溯至16世纪。卢卡奇浴场于19世纪80年代开业，但据说该遗址的温泉可以追溯到12世纪。浴场很受当地人和那些寻求治疗各种疾病的人的欢迎。浴场设施包括红外线桑拿浴室、蒸汽浴室、喜马拉雅盐壁（以缓解呼吸问题）和重量浴（治疗脊髓损伤）。

温泉曾经在苏联的医疗系统中非常重要（Simkins，1986）。例如，温泉城索契被官方认定为一个健康和康养中心，并在斯大林的领导下发展成为工人阶级的度假胜地。到20世纪80年代末，苏联大约有2500家国营的温泉疗养院，一年最多可以接纳50万游客。1991年苏联解体后，许多温泉疗养场所开始衰落。

在波兰、斯洛伐克等中欧国家和保加利亚、克罗地亚、罗马尼亚等东欧国家还有众多温泉历史文化名镇。

第四节　美洲温泉的发展历史

一、北美

Lund（2000）将北美天然温泉的使用分为三个阶段：印第安人将其作为圣地、温泉和中立地，欧洲殖民者对SPA设施的原创开发，当代休闲健身场所。

对北美的土著印第安人来说，温泉是神圣的地方。印弟安人相信热水中的矿物质具有治愈疾病的功效，美国大多数重要的温泉都有当地印第安部落举行仪式的记录（Frazier，2000）。温泉也被称为“中立地”，印第安战士们可以在这里安心休息，从战斗中恢复（Lund，2002）。虽然温泉附近没有印第安人的建筑遗迹，但陶器和其他手工制品表明北美众多温泉地区曾经存在着土著部落的活动。

表3–3　美洲印第安土著部落的温泉

名　称	所属国（州）	部落族群
阿瓜卡连特	美国加利福尼亚	卡瓦拉人、印第安人
纳帕山谷的卡利斯托加	美国加利福尼亚	瓦帕人、波莫斯人、玛雅克马斯人、印第安人
卡哈马卡（印加浴室）	秘　鲁	印加族
火山口湖（马扎马火山口）	美国俄勒冈	克拉玛斯印弟安人
Kruzgamepa温泉、Kilo温泉、Chief Shakes温泉	美国阿拉斯加	因纽特人、特林吉特印第安人
梅耶特（费尔蒙特）温泉（药用泉水）	加拿大	内兹佩塞人、休休尼人和弗拉塞德印第安人
明内卡塔泉	美国南达科他州	苏族印第安人
帕坦佩温泉	美国犹他州	派尤特印第安人和纳瓦霍人

续表

名　称	所属国（州）	部落族群
格伦伍德温泉	美国科罗拉多	犹他人、科曼奇人和阿拉帕霍印第安人
阿马蒂兰湖温泉	危地马拉	玛雅人
镭温泉	加拿大	库特内人和阿帕切印第安人
萨拉托加泉，高岩泉	美国纽约	莫霍克人（易洛魁人）和塔斯卡洛拉印第安人
Sleeping Child 温泉	美国蒙大拿州	内兹珀斯印第安人
蒸汽谷（温泉城）	美国阿肯色州	突尼卡人和纳基托什印第安人
温　泉	美国佐治亚州	克里克印第安人和易洛魁印第安人
温　泉	美国俄勒冈州	派尤特印第安人、沃斯科印第安人
白色硫黄泉	美国西弗吉尼亚州	肖尼人
黄石国家公园、Smoking Waters（巴古瓦纳）、瑟莫波利斯	美国怀俄明州	阿拉帕霍和休休尼印第安人
Agua（Aqua）Hedionda	墨西哥	阿兹特克人
Tequesquiatlapan（含碳酸水的河流）	墨西哥	纳瓦人和齐齐米卡印第安人

美洲的土著部落使用温泉都是为了健康和宗教仪式。人们对这些有医疗功效的温泉有着广泛的信仰，几乎每个拥有天然温泉的国家在历史上都有相似之处。进入17世纪后，欧洲殖民者将温泉建设成为度假区，养成了每年进行“温泉旅游”的习惯（Bullard，2004）。但由于缺乏政府的支持，一些在19世纪开业的温泉开始走下坡路，并在20世纪中叶陆续关闭。位于阿肯色州北部的国家温泉公园是美国59个国家公园之一。温泉的重要性在1832年首次得到承认，并建立了阿肯色州第一个为保护自然资源供公众享用的联邦保护区。长期以来，该地的温泉一直被认为具有娱乐和治疗价值。这个温泉保护区于1876年发展成为温泉城。新墨西哥州的第一家温泉健康SPA成立于1880年，在此之前温泉就被古老的土著部落使用过，他们建造了露台花园俯瞰温泉（Witcher，2002）。1525年，西班牙人为了寻找贵金属和“不老泉”，重新发现了温泉，并给它们命名。除此之外，新墨西哥州的费伍德温泉（Fairwood Hot Springs）也吸引了史前居民、美洲原住民、西班牙探险家、水牛猎人、矿工，以及近代各种社会文化背景的健康寻求者。如今，费伍德温泉作为温泉度假区进行了商业开发，提供了与温泉相关的各种活动（Witcher，2002）。

加拿大大约拥有110个温泉（Woodsworth，1997），每个温泉都有不同的矿物质。基于温泉建立起来的SPA、度假村和康养治疗基地主要位于不列颠哥伦比亚省、艾伯塔省和萨斯喀彻温省。1859年，欧洲人首次造访加拿大。1883年左右，加拿大启动西部温泉设施的开发计划。1885年，由于班夫温泉的所有权存在分歧，加拿大政府决定创建包括拥有附近的洞穴和盆地温泉在内的班夫国家公园（Lund，2003）。建于1886年的班夫内温泉的浴室作为区内知名的景观别墅，后来由加拿大政府管理。这座最近翻修过的浴室每年供50多万游客使用。位于艾伯塔省卡尔加里附近的库特奈印第安人已经使用了几个世纪的镭温泉（Wightman & Wall，1985）。在第一批欧洲人到来之后，镭温泉在一段时间内便完成了私有化，随后又被征用并被纳入加拿大管理下的库特奈国家公园。温泉周围地区的费尔蒙特温泉度假村是过去内兹佩塞人、休休尼人和弗拉塞德印第安人部落的聚居地。

二、中美洲

中美洲的加勒比群岛位于一个高度活跃的火山地区，因此这里的许多地方有大量的天然温泉。这些温泉很少被文字记录下来，就像在欧洲一些没有被罗马人留下浴场的地区一样，准确的历史记载难以获取。早期的阿兹特克人出于健康目的也用温泉，但没有像欧洲国家那样大规模推广使用温泉疗法（Lund,Freeston，2001）。历史学家普遍认为，阿兹特克统治阶级喜欢温泉并在温泉周围建造游乐场，他们相信热水的疗效，并出于健康目的而使用温泉。在这里，统治阶层可以脱离国家事务，在舒适的环境中放松，就像当今国家元首会在一些私密的庄园度假，普通人也拥有自己的度假生活一样。蒙特祖马一世和二世都曾在天然温泉疗养，以达到放松身心的目的。其中一个现在称为Aqua Hedionda的地方，后来被西班牙人发展成时髦的SPA中心（Salgado-Pareja，1988）。

在危地马拉城附近的阿马蒂兰湖发现的人类学证据表明，玛雅人似乎早在公元前500年就使用过温泉（Altman，2002）。

尼加拉瓜的西部位于一个活跃的火山区，拥有丰富的温泉。由于这些温泉的药用特性，一些温泉已经发展成了现代健康胜地或SPA中心。健康和康养产业的发展引导了尼加拉瓜的区域发展，旅游业和康业产业创造了大量的就业岗位。

哥斯达黎加位于活跃的火山区，也有大量的温泉。但是大多数没有被开发成旅游目的地。许多温泉仅为当地村民所知，有的位于私有土地上，只供当地居民享受。

墨西哥有576个已知的天然温泉和矿泉，其中大部分在古代曾被用于治疗。首批南美殖民地的温泉之一就是建于18世纪末的圣巴托洛阿瓜卡林特（San Bartolo Agua Caliente）。现代墨西哥这些温泉资源主要被用于娱乐和治疗，一些有天然热水的地方会设计成标准的游泳池进行使用，也有用于工业用途的温泉。

加勒比海小安的列斯群岛的几个知名火山岛上都有温泉。圣卢西亚的第一批矿泉池是法国国王路易十六委托建造的，因为他意识到这些特殊的温泉含有与德国和法国温泉相同的有益矿物质。1786年第一个浴场完工，但不久之后，法国大革命破坏性的影响也波及殖民地。一些原有的浴池已被私人占有并重建，并计划进一步进行大规模的修复工程，以保护这些古老的温泉浴池的历史价值。英属蒙特塞拉特岛是西印度群岛的背风群岛南部的火山岛，拥有被称为热水池的“天然温泉”。传说如果把一枚硬币扔给守护神，这个热水池就可以治疗风湿病和其他疾病。蒙特塞拉特的温泉被认为是1995年休眠火山苏弗里尔山毁灭性喷发之后，直接由岩浆活动加热后形成的。从很早的时候开始，这里的温泉就被当地人和游客使用。法属马提尼克岛是另一个有着悠久历史的火山岛，位于小安的列斯群岛的向风群岛最北部。1902年，培雷火山爆发形成的火山灰彻底摧毁了圣皮埃尔镇，活跃的火山活动也造就了当地的温泉资源（Erfurt-Cooper & Coope，2009）。

三、南美

由于南美洲大部分地区火山活动频繁，很多国家都有丰富的温泉资源。大多数地区温泉开发的历史都可以追溯到欧洲探险家和征服者到达之前。一些有关温泉的书面记录源于西班牙人的探险活动，当时他们试图像在中美洲那样去开发位于南美的自然资源。但是，他们没有发现贵重金属和传说中的“不老泉”，而是发现了丰富的温泉和地热现象。显然，这些地热资源早在欧洲征服者和探险者不请自来之前就为当地居民所知。赤道以南最大的古代帝国是印加帝国，其鼎盛时期统治着智利北部、阿根廷高地、玻利维亚、秘鲁、厄瓜多尔和哥伦比亚南部。印加帝国的统治阶级和军队很早就开始利用温泉资源。在现代的南美社会，温泉主要用于娱乐和健康治疗。南美洲的国家经常将温泉与附近有火山景点的国家公园相配套，提供健康和休闲旅游的环境。

巴西有许多温泉区用于健康、康养和休闲旅游。这些温泉早在欧洲人入侵南美国家之前就已被使用。例如，关于戈亚斯州新卡尔达斯地区的温泉，最早的书面记录是1545年用西班牙文记载的。1722年，巴托洛缪·布埃诺·达·席尔瓦在寻找金矿的时候在这一地区发现了温泉，移民者为了方便利用温泉，进一步向内陆迁移。如今，新卡尔达斯的温泉和火山环境是该地区最重要的旅游景点之一，当地拥有80多家酒店，吸引了众多的国际游客。当地比较知名的温泉中心都是采用的传统的欧洲的温泉水疗技术。巴西圣卡塔琳娜州的所有地区都有热泉度假村，当地有许多关于古人使用天然泉水的传说。

秘鲁的印加人享受着境内的众多温泉，这些温泉都具有药用价值。该国拥有500多个景点，游客可以在那里享受温泉热浴的功效，因为其含有的矿物质有益于人体健康。秘鲁的大多数温泉是缓解疼痛的理想之地，也是游客放松的地方。秘鲁最有名的温泉是卡哈马卡的印加浴场。据史料记载，当西班牙征服者到达印加时，统治者阿塔瓦尔帕（1502—1533年）和他的家室被发现躲避在卡哈马卡的浴场。这些浴池位于海拔2500米以上的地方。这是一个拥有几座宫殿、周围有温泉和热浴设施的贵族住宅，也是皇室的豪华度假地。目前，卡哈马卡是秘鲁最重要的旅游目的地之一（Erfurt-Cooper & Coope，2009）。翻修过的Aguas Calientes（Machu Picchu Pueblo）温泉被认为是秘鲁最具有功效的温泉，为寻求健康的游客提供不同大小和温度的水池。同样，拉斯华林加斯的七个“圣湖”也被认为具有药用价值，自前西班牙时代起就被用于治疗仪式，受到当地居民的瞻仰。华林加人也认为其具有很强的治疗效果，全国各地的巫医和信仰治疗者以及许多国外信仰者经常会光顾这里的温泉。当地传统要求外来者泡浴当地温泉时必须有当地的巫医或萨满陪同。

乌拉圭拥有丰富的温泉资源。乌拉圭河的温泉资源的发现与石油勘探工作有关。1950 年，乌拉圭查科–巴拉那盆地的深井钻探中发现了温泉，这些温泉就一直使用到现在。20 世纪 90 年代中期，在 SPA 产业蓬勃发展的背景下，乌拉圭河一带也提出温泉开发的倡议。

阿根廷的卡塔马卡省有数百个温泉，其中大多数具有治疗功能，但很少有旅游设施。几个温泉的名字都指向同一个守护神——阿瓜斯迪奥尼西奥（Aguaditas de San Jose），表明阿根廷的温泉具悠久的文化 / 宗教用途或治疗的历史。在阿根廷沿安第斯山脉的一些非火山地区，也有丰富的温泉出露，如恩特雷里奥斯、布宜诺斯艾利斯和查科（Leitner，2001）。门多萨地区的温泉很多都配备了很好的基础设施。徒步穿越安第斯山的游客会发现一些尚未商业化的温泉。阿根廷的许多温泉开展旅游活动都有季节性问题，有些温泉只能在一年中的特定时间通过驾驶越野车才能艰难到达，还有一些只能通过徒步旅行或爬山到达。它们有的位于原始的自然环境中，有的位于没有公共交通抵达的私人领地。

在厄瓜多尔，宜人的气候和娱乐项目的结合，使得巴诺斯的温泉吸引了国内外众多游客。巴诺斯的温泉浴池的水是由从山上倾泻而下的瀑布水提供的，巴诺斯的圣水圣母教堂（Nuestra Senora del Agua Santa）也是一处朝圣之地。

智利的温泉广泛分布于从干旱的北部沙漠到南部温带森林区域。1834 年，查尔斯·达尔文访问了智利最古老的热浴中心之一的亚韦尔温泉（Aguas Termales de Jahuel）。特尔马斯德奇廉（Termas de Chillan）和基多亚克（Quitralco）温泉也从小型避暑胜地逐渐发展成著名的温泉胜地。

在玻利维亚，天然温泉和矿泥吸引了众多游客前往乌尤尼盐沼。

第五节　非洲温泉的发展历史

一、北非

北非处于地中海沿岸，古希腊人影响了当地的康养生活方式。人们在突尼斯遗址中发现的描绘古希腊神祇的雕像可以证明这一点。北非在历史上曾经长期处于罗马帝国的控制之下，古代的罗马人一抵达北非就寻找可用的温泉资源建立他们喜欢的浴场。我们至今仍然能够在许多地方看到这些古代浴场的遗迹。随后，许多受伊斯兰文化统治的北非国家也有了自己的沐浴文化。

在突尼斯，温泉的使用历史至少有 2000 年。早在罗马占领时期，突尼斯就建立了温泉浴场，这影响了该国温泉使用的传统方式。安东尼（Antonine）皇家温泉浴场是当时迦太基最大和最壮观的温泉浴场，经过 12 年的建设于 120 年完工，占地面积达 3.5 公顷。

在罗马人离开北非后，这些古罗马浴场变成“巴哈马”（hamams，许多阿拉伯国家的传统浴场形式）。阿拉伯国家在 11 世纪和 12 世纪注意到一些未被罗马人开发的温泉，如艾因-德拉希姆的巴哈马博戈达（Hammam Bourgida）等，并且注意到它们的治疗效果，从那时起这些温泉就被用于修建阿拉伯浴场。1975 年，突尼斯共和国总统哈比卜·布尔吉巴在首都突尼斯设立了地热能办公室。该部门由公共卫生部与国营旅游组织合作设立，主要目的是发展温泉旅游业和矿泉水工业（Nouira，1975）。热能办公室由国家资助，在医疗委员会的协助下管理，负责制定相关政策。突尼斯有 80 多处温泉场所，每年吸引约 250 万游客前来进行温泉治疗。

在希腊时代，埃及以治疗性旅游业而闻名，当时人们普遍认为埃及的气候和温泉有助于身体健康。开罗以南和尼罗河以东的赫尔湾浴场是一处热硫黄泉，至少从 7 世纪起就被用于治疗皮肤疾病（Fekraui & Kedaid，2005）。

在阿尔及利亚，温泉的主要用途是洗澡和浴疗，尽管也有一些资源用于温室供暖。该国的北部有 8 个用于治疗风湿和皮肤病的温泉（Fekraui & Kedaid，2005），古罗马游泳池和现代的温泉度假村比邻而居。该地区有 240 个温泉和热水井，其中 8 个温泉浴场是公共温泉度假村，它们提供运动设施、按摩和医疗健康服务。最受欢迎的温泉度假胜地主要有哈曼米斯卡廷（Hammam Meskhoutine）、古尔嘎（H. Guergour）、博哈利法（H. Bouhanifia）、波哈杰儿（H. Bouhadjar）、波哈拉拉（H. Bougharara）、里卡（H. Righa）和萨利钦（H. Salihine）。

二、撒哈拉以南非洲

撒哈拉以南的非洲大多数国家都有温泉。然而，鉴于非洲部分国家的政治形势以及较差的交通条件，迄今为止进行过商业开发的温泉数量相对较少。而那些有着温泉使用传统的国家，没有多少可靠的书面记录来确认温泉使用的历史日期。

距离纳米比亚首都温得和克不远的地方有两个温泉 SPA，一个是格罗斯巴曼温泉浴场（Gross Barmen），另一个是瑞欧（Reho）SPA，据说它们都有缓解风湿病的功效。纳米比亚另一个热门的温泉目的地是位于鱼河峡谷南端的温泉度假村。该度假村深受徒步旅行者的喜爱，徒步者可以在温热的硫黄泉水中舒缓身体。纳米比亚的瓦姆巴德镇

（Warmbad）被当地部落称为“贝拉贝拉”，意思是“沸腾的地方”，这表明当地定居者在很早的时候就发现了温泉并命名了该地区。19世纪后期，瓦姆巴德成为白人定居者修建的第一个沐浴场所，并很快因其温泉水的功效而闻名，吸引了大批西方游客来治疗风湿病和关节炎。然而，近年瓦姆巴德已经出现了衰落迹象。

喀麦隆几个温泉地区的户外健康SPA和疗养院很受西方游客的欢迎。

坦桑尼亚的马吉莫托（Maji Moto，意思是斯瓦希里语中的热水）是一个拥有硫黄温泉的国家公园。该地因为美国著名作家海明威与其妻子在1933年至1934年的狩猎旅行，以及随后出版的《非洲的青山》一书而出名。

肯尼亚各地都有天然温泉和火山喷气孔，当地居民经常使用这些温泉和火山喷气孔来祭祀，尤其是当他们患有难以治愈的疾病的时候（Tole，2002）。

参考文献

［1］刘儒庭．永恒之城——罗马［M］．长春：长春出版社，1997.

［2］王艳平，山村顺次．中国温泉资源旅游利用形式的变迁及其开发现状［J］．地理科学，2002（1）：102-109.

［3］Abels D J，Evenpaz Z，Efron D，et al. Bioclimatology at the Dead Sea in Israel［J］. Clinics in Dermatology，1996，14（6）：653-658.

［4］Altman N. Healing Springs：the ultimate guild to taking the waters-from hidden springs to the world's greatest spas［M］. Rochester，Vermont：Healing arts press，2000.

［5］Altman N. Scared water：the spiritual source of life［M］. New Jersey：Hidden spring：an important of paulist press，2002.

［6］Bakht. An overview of geothermal resources of Pakistan［C］. In proceedings World Geothermal Congress 2000，Kyushu，Tohoku，Japan，28 May-10 June.

［7］Bullard L. Healing water-Missouri's history mineral springs and spas［M］.Columbia：University of Missouri Press，2004.

［8］Cataldi R，Hodgson S F，Lund J W. Stories from a heated earth-our geothermal heritage［C］. Sacramento，CA：geothermal resources council，International Geothermal Association，1999.

［9］Cohen M，Bodeker G. Understanding the global spa industry：Spa management［M］. Oxford：Butterworth Heinemann，2008.

［10］Erfurt-Cooper P，Cooper M. Health and wellness tourism：Spas and hot springs［M］. Channel View Publications，2009.

［11］Fekraoui A，Kedaid FZ . Geothermal resources and uses in Algeria：a country update report proceedings world geothermal congress [C] . Antalya, Turkey, 2005, 24–29 April.

[12] Frazier D. Colorado's hot springs [M] . 2nd ed. Boulder, CO: Pruett Publishing Company.

[13] Freedman D, Waugh M A. The spa and sexually transmitted diseases [J] . Clinics in dermatology, 1996, 14 (6): 577–582.

[14] Katsambas A, Antoniou C. Mineral water and spas in Greece [J] . Clinics in Dermatology, 1996, 14 (6): 615–618.

[15] Leitner G. Argentina travel companion [M] . 2nd ed. Edison, New Jersey: Hunter Publishing, 2001.

[16] Lund J W. Balneological use of thermal and mineral waters in the USA [J] . Geothermics, 1996, 25 (1): 103–147.

[17] Lund J W. Balneological use of thermal waters [J] . Geo-Heat Center Quarterly Bulletin, 2000, 21 (3) .

[18] Lund J W, Freeston D H. World-wide direct uses of geothermal energy 2000 [J] . Geothermics, 2001, 30 (1): 29–68.

[19] Lund J W. Hot spring resorts in the Canadian Rockies [J] . GHC Bulletin, 2003.

[20] Lund J W, Freeston D H. World-wide direct uses of geothermal energy 2000 [J] . Geothermics, 2001, 30 (1): 29–68.

[21] Melillo L. Thermalism in ancient world [J] . Medicina nei secoli, 1995, 7 (3): 461–483.

[22] Michelin. Der Grune Reisefuhrer: Portugal, Madeira, Azoren [M] . Karlsruhe, Germany: Michlin Reise-Verlag, 2002.

[23] Mitchell S. Pura Vida, the waterfalls and Hot springs of Costa Rica [M] . Birmingham, AL: Menasha Ridge Press, 1994.

[24] Nouira H. Creation de l'Office du Thermalisme [J] . Journal Officel de la Republique Tunisienne, 1975, 30 June, 75: 535.

[25] Pesce A, Lippmann M. Thermal SPA's: Na Economical Development Alternative along both sides of Uruguay River [J] . GHC Bulletin, 2002.

[26] Rando E. Ischia island of the soul [M] . Ischia: Imagaenaria Edizioni Ischia, 2003.

[27] Salgado-Pareja J S. Hydrothermal activities in mexico-its utilization for heat generation and balneology [J] . GHC Quarterly Bulletin, 1988, 11 (2): 4–7.

[28] Simkins K L. Physical therapy and spa treatment [J] . Medical Anthropology Quarterly, 1986, 17 (5): 146–147.

[29] Tole M P. The potential of geothermal systems in Kenya for balneological use [J] . Environmental Geochemistry and Health，2002，24（2）：103–110.

[30] Weisz G. Spas，mineral waters，and hydrological science in twentieth-century France [J]. Isis，2001，92（3）：451–483.

[31] Wightman D，Wall G. The spa experience at radium hot springs [J] . Annals of Tourism Research，1985，12（3）：393–416.

[32] Witcher J C. Ojo Caliente-America's oldest spa [J]. GHC Bulletin，24，2002，1（1）.

[33] Witcher J C. Faywood hot springs [J] . GHC Bulletin，2002，22（4）：46.

[34] Wolf R. Mineral waters and spas in Israel. Clinics in Dermatology [J] .1996，14（6）：619–629.

[35] Woodsworth G. Hot springs of western Canada [M] . West Vancouver：Gordon Soles Book Publishers Ltd，1997.

第四章　温泉的康养功能

第一节　温泉康养的物质基础

温泉康养的物质基础主要包括两大类：一类是天然的物质基础，另一类是人工的物质基础。天然的物质基础首先是温泉水，主要通过其化学作用和物理作用发挥康养功效；除此之外，温泉所在地的地理、地形、生态和气候环境也是温泉康养的要素，这些要素与温泉水一道可以统称为温泉的自然“健康因子”。人工的物质基础主要指人们在温泉地建造的接待设施和相关产品。温泉地最基本的设施就是温泉和酒店接待设施，相关内容在其他章节会进行专门论述。本章重点介绍温泉康养的天然物质基础。

一、温泉水的化学作用

按照通常的温泉定义，温泉是含有一定量的对人体有益的矿物质和气体且温度达到25℃以上的地下水。大部分温泉水中溶解的矿物质成分的总量即溶解性总固体（TDS）的含量在1000毫克/升以上，有的含量高达5万毫克/升以上，其中含有的矿物质种类大多在20种以上，有的多达40种以上。因此，温泉水可以说是一种富含矿物质的特殊的地下水。温泉水对人体的化学作用取决于水质中所含的化学成分，即如碳酸氢根、硫酸根、钠、钾、钙、镁、氯、铁、锂、锶、偏硅酸等矿物质元素和对人体健康有益的二氧化碳、硫化氢等气体成分。

温泉水的化学作用是温泉水中含有的特定化学成分影响人体机能的结果。在温泉康养实践中，温泉水的化学成分主要通过四种途径对人体产生作用。一是某些化学成分能够通过皮肤吸收进入人体内发挥作用。二是某些化学成分虽不能通过皮肤吸收，但却能附着于皮肤表面形成有保健疗养作用的“薄膜”而发挥作用；或者刺激皮肤感受器，反射性地对人体发生某些调节作用。三是有些气体成分和挥发性物质可经呼吸道黏膜吸收进入人体内发挥作用。四是通过饮泉方式（也称为“饮泉疗法”）吸收进入人体内发挥作用。在使用饮泉疗法时，温泉水所含化学成分的康养作用有两种表现形式：一种表现为对胃肠道黏膜的刺激作用，另外一种表现为经过消化道吸收进入体内而发挥作用（高显恩，1988）。

由于各类温泉水所含化学成分不同，以及矿化度或溶解性总固体含量的差异和温泉疗法应用方式的差异，其对于人体所产生的理疗和康养作用也有所不同，这是温泉独有的特异性作用。关于各种温泉类型的化学作用及其医疗保健功效，国外早有大量成熟的研究成果和临床经验。我国这方面的研究和临床实践起步于20世纪50年代。陈炎冰编写的《矿泉医学知识》（1984）、高显恩主编的《现代疗养学》（1988）、张向群主编的《矿泉疗法》（2001）以及孙丛艳、张怀明共同主编的《疗养地理学》（2014）等著作和文献中，均反映了不同时期我国温泉疗养的研究情况。这些著作和研究文献描述了温泉中矿物质的理疗或康养作用。例如，氡泉具有调整心血管功能、改善中枢神经系统和植物神经系统等作用。硫化氢泉具有改善皮肤功能、促进末梢血管扩张、消炎止痛以及恢复关节生理功能等作用，吸入或饮用还具有祛痰解毒等功效。重碳酸钠泉对皮肤具有滋润、漂白及软化角质层的作用，对烧伤或者烫伤的皮肤消炎、去疤痕有明显疗效；饮用后还能中和胃液中游离盐酸、溶解及中和黏液、调整消化功能的作用，还能利尿、促进肾结石和膀胱结石的排出等。硫酸钙泉能够改善血液循环、促使病变产物的吸收、庇护新生肉芽的生长、软化瘢痕及缓解疼痛，饮用后可促进胃肠功能、提高食欲、具有排出尿酸及利尿等作用。氯化钠泉能抑制神经兴奋、引起皮肤血管扩张、增加汗腺及皮脂腺及促进炎症渗出的吸收，对于神经炎、神经痛、过敏性皮肤病、慢性湿疹等也有效果。饮用低浓度氯化钠泉对胃黏膜有轻度刺激，可促进胃液分泌与胃运动功能，并能刺激胰腺分泌且有利胆作用；饮用高浓度氯化钠泉，可抑制胃液分泌，可治疗慢性胃炎、胃酸减少症、慢性胆囊炎等。硅酸泉对皮肤和黏膜有清洁和消炎的作用，饮用时可调节代谢及促进胃肠消化功能等。

关于温泉水的水化学类型分类、命名、功效及禁忌证，欧洲和日本已有长期深入的研究和应用技术积累。有的国家用规范、标准和条例进行规范和引导，有的国家甚至以法律的形式来明确温泉的分类和功效。早在1948年就已经颁布实施的日本《温泉法》就是用法律来规范和引导温泉的医疗和康养功效的典范。王立民、安可士（1993）在《中国矿泉》一书中做了较为完整的梳理（见表4-1）。

表4-1　不同泉质的适应证与禁忌证

泉　质	适应证			禁忌证
	浴　用	饮　用	吸　入	
放射泉	高血压病、冠心病、闭塞性动脉内膜炎、心肌炎、慢性关节炎、亚急性风湿及类风湿性关节炎、外伤性关节炎、慢性脊椎炎、周围神经炎、脊髓神经根炎、坐骨神经痛、各种麻痹、痛风、糖尿病、慢性附件炎、更年期综合征、不孕症、牛皮癣、慢性湿疹、神经性皮炎、过敏性皮炎等。	痛风、尿结石、风湿病、神经痛、胃痉挛、胃及十二指肠溃疡、习惯性便秘、胆石症、消化不良、慢性胆囊炎等。	配合浴用可以治疗支气管炎、神经痛、偏头痛、末梢神经炎等。	

续表

泉质	适应证			禁忌证
	浴用	饮用	吸入	
碳酸泉	I-II度循环机能不全、I-II期高血压、轻度冠心病、心肌炎、周围循环障碍、血管痉挛、雷诺氏病、血栓形成后遗症、坐骨神经痛、多发性神经炎、慢性盆腔炎、创伤等。	慢性胃炎、胃酸减少、慢性便秘、轻度血管硬化等。	支气管哮喘、过敏性鼻炎。	腹泻时。
硫化氢泉	循环机能不全疾病、早期脑血管硬化病、感染性脑膜炎后遗症、植物神经紊乱症、坐骨神经痛、多发性神经炎、慢性风湿性关节炎、亚急性风湿性及类风湿性关节炎、肌纤维组织炎、骨关节病、骨与关节损伤后运动障碍、慢性附件炎、慢性盆腔炎、湿疹、牛皮癣、荨麻疹、神经性皮炎、皮肤瘙痒症、金属中毒、创伤、糖尿病、慢性胃炎、慢性支气管炎等。	慢性胃炎、习惯性便秘、慢性胆囊炎、胆石症、慢性汞与铅及砷中毒、糖尿病等。	气管炎、支气管炎、支气管哮喘、肺气肿等。	
铁泉	慢性皮肤病、慢性风湿病、慢性贫血、神经官能症、慢性妇科病、下肢溃疡、各类疾病恢复期、营养不良等。	各种贫血、慢性失血性贫血、寄生虫贫血、病后体质虚弱、慢性妇科疾病、慢性皮肤病等。		
碘泉	动脉硬化、甲状腺功能亢进、风湿性关节疾病、皮肤病。	月经失调、更年期综合征、高血压、动脉硬化。		
溴泉	神经官能症、植物神经紊乱症、神经痛、失眠症等。	同浴用相同。		
砷泉	—	各种贫血、慢性失血性贫血、慢性疟疾、病后体质虚弱、寄生虫贫血等。		
硅酸泉	湿疹、牛皮癣、荨麻疹、瘙痒症、阴道炎、附件炎等妇女生殖器官黏膜疾病。	动脉硬化、心血管病。		
重碳酸盐泉	慢性湿疹、牛皮癣、慢性溃疡、痛风等。	慢性胆囊炎、胆结石、胃酸分泌过多、慢性肠炎、痛风、慢性腹泻等。	气管炎、支气管炎、过敏性病等。	含钠时同氯化物泉。
氯化物泉	神经痛、寒冷症、肌肉痛、关节痛、慢性风湿关节炎、跌打损伤、挫伤、不孕症、刀伤、烧伤、慢性皮肤病。	促进胃液分泌及肠胃运动，慢性消化系统疾病、慢性便秘		高血压、心脏病、肾病、浮肿，有必要控制盐分摄入的人。

续表

<table>
<tr><th colspan="2" rowspan="2">泉 质</th><th colspan="3">适应证</th><th rowspan="2">禁忌证</th></tr>
<tr><th>浴 用</th><th>饮 用</th><th>吸 入</th></tr>
<tr><td rowspan="3">硫酸盐泉</td><td>硫酸钠泉</td><td>湿疹、牛皮癣、神经性皮炎、皮肤瘙痒症、慢性胃炎、胃酸减少症、胃肠弛缓症、慢性胆囊炎、神经痛、神经炎、神经衰弱、妇科慢性附件炎、不孕症、更年期综合征、创伤、痔核、下肢溃疡、外伤后遗症、慢性风湿痛、肌纤维组织炎、骨关节病、糖尿病、肥胖病、静脉炎等。</td><td>慢性胃炎、胃酸减少症、糖尿病、肥胖病、慢性支气管炎、慢性鼻炎、慢性咽炎、喉炎等。</td><td>鼻炎、咽喉炎、气管炎、支气管炎等。</td><td>腹泻时不可饮。</td></tr>
<tr><td>硫酸钙泉</td><td>改善嘌呤代谢和尿酸的排出，对泌尿系统炎症、磷酸盐结石及肾功能均有效，此外对创伤、皮肤病等亦有效。</td><td>有泻下作用，并有明显的利尿作用，能促进机能，提高食欲，故对提高营养状况有利。</td><td></td><td></td></tr>
<tr><td>硫酸镁泉</td><td>同淡泉。</td><td>习惯性便秘、肥胖病、慢性胆囊炎、胆石症、胆道胆管炎、肠内中毒、荨麻疹等</td><td></td><td></td></tr>
<tr><td colspan="2">氯化钠泉</td><td>湿疹、牛皮癣、神经性皮炎、皮肤瘙痒症、慢性胃炎、胃酸减少症、胃肠弛缓症、慢性胆囊炎、神经痛、神经炎、神经衰弱、妇科慢性附件炎、不孕症、更年期综合征、创伤、痔核、下肢溃疡、外伤后遗症、慢性风湿痛、肌纤维组织炎、骨关节病、糖尿病、肥胖病、静脉炎等。</td><td>慢性胃炎、胃酸减少症、糖尿病、肥胖病、慢性支气管炎、慢性鼻炎、慢性咽炎、喉炎等。</td><td>鼻炎、咽喉炎、气管炎、支气管炎等。</td><td>腹泻时不可饮。</td></tr>
<tr><td colspan="2">单纯泉</td><td>（1）神经系统疾病：坐骨神经痛、神经根炎、末梢神经炎、多发性神经根炎、慢性骨髓炎、痉挛性麻痹、脑血管意外后遗症、神经衰弱、植物神经功能紊乱、精神分裂症等。
（2）运动器官疾病：慢性风湿痛、风湿病、类风湿性关节炎、外伤性关节炎、腰肌劳损、肥大性脊椎炎、腱鞘炎、大骨节病、肩关节周围炎。
（3）循环系统疾病：高血压病、动脉硬化症、冠心病、动静脉炎等。
（4）皮肤病：褥疮、下肢溃疡、湿疹、牛皮癣、皮肤瘙痒症、烧伤、烫伤、神经性皮炎、荨麻疹等。
（5）妇科病：慢性附件炎、慢性盆腔炎、不孕症、更年期综合征。
（6）其他：支气管炎、支气管哮喘、胃及十二指肠溃疡习惯性便秘、胆石症、糖尿病、肥胖病等。</td><td>慢性胃炎、萎缩性胃炎、溃疡病、胃肠神经官能症、习惯性便秘。</td><td></td><td></td></tr>
</table>

新中国成立以来，我国学术界和产业界借鉴欧洲和日本的理论和技术，也对温泉进行了分类和功效研究，形成了一些分类和标准，其中最具影响力的是《地热资源地质勘查规范》（GB/T 11615—2010）中附录 E（资料性附录）的“理疗热矿泉水水质标准”和《中国医疗矿泉定义与分类方案专家共识（2017 年）》（肖振等，2017）。

由于温泉水的化学成分组合极为复杂，不同化学成分的组合以及同一化学成分的不同含量，其对人体产生的作用和效果会有或大或小的差别。鉴于温泉医疗应用技术发源于欧洲，且中国关于温泉疗法的理论研究与实践应用仍停留在 20 世纪 90 年代以前，因此，如何结合中国独特的温泉资源与环境，通过国际交流与合作引进成熟的温泉康养技术，同时利用先进的科学方法加强对温泉康养作用尤其是化学作用的临床研究，不断加深人们对温泉康养价值的认识和理解，对于温泉康养事业的发展具有非常重要的意义。

二、温泉水的物理作用

温泉水的物理作用包括温度作用和机械作用。含有不同化学成分的温泉水的物理作用基本相同，机械作用可细分为浮力作用、压力作用和黏阻力作用三个方面。

（一）温度作用

温度是温泉水发生康养功效的主要因素之一。温泉中的温度主要通过恒温浴、冷热交替浴和饮用疗法的方式对人体产生康养效果。温度的数值变化，会引起不同质的反应（陈炎冰，1984 年），进而产生不同的康养效果。对于同一温度的温泉，人体所感受的刺激程度会有个体差异，造成这种差异的原因与种族、性别、年龄、体质、工作环境以及生活习惯等多种因素有关（张向群，2001）。

在温泉浴疗法的恒温浴或冷热交替浴中，温度主要是通过刺激皮肤神经末梢感受器，传导至神经中枢发生作用，从而影响全身各系统的机能；同时，皮肤受温热的刺激而产生某些化学物质如组织胺等，对血液循环、新陈代谢、肌肉活动和血液成分等都有良好的影响（陈炎冰，1984）。另外，温度的变化也会直接影响到温泉水化学作用的发挥。孙丛芳等（2014）认为，温泉水温度的刺激作用对机体引起变化的程度，取决于温泉水温度与人体不感温温度区（34-36℃）之间差异的大小，即两者相差越大，引起机体的变化越大。

目前，国内外的温泉疗养体系或医疗矿泉保健体系，对于温泉泡浴的温度作用研究已经比较成熟。比如，低温浴可提高交感神经兴奋性，使皮肤血管收缩、血液循环时间延长等；微温浴或不感温浴能够降低神经兴奋性，有明显的镇静催眠作用；中温浴可使皮肤发红、毛孔张开并少量出汗，末梢血管扩张，血压下降尤其是舒张压下降明显，血流加快，血糖减少，新陈代谢旺盛等；高温浴对机体的刺激性反应更加强烈，使皮肤血管明显扩张，脉搏明显增速，大量出汗，心脏负担加重等。另外研究证实，经常冷水浴可以提高机体对寒冷的应激适应能力，增强耐寒抗病能力和镇痛能力等。关于冷水浴、低温浴、微温浴、中温浴、高温浴等类型的温度划分标准，国内和国外目前没有形成统一的划分标准。

饮泉疗法是最能充分综合利用温泉各种理化特征和发挥温泉特性作用的一种康养手段。在饮泉疗法应用中，温度起到至关重要的作用。饮用不同温度的温泉水，对人体产生的康养效果也不同。研究显示，人体的胃对于水的不感温相当于人的体温，在 36-38℃之间。在温泉康养实践应用中，一般分为冷饮和热饮两种，低于人体胃的不感温称为冷饮，高于人体胃的不感温则称为热饮。冷饮宜在早晨空腹进行，具有口腔清洗、冲洗胃肠道、促进胃肠蠕动和分泌、提高消化道功能以及利尿排尿等作用。热饮时水温一般以 40-45℃为宜，超过 50℃时口感将变得灼热而难以接受。热饮主要具有口腔清洗、缓和胃肠刺激以及镇静安神等作用。在温泉康养旅游活动中，对于特定的游客是否适合采用饮泉、冷饮或热饮形式，需要根据温泉水质的理化特征和游客身体的实际情况决定。

近年来，有关泡温泉或泡热水可以提高体温，从而增强人的免疫力的观点被越来越多的人所接受。石原结实（2008）研究显示：泡温泉可以提高体温，体温提高可以使到血液中的白细胞更加活跃，从而提高免疫力。体温上升 1℃，免疫力会提高 5-6 倍；体温下降 1℃，免疫力就会下降 30%。泡温泉还可以因为提高体温而增加人体细胞中 HSP（热休克蛋白）数量，从而通过增加自然杀死细胞（NK 细胞）的活力、减轻疼痛、促进 β- 内啡肽的分泌使人感到轻松愉快等来提升人的免疫力。

（二）物理作用

1. 浮力作用

根据阿基米德原理，当人体泡浴在水中时，人体所受浮力等于人体所排开的等体积水所受重力。人体所受重力和浮力的差值，是人在水中支撑身体所需的力。相关研究证实，由于水的浮力作用，人在淡水中泡浴时，支撑身体所需的力约为体重的 1/10。相比而言，温泉水的温度高，水中含有丰富的矿物质元素或气体成分，其比重比一般的淡水要高得多，所以人体在温泉水中所受的浮力自然比淡水大。即人在温泉水中比在淡水中更省力，尤其是泡在盐泉（又称氯化钠泉）中的时候，人体所受的浮力会像在海水中一样大。在高饱和度的盐泉中，人体甚至可以自动漂浮起来。在温泉水中泡浴时，由于温泉水浮力的作用，人体运动器官负担减轻，肢体活动变得容易方便，加上泡浴时受温度作用的影响，肢体的血液循环会加快，肌肉紧张度会减低，以此可以减轻局部疼痛，缓解痉挛，促进关节和肢体功能恢复。在许多温泉康复中心或者温泉疗养院里，通常都设有水中康复池或运动池，主要目的就是利用温泉水的浮力作用对患者进行主动或被动的康复运动训练。这种训练对肌肉酸痛、关节肢体疾病、运动障碍以及神经系统疾病等均有较好的效果。

2. 压力作用

温泉水的压力作用可分为静水压力作用和动水压力作用。

（1）静水压力作用

由于重力的作用，在相对静态温泉泡池中，温泉泡浴者在水面以下的部位所受到的压力，即为静水压力。在温泉水中每增加 1 米的深度就会产生 76 毫米汞柱水压（76 毫米汞柱压为 0.1 个大气压）（大塚吉则，2012）。温泉池中静水压力的大小，主要取决于温泉池的水体深度、人体部位泡入水中的深浅以及采用的温泉疗法类型。进入温泉水中的人体部位距离水面越深，静水压力就越大。也就是说，人体在温泉中由于各部位所处的深度不同，所承受的静水压力也是不同的。在温泉泡浴中，一般进入温泉水面以下的部位，主要包括胸腹、背部、臀部和四肢等部分，均可感受到不同程度的静水压力；而人体柔软可压缩的部分受到的压力相对更大，譬如肥胖者的肚腩和腰部。

相比浮力作用而言，静水压力作用促使人体机能的变化效果显得更加直观。如胸部受压，胸围可缩小 1–3.5 厘米；腹部受压，腹围可缩小 2.5–6.5 厘米，而且使腹肌上升 1 厘米左右，从而使得胸腔内压增高，吸气费力，呼气轻松；四肢受压，股周围可缩小 1–1.5 厘米，可促进外周血液和淋巴液回流，使回心血量和外周围阻力增加，心脏负荷也相应增加（高显恩，1988）。类似这些压力引起机体部位的变化，对机体的有关调节系统和功能起到积极的改善和促进作用。

（2）动水压力作用

相对静水压力而言，动水压力的水或水分子是运动的，即运动中的温泉水或水分子作用于人体所产生的压力为动水压力。一般而言，动水压力作用主要有以下三种形成方式：

一是由于温泉水的分子运动或者温泉水中溶解气体的不断逸出而形成。这种动水压力对人体末梢神经产生轻度抚摸或微粒摩擦作用，刺激性比较温和，能够产生良好的镇静止痛效果，具有血管扩张和血液循环加速等作用，从而调节皮肤的新陈代谢，有利于呼吸系统疾病的改善等。

二是人为利用机械方法促使温泉水体发生各种流动形成。主要目的是加强温泉水对人体的压力刺激或冲击按摩，以获得更好的康养效果。温泉旅游市场上常见的各种温泉水疗浴如穴位冲击浴、喷射按摩浴、波浪浴、漩涡浴等，均属于利用专业设备增加温泉水的动态压力的实例。这些经过人为设计形成的动态压力对人体进行局部或者全身的冲击或按摩，能够明显改善血液循环和淋巴回流，从而达到缓解疼痛、消炎止痒，改善局部神经营养，促进组织再生等目的，对各种神经痛、神经麻痹和软组织劳损等疾患具有良好的疗效（高显恩，1988）。

三是自然或人为造成的高差形成温泉水的自然落体而形成。目的和效果与第二种基本相似，但其冲击和按摩的力度相对较弱，精准度和舒适度也要差一些。温泉旅游市场上常见的实例如瀑布浴、拍打浴等。

3. 黏阻力作用

黏阻力作用是由温泉水的黏力和吸附力综合而成的一种功能特性，是温泉水中运动疗法应用中比较重要的考量因素。当人体在温泉水中开展各种运动时，可借助温泉水的黏阻力作用产生摩擦阻力，增强和提升水中运动的效果。实践证明，当水中运动速度越快，相对温泉水的黏阻力也就越高。通过控制手掌切水面积和运动速度可以调整黏阻力作用，从而达到最佳的水中运动目的。在温泉旅游市场或者水中康复市场上，常见的水中太极、水中体操、水中瑜伽、水中肌力训练、水中平衡训练等，都是有效利用温泉水的黏阻力作用以达到健康增进和康复养生目的的实例。另外，温泉水的黏阻力也对身体产生紧密的包敷作用，有稳定支撑身体平衡效果，同时结合其温度作用，可降低关节活动速率，减少关节腔发炎或受损的概率。

三、温泉地的气候

即便是同一种水化学类型的温泉，在不同的资源环境下，温泉康养效果也可能会有较大的差异，而引起这种差异的决定性因素是温泉地气候。温泉地气候是指温泉所在地的主导性天气和自然环境因素的总和，包括气温、气压、湿度、温度、海拔、地形、降水、阳光日照、云和风等。温泉地气候根据范围大小的不同，又可以划分为微气候和气候两类。微气候主要是指开展温泉康养旅游活动涉及的局部区域气候，对温泉康养的影响起到决定性作用。微气候对温泉康养效果和质量产生积极影响还是造成消极影响，主要由微气候的宜人度和空气清洁度决定。

人类很早就认识到了气候因素对健康的积极影响作用。西方医学之父的希波克拉底（约公元前 460—公元前 377 年）在关于空气、水和环境的研究中，非常深刻地指出了天气和气候对人体健康的影响。他还在古希腊的科斯岛（Kos）上建立了欧洲历史上第一个利用阳光、海水、泉水、泥土等自然健康因子来辅助治疗的医院。19 世纪中期在法国兴起并风靡至今的海洋疗法，可以追溯到希波克拉底建立的这家医院。以此为起点，西方医学在发展过程中一向重视环境和气候因素对健康的影响。到 19 世纪后期，欧洲初步形成了气候疗法（Climatotherapy）的完整体系。第二次世界大战之后，气象学、环境医学和生物气象学（Biometeorology）等学科与气候疗法的跨界融合发展，将气候疗法推上了更高的层面。在当今科技发展迅猛的时代，利用有利的自然气候条件维持和增进健康、促进身体康复或治疗疾病的气候疗法，仍然是人们信任的康养手段之一，已经成为现代医学中预防和康复系统的重要组成部分。

欧洲是气候疗法的发源地，也是现阶段在气候疗法的基础研究和技术开发方面最为深入和应用范围最为广泛的地区。例如，在德国的气候疗法体系中，根据对身体健康产生的潜在影响，气候因素被区分为三大类：消极压力气候、积极刺激气候、积极保护气候。消极压力气候给人带来神经系统的紧张，超负荷的空气压迫会让人短时间消耗很大体力，不适合开展康养活动；积极刺激气候利用温差等刺激人体机能，提升兴奋性，比较适合健康的人群进行健康增进活动；积极保护气候相对刺激性最弱，既温暖又具有一定的湿度，对身体产生的负荷最小，比较适合身体衰弱的人进行休疗养等相关康养活动。鉴于气候疗法能够产生积极的治疗康复效果，德国于20世纪90年代初将气候疗法正式纳入国家医疗保险系统，并出台了严格的气候疗养基地的认证体系和建设标准。至今德国共建设有51个气候疗养基地，其中有16个被认证为高级气候疗养基地。

在我国的卫生疗养体系中，气候与温泉一样，也作为并重的自然疗养因子应用于各种疗养活动。研究表明：良好的气候疗养因子对人体在调节心理平衡、消除疲劳、矫治疾病、增强体质等方面可以起到积极作用，对患有循环、神经、血液、呼吸系统等疾病的患者有较好的治疗和康复作用。我国幅员辽阔，根据自然条件、地理特征、植被覆盖及水陆分布不同，形成了平原、高山、沙漠、草原、海滨和森林等气候类型。每种类型对人体会产生不同的影响。例如，海滨气候具有空气清新湿润，氧、臭氧及负离子含量高，细菌及尘埃少，空气中含有氯化钠、碘、锌多种微量元素，紫外线强等特点，可增强机体免疫力，对高级神经系统和免疫系统等功能具有良好的调节作用，适于肺气肿、慢性气管炎、冠心病等疾病的疗养；森林气候具有空气清新湿润，气温、气压低而平稳，空气中含有丰富的氧离子、负氧离子和植物芬多精，通过肺部吸收可极大改善肺功能，增强机体的抵抗力，对神经系统疾病、慢性呼吸系统疾病、病后康复期及慢性病患者均有良好的疗养康复作用等。

第二节　温泉疗法

一、温泉疗法和自然医学

无论温泉资源多么优质，温泉地的环境和气候条件多么优越，如果没有科学有效的一套方法和技术服务体系的支持，温泉的康养功效也是很难充分发挥的。不合理不正确地使用温泉资源，不仅对人体无益，甚至可能是有害的。

（一）温泉疗法

温泉疗法（Balneotherapy）是以温泉水资源和温泉地的优良环境和气候条件为基础而发展出来的一套综合性的自然疗法或自然医学体系。

温泉疗法虽然起源于欧洲，但在19世纪末传入日本后的100多年中，在日本得到了很好地传承和发扬光大。温泉疗法是通过将温泉沐浴产生的温热刺激、温泉水中所含成分的效果以及温泉地所在地的自然气候对人体的刺激相结合，从而引起体内自律神经系统、免疫系统、荷尔蒙系统等的反应，激活能够使人体各项技能趋于正常化的自然自愈力（大塚吉则，2018）。这个定义与日本各界对温泉疗法的一般定义是完全吻合的，即温泉疗法是“除利用地下涌出的天然温泉水、天然气体及泥状物质外，还包含温泉地的气候要素等关于医疗的自然疗法”。这一定义的落脚点就是自然疗法或自然医学，其核心价值也就是激活和启动人体本来具备的自愈力。

（二）自然医学

当今世界的医疗舞台上正在经历一场革命，医学界正在分化为两股力量：一股是最近一二百年才兴盛起来且仍然十分强大的“对抗性医学”或称“主流医学”；另一股是经过全人类千百年来探索实践出来的至今仍然蓬勃发展的“自然医学”，中医就是一种典型的自然医学。对于“对抗性医学”我们已经十分熟悉，毋庸赘述。自然医学就是采用一些无毒、无副作用的天然物质或营养素，配合最低侵犯性的理疗方法，来提高身体的自然痊愈能力和免疫力，以预防和治疗疾病。自然医学相信人体拥有一种强大的自愈能力，能自我修补、自我调养。一切疾病皆是因为这种自愈力受到了不同因素的影响而不能发挥其应有的功能导致的。

在世界卫生组织 2013 年发表的《世卫组织 2014—2023 年传统医学战略》中，水疗与气候疗法被明确列为重点推荐的传统医学。事实上，到 19 世纪中叶才在欧洲最后发展成型的近代自然医学的最重要内容就是水疗法。可以说，以温泉和冷泉为基础的近现代自然医学的主体就是水疗法和气候疗法，乃至于最近几十年风靡全球的 SPA 康养运动，其核心也是水疗。

二、温泉疗法的起源和发展

水疗法是温泉疗法的核心内容。因此，在温泉疗法的发展历程中，水疗法的起源和发展是一条基本的主线。温泉疗法和水疗法的起源可以追溯到更加久远的年代，如古巴比伦时代和古埃及时代。西方的学术界和产业界一般喜欢把“西方医学之父”希波克拉底 2400 多年前在古希腊的科斯岛（Kos）上建立医院作为西方医学史上的里程碑事件。希波克拉底利用空气、水、阳光和泥土来治疗疾病，作为水疗法和气候疗法的肇始。希波克拉底提出一种假设，即所有疾病都源于体液的不平衡，为了恢复失去的平衡，就应改变习惯和环境，实行包括洗澡、排汗、散步和按摩等积极活动，这与现代温泉疗养院的主要活动并无根本差异（Mark Boekstein，2013）。希波克拉底提倡使用盐水浴，他定期将患者浸泡于海水中治疗肌肉酸痛和关节炎等疾病（Harris，2010）。

希腊温泉资源丰富，很早就出现了利用温泉沐浴、疗愈的记录。有关温泉利用的传统一直延续到古罗马时代。在古罗马时代，帝国境内建有数百个浴场，其中大多是人工热水浴场，但也有很大一部分是温泉浴场，有些浴场的建筑非常宏伟庞大，其规模即便在今天也极为罕见。例如，位于罗马城中的卡拉卡拉大浴场，在极盛时期能同时容纳下 3000 人以上；浴场既有娱乐和社交功能，又能提供游泳、按摩、治疗等康养功能。罗马军团在征战各地的时候，哪里有温泉就在哪里建立温泉浴场，并利用温泉来休养、疗伤和治疗。如今英国的巴斯温泉和德国的巴登–巴登温泉都是罗马帝国军团曾经的大浴场，至今欧洲仍有数十个温泉小镇或温泉地是古罗马时期就已经开发的温泉历史名胜。

中世纪时期，由于受基督教的压制，温泉和沐浴乃至科学事业都停滞不前甚至严重倒退。但在欧洲的某些地区，温泉疗法和温泉沐浴仍有不同程度的发展。

11 世纪时，在现今匈牙利首都布达佩斯一带建立了世界上第一家温泉医院，主要用于军人疗伤。

从 15 世纪开始，欧洲开始研究和利用温泉来治疗疾病、康复身心。当时，比利时一个叫作 SPA 的温泉据说拥有神奇的疗效，它的故事迅速传遍欧洲，连远在数千里之外的沙皇彼得大帝也慕名前来求医并治好了胃病。此后，SPA 威名远播，欧洲皇室和达官贵人蜂拥而至，一时间成为欧洲顶级的疗养度假胜地。SPA 也因此成为温泉水疗的代名词，甚至所有的温泉小镇也干脆叫作某某 SPA Town。

1417 年，意大利学者乌戈力诺·德·蒙特卡蒂尼（Ugolino Da Montecatini，1348—1425）发表了一本名叫《温泉论》的书，这是一本专门研究蒙特卡蒂尼（Montecatini）温泉及温泉疗法的专著。

16 世纪，意大利就有了讲授矿泉学的有关课程，表明当时意大利人的矿泉医学已经发展到一定的水平。

1697 年，英国医生约翰·弗洛伊尔（John Floyer，1649—1734）出版了《热水浴和冷水浴的历史》一书，此书的影响力很大。德国医生约翰·西格蒙德·哈恩（John Sigmund Hahn，1696—1733）据此制定了德国的水疗原则。

1742 年，德国医生弗里德里希·霍夫曼（Frederick Hoffman，1660—1742）对矿泉水进行了化学分析，初步奠定了近代矿泉治疗学的科学基础。

1805 年，法国化学家约瑟夫·路易斯·盖·吕萨克（Joseph Louis Gay Lussac，1778—1850）发现了水分子是由一个氧原子和两个氢原子构成的事实，这标志着水疗开始从经验主义研究向科学研究转变。

1826 年，文森特·普利斯尼茨（Vincent Priessnitz，1799—1851）在当时的奥匈帝国境内的西里西亚（现属于捷克）的家乡建立了水疗医院，开展冷水浴疗法，获得了巨大的成功。与此同时，他的老乡约翰·希罗斯（Johann Schroth，1798—1856）开始用温水和温泉行医，也获得了巨大的成就。于是，几乎在同一时代同一地区，形成了水疗的两个对立的派别，一个是“冷水派”，一个是“热水派”。两个流派各有所长，争论不休。直到 20 世纪初，“美国自然疗法之父”本尼迪克·拉斯特（Benedict Lust，1872—1945）各取所长、兼容并蓄，将两者融合成为更加成熟的水疗体系。

1859 年，俄国的卡涅夫斯基博士发表了《正确使用矿泉手册》，提出了比较系统的矿泉疗法，包括饮疗、浴疗等。

19 世纪后期，德国神父塞巴斯蒂安·克奈圃（Sebastian Kneipp，1821—1897）发明了著名的克奈圃水疗法，其水疗法体系包括了运动、水、植物、营养、平衡五大要素。克奈圃成为当时水疗法的集大成者，迄今克奈圃疗法仍然是德国乃至欧洲水疗法和温泉疗法的重要支柱和源头之一。

第一次世界大战前夕，温泉疗法在欧洲和北美都发展到了一个历史的巅峰期，各个温泉胜地不仅生意兴隆，而且成为时尚和度假的聚集地。第一次世界大战期间，许多温泉地和温泉设施成为接待战地医院和伤病员的康复疗养院。两次世界大战期间，欧洲和美国的温泉胜地经历了短暂的繁荣，随后又被第二次世界大战中断。这期间，美国时任总统富兰克林·罗斯福甚至因为受益于温泉水疗而于 1927 年在佐治亚州创办了温泉康复医院。第二次世界大战之后，随着欧洲的复兴，医疗保健事业也得到了长足发展，温泉医疗和疗养逐步被大部分欧洲国家纳入医保范围，享受温泉医疗成为社会福利的一部分内容。这一时期，现代康复医学在原来以水疗为代表的物理医学的基础上得到了蓬勃发展，温泉、水疗以及水中康复训练成为康复医学的重要组成内容。基于医保体系的支持，欧洲的温泉事业又迎来了新的发展机遇。然而，一度兴盛的美国温泉和水疗体系却因为缺乏政府支持和医疗市场的激烈竞争而迅速衰落了。

2011 年欧盟颁布第 24 号指导意见，要求欧盟 28 个国家之间实行温泉医保互通互联，具体而言，就是欧盟成员国的公民可以到任一其他欧盟国家利用温泉治疗，然后回到本国报销。这一政策虽然已于 2013 年生效，但由于各国经济发展不平衡和福利制度的差异而难以实施。

应该指出，1917 年之后，苏联大力发展了社会主义疗养制度，温泉疗养院和温泉医院得到了飞速发展。第二次世界大战之后，苏联和东欧国家的疗养事业构成了一个不同于欧洲资本主义社会的福利体系，但在技术上两者则是相同的。在苏联和东欧社会主义体系解体后，这种东西方的差异性正在逐步淡化，但历史的影响依然强大，各自的特点也依然存在。

综上所述，温泉疗法作为一种自然疗法，最早起源于古希腊和古罗马，经过中世纪的停滞，到文艺复兴后期开始科学化发展。到 19 世纪中期以后，温泉疗法基本成形并得到各国政府的认可和支持，成为近代欧洲医疗保健体系的一部分。之后温泉疗法又由欧洲逐渐向世界各地传播扩散，并与欧洲以外其他国家和地区的传统医学和自然疗法融合发展，不断丰富着自身的内涵，迄今已经发展出以水疗法为核心的上百种不同的疗法组合。

第二次世界大战之后，温泉疗法受到对抗性医学的冲击，加之创新发展不足，一度陷入萎缩和衰落的窘境。进入 21 世纪以来，温泉疗法与预防医学、康复医学、旅游产业、银发产业及康养产业等跨界融合发展，再度获得了市场的认可，未来必将汇入大健康产业的时代洪流，成为一支浴火重生的生力军。

三、温泉疗法的体系

温泉疗法从最初的简单沐浴和浸泡发展到成为一个综合性的疗法体系，经历了上千年的漫长岁月，但无论如何，其核心还是用温泉水来疗愈。温泉疗法的体系划分首先是围绕着如何使用温泉水和温泉地气候等“健康因子”来疗愈身心进行的。国内外的实践充分表明：温泉疗法作为一个体系，包含了上百种具体的疗法；根据个体不同的症状和要求，采用不同的疗法，其作用和效果自然不一样。目前，世界各国对温泉疗法的分类标准并不完全一致，许多矿泉医疗类书籍或专业论文在这方面的分类方法也不尽相同。本书参考世界各国主要的温泉疗法，按照一定的分类标准进行归纳分类，将最常见的温泉疗法划分三个层次，形成主类 9 类、亚类 23 类、基本类 62 类的分类体系，具体见表 4–2。

表 4–2　温泉疗法分类表

序号	分类依据	主　类	亚　类	基本类	名称举例
1	温泉水的静水压力和泉质化学成分是主要因子的疗法	原汤泡浴疗法	全身浴	卧式全身浴	卧式全身浴
2				坐式全身浴	坐式全身浴
3				立式全身浴	立式全身浴
4			局部浴	半身浴	半身浴
5				寝　浴	寝浴、睡眠浴等
6				坐　浴	臀部浴、妇科浴等
7				上肢浴	手浴、手臂浴
8				下肢浴	足浴、整体下肢浴
9	温泉水的水温是主要因子的疗法	温度浴疗法	恒温浴	冷水浴	温度区间：水温＜ 25℃
10				低温浴	温度区间：25℃≤水温＜ 34℃
11				中温浴	温度区间：34℃≤水温＜ 38℃
12				高温浴	温度区间：38℃≤水温＜ 43℃
13				高热浴	温度区间：水温≥ 43℃
14			变温浴	冷热交替浴	克奈圃浴、苏格兰浴等（冰水浴的温度区间：水温＜ 18℃；冷水浴的温度区间：18℃≤水温＜ 25℃）
15				持续变温浴	持续降温浴、持续升温浴
16	温泉水的浮力是主要因子的疗法	浮力浴疗法	悬浮疗法	悬浮疗法	重力浴（脊柱牵引浴）等
17			漂浮疗法	漂浮疗法	自行漂浮浴、辅助漂浮浴等

续表

序号	分类依据	主　类	亚　类	基本类	名称举例
18	温泉水的热能（水蒸气）是主要因子的疗法	热能浴疗法	热气浴疗法	蒸汽疗法	蒸汽吸入法、全身蒸汽浴、局部蒸汽浴等
19				熏蒸疗法	汽泉熏蒸法
20				蒸汽拔罐疗法	蒸汽拔罐疗法
21			热能疗法	地热能疗法	矿砂热疗法、地热能疗法等
22	在温泉水中加入自然因子或物理因子并对人体产生医疗保健作用的综合类疗法	综合浴疗法	气水浴	气水浴	氧气浴、臭氧浴、碳酸浴、硫化氢浴、氡气浴等
23			盐疗法	盐水浴	死海漂浮浴、盐水混合浴等
24				盐雾疗法	蒸气吸入法、全身盐雾浴、局部盐雾浴等
25			泥疗法	泥　疗	全身泥疗、局部泥疗（背部、腰部、下肢等）
26				泥裹敷	全身泥裹敷、局部泥裹敷（脸部、手臂、背部等）
27			物理能量浴疗法	电水浴	全身电水浴、两槽电水浴、四槽电水浴等
28				超声波浴	全身超声波浴、局部超声波浴
29				感官浴	气泡浴（纳米气泡浴）、光谱浴、声光浴、音乐浴等
30			加料浴疗法	加料浴疗法	药浴、精油浴、酒浴、醋浴、茶浴、牛奶浴、温泉粉浴等
31	通过专业设备设施将温泉水作用于人体内部并产生医疗保健作用的疗法	内用水疗法	吸入疗法	粗型雾状颗粒吸入法	鼻子吸入法、喉管吸入法、气管吸入法等（通过专业设备将温泉水雾化后喷射出的雾滴颗粒直径为5-10微米，下同）
32				细型雾状颗粒吸入法	支气管吸入法、细支气管吸入法等（雾滴颗粒直径为2-5微米）
33				微型雾状颗粒吸入法	肺气泡吸入法等（雾滴颗粒直径为0.5-2微米）
34				超微型雾状吸入法	呼吸道上皮细胞吸入法（雾滴颗粒直径小于0.2微米）
35			饮用疗法	基础饮用法	基础饮用法
36				特殊饮用法	辅助饮用法、定期定量饮用法、利尿饮用法等

续表

序号	分类依据	主　类	亚　类	基本类	名称举例
37	通过专业设备设施将温泉水作用于人体内部并产生医疗保健作用的疗法	内用水疗法	冲洗疗法	口腔清洗法	口腔清洗法（或含漱法）
38				妇科冲洗法	妇科冲洗法
39				洗鼻法	洗鼻法
40				肠道冲洗法	水下肠浴法、直肠灌洗法、十二指肠引流冲洗法等
41				洗胃法	洗胃法
42	通过纺织品（海绵、毛巾等）将温泉水作用于人体外部并产生医疗保健作用的疗法	敷洗疗法	裹敷疗法	全身包裹	全身包裹
43				局部包裹	局部包裹（上肢、下肢、膝关节、腰部等）
44				冷热敷疗法	冷敷、冰敷、热敷等
45			洗擦疗法	擦洗法	全身擦洗、局部擦洗
46				洗涤法	全身洗涤、局部洗涤
47				摩擦法	全身摩擦、局部摩擦
48	采用机械方法促使温泉水发生各种流动以增强温泉水对人体外部的机械刺激从而达到医疗保健效果的疗法	机械水疗法	淋浴疗法	全身淋浴法	变压淋浴（周围淋浴、扇形淋浴）、恒压淋浴（薇姿浴、瑞士淋浴）等
49				局部淋浴法	四肢淋浴、背部淋浴、臀部淋浴等
50				喷射淋浴法	常压喷射淋浴、加压喷射淋浴等
51			水压疗法	水中按摩法	自动喷射按摩浴、手动喷射按摩浴
52				冲击拍打法	穴位冲击浴、全身冲击浴、局部冲击浴、局部拍打浴等
53				动压水疗法	漩涡浴、波浪浴、顺行水流浴、逆行水流浴等
54			灌注疗法	全身灌注法	全身灌注法
55				局部灌注法	膝部灌注法、脊柱灌注法、手部关节灌注法等
56	在温泉水池或专业水槽中进行各种水中运动的疗法	水中运动疗法	水池运动疗法	水中专项康复法	骨科类水中康复、神经科类水中康复、代谢紊乱类水中康复、心血管类水中康复等
57				水中特殊运动技法	豪立威克法（Halliwick）、巴德拉格斯法（Badragaz）、水中太极法（AI chi）、水中放松法（Aqua T Relax）、水中按摩法（Watsu）等
58				水中肌肉骨骼训练法	水中平衡训练、水中力量训练、水中耐力训练、水中协调性训练等

续表

序号	分类依据	主　类	亚　类	基本类	名称举例
59	在温泉水池或专业水槽中进行各种水中运动的疗法	水中运动疗法	水池运动疗法	水中体适能训练法（水中有氧训练法）	水中尊巴（Aqua Zumba）、水中器械运动、水上瑜伽、水中有氧运动等
60				治疗性游泳法	打腿技术（仰卧俯卧体位、水中吐吸气、水中呼气管）、划手技术（徒手、划手掌）、配合技术（蛙泳、仰泳）等
61				水中自由运动法	自由泳、潜水、步行、慢跑、健走等
62			水槽运动疗法	专项康复水槽	蝴蝶（哈伯德）康复水槽、可监测康复水槽、可升降康复水槽等

注 1：温泉疗法分类统计：主类 9 类，亚类 23 类，基本类 62 类。

注 2：在实际应用中如出现不在本分类表范围内的其他疗法，应按照上述分类办法进行分类并归入相应类型。

注 3：上述各种类型名称因外文翻译或区域使用习惯等问题，部分名称可能与国内市场习惯使用的名称不完全一致，对于这种情况，在确保作用机理相同的前提下，本标准允许名称互换并同等对待。

注 4：在实际应用中难免存在几种类型交叉使用的现象，为避免重复统计，规定每种产品只能评为一种类型。

注 5：加料浴疗法在具体实践中，应根据温泉水质特征科学选择各种温泉料品，确保温泉水与温泉料品混合使用后对人体的健康真正起到医疗保健作用。

以上 62 类基本疗法在具体应用和实践中需要根据康养对象的实际情况作出非常具体的方案选择，直白地说，就是每个接受温泉康养的顾客都应该有一个个性化的“温泉康养处方”。

下面举一个“温差浴”（也称为“变温浴”）例子来说明每一种基本疗法的具体应用情况。

温差浴就是巧妙地利用温泉的不同温度段来对康养顾客进行积极干预。导热性即温泉能向人体传导能量，这也许是温泉最突出的功效之一。不同的温度对人的身体有着明显的影响，有时候仅仅是 1℃的温差也会引起身体明显不同的反应。基于此，上述标准在中国医疗矿泉定义与分类方案专家共识（肖振，2017 年）对医疗矿泉温度分类的修订基础上，将温度浴疗法中的恒温浴划分成冷水浴、低温浴、中温浴、高温浴和高热浴五种类型。在其他的一些学术专著中关于温度的区间划分也存在细微的差异，但大家对不同温度产生不同效果的理解是一致的，大致的温度区间的基本原理和作用机制也基本相同。

一般情况下，人们主要在中温浴和高温浴的温度区间进行由低到高的循序渐进式的泡浴。但有一种极端的温差浴，也即冷热交替浴就比较特殊，通常也被称为“克奈圃浴”，是欧美国家发明和流行的一种温泉浴法。一般方法是先在 38–41℃之间的中高温温泉中浸泡10-20分钟，待身体充分温暖之后再进入12-20℃左右的冷泉中泡1-3分钟。根据个人身体的不同情况可以适当增减浸泡在温泉和冷泉中的时间，反复2-3轮。一般的流程为“热-冷-热-冷”，也就是先浸泡热泉，然后是冷泉，再回到热泉，然后进入冷泉后直接起身结束浸泡。但对于体弱者，最好是按照“冷-热-冷-热”的流程浸泡，以浸泡热泉结束。

芬兰式桑拿浴和俄罗斯式桑拿浴也盛行冷热交替浴，基本方法比较相似。这种浴法对身体的刺激性很强，对提高人体免疫力、锻炼心血管和治愈其他一些疾患有较好效果，但体弱者和某些疾病患者不宜尝试，一般人最好也要在有经验的医生的指导下进行。

除了上述的温泉疗法，广义上的温泉疗法体系还包括：泥疗、盐疗、沙疗、光疗、磁疗、电疗、蜡疗、气候疗法、地形疗法、森林疗法、音乐疗法、芳香疗法、心理治疗、太极、瑜伽、冥想等（见图4-1）。

这些疗法虽然也可以独立成章，但当温泉和这些疗法有机结合，合成“温泉康养处方”之后，温泉疗法的效果可能不是倍增，而是以乘数效应增强。我们可以把狭义上的温泉疗法看作传统和经典的温泉疗法，而加上广义上的温泉疗法就犹如“温泉+”，可以根据康养游客具体情况灵活组合，开出“温泉康养处方”，取得更好的温泉康养效果。

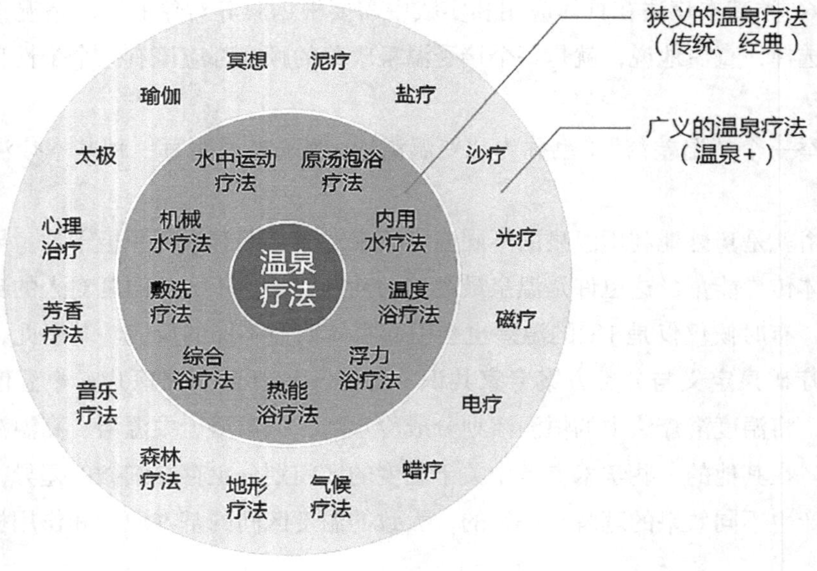

图4-1 狭义与广义的温泉疗法关系图

第三节　温泉医学与温泉康养

从大医学的角度来说，医学包括三大板块，即预防、治疗和康复。温泉特有的属性和功效可以在这三个方面都发挥作用，但是温泉最有效的作用主要是预防作用和康复作用。在治疗方面，温泉主要在皮肤病、风湿病、疼痛和代谢性疾病等领域的功效比较突出，而且主要起到的是辅助治疗和激发自愈力的作用。温泉医学对于急性病的治疗并不擅长。

一、温泉医学

（一）温泉医学的发展历程

温泉医学得以在医学领域占有一席之地，主要是因为其特有的疗效。经过千百年的临床实践，温泉已经证明其对于某些疾病尤其是慢性病的治疗和康复作用。

在欧洲，以水疗、泥疗和饮疗为主要手段的温泉疗法在 19 世纪后期最终发展成为一门医学，首先得到了市场的认可和追捧，然后得到了政府的支持，最后被赋予了医疗的地位，被纳入医疗体系以及后来的医保体系。随后，温泉医学在北美（加拿大和美国）也取得了医疗的地位。

自从 19 世纪后期温泉医学传入日本之后，日本先后在六所大学开展了温泉医学教学和研究，最高峰时期日本有几十家温泉病院（医院）和疗养院。近年来温泉医学在日本有所收缩，但仍有十余家温泉医院和疗养院。

我国著名的陈炎冰教授曾留学日本庆应大学学习温泉医学，获博士学位，他在 1940 年所著的《温泉与医疗》一书，开启了中国温泉医疗研究的先河。新中国成立之后，我国系统性地引进了苏联和东欧国家的温泉医学体系，并从一开始就将其纳入国家医疗保健体系。从 20 世纪 50 年代开始，国内陆续兴建的两百多家温泉疗养院绝大部分都具有医疗资质、医技人员和完善的医疗管理体系，在休养、疗养和康复方面积累了大量的临床实践经验，治愈和康复了无数的患者。迄今为止，国内仍有数十家温泉疗养院在正常经营。显然，温泉作为一门医学在中国也得到了承认并拥有一定的医疗地位。

（二）温泉医学的主要内容

温泉医学是以温泉疗法为主要手段，以诊断学为基础，以疗程化处方为指导，辅以其他理疗、药物和护理的一个医学分支。温泉医学的操作流程是：诊断—处方—治疗—观察和反馈—疗效评估—出院或进入康复环节。

温泉医学经历了几百年的积累，已经比较成熟，对不同疾患的治疗方法也已基本确定。温泉医学的处方一般包含 21 天的一个完整疗程，有的情况下甚至要连续做几个疗程。

温泉医学处方的依据首先是对病人的诊断结果。除了传统的问诊，现代的温泉医院或康复中心一般都配备有各种普通的检查设备，如 X 光机、彩超和量子检测仪等，有的还有核磁共振设备，但鲜有大型和超大型检测设备。

温泉医生根据诊断结果为患者开具处方时，首先是根据泉质的特点，并配合使用适合的温泉疗法。在温泉治疗过程中，往往会出现病情变化的情况。若病情好转了，确诊后停顿一段时间可以继续治疗下去。如果病情恶化了，则应该立即停止或改用其他治疗方案。

理论上每一种温泉的泉质都有自己的物理和化学特性，因此，基于泉质的温泉医院也会根据泉质开发出特色的治疗科室。例如，在波兰就有专门的氡温泉医院，利用氡温泉的特性来治疗特定的疾病。

从法国温泉医疗的案例可以了解到欧洲温泉医疗的基本情况。法国是欧洲温泉医疗的领导者之一。温泉医疗在法国医学研究院的监督和评估下执行。法国政府根据泉质的差异将全国 110 家温泉医疗中心划分为 12 个专科类别，每一种专科类别的温泉医院根据自身的泉质条件来开展适宜的治疗活动。温泉医疗中心的治疗由医生和护士负责，但由治疗师操作，主要治疗被法国国家医学研究院确认的 12 大类的常见疾病。据有关数据统计，法国每年约有 60 万人根据医生开具的处方进行温泉治疗（约占法国人口的 1%），温泉医疗中心的收入超过 10 亿欧元，法国政府每年大约投入 600 万欧元的预算作为温泉医疗研发资金。国家医疗保险的使用是支持温泉医疗的一个重要部分。以下是法国官方认定的温泉医疗主要针对的 12 大类常见疾病：

风湿病、呼吸系统疾病、心血管疾病、静脉系统疾病、神经系统疾病、心理疾病、代谢及泌尿系统疾病、妇科疾病、代谢及消化系统疾病、儿童发展障碍、皮肤疾病、口腔黏膜疾病。

（三）温泉医学在康复领域的应用

温泉医学在康复领域的应用更为宽广。第二次世界大战之前，温泉医学往往与物理医学的结合更加紧密。战后，康复医学得到迅速发展，一方面温泉医学被大量用以康复治疗；另一方面，温泉医学又积极吸收了康复医学的内容，使得温泉医学越来越偏重于康复理疗。水中康复就是在这样的背景下得以迅猛发展。水中康复就是利用温泉或人工热水的物理与化学特性，在水中进行一系列的主动和被动的活动，从而更加有效地帮助患者康复的一门技术和方法体系。

水中康复以及水中运动传入中国的时间还比较短，但已经呈现出迅猛发展的势头。2018 年以来，国际水中康复协会（IATA）与中国康复医学会等机构合作开始在中国开展水中康复的推广和培训活动。同年，由国际水中康复协会中国分会与北京和睦家医院合作的全国第一家符合欧洲标准的水中康复中心在北京开业，引起了业界巨大的反响。

随后，北京中日友好医院等也在积极筹备第二家同样标准的水中康复中心。中国温泉旅游界的部分企业也派人多次参加了水中康复技能培训。可以预见，不久的将来水中康复一定会走进温泉领域。

（四）温泉医学在预防领域的应用

在欧洲，预防医学与温泉医学的结合由来已久，但以前由于政策和经济的原因，并未受到足够的重视，也没有成为主流。近年来，在世卫组织等的大力推动下，以预防为主的思维在全球得到广泛推崇，很多国家也出台相应的政策给予支持，温泉界也日益重视这个趋势，积极应对，并取得了显著的进展。不过，这一功能更加适合与大健康结合，与温泉康养结合。

欧盟 27 个国家的温泉医学情况总体是一致的，但各国的国情不同，具体做法仍有很大差异，在此不一一赘述。

当前中国的温泉疗养院系统与法国等欧洲国家在温泉医学方面的差距巨大，如果不进行大的体制改革、大的投入和相应社会福利和医保政策的支持，短时间内很难达到欧洲国家的技术和效益水平。比较可行的道路选择是在继承新中国建立的疗养传统的基础上，参照当代先进的欧洲温泉医疗经验，融入中医，创立一套适合中国市场的新型温泉医学体系。

二、温泉疗法与中医结合的技术

自从 20 世纪 90 年代中期中国温泉旅游产业开始勃兴以来，温泉业界的企业家和经营者一直在探寻中医与温泉结合的道路和方法。最初的尝试是从温泉水加中药包或中药汤水开始的，很快这种尝试就风行全国，几乎每个温泉都有几个“加料池”，其中大部分都是放入中草药包。

本来，在温泉中加入中药应该可以强化温泉的功效，但是，如果使用的方法不正确或者只是想做一个概念，那就根本不会产生效果，有的情况下甚至会适得其反，有害顾客的身心健康。什么样的泉质类型的温泉适合加什么样的中药？加入的剂量或浓度要多大？什么样的人适合浸泡什么样的温泉中药汤？什么样的人应该避免？这些都不是一般温泉管理者和服务人员可以决定的。因此，温泉企业应该与专业机构和中医医生进行合作，结合自身的泉质情况和可利用的中医药资源，共同开发有针对性的“温泉 + 中医康养处方”，真正发挥康养的功效。

中医与温泉疗法在技术层面的结合可以按整合医学（Integrative Medicine）的思路来进行。具体来说，就是针对同一个健康问题或症状，将温泉疗法和中医中有效的方法和技术组合起来，形成协同效应和乘数效应。具体可以从以下几个方面入手。

（一）温泉疗法 + 药浴

药浴是中医经历了上千年的发展而延续至今的成熟疗法。早在战国时代，楚国诗人屈原就有著名的诗句“浴兰汤兮沐芳华”。到清代，中医药浴发展到了成熟阶段。清代医师吴师机（1806—1886）提出内治与外治同理的理论，认为通过外敷、药浴和熏蒸等方法，可以达到很大一部分内服中药同样的效果，而且还能解决一些内服无法解决的病痛。他将药浴分为“熏、洗、沐、浴、浸、喷、浇、淋”8种方法，成为中医发展史上对药浴的理论和方法贡献最大的医家。

药浴的作用机理是外用温泉或天然药物的经皮给药、经皮吸收。中药经皮肤吸收的途径有两个方面：①药物经过皮肤黏膜吸收、角质转运（包括细胞内扩散、细胞间扩散）和表皮深层转运而被吸收；另外在外角质层经水合作用，药物可通过一种或多种途径进入血液循环；②药物对皮肤局部的刺激，可使局部血管扩张，促进血液循环，改善周围组织营养，起到退肿作用；另外通过药物作用于局部而引起的神经反射激发机体的自身调节作用，从而提高机体的免疫功能（徐关兴等，2013）。

在实际操作中，药浴要按照辨病辨证、一人一方的原则开具药浴处方。药浴处方包括药液的制备方法、药浴的温度控制、每次药浴的时间控制、疗程控制和不良反应与好转反应处理措施等。

（二）温泉疗法＋艾灸

温泉疗法和艾灸表面上都属于热疗法，但在理论层面上却有着本质的差异。艾灸依据的是中医理论如阴阳五行、奇经八脉、经络穴位等，所以在具体实践中，两者的结合非常讲究，使用不当反而会有不好的效果甚至适得其反。近年来温泉界流行“三伏艾灸”，但真正做到位的案例还比较罕见。

（三）温泉疗法＋针刺

针刺疗法在西方国家广受好评，并在一部分国家被纳入医疗保健体系和医疗保险范围。因此，温泉疗法和针刺疗法的结合比较容易找到共同点。欧洲国家甚至模仿针刺的原理研发出了“水针”，即仿针刺水按摩设备，也有一定疗养效果。由于针刺属于人体介入治疗，在温泉设施里开展起来需要严格遵照有关医疗卫生管理的规范进行。

（四）温泉＋推拿、按摩、拔罐等理疗方法

由于很多温泉里都开展了保健按摩项目，在国外也广泛开展了芳疗SPA项目，所以这些理疗方法早已不同程度地融入温泉疗法体系之中。

（五）温泉疗法＋中医导引术

太极、气功、八段锦、易筋经等这些中医常用的锻炼方法也不同程度地运用到了温泉疗法领域。近年来，已经有专家开发了水中太极，效果非常独特，应该会成为中国特色温泉疗法的一大亮点。中医源于道医。道医中的呼吸法、丹道和冥想等方法也是未来可以融入温泉疗法体系中的有效方法。

（六）温泉＋中医食疗

“医食同源”是中医的一大特色。中医食疗与西方温泉疗法中推崇的营养疗法和功能医学可以互相补充，强化温泉疗法体系的内涵。

（七）温泉疗法与中医音乐疗法

中医有远比欧美医学悠久的音乐疗法历史。早在汉代出现的《黄帝内经》里就有了五行、五脏、五志和五音的学说，提出“天有五音、人有五脏，天有六律、人有六腑”，形成了“五音疗法”的理论基础。五音疗法与西方发明的音乐疗法各有千秋、异曲同工，应用到温泉疗法体系中，必然会大放异彩、功效倍增。

（八）温泉疗法 + 中医“扶阳”

温泉疗法中的热疗法、日光浴、光疗法和中医的“扶阳派”理论和方法也可以有机结合，两者都推崇利用大自然赐予的热能来增加体温，增进健康。利用内服阳性药物和食物，外借药浴和日光“扶阳”，提升人的阳气是中医的一大特色，这与温泉水疗推崇的温热疗法和日光浴等非常一致，犹如珠联璧合。

（九）温泉疗法 + 中医传统运动疗法

近年来，有些专家积极尝试将传统中医常用的传统运动健身方法与温泉结合，开发温泉运动疗法。在这方面，以北京体育大学王晓军教授和国际水中康复协会中国分会（IATA-China）联合开发的“水中中医运动疗法”最具突破性和可操作性。该疗法将欧洲水中康复和水中运动技术与中国传统的太极、导引术、八段锦、易筋经等有机结合，创立了一套非常具有中国特色的水中运动疗法。

水中中医运动疗法并不是简单地在已有的水中运动疗法基础上加上一些中医运动疗法的元素，而是自成一套系统性的创新方法。它是在遵循物理医学、康复医学和运动疗法的理论基础上，结合中医和中医运动疗法的合理要素创立的一套以预防保健和康复治疗为目的的水中运动疗法。其最大的特色是，将水的物理属性和中国人熟知的中医运动疗法有机结合，并作了全新的构建，突出了可操作性、简易性和可以期待的有效性。这套疗法中的几种功法的名称看似与旧的无异，但在将其置于温度舒适的水中并与水的特性相结合的情况下，它们已经升华为另外一套以“水中疗法”命名的新功法了，其名称也变为了“定步水疗太极”“活步水疗太极”“综合水疗太极”“水疗八段锦”“水疗易筋经”“水疗五禽戏”“水疗壮力功”“水疗呼吸功”“水疗益肺功”等。

国际温泉和水疗界曾经涌现出一大批个性化和原创性的水疗方法，它们往往都是由某个临床医生或水中运动技师发明的，如著名的克奈圃疗法（Kneippism）、豪立威克水疗法（Halliwick）、巴德拉格斯水疗法（Bad Ragaz）、水中太极（Ai Chi）和水中指压按摩（Watsu）等。在温泉领域，日本早在300多年前就发明了“汤治”（Toji）疗法。遗憾的是，以上著名的水疗法体系中，水中太极、水中指压和汤治疗法，无一不是起源于日本，但也无一不是以中医和中医运动疗法为源头的。

当我们在讨论温泉疗法与中医结合的问题时，必须强调的是，温泉疗法是源于西方的一个相对独立的传统医学和自然医学疗法体系，在其发展到科学化阶段后，又融入了循证医学方法和西医的管理、技术和设备，纳入了西医的体系，从而成为西方现代医疗保健体系中的一个门类或科系。而中医在其发展过程中并没有形成一个完整的中医温泉疗法体系。因此，这种结合在开始的时候显然应该是以温泉疗法为主体的，中医只能扮演配角和辅助的角色。然而，在引进温泉疗法体系之后，如果不与中医结合，不加入中医元素，中国的温泉产业就不可能走出一条属于自己的创新之路。未来，中国可能发展出一种真正意义上的中医温泉疗法，即以中医的理论为指导，用中医的方法来利用温泉水和温泉地环境气候，再融入西方引进的温泉疗法的技术和设备，从而形成一套超越传统温泉疗法的中国特色的温泉疗法体系。如果中医不能善加利用温泉和温泉地环境气候条件，即便在温泉建了一所中医院，这所中医院依然还是传统的中医院，谈不上是温泉中医院。

广州从化的碧水湾温泉通过与广州中医药大学合作，以中医“扶阳派”的理论和方法为依托，开发出了独有的康养度假产品，在市场上取得了较好的反响和效益，这是温泉企业与中医专业机构合作的一个成功案例。

近年来，越来越多的温泉企业注重温泉与中医的有机结合，逐步由低层次的中草药包泡浴，进入了医养结合的高层次。如广东增城的香江健康山谷和广东省中医院合作，在温泉区建立了温泉康复医院，并附设了体检中心和健康管理中心；辽宁省营口市的御景山温泉，直接在温泉里设立了中医院。这种将中医院直接与温泉结合的模式虽然还没有产生明显的经济效益，但是也为中国温泉康养旅游的发展提供了宝贵的经验。

案例分享

温泉扶阳

——碧水湾温泉康养探索与实践

碧水湾温泉度假村坐落于广东从化流溪河畔，拥有优越的自然环境和世界珍稀的含氡苏打温泉资源，是集住宿、餐饮、会议、温泉浴、康体娱乐为一体的综合性旅游度假村，建有温泉养生中心、温泉酒店、温泉木屋、清凉水世界、郊野公园以及国际会议中心等配套设施。2002 年开业以来，碧水湾以精细化服务著称，已成为中国温泉行业服务标杆企业，被誉为“温泉界的海底捞”，并以其 17 年前的硬件和中等偏下的规模，至今依然保持了良好的口碑和傲人的业绩，堪称业界奇迹。

2015 年以来，面对日益激烈的市场竞争和旅游消费迭代升级，碧水湾抓住温泉最本质的康养属性，以“中医扶阳理论”为指导思想，以“温泉扶阳”为产品思路，在旅游与各康养业态的融合上、康养体系创新上进行探索和实践，创建了以“温泉 +”为核心的中医特色温泉康养体系，逐步推进由传统度假向温泉康养度假的转型。

在中国，中医和温泉的结合是发展温泉康养的绝佳路径。中医历来重视阴阳调和、防病于未然。扶阳理论是中医学的重要组成部分，起源于张仲景六经之学，特点是扶助、保护、调理阳气的医学，其立法围绕阳气的生、长、收、藏而设。阳气就像是人体内的太阳，象征着生命力、活力、抵抗力。中医扶阳的重要学术思想之一就是主张“治未病”，而温泉恰好也是融溶剂、阴阳一体，是提升人体免疫力、实现健康增进的天赐稀珍。

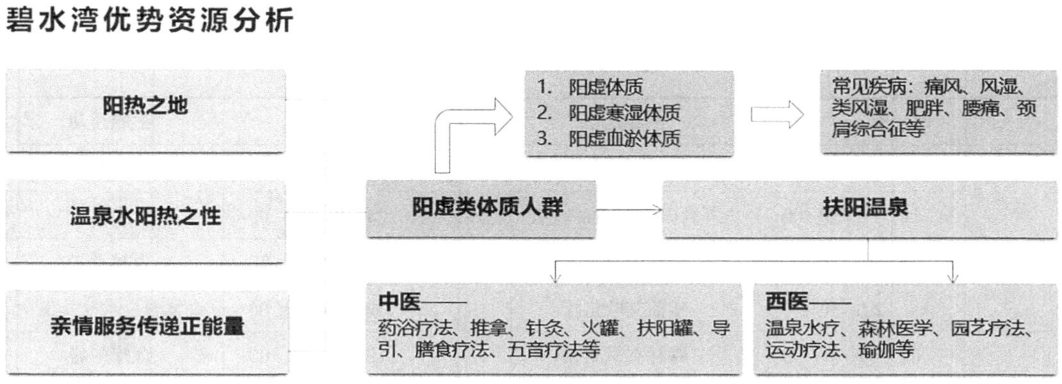

碧水湾以阳虚类体质为目标人群，以轻松、减压为原则，以简单、方便、有效、易掌握的调理技术、养生知识为主要内容，用中医思维引进国内外较为成熟的温泉及自然疗法康养技术并做本土化的运用，将专业的医学知识去专业化，用生活化的方式在活动中呈现，建设“吃、住、行、泡、疗”五位一体的温泉扶阳康养产品，在疗程的安排上也依据四季阴阳的转变，做进一步的细化。

- 吃——扶阳膳食疗法。扶阳膳食疗法以“温阳健脾、祛湿和胃”为原则，主要从菜肴、粥饭、面点、茶饮、药酒、果品/糖果、膏方、汤羹八个方面进行膳食设计。
- 住——舒眠空间。碧水湾提供舒眠客房，配备零压床垫/枕头、中药舒眠香囊，辅以瑜伽助眠音乐、睡前冥想、陈抟老祖睡工练习等措施，帮助客人获取高品质睡眠。
- 行——运动疗法。以“快速上手、简单有效、可利用碎片化时间锻炼、以时间为轴”为原则，进行太极球、八段锦、升阳功、二十四节气导引、揉太极、五禽戏、森林疗养等运动和锻炼。
- 泡——扶阳温泉泡浴。秋季泡浴设计理论依据为五运六气、经络学说，依次进行鹅颈浴、维琪浴、泡泡池、冰火池、中药浴、原汤温泉、红外桑拿等温泉泡浴和产品体验。鹅颈浴、维琪浴等是利用水疗设备冲击经络、打开经络、刺激皮肤、充分打开五感，以便于更好地利用温泉水资源，更好地在温泉水中感受水、感受自然。

●疗——中医特色疗法。如药浴疗法、推拿、针灸、火罐等。

具体而言，碧水湾将温泉与中医调理、新技术、森林、经典自然疗法等要素相结合，以“吃、住、行、泡、疗”五位一体的温泉扶阳产品为内核，推出了针对团队定制的为期“六天五晚”的健康疗养课程，2016—2020年共计接待约6000人次，创造营收近2000万元。另外，在2020年新冠疫情背景下，人们对健康问题高度关注，碧水湾在业内首个发起了“爱你健康周”活动，推出了面向团队和旅游散客的菜单式养生产品。

表4–3 “爱你健康周”五天四晚体验安排表

<table>
<tr><th colspan="2">时 间</th><th>主题活动</th><th colspan="2">时 间</th><th>主题活动</th></tr>
<tr><td rowspan="4">第一天</td><td>16：00-8：00</td><td>体检、访谈</td><td rowspan="12">第三天</td><td>07：00-08：00</td><td>森林有氧运动</td></tr>
<tr><td>18：00-20：00</td><td>开营碱冰＋食疗晚宴</td><td>08：00-09：00</td><td>食疗早餐</td></tr>
<tr><td>20：30-22：00</td><td>森林温泉水疗</td><td>09：00-09：30</td><td>森林漫步</td></tr>
<tr><td>22：30</td><td>睡前艾叶足疗</td><td>09：30-12：00</td><td>森林温泉水疗＋艾灸</td></tr>
<tr><td rowspan="13">第二天</td><td>07：00-08：00</td><td>森林有氧运动</td><td>12：00-13：00</td><td>食疗午餐</td></tr>
<tr><td>08：00-09：00</td><td>食疗早餐</td><td>13：00-15：00</td><td>午休</td></tr>
<tr><td rowspan="2">09：00-11：30</td><td>森林疗养活动1</td><td rowspan="2">15：00-17：30</td><td>森林疗养活动2</td></tr>
<tr><td>备案：森林雨水情</td><td>备案：制作纯露</td></tr>
<tr><td>12：00-13：00</td><td>食疗午餐</td><td>18：00-19：00</td><td>食疗晚餐</td></tr>
<tr><td>13：00-15：00</td><td>午休</td><td rowspan="2">20：00-21：30</td><td>森林夜探</td></tr>
<tr><td rowspan="2">15：00-17：00</td><td>流溪河桨板泉修</td><td>备案：禅茶会</td></tr>
<tr><td>备案：组合盆摘</td><td>22：30</td><td>睡前艾叶足疗</td></tr>
<tr><td>18：00-19：00</td><td>食疗晚餐</td><td rowspan="5">第四天</td><td>07：00-08：00</td><td>森林有氧运动</td></tr>
<tr><td rowspan="2">20：00-22：00</td><td>星空茶会</td><td>08：00-09：00</td><td>食疗早餐</td></tr>
<tr><td>备案：禅茶会</td><td>9：30-17：30</td><td>五指山森林疗养活动</td></tr>
<tr><td rowspan="2">22：30</td><td rowspan="2">睡前艾叶足疗</td><td>18：00-19：00</td><td>食疗晚餐</td></tr>
<tr><td>22：30</td><td>睡前艾叶足疗</td></tr>
<tr><td rowspan="4">第五天</td><td>07：00-08：00</td><td>森林有氧运动</td><td rowspan="4" colspan="3"></td></tr>
<tr><td>08：00-09：00</td><td>食疗早餐</td></tr>
<tr><td>09：30-11：00</td><td>体检、访谈</td></tr>
<tr><td>11：00-12：00</td><td>结营总结</td></tr>
</table>

三、温泉康养

如果说在针对人的健康诉求方面温泉医学或温泉医疗主要扮演的是治疗和康复的角

色的话，那么温泉康养最适合的角色首先就是预防、“治未病”，其次才是辅助性康复和后期康复。温泉康养相对于温泉医疗而言，不需要具备医疗设施、医疗资质和医技人员，主要是以康养度假的形式来达到愉悦身心、放松身体、调节情绪、调理失衡、健康增进等目的。

（一）温泉康养的价值

日本人将温泉的康养价值总结为“温泉三养”，高度概括了温泉康养的内涵和外延（见图 4–2）。

所谓“温泉三养”，就是温泉的“疗养、保养、休养”。

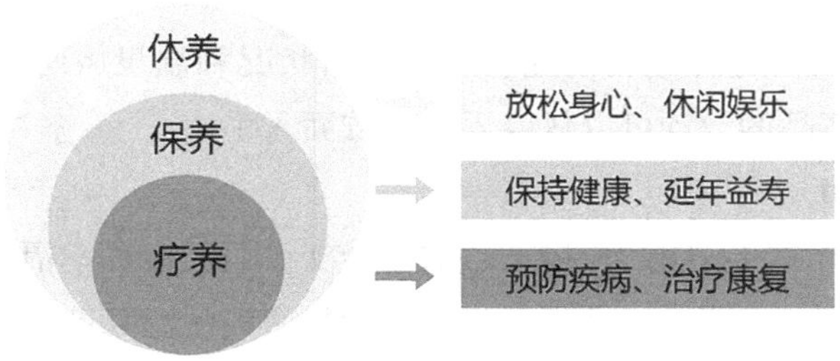

图 4–2　温泉三养结构图

1. 休养

“休养”是温泉最外圈，也是最大的一个功能层次，即休闲层次。温泉的休闲活动包括：沐浴、水乐、餐饮、保健按摩、运动、观光、娱乐、社交聚会、文化体验等。当前中国绝大部分温泉设施都是以提供“休养”活动作为主营内容。休养型温泉最主要的功能是通过休闲娱乐和社会交往，使人达到身体舒畅、心情愉悦、感官满足、关系融洽的状态，换句话说，休养型温泉是一种欢乐温泉。

2. 保养

保养就是对健康的维护保养，与“养生”和“预防”很契合，就是通过一种日常的健康维保和呵护，有效增进健康，让人尽可能保持在一个平衡和精气神饱满的状态，以防止疾病，减缓衰老进程。日本人在隋唐时期引进中国文化的同时，也把中医引了过去，于是“养生”一词也在日语和日本人的生活中渐渐扎下了根，然后生长出了日式的温泉养生和“汤治”。日本一共有 2 万多家温泉经营体，其中大部分温泉都是休养型的温泉，但也有相当一部分是保养型的温泉。20 世纪 70 年代，日本政府系统引进了德国的国民健康保养地模式，在日本推行日本版的国民健康保养地模式，由日本厚生省（大致对应我国的国家卫健委）和环境省（大致对应我国的自然资源部）共同推进，并建立标准和认证制度。迄今为止日本已批准 91 个国民温泉健康保养地。

3. 疗养

疗养包含了医疗和疗养康复的双重含义。如前所述，日本除了有比较健全的温泉医疗体系，包括温泉病院和温泉疗养院，还以法律的形式确保了温泉医疗的合法性和地位。此外，温泉疗养最大的部分是日本的“温泉国粹”即“汤治”。温泉病院和疗养院主要走的是医疗和西医的路线，而汤治就是日本传统的温泉疗法，可以说是日本式的中医温泉疗法。

通过对上述日本温泉“三养”的简介，我们其实已经了解到了整个日本乃至全球温泉产业的框架和精髓。日本的温泉康养文化是在整体引入欧洲的温泉疗法和中医的基础上创新和本土化的结果，如今已自成一格，并成为世界温泉的东方代表。这一点值得我们深思和学习。

（二）温泉康养的功效

针对当前我国社会经济发展情况、国民生活状况和温泉旅游产业的设施与人才实际，温泉康养旅游产品的设计可以从以下六个方面入手：

1. 社交康养度假

近年来的抗衰老研究表明，积极正态的社会交往是长寿和幸福生活的关键因素。一场以康养的名义与家人、朋友、情侣共度周末和短假期的温泉度假，可以联络感情、加强友谊、强化亲情纽带，给予游客人际关系的和谐感和幸福感。

2. 解压康养度假

现代医学研究认为，压力尤其是慢性压力会极大地降低人的免疫力，导致某些病灶的生成。而与压力有关的负面情绪更是 70% 以上疾病的诱因或导火索。针对压力和负面情绪这类常见的亚健康症状，可以设计不同内容和效果的康养度假菜单。

一场温泉康养度假最基本的功效应该是令人身体舒服、心情愉悦、解压放松。要达到这个目的，必须经过专业人员精心的疗程与游程有机结合的度假设计、专业的活动组织以及周详的接待安排。一个周末 2 夜 3 天的康养度假套餐或 6 夜 7 天的标准康养度假套餐，就能取得这样的效果，自然也就会具备市场吸引力。

3. 助眠康养度假

研究表明，现代人尤其是都市人的睡眠障碍和睡眠严重不足，也是引起很多疾病尤其是慢性病的原因之一。严重的睡眠障碍甚至可以导致抑郁症等精神疾病，长远来说会导致记忆力严重衰退甚至老年痴呆等。实践表明，利用温泉疗法和森林浴等，结合专业的活动安排、健康教育、膳食调理、休息环境和专业客房，形成精心安排的度假菜单，可以极大地改善睡眠质量。

4. 美容美体康养度假

有的温泉水本身就是“美人汤”，如碳酸氢钠泉；有的可以促进新陈代谢，如硫酸盐泉；有的可以温暖身体、促进循环，如氯化钠泉（盐泉）。在专业人员的指导下利用这些好泉，再加上运动、合理膳食、心理咨询和户外活动等，通过两周左右的时间，完全能够达到美肤美容、减肥瘦身的效果。

5. 疼痛康养度假

慢性疼痛是一种时代病。大部分成年人都会时不时发生这样那样的疼痛，包括神经痛、肌肉痛、骨关节疼痛等，这些疼痛往往与压力和寒湿淤堵有关，虽然有些还达不到去医院住院治疗的程度，但又困扰和折磨人。有些不适合在医院治疗的慢性肌肉骨骼疼痛病人，尤其是风湿病和关节炎病人，很需要有可以缓解疼痛的地方。温泉度假村可以针对这些人群，在医疗技术支持和循证医学数据支持下，在专业人员的指导下，即便没有医疗机构和医疗资质，也可以开展基于消费者自愿的疼痛调理康养度假。

6. 高危慢性病人的康养度假

高危慢性病人指的是经过体检发现身体相关指标已经逼近发病临界点，再不采取有效措施就可能跨过疾病门槛，成为慢性病人。一旦得了慢性病，就非常难治疗和逆转，有的病症可能将是伴随终身的。温泉疗法已经证明对高危慢性病人尤其是高血压、高血脂、高血糖、高尿酸的高危人群有明显的调节和控制作用。针对这些人群设计的康养度假，对于预防疾病，减轻个人、家庭和社会的负担具有非常大的价值，当然也需要专业机构和人才的支持。如果是医养结合的康养温泉，配备较低门槛的诊所或社区康复中心等和少量的医技人员将是未来最高层次的温泉康养度假形态。

当然，温泉康养的功效远远不止以上六个方面。应该注意的是，与温泉医疗同理，温泉康养产品的市场价值还是要“有效”，没有特定方向、特定功效的温泉康养产品是没有生命力的。因此，温泉康养产品属于一种“功能温泉”，它是围绕特定的目标客群、设计特定康养产品、产生令顾客感受得到和真心认可的特定康养功效。不谈功效的康养产品就是简单的休闲娱乐型旅游产品，其可替代性很强，其附加值有限。

第四节　温泉康养的未来发展

从全球视野看，温泉作为一种文化现象和一种产业在经历了温泉沐浴、温泉医疗、温泉旅游几个发展阶段后，进入了温泉康养的时代。可以说，温泉产业的未来将逐步聚焦于温泉康养，温泉康养就是温泉产业发展的未来。

一、现代医疗和现代生活对传统温泉医疗的冲击

第二次世界大战之后，以西医或主流医学为主导的现代医学经过 70 多年的迅猛发展，已经进入了精准医学和整合医学的新时代。在这个发展过程中，温泉医学的传统领地逐步受到了侵蚀，很多原来能够通过温泉疗法解决的病症，已经可以通过其他方法快速而廉价地获得治疗，加之政策和经济利益等方面的原因，温泉医学正在全球范围内逐步被边缘化。即便在康复医学这种温泉医学的传统强项领域，水疗（含温泉水疗）也只

是众多康复治疗技术中的物理因子治疗类别中的一个分支，这种必然趋势从最近20多年我国温泉疗养事业和众多疗养院的逐年衰落现象可以得到印证。在这种形势下，温泉医疗的主要对策有以下四个方面：

（1）在传统治疗优势的基础上，充分利用温泉水的特性和温泉地的自然环境，开发其他医疗方法无法比拟的特色治疗技术。例如，匈牙利的黑维兹（Heviz）温泉医院就利用所在地温泉湖中的温泉水和温泉泥，开发出水下牵引（重力浴）和泥疗两种独一无二的产品，带动整个区域发展成每年医疗和康养游客达百万人次、平均滞留时间8天以上的全球性温泉康养度假目的地。

（2）以现有人员和设施为基础开发以医为基础，突出温泉的预防功能，聚焦健康增进和亚健康疗休养，开发出疗程与游程结合的"医""养""游"结合的康养旅游度假产品。

（3）弱化或不提供医疗功能，转型为以康养和休闲为主要功能的非医疗型康养旅游度假产品，成为短期（2–7天）疗愈身心的康养度假目的地。

（4）利用温泉的优势，针对老年化社会的急需，转型为与养老机构合作的特色化老年康养服务产品。

二、康养是全球温泉产业发展新的聚合点

如前所述，在高度发达的现代医学的冲击下，温泉医疗的地盘日益缩小，面临调整市场战略、功能及产品的巨大压力，正在向着以预防为主、增进身心健康以及提高人民的生活品质和幸福感为主要目标的康养温泉转型。而最近几十年来迅猛发展的以娱乐化为主要特征的温泉休闲旅游也面临着发展瓶颈，开始步入衰落期。在健康成为人类最关注的问题、健康产业正在发展为全球第一大产业的背景下，这两股力量都在向康养聚拢。可以说，康养正在成为全球温泉产业发展新的聚合点。

这种从温泉医疗和温泉休闲旅游两头向康养聚拢的发展趋势是全球性的。北美的加拿大和美国如此，澳大利亚和新西兰如此，欧洲和东北亚地区的日本、韩国和中国台湾地区也是如此。

在《健康中国2030规划纲要》为引领的国家大健康战略的驱动下，中国温泉旅游行业向以温泉康养为主导的方向转型升级的趋势势不可当。虽然这个趋势已经来临，但由于缺乏有关医保政策支持和市场成熟度不高，也受限于温泉康养的门槛较高和人才奇缺，整个行业的转型可能是长达一二十年的过程。在这个过程中，一些以温泉康养为主导功能的先进企业会逐步脱颖而出，引领发展，但大多数企业还是会面对市场现实，以温泉休闲为主导功能，辅以适当的温泉康养产品。

三、温泉康养社区的兴起与温泉康养小镇的复兴

（一）世界温泉小镇发展的轨迹和模式

世界温泉文化发展史有一个共同特征，就是无论东西方，都有一个“温泉聚落”现象。一般温泉聚落的发展模式是这样的：最初人们发现了某处温泉可以沐浴和疗愈，然后就前往该处进行温泉沐浴和疗养，由于人群的聚集并且有的情况下需要较长时间的滞留，人们就会围绕着温泉泉源建立沐浴设施、食宿设施甚至社交娱乐设施，随后是宗教设施和其他商业服务设施，接着逐步形成村庄、小镇甚至城市。英国的巴斯（Bath）温泉就是这种模式发展的典型。大约2000年前（公元43年），当罗马帝国的军队在恺撒率领下征服英国的时候发现了巴斯温泉的泉眼，就在那里建立了宏伟的温泉大浴场和居民定居点。罗马帝国衰落后，巴斯一度沦落为一个小村落。文艺复兴后，巴斯温泉逐步发展为一个小镇。18世纪时由于英国女王的青睐，这里成为皇家度假疗养胜地，迅速发展为一个繁荣的城市并持续至今。如今，巴斯已经成为一个人口达10万人左右的城镇，建立在温泉泉源之上的罗马浴场也已成为举世闻名的世界文化遗产和城市的中心。温泉成就了巴斯，成为巴斯的文化基因和城市灵魂。

著名的历史温泉、比利时的温泉小镇斯帕（SPA）也是另一个温泉小镇发展的典型案例。这个古罗马时代就已存在的小村落，1335年开始传出这里含铁的温泉可以治愈疾病，特别是俄国沙皇彼得大帝在此治好严重的胃病之后，这里迅速演变为欧洲王公贵族蜂拥而至的神泉之所。

中国和日本的历史温泉小镇的发展轨迹与巴斯（Bath）和斯帕（SPA）的情况非常类似，如中国南京汤山、北京小汤山、广州从化、云南安宁温泉、江西庐山星子温泉、重庆东温泉等。日本的著名历史温泉小镇草津温泉、有马温泉、下吕温泉等无不如是。

（二）温泉社区和温泉生活方式

由以上世界著名温泉小镇的发展历史来看，温泉小镇的生活是一种典型的健康生活方式和生产方式。一般而言，小镇的居民都会利用温泉来进行沐浴、休闲、疗愈、交往和经营，大多数温泉小镇居民的生活和生产往往是以温泉为中心展开的，并逐渐形成了以温泉生活方式（SPA Lifestyle）为特征的温泉社区和以温泉经营为核心的温泉经济活动。

温泉社区在空间上往往围绕着泉眼呈放射状展开，当地居民的生活也往往围绕着温泉展开，逐步形成相应的生活秩序和生产秩序，从而在空间上形成一种以泉源为中心的独特的布局形式。不过，一些在峡谷内的温泉小镇，空间布局往往是以泉眼为中心沿着河流两岸或一边呈带状布局的，如捷克的卡罗维发利温泉小镇、我国的从化温泉和安宁温泉等。

温泉社区和温泉小镇最大的特点是，它们是自然而然发展出来的，不是人为规划和

短时间大规模投资打造的，其生活和生产主体是原住民，其主要受益者也是当地人，因此，其地域特征和可持续性就比较突出，生命力也异常顽强，有的甚至可以延续千年而不衰，历久弥新。

有关温泉小镇的空间布局形态，我们在其他章节中还会详细讲解，在此就不赘述了。

（三）温泉康养小镇的复兴

一般的温泉小镇在其发展过程中，往往会因为历史发展阶段、国别和区域差异以及资源和区位交通条件的原因，其主体功能的选择会有所不同。我国的南京汤山温泉小镇就经历了从简单的沐浴，到皇家御用温泉，再到温泉疗养院；从观光娱乐温泉到国家级旅游度假区，再到综合性温泉康养度假目的地这样一个演变过程。从全球温泉小镇的情况看，在经历了千百年的演变发展之后，以积极预防、保健养生和康复疗养为主要特征的健康旅游度假功能，正在成为主流发展趋势。这种趋势与当今全球健康产业的迅速发展合流之后，成为温泉康养社区和小镇投资开发的内驱力和牵引力，也成为温泉小镇振兴和复兴的历史性机会。在这种背景下，依托历史温泉的温泉社区或者依托新的人工钻井抽取的温泉水而规划建设的人造温泉小镇或温泉社区应运而生，成为大健康产业投资的热点。应该承认，即便是新规划的温泉小镇或温泉社区，只要其核心价值是利用温泉水和其他相关健康手段来有效增进人的健康，都可以算作温泉康养社区和小镇的范围。

参考文献

［1］高恩显 . 现代疗养学［M］. 北京：人民军医出版社，1988：113-139.

［2］张向群 . 矿泉疗法［M］. 北京：中国中医药出版社，2001.

［3］陈炎冰 . 矿泉医学知识［M］. 重庆：重庆出版社，1984.

［4］孙丛艳，孙怀明 . 疗养地理学［M］. 北京：人民卫生出版社，2014.

［5］王立民，安可士 . 中国矿泉［M］. 天津：天津科学技术出版社，1993：53-85.

［6］（日）李卿 . 森林医学［M］. 王小平，陈峻崎，等，译 . 北京：科学出版社，2013.

［7］（日）大塚吉则 . 温泉疗法：通往康复之路［M］. 箱根温泉机构，译 . 北京：华夏出版社，2012.

［8］（日）大塚吉则 . 温泉疗法：源于温泉与自然的健康良方［M］. 箱根温泉集团，周芳菲，译 . 北京：华夏出版社，2018.

［9］（日）石原结实 . 体温决定生老病死［M］. 李巧丽，译 . 海口：海南出版公司，2008.

［10］徐关兴，朱婉萍，孔繁智 . 现代水疗与中医［M］. 北京：人民卫生出版社，2013.

［11］陈文福 . 休闲温泉学［M］. 台北：华都文化事业有限公司，2010：219-226.

［12］（瑞士）世界卫生组织．世卫组织 2014—2023 年传统医学战略［M］．日内瓦：世界卫生组织出版处，2013.
［13］肖振，张恩达，林敏．中国医疗矿泉定义与分类方案专家共识（2017 年）［J］．中国疗养医学，2017，26（6）：668-672.
［14］中国康复医学会康复治疗专业委员会水疗学组．水疗康复技术专家共识［J］．中国康复医学杂志，2019，34（7）：756-760.
［15］中国旅游协会温泉旅游分会．中国温泉旅游杂志［J］．北京：中国旅游协会温泉旅游分会，2019（7）：6.
［16］GB/T 11615—2010，地热资源勘查规范［S］.
［17］LB/T 051—2016，国家康养旅游示范基地［S］.
［18］Boekstein M S，Spencer J P. International Trends in Health Tourism：Implications for Thermal Spring Tourism in the Western Cape Province of South Africa［J］.African Journal for Physical，Health Education，Recreation and Dance，2013，19（2）：287-298.
［19］Boekstein M S. Revitalising the Healing Tradition：Thermal Springs in the Western Cape［M］// Smith M，Puczkó L. Health，Tourism and Hospitality：Spas，Wellness and Medical Travel. 2nd Edition. Abingdon：Routledge，2014：369-373.
［20］Dunn H L. High-level Wellness for Man and Society［J］. American Journal of Public Health and the Nation's Health，1959，49（6）：786-792.
［21］Harris W. How Balneotherapy Works［EB/OL］.2010-12-17

第五章　温泉旅游业态

第一节　SPA

一、SPA 概述

SPA 最早来源于拉丁文 Solus Par Aqua（英文：Health through water），其寓意为用水给人们带来健康和活力（林怡君，2015）。根据国际 SPA 协会的介绍，SPA 是一些拉丁语短句的首字母组合，如“sanitas per aquam”“solus per aquam”“sanus per aquam”“salut per aquam”。虽然以上短句的首字母不同，但其意义都指向水与健康的关系。后来，随着 SPA 行业的发展，SPA 基于其本身的特性衍生出了多种不同的功能。结合 SPA 本身属性和不同学者的观点，国际 SPA 协会对 SPA 进行了综合性的定义：SPA 是通过专业多样的服务来全方位地提升改善身体机能和精神状态。

表 5–1　SPA 发展史

时　间	简　介
15 世纪	比利时 SPA 小镇，天然矿泉水治疗疾病
16 世纪	法国国王路易十四将 SPA 带入法国，从此 SPA 在贵族中传播开来
17 世纪	德国人建造 KURHAUS（温泉养疗馆）
18 世纪	1737 年拉科西泉的出现，让巴特基辛市成为国际 SPA 中心。随后流入英国，英国理查罗素医生开发了一种水疗方式，让 SPA 在欧洲迅速走红
19 世纪	1899 年，法国创立了第一家海洋疗法中心，世界各地出现了一批 SPA 中心
20 世纪	“二战”后，美国将 SPA 融入运动、美容等专业；但欧洲仍以治疗为目的；70–80 年代，东南亚国家引入 SPA
21 世纪	21 世纪初期，SPA 被引入亚洲各国，从此开始了 SPA 在亚洲的发展

SPA 行业虽然历史悠久，但真正多元化发展还是在近代。2007 年 6 月 10 日，中国首家 SPA 协会——海南 SPA 协会在海南皇冠滨海温泉酒店揭牌成立。中国 SPA 协会

（China SPA Association，简称 CSPA）是重要的 SPA 产业组织，自成立伊始一直致力于促进 SPA 产业和健康产业的发展，提升从业人员的专业水平、提高行业地位、维护行业合法权益，增进企业、地区之间 SPA 的国际交流等。

二、SPA 的分类

根据国际 SPA 协会（ISPA）的规定，SPA 分为以下七种类型：

- 俱乐部型：主要提供健身服务，提供一日内的各种 SPA 服务。
- 邮轮型：建立在邮轮上的 SPA，提供专业健身服务、各种 SPA 服务、健康及 SPA 餐饮。
- 都会型：无住宿的 SPA，提供一日内专业的各式 SPA 服务。
- 主题型：由专业的各式 SPA 服务改进客人的生活方式及健康状态，包括特别设计的 SPA 疗程、运动健身、教育课程、住宿服务、SPA 餐饮。
- 医疗型：分成诊所式、个人服务式、企业院所式的医疗单位，加入 SPA 的概念及医疗的专业治疗，组合成一个强化健康、提供医疗及 SPA 服务的型态。
- 温泉型：提供自然矿泉、冷或热泉，给予来客温泉型的 SPA。
- 度假村型 / 饭店型：建立在饭店里或度假区内，提供健身、餐饮及各式不同的 SPA 服务。

除了观光客、商务客，一般的客人也喜欢到不同类型的 SPA 里放松。不同类型的 SPA，提供不同种类的服务，而其内容及程序也不同。度假村型因空间尺度大，给人以放松的感觉；都会型因地处方便，时间较紧缩，追求疗效立竿见影。对于度假村型 SPA，一天的开始可能是晨间漫步或一系列的运动课程，午餐后可能是水中运动或冥想课程，甚至学习健康餐饮，而以一个 SPA 疗程作为晚餐后的放松。相反的，在城市里的或一日的 SPA，民众的参与时间最多 3 个小时，温暖、特殊疗效或简单的 SPA 服务是大家最期待的。

三、SPA 的特征

SPA 具有商品和服务的属性，水是商品，其余则是服务。

水：自古至今，SPA 都是以水为中心展开的。例如，温泉 SPA，其所拥有的温泉活水能提供更好的体验；若为其他类型 SPA，则需要根据具体条件进行研判。

护理：护理减压是 SPA 的方式之一，减压护理比如说芳香疗法、淋巴引流的按摩，可以使做 SPA 的顾客感到如释重负，从生理到心理都得到放松。

SPA 独特的情景：护理减压属于服务类。根据黄睿（2017）对服务的定义，服务具有无形性、异质性、不可分割性、不可存储性四大特性。为了让顾客能够更好地体验服务，SPA 将服务的特性用其他方式进行表达，这也形成了 SPA 的身体五要素：嗅觉、视觉、味觉、听觉、触觉。

嗅觉：顾客对食物和饮料的香味的喜好程度。

视觉：顾客对 SPA 场所装修的感觉。

听觉：具备疗效的音乐。

味觉：品尝健康的食物。

触觉：按摩。

不同国家、地区、公司都会根据自身特色，对 SPA 产品进行创新，逐步形成了 SPA 特色身心疗愈理念（林怡君，2015）。

表 5–2 不同国家的 SPA 业态

国 家	主要种类	特 色 内 容
法 国	海洋 SPA	海水中的化学成分类似于人体血液，当皮肤浸泡在海水中会吸收微量矿物质，并利用海水、海泥、海盐、海藻等海洋资源来促进血液循环、新陈代谢并提升身体机能。
德 国	KURHAUS	利用不同水温、水柱、水流气泡、漩涡、压力机频率来冲刷身体穴位，针对全身上下不同方向进行浸喷冲击，以达到促进血液循环及新陈代谢的效果。
泰 国	泰式按摩	除了一般的按压外，更利用手指、手肘、膝盖等关节在穴位上按压，又在关节处加以拉、揉、捏、伸展、扭转等动作，可令身体机能回复平衡，促进身体血液循环与新陈代谢。
印 度	阿育吠陀（Ayurveda）	阿育吠陀疗法如同五行概念，认为人体由土、水、火、气、空气这五种元素构成，形成三股能量：瓦塔、皮塔、卡法。这三个能量失衡会使人生病。SPA 强调温和、净化，其中包含按摩、蒸汽排汗并结合健康饮食、瑜伽与冥想，帮助人们远离疾病。
日 本	温 泉	日本是温泉文化高度发达的国家。1974 年，日本引进德国 KURHAUS 技术，融合日本传统文化及运动生理学，形成极具日本特色的温泉 SPA。

四、SPA 的发展及目的地

SPA 最早发源于比利时，流行于欧洲，后来才传入亚洲各国。目前，全世界最专业且最受欢迎的 SPA 场所也多在境外。在 Traveler 评选的 2019 年全世界十大 SPA 目的地中，我们可以看出就 SPA 方面，做得最好的也多为印度和欧美国家。

表 5–3 全球十大 SPA 目的地

项目名	地 区	分 数
Ananda in the Himalayas	印度纳加尔	99.55
Six Senses Douro Valley	葡萄牙杜罗谷	99.39
Ikbal Thermal Hotel & SPA	土耳其阿菲永卡拉希萨尔	99.39
Vana	印度德拉敦	98.68

续表

项目名	地　区	分　数
Lefay Resort & SPA Dolomiti	意大利平佐罗	98.67
VIVAMAYR Altausee	匈牙利阿陶斯	98.55
Lefay Resort & Spa Lago di Garda	意大利加尔达湖	98.39
COMO Shambhala Estate	印度尼西亚巴厘	98.33
SHA Wellness Clinic	西班牙阿里坎特	98.18
BodyHoliday	圣卢西亚卡里巴诺海滩	98.16

资料来源：Traveler，2019

SpaChina 杂志显示，截至 2017 年，酒店、城市 SPA，美容美体，美甲美睫，医疗美容行业的年增速达到 14.8%。美团大数据美业年报也显示，2017 年美容美体的市场规模为 3600 亿元，美甲美睫为 1200 亿元，医疗美容为 1800 亿元。未来，SPA 行业将会融合 O2O、SAAS 等互联网技术并结合自身优势，为顾客带来科技 SPA、智慧 SPA。TripAdvisor 也根据其内部数据库，评选了中国最优 SPA 目的地，其中上海浦东丽思卡尔顿水疗、上海 Waldorf Astoria Spa、广州 W 酒店水疗中心、香港 Le Spa by Jan、澳门文华东方水疗中心等位居前列，深受广大消费者喜欢。

五、温泉 SPA 及功效

温泉与 SPA 的结合，更能达到治愈效果。拉托尔等人（Latorre，2015）的研究表明，温泉水疗对于疼痛、情绪焦躁、睡眠质量差等均有显著改善作用。斯特劳斯（Strauss，2020）的研究也表明，持续 3 周的温泉水疗是一种提升人们幸福感、改善人们心情及防治中老年人常见疾病的有效方式。作为一种自然疗法，温泉水疗可通过其温度效应、浮力效应、压力效应及化学效应作用于人体，对人体健康产生积极的影响（陈莹，2013）。

2017 年，林璟等人对重庆地区温泉水疗治愈效果进行了相关研究，研究发现，志愿者在温泉水疗干预治疗后，身体状况有了明显改善。

表 5–4　重庆地区水疗治愈效果统计

项　目	明显改善	稍有改善	无改善	总改善
肌肉酸痛（n=167）a	81（48.50%）	77（46.11%）	9（5.39%）	158（94.61%）
关节炎（n=143）a	55（38.46%）	78（54.55%）	10（6.99%）	133（93.01%）
肢体水肿（n=59）a	24（40.68%）	30（50.85%）	5（8.47%）	54（91.53%）
肢体麻木（n=111）a	39（35.14%）	62（55.86%）	10（9.00%）	101（91.00%）

续表

项　目	明显改善	稍有改善	无改善	总改善
腿脚抽筋（n=93）a	32（34.41%）	52（55.91%）	9（9.68%）	84（90.32%）
头昏头痛（n=152）a	62（40.79%）	75（49.34%）	15（9.87%）	137（90.13%）
咽部不适（n=115）a	36（31.30%）	64（55.65%）	15（13.04%）	100（86.96%）
皮肤瘙痒（n=76）a	30（39.48%）	35（46.05%）	11（14.47%）	65（85.53%）
便秘（n=115）a	37（32.18%）	61（53.04%）	17（14.78%）	98（85.22%）
支气管炎（n=58）a	29（50.00%）	20（34.48%）	9（15.52%）	49（84.48%）
咳嗽（n=92）a	45（48.91%）	32（34.78%）	15（16.30%）	77（83.70%）
皮肤过敏（n=66）a	24（36.36%）	31（46.97%）	11（16.67%）	55（83.33%）
皮肤病（n=58）a	22（37.93%）	25（43.10%）	11（18.97%）	47（81.03%）
视物模糊（n=223）a	48（21.52%）	104（46.64%）	71（31.84%）	152（68.16%）
记忆力减退（n=223）a	36（16.14%）	102（45.74%）	85（38.12%）	138（61.88%）

注：表中 n 表示参与调查的总人数

综上研究，温泉 SPA 在一定程度上可以改善身体状况、心理状态，对个体健康产生积极的影响。但是，由于温泉 SPA 的特殊性，并不是所有客群都可以进行温泉疗法。比如，心律不齐、严重的下肢静脉曲张、对光与热敏感者、高血压患者等，选择温泉 SPA 时应格外注意。

第二节　水乐园

一、水乐园概述

水乐园是游乐园的一种形式，是以水面游乐区域为主的主题性游乐园。金姆（Kim，2006）在其研究中将水乐园定义为：让参与者享受水或者水相关设施乐趣的地方，通常其休闲区域拥有多种多样的休闲娱乐设施。

二、水乐园发展历程

最早的水乐园可以追溯到 20 世纪初期。1906 年新西兰出现了一种水滑梯形式的设备。后来在“Wonderland”的展会上，第一次将类似管道的设施连接到泳池中，这也是水上滑道的雏形。之后的十多年的时间里，更多相似的设施被创造出来，这也是炎热夏季娱乐活动的标志之一，也形成了水乐园的雏形（Patrik，Thompson，2015）。

19 世纪中叶，乔治·米莱（George Millay）将水滑梯和戏水池（Splash Pad）正式引入泳池，并在亚拉巴马州开设了第一家冲浪池（Wave Pool）。随后的经营实践证明，水乐园需要开在温暖且能全年运营的地方。1977 年，第一家正式的水乐园在奥兰多投入运营。尽管此水乐园在 2016 年关门，但它成为后期众多水乐园的原型，并为水乐园的发展壮大提供了蓝图。1980 年，Wisconsin Dells 等公司也纷纷开设水乐园产品。如今，有超过 1000 家水乐园项目分布在美国全境，行业仍然呈稳定增长的态势（O'Brien，2005）。

20 世纪 90 年代左右，人们逐渐意识到寒冷的地方也可以建设水乐园。1985 年，世界上第一个室内水乐园建立在埃德蒙顿的西埃德蒙购物中心。埃德蒙顿水乐园的成功大大鼓励了英国等高纬度国家建立自己的水乐园，让其民众在寒冷地区也可以享受到水乐园的乐趣。1994 年，最著名的室内水乐园在波利尼西亚度假酒店（Polynesian Resorts Hotel）建立，这标志着室内水乐园成为全季型的度假标配。近几年来，水乐园的发展主要体现在相关设施上，整体形式与传统水乐园模式相同。

三、水乐园设施

目前，水乐园内所含有的产品多种多样，且随着业态的发展而不断变化，但是基础设施却没有发生颠覆性的变化。

（一）游泳池

游泳池（Swimming Pool）是水上运动的场地，多数游泳池建在地面，根据水温可以分为一般游泳池和温水游泳池。泳池为水乐园必备设施之一，也是人们娱乐休闲的主要场所。与标准泳池不同的是，游乐场的泳池多为无规则形状的露天泳池，且会在水池内安装不同的设施来提高娱乐性。在寒冷地区的泳池，为了能维持一年四季的营业，也需要进行恒温控制。

（二）滑水道

滑水道（Water Slides）是水游乐园的一种游乐设施，类似滑梯，但不同的是，滑水道有水从顶端冲下来，以加快下滑的速度。滑水道有不同的坡度与高度，有些滑水道甚至超过 30 米高。传统的滑水道有三种：简单型、内通道型和超长型，顾客使用不同的设施时会产生不同的体验。近几十年来的滑水道越来越多样，有水回环滑道（Aqua Loop）、碗式滑道（Bowl）、家庭漂流滑道（Family Rafting）、漏斗滑道（Funnel）、半管滑道（Half-pipe）、多轨道滑道（Multi-lane Racer）、竞速滑道（Speed Slide）、水箱滑道（Water Coaster）、掉落滑道（Drop Slide）等，大大丰富了可玩性。

运营者一般会根据不同滑道带来的体验感进行命名，这也让消费者可以更好地选择适合自己的产品。另外，滑行筏具一般与滑道相匹配使用，一方面可以增强体验性，另一方面是保护消费者，避免游客身体与设施直接接触。表 5-5 是白水公司给出的滑道产品的相关安全系数。

表 5-5 白水载具滑行数据

滑行筏具		放行间隔（秒）	预计每小时游客接待量（人次）	体重限制（公斤）	身高要求（米）		滑道宽度（米）	水池深度（米）
					缓冲段	落水池		
躯体类	儿童	15	240	91	0.9	0.9	0.9	0.45
	成人慢速	20	180	136	1	1.2	0.8	1.1
	成人快速	20	180	136	1.1	1.2	0.8	1.1
滑垫类		24	150	136	1.1	NONE	0.6	NONE
浮圈类	儿童	15	480	91	0.9	0.9	1.4	0.45
	1 人	20	180	136	1.1	1.2	1.4	1.1
	2 人	20	360	181	1.1	1.2	1.4	1.1
合家欢浮筏类	3 人	20	540	249	1.1	1.1	2.1	0.9
	4 人	20	720	340	NONE	1.1	2.5	0.9
	6 人	20	1080	454	NONE	1.1	3	0.9
直排浮圈类	3 人	20	540	272	1.1	NONE	定制	NONE
	4 人	20	720	363	1.1	NONE	定制	NONE
激光穿梭滑板类		30	120	136	1.1	1.2	1.4	1.1

（三）戏水区

戏水区（Splash Pad）是水乐园的标志性区域。通常此区域设立在水乐园的公共区域。因此该区域通常为儿童聚集地，设有救生员对此运营场地进行不间断的风险监督管理，以减小水乐园整体项目的风险。通常情况下，该区域会有地面射向天空的水柱，还有伞形淋浴、蘑菇状淋浴。较早出现戏水区相关定义的文献是《健康法案》（Health Act）。该法案提出："供儿童使用的戏水区应为凹陷地或盆地，并通过部分设备向内部喷洒饮用水，但不允许水在底部集聚。"这也为后来戏水区的发展制定了标准。

（四）漂流河

漂流河（Lazy River）通常是环绕着水乐园区域的带状、河流状泳池。通常宽度在 0.76 米到 1.1 米之间。漂流河内有缓缓流动的水流，可以让客人选择不同的载具漂在水面上，如漂浮板、泳圈等。

（五）造浪池

造浪池（Wave Pool）作为泳池的一种形式，主要由池体本身和造浪机器组成。造浪池最早可以追溯到 19 世纪，由路德维格二世（Ludwig II of Bavaria）发明，后来流行于欧洲各地，其中以佛罗里达州的斯莱特造浪池（Kelly Slater's Wave Pool）最为出名。

除大型的游乐设施外，水乐园一般还配有喷水玩具、灯光表演、探险产品、地喷、水泡、水体触发器等相关产品，这些产品会根据项目的占地面积、功能需求等进行配套设计（Westwick，Neshul，2013）。

四、水乐园国际组织

世界水乐园组织（World Waterpark Association）成立于1982年，是致力于水乐园发展的国际非营利组织。世界水乐园组织实行董事制度，并设立董事长、副董事长、财务主管和秘书；董事会由14个水乐园所有者组成，每个董事任期两年。截至目前，世界水乐园组织在世界各地拥有超过1200名会员。

五、中国水乐园

（一）水乐园代际发展

自从20世纪中期水乐园传入我国以来，经过几十年发展已经具备相当大的规模了。总体而言，我国水乐园的发展大致可分为四代：游泳池阶段、水上游乐场阶段、水乐园阶段和综合性水乐园。

1. 游泳池阶段

时间：20世纪80年代之前。

设施：简单的游泳场所、小型游乐设施。

此阶段的水乐园处于萌芽阶段，产品也是以游泳池为主，加上简单的设备设施，如滑梯和喷水装置，达到简单的娱乐目的。

2. 水上游乐场阶段

时间：20世纪80年代至90年代。

设施：基础泳池上辅以造浪池、漂流河、水滑梯等。

这一阶段的发展彻底改变了人们对水乐园的印象。在此之前，人们对水乐园的印象仅仅是泳池加滑梯的模式，但随着更多项目、设施的增加，游乐场所面积的扩大，游泳池已不再是纯粹的泳池，开始实行功能分区的模式，运营者可以在不同功能区中增加相应项目。

3. 水乐园阶段

时间：20世纪90年代至21世纪初期。

设施：大型水乐园融入主题、艺术、景观等相关设计。

这一阶段在上一代的基础上进行了人性化的设计，如增加了部分休息、餐饮等区域，水乐园的面积进一步扩大，游客的停留时间被拉长，园区内的可玩程度大大增强。

4. 综合性水乐园阶段

时间：21世纪初期至今。

设施：综合商业、餐饮、休闲、表演等不同业态的融入。

水乐园已经完全迈向主题化、商业化的发展模式。水上娱乐功能大大增强，设施也越来越偏向科技化，整个水乐园区域开始变得有艺术感、时尚感。就行业整体而言，出现了“水寨”的概念，将新型产品用村寨等概念元素命名，体现了不同的艺术感。水寨为独创的多层互动水上游乐设施，并为行业树立了标杆。水寨设计激发想象，为各个年龄段的儿童带来无限的探险体验。此类产品内设游乐枢纽区，可供全家度过一整天。

（二）中国水乐园品牌

根据美国主题娱乐协会（Themed Entertainment Association，TEA）《2019 年度主题乐园和博物馆指数》和我国各大水乐园在旅游网站的口碑评价、门票收入等信息，MAIGOO 发布“中国最热门十大水乐园”，其中占据前五位的是：广州长隆水乐园、芜湖方特水乐园、武汉玛雅水乐园、三亚亚特兰蒂斯水乐园和开封银基水乐园。其他上榜项目中除了个别小众的项目，其余多属于方特、玛雅等国内水乐园连锁品牌。

广州长隆水乐园是世界知名、全国著名的水乐园，多次荣膺“全球必去水乐园”称号，是全球游客接待量最多的水乐园，入园人数超过了多年排名第一的美国迪斯尼水乐园。广州长隆水乐园占地 450 亩，是由加拿大白水公司和国际知名机构联合设计的。2013 年至 2018 年，长隆水乐园连续 6 年的年游客接待量在行业里位居世界第一。2013 年，广州长隆水乐园入园人数总计达到 217 万人次。2014 年，年接待游客总量达到 226 万人次。2015 年，年接待游客总量达到 235 万人次。2016 年，年接待游客总量达到 254 万人次。2017 年，长隆水乐园更是再创新高，游客总量达到 269 万人次。

长隆水乐园整体游乐设施配置丰富，可玩性高。具体设施有：巨蟒、巨洪峡、超级大喇叭、竞赛滑道、超级巨兽碗、超级造浪池、宝贝水域、合家欢滑道、大滑梯、小喇叭等，休闲项目有池吧、按摩池、桑拿屋等设施。其中，多种水乐园设施均创世界之最，比如有 1280 米长的漂流河，超过 1 万平方米的造浪池等。

长隆水乐园的开园时间会由上午持续到晚上，让顾客能在园区享受到整日的游玩乐趣，配合优质的餐饮服务，是夏日游客消暑纳凉、游玩的目的地。

六、温泉水乐园

根据中国旅游协会温泉协会发布的《中国温泉旅游的现状与发展趋势》报告，游乐动感型温泉将会是未来温泉发展方向之一。游乐动感型温泉将温泉与运动、游乐结合，突出项目的参与性、体验性和动感刺激。其中最典型的组合是“温泉 + 水乐园”。“温泉 + 水乐园”的模式，把夏季最受消费者欢迎的水上游乐项目引进温泉旅游地，弥补淡季产品单一、趣味性不足的问题，对于提升温泉地的整体经营，增加盈收率，具有非常突出的效果。

恩平锦江温泉是中国温泉与水乐园结合的代表项目。恩平锦江温泉位于广东恩平市大田镇，是江门新八景之一。锦江温泉资源异常丰富，日涌水量超 6200 立方米，远景开发量近 1 万立方米，水温接近 70℃，水质清澈，晶莹爽滑，于 2006 年被评定为“国家 AAAA 级旅游景区”。锦江温泉以动感温泉为主题，基于传统的温泉资源，辅以声光电和游乐设备，形成了全国首创的大型温泉冲浪、温泉漂流、冷热温泉瀑布、超声波按摩喷泉、梦幻跳舞泉、大型温泉泳池，奇妙独特的冰泉、温泉特色养生园及温泉香薰 SPA 等。

第三节　度假村

一、度假村概述

人类从最初在绿荫和泉水边驻足的原始需求，到逐渐形成度假意识，历经了漫长的发展过程。在国际上，2017 年的《公共服务领域英文译写规范》将度假村的官方英文名定为 Resort；世界贸易组织（World Trade Organization，简称 WTO）将度假村定义为游客提供一段时间短居而规划的建筑群落，其主要目的在于吸引游客在节假日或闲暇时间来这里放松、休憩。度假村的区位一般靠近风景优美的地区，自然资源和一些配套的服务设施构成了度假村主要的旅游要素。国内有学者认为旅游度假区即指旅游度假开发区，是我国现存七种城市开发区的一种，它是在旅游资源非常丰富的城市（地区）划出一定范围，以旅游、娱乐、度假、休养为主要目的的开发区。

二、度假村的类型

度假村的历史可以追溯至几百年前，但其爆发式的增长却是发生在近几十年间。国内度假村的发展根据不同的历史时期可以粗略划分为以下三个发展阶段：一是新中国成立之前的封建社会，那时的封建制度决定了帝王别墅型“度假村”的主要服务对象是封建帝王，如当下大众熟知的北京颐和园、承德避暑山庄等。二是新中国成立后到 20 世纪 80 年代之间，中央有关部委及地方政府有关部门、企业先后在国内一些风景、温泉胜地修建了一批不对外开放、具有度假村性质的疗养院，如安徽黄山、江西庐山等地。三是 20 世纪 80 年代后中国城市观光型旅游饭店出现饱和时，一种以康体休闲、娱乐为主要特点的新型度假村便应运而生。

表 5–6　不同类型度假村及其特点

分　类	特　点
自然资源度假村	依托优美的自然风光形成
农业度假村	以农业产业为规划导向
商业度假村	主打度假村酒店或与商业贸易紧密相关的高端休闲度假方式
主题公园度假村	以单一产品或品牌为核心聚集区的产业集群
文化度假村	以当地的特色文化为卖点

三、温泉度假村

（一）温泉度假村的定义

温泉度假村是指以温泉这一自然资源为依托，提供融合温泉养生与观光、食宿、会议、休闲、度假、健身、娱乐等多种服务功能的度假场所。游客在温泉养生的同时可享受与之配套的一系列休闲度假产品，通常除了温泉洗浴养生之外，像酒店住宿、特色美食、健身场馆、运动球场、电影娱乐、商务会所等都有所涉及。温泉度假村的主要特征可以从两个层面来阐述：一是温泉度假村是属于度假村的一种形式，二是温泉度假村所依托的主题吸引物是温泉。

温泉度假酒店的规模要小于温泉度假村，温泉度假酒店可以是温泉度假村里的一个项目，也可以名为酒店但内容上却是度假村。从主要功能来看，温泉度假村更加强调的是温泉疗养、休闲娱乐功能，而温泉度假酒店强调其住宿功能。从建筑布局上看，温泉度假村设有专门的一栋或一组具有一定规模的独立建筑为游客提供相应的温泉服务，而温泉度假酒店是在酒店的公共部分中专门划分一个区域用作温泉体验（樊超，2011）。

（二）温泉度假村开发模式

关于温泉度假村开发模式的研究目前还较为落后，罗红宝（2013）对温泉度假村的开发模式进行研究和综述后，提出了温泉度假村的六大经典开发模式（见表 5–7）。

表 5–7　温泉度假村开发模式

温泉度假村开发模式	内　容	案　例
特色温泉景区模式	面向大众的精品温泉景区、面向小众的高端 SPA 景区	天沐温泉 柏联 SPA
温泉会议中心模式	温泉＋大型会议 温泉＋中小型会议	北京九华山庄
温泉休闲乐园模式	温泉＋水游乐	广东恩平锦江温泉
	温泉＋高尔夫	上海太阳岛高尔夫温泉度假村
	温泉＋滑雪场	青岛即墨天泰温泉滑雪场
	温泉＋综合游乐	珠海海泉湾
温泉康复基地模式	温泉＋康复疗养	汤岗子温泉疗养院
温泉生态庄园模式	温泉＋生态农庄	北京蟹岛度假村
温泉度假社区模式	温泉＋旅游地产	珠江帝景温泉度假村

（三）度假村未来展望

近年来随着旅游业的迅猛发展，旅游度假行业呈现“燎原”之态，但仍然存在着诸如度假村的消费定位不明确、开发不够完善、同质化严重等许多问题。度假村产业如何进行相应的发展和创新以满足人们的度假需求，都是亟待解决的问题。

随着度假旅游的快速发展和旅游度假村之间竞争的加剧，定位核心客源市场，形成度假村特色及满足游客多方面的需求成为旅游度假村发展的新趋向，这些趋向具体表现在以下几个方面：一是明确主题，即明确度假村发展的主要理念或核心内容，如“健康度假游”“修学度假游”“亲子度假游”“民俗度假游”等。二是深入文化。一般包括地域特色文化和现代休闲度假文化，这是度假村的灵魂所在。三是注重生态。绿色度假村成为热点，生态环境的保护已成为一种发展趋势。如何将社会效益与环境效益相结合，最大限度地发挥园区的生态效益、景观效益和生态效益十分关键。四是营造景观。开发利用度假村内的风景资源，构筑度假村的观光游览系统，使度假村成为具有良好的人居环境和优美景观的场所。五是偏向于休闲。消磨闲暇时间已成为度假旅游的一项主要内容，且散客度假将取代团体度假，成为人们主要的度假方式（李明，2015）。

针对目前温泉度假村旅游行业的发展趋势，我们可以将观光性度假升级为保健康乐型度假、将无主题的度假旅游升级为有主题的度假旅游、将研学课题融入度假村，从而更好地实现我国温泉度假村的创新与升级。

案例分享

柏联的“软工夫”

——柏联如何将一种生活方式融入旅游及地产的开发，形成独特的精品开发模式

从昆明市出发，向东30公里，便是阳宗海边的柏联SPA-VILLA酒店。空气中飘着桂花甜蜜的香气，一大片太阳花迎着9月高原阳光开放，路口挺立着菩提树，停在一朵硕大美丽的扶桑花上的蝴蝶……一对法国夫妇在住过柏联SPA-VILLA后，写下这样的留言：“Aman resort and Banyan Tree watch out. The Brilliant SPA SLH rooms are opened.”（安缦和悦榕庄要小心了，柏联SPA这样的酒店在中国开张了。）安缦和悦榕庄都是国际知名的精品酒店集团，也是SLH（Small Luxury Hotel，经典小型酒店组织）会员。2007年在经过非常严格的考核程序后，柏联SPA-VILLA成为中国第三家SLH酒店。

占地300亩的柏联SPA-VILLA，只有23个独栋别墅，还有一个有25个泡池、开放式的温泉SPA。路上行人很少，大多数是服务人员。这低调奢华的别墅里，住的常常是深居简出的客人。所谓精品酒店，主要的消费者就是这群“什么好东西都见过”的人。要想打动他们，并非易事。

“这种精品酒店开发的难度，最主要的是它所能提供的生活方式和品位。”一位旅游行业资深人士说。巨大的空间被高低错落的植物覆盖，仿佛天然生成，看不出人工栽植的痕迹。大多数别墅的屋顶是空中花园，玫瑰开放在别墅自带的游泳池和温泉泡池边，不时有小鸟飞进院落。这些似乎是从自然中生长出来的别墅，外表毫不起眼。室内则是另外一个世界——从地板到墙体的包装，全部用泛着柔和金色亮光的、昂贵的实柚木，

洁具是泛着淡蓝色光泽的德国顶级品牌Dornbracht，还有带着电视升降机的床。有一面墙是可推开的落地窗，窗外的美景一览无余。在这里，最便宜的房间每晚也要1200美金，最昂贵的总统套房则要1.2万美金。

事实上，开一家精品酒店，意味着要掌握非常庞杂的资源体系，对细节的要求非常高，在管理和服务上与普通酒店大为不同。比如24小时的贴身管家服务，比如根据客人健康状况而打造的美食。

在昆明乃至西南地区，柏联SPA-VILLA的开发商云南柏联集团，是一家颇有根基的企业。这家成立于1992年的公司，在1999年开发昆明三市街柏联广场而一举成名。至今，柏联广场仍旧是昆明市的商业中心的地标，柏联集团持有柏联广场绝大多数物业。此外，柏联与国际商业巨头百盛集团成立合资公司，柏联作为大股东将百盛集团引进昆明、南宁。其中百盛的昆明柏联广场店，一直是效益仅次于北京和上海的第三大店。

“经常有人问我，房地产形势这么好，为什么没有继续在昆明开发房地产？”柏联创始人刘湘云说，“企业小的时候赚钱最重要，但是到了一定阶段，价值感对我来说更重要。”

刘湘云是一个典型的女性完美主义者。柏联SPA-VILLA的前身，是20世纪90年代柏联开发的一个三星级度假村。这种几年折一次的度假村在中国很常见。2001年，刘湘云决定“再也不做几年折一次的东西了”。2003年，在考察了许多国外著名SPA之后，柏联开始开发温泉SPA，后期的VILLA精品酒店是为温泉SPA做的配套。刘湘云亲自参与设计了所有的园林景观、山石瀑布、花草植被，“哪个地方种了一棵什么样的树我都清清楚楚”。在施工过程中，一个方案改5次、6次是家常便饭，有时候会为了一个极小的细节把快做好的东西推倒重来。在柏联SPA-VILLA，经常会见到一些有韵味的摆件，比如一只古朴笨拙的储水罐，或者一段龙形雕塑的柱子，这些都是刘湘云在世界各地淘回来的。

从2003年至今，柏联已经完成了SPA和精品酒店开发的知识积累，并磨合了一支国际化的管理团队。柏联的酒店管理集团CEO是一位意大利人，在四季酒店做过多年总经理；柏联SPA管理集团负责人则是一位德国人，有25年在国际知名SPA的从业经历。

现在柏联的SPA和精品酒店已经进入规模扩张的阶段。2007年，重庆市政府在多方考察之后，决定将有1600年历史的重庆北温泉交给柏联开发。目前的重庆北温泉SPA已经于国庆开业，精品酒店将在年底试营业。云南腾冲和顺古镇的SPA和精品酒店也即将动工。

与和顺古镇一样，景迈山也是柏联纵深开发的项目。2007年柏联投资2亿元，买下了位于云南普洱市澜沧县景迈山古茶山50年的经营权。景迈山是云南保存得最完整的古茶山，有2万多亩原生态的古茶山，山中居住着哈尼族、傣族、布朗族等少数民族，有非常丰富的自然资源和民族风情。柏联开发景迈山并不是单纯地进入普洱茶这个行业。这个项目首先是一个旅游项目。除了自然风光、少数民族风情，茶文化是这个旅游项目的主题。柏联普洱茶的生产车间，是一个后现代气质的透明玻璃建筑，普洱茶所有的制作工艺都尽收眼底。这与山中保存得非常完整的少数民族古村落相映成趣。这个透明的制茶坊，与万亩古茶山、茶博物馆、茶道馆等，都是柏联普洱茶庄园的一部分。这个庄园是借鉴法国红酒庄园理念而建成的，并非形似。刘湘云甚至请来了一位德国的生态学家来做景迈山的生物链论证。“名贵红酒要给葡萄树挂身份证，我这么做是要给普洱茶挂身份证。”

“普洱茶只有像红酒一样，成为一种时尚的生活方式，才能成为一个大的产业。”刘湘云说。2009 年 3 月，柏联普洱上市时，在普洱茶行业中一鸣惊人。刘湘云重金请国际奢侈品牌爱马仕的设计师为柏联做 LOGO 及店面设计。在普洱茶的包装上以传统文化为底蕴，大量借鉴烟酒、巧克力等时尚包装元素，唯美而大气，完全颠覆了传统普洱茶的沉闷气质。同样，刘湘云不保留地将其个人的审美渗透到柏联的普洱里。在做普洱茶的包装设计时，刘湘云做了大量的文化研究，每天晚上看打样要到 2 点钟，给设计师提了很多建议。无论是柏联 SPA-VILLA 中所倡导的“SPA+ 瑜伽 + 普洱茶”的生活方式，还是用时尚红酒诠释的普洱茶，甚至柏联在为和顺古镇宣传时提出的“慢生活”口号，高品位的生活方式始终是一条暗线，把柏联涉足的不相关的产业串联起来。

资料来源：黄秋丽 . 柏联的“软功夫”[J] . 中国企业家，2009 (20)：96–98.

第四节　温泉地产

一、温泉地产概述

温泉地产属于旅游地产的一种特殊类别，是温泉融入旅游地产的一种表现。旅游地产最早诞生于法国地中海沿岸，由于所在地环境好，风景优美，吸引了大批来法国旅游的游客，使得滨海旅游城市及周边建立了大量用于度假旅游的高档别墅和公寓，以满足顾客的需求。有关旅游地产的概念，不同学者提出了不同的观点。沈飞（2016）认为，旅游房地产是指以旅游度假为目的的房地产开发、营销模式，开发项目全部或部分实现了旅游功能。李兰、张祖群（2012）认为，旅游地产从狭义上讲是指以一定的旅游资源、旅游产品、旅游氛围为依托，以满足休闲度假或置业投资需求为目的，借助专门的销售渠道售卖给旅游者的作为第二居住的住宅设施。胡浩、汪宇明（2004）认为，旅游房地产是以旅游为目的、以旅游资源（包括自然景观和人造景观）为卖点、以房地产开发为营销方式，房地产开发全部或部分实现了旅游功能的房地产。

温泉地产，顾名思义，包括“温泉”和“地产”两部分。结合旅游地产的概念，本书将温泉地产定义为结合温泉本体和根据其性质衍生的相关产业作为核心点的旅游地产。温泉本身包含康养、美容、治疗等效果，这也是温泉地产和其他旅游地产的不同之处。

二、温泉地产的类型

按照使用权和所有权，可将温泉地产分为：产权酒店、分时度假、主题社区或景观住宅、房地产大盘或新城项目。

产权酒店：产权式酒店就是由个人投资者买断酒店客房的产权，即开发商以房地产的销售模式将酒店每间客房的独立产权出售给投资者。每一套客房都拥有独立的产权，投资者如购买商品房一样投资置业，将客房委托给酒店管理公司分取投资回报及获取该物业的增值，同时还获得酒店管理公司赠送的一定期限的免费入住权。

分时度假：分时度假就是把酒店或度假村的一间客房或一套旅游公寓，将其使用权分成若干个周次，按 10 至 40 年甚至更长的期限，以会员制的方式一次性出售给客户，会员获得每年到酒店或度假村住宿 7 天的一种休闲度假方式。会员还可以通过交换服务系统把自己的客房使用权与其他会员异地客房使用权进行交换，以此实现低成本地到各地旅游度假的目的。

主题社区 / 景观住宅和房地产大盘 / 新城项目，则更多为普通意义上的住宅和小区，只是这些地产基本都建立在温泉景区附近，主要目标客户为游客和当地居民。

（一）国外温泉地产的细分类型

全世界温泉地产形态最早可以追溯到日本和欧洲的一些国家，这些国家往往是温泉资源丰富、温泉旅游业发达的国家。将温泉与地产结合，不仅仅可以升级温泉原有业态，更可以增强温泉顾客体验（张沈生，高云菲，殷振瑶，2012）。

1. 日本

日本由于温泉资源开发较早且地热资源丰富，温泉地产类型也多于其他国家。

（1）疗养型

疗养型温泉地产开发模式的特点是其温泉水富含多种矿物质，从而能够产生不同的医疗效果。该模式大都分布在交通不便、人口稀少的山区，仍保持了作为治疗场所的传统温泉特点；投资较低，易于开发利用，适用于慢性病患者和需要疗养的老人等。

（2）保养型

保养型温泉地产开发模式主要突出的是优质的疗养环境，包括良好的温泉水质、秀丽的自然风光、健康的饮食。其基础设施还包括温泉保养馆、温泉健康馆、博物馆、美术馆等设施。这种温泉开发模式的投资依环境、顾客需要而定，适用于长期保健和短期休闲的人群。

（3）健康增进型

健康型温泉地产的开发主要分布在山川、高原、海滨附近，其原因是为了与登山、滑雪、海水浴等娱乐项目进行配套。同时，此类温泉地包含许多体育项目基础设施，如高尔夫球场、网球场、滑冰场等，可以作为各种体育运动的训练基地。该模式投资比较高，回报率也比较高，适合于年轻人用以缓解工作压力。

（4）宴会娱乐型

宴会娱乐型地产开发模式主要接待大型团体游客，设施主要包括旅店、宾馆、按摩店、艺伎屋等。该模式开发地点要求交通便利。宴会娱乐型是集温泉、健康、美容、休闲为一体的大型温泉地产开发模式。其投资较少，功能齐全，价格低廉，使用便利，适合于大众消费。

2. 英国

英国作为欧洲古老国家，对温泉本身就有区别于东方的理解，其温泉地产的类型也有所不同。

（1）社交沐浴型

社交沐浴型温泉地产开发模式是按照不同的温度和水质，将浴场分成若干个浴池、淋浴、桑拿、按摩等场所。该模式集博彩、游乐、歌剧、宾馆、餐厅为一体，为综合型温泉度假旅游胜地。需要的配套设施较多，投资大，回报率较高，适用于大众商业、娱乐、交流。

（2）医疗保健型

英国人已经把到乡村温泉地产度假或疗养看作一种时尚。医疗保健温泉地产开发模式对部分患者有显著的疗效。该模式以长期滞留型顾客为主，提供的设施比较全面，如温泉设施（饮泉、浴槽、游泳池等）、街道、医院、宾馆、室内外运动场、健身场馆、图书馆、博物馆、音乐演唱大厅、社交礼堂等。英国正在推广温泉式的全民医疗保健，适用于大众消费。

（3）娱乐休闲型

娱乐休闲温泉地产开发模式的特色体现在娱乐活动的多样化，现在大多数英国人将更多的时间和金钱投向体育、户外探险、海外旅游、儿童乐园等。这种开发模式是集娱乐体育、休闲旅游、医疗保健和地域文化为一体的综合性温泉度假胜地。

3. 德国

德国有着丰富的地热资源，其利用温泉的效度也高于欧洲整体水平。

（1）医疗保健型

医疗保健型温泉地产开发模式是以传统治病或康复为目的。德国人自古就非常重视温泉的医疗效果。医疗保健型温泉地产开发模式是德国温泉的主流。这种开发模式将美容健身、旅游娱乐等消费形式相互渗透，集娱乐、美容健身为一体。适用于女性美容养颜，患者医疗，老人保健。

（2）休闲娱乐型

这种模式是集娱乐体育、休闲旅游、户外运动、医疗保健、地域文化于一身的休闲娱乐型温泉地产。这种温泉开发模式配套设施比较多，投资较大，回报率比较高，适用于各类人群。

（二）我国温泉地产的细分类型

1. 特色景区型

特色景区型一般是有海洋、山脉、野生动物、野生植物等富有观赏价值的特色景区。这种温泉地产开发模式适合于大部分人群，并凭借其自然特色吸引广大游客观赏，其具有以下特点：

观赏价值高。随着现代科学和社会经济的不断发展，商务用地的开发不断增多，人们领略自然风光、奇特物种的机会也越来越少，这种开发模式主要凭借温泉周围特色景观吸引广大游客。

资金投入额小。该模式是以温泉为依托，以当地景观为特色来吸引广大消费者。由于温泉目的地拥有丰富的自然景观，为开发建设人工景观节省了大部分资金，所以该模式不会产生大量资金消耗。

结构单一。特色景区型温泉地产开发模式针对温泉周边的自然景观、特色物种进行开发利用，相对其他类型温泉地产模式来说，结构比较单一。

综合收益低。对温泉配套设施要求比较高的消费者来说，这种结构单一的开发模式吸引消费者的能力较低。又因开发投入的盈利设施比较少，项目收益主要来自温泉汤泡，基本没有温泉以外的营业收入，导致这种温泉旅游开发模式的综合收益较低。

2. 会议中心型

会议中心型开发模式的开发地点主要分布在经济发展较好的城市，主要接待会议团体。此类开发模式容易成功，但竞争比较激烈，主要靠高水准的营销策划、鲜明的主题来吸引消费者。其特点为：

资金投入小。此类温泉地产开发模式一般投资在会议室、宾馆、餐厅以及温泉的汤泡上。与其他模式相比，资金因素对其影响较小。

交通路径要求高。该模式主要接待会议团体，开发此类温泉地产一定要考虑周边的地理环境，以接近市区为优先，同时要考虑交通的便捷程度。

结构单一。该模式依托于中等以上城市，针对机关、团体、企业等，主要利用温泉的休闲养生价值吸引会议团体，相对其他类型模式来说，结构比较单一。

竞争性大。由于此模式盈利性大，且利于管理，因此开发商比较倾向于此类模式，由此而产生了巨大的竞争性。这就需要运营商加大营销力度，拓展产品特色，才能在此类温泉地产市场中站稳脚跟。

3. 康体基地型

所谓康体基地型温泉地产开发模式，其特色是将医疗、疗养、健身、养老等与温泉保健相结合，从养生角度吸引中老年消费者。此类温泉地产开发模式历史悠久，随着社会经济的不断发展，目前此类模式的医疗基础设施比较完善。其特点为：

投入资金多。该温泉地产的投入资金较多，主要体现在住宿上，其中包括长期和短期居住两部分，因此需要的建筑面积较大。同时需要大量的医疗设备、健身设备等。

吸引能力较强。随着人民生活水平不断提高，人们对生活质量的要求越来越高，对自身保养的重视程度也提高了。此类温泉地产针对当前人们的健康需求，具有很强的吸引力。

市场前景良好。此模式符合市场需求，面对中国老龄化的不断加剧，温泉养老院已成为独生子女的首选。该模式为老年人及病患提供全方位的服务，还可以提供以温泉为特色的医疗保健，已成为未来的发展趋势。

4. 度假社区型

随着人们对旅游养生需求的不断提高，与养生旅游相结合的房地产行业不断发展。此类温泉地产开发模式以销售为主，提供服务的对象主要为长期旅游疗养或在温泉地居住的消费者。其特点为：

带动了大型区域的整体开发。随着社会经济的发展和人们生活水平的不断提高，休闲娱乐、养生运动成为人们生活中必不可少的一部分。温泉地产作为一项既可以养生又富于娱乐的地产项目，在当今社会已经成为一种时尚。温泉地产开发促进了市场经济的健康发展，同时带动了大型区域的整体开发。

带来巨大的经济效益。温泉地产带动了当地经济的发展，同时给开发商带来了巨大的经济效益。以温泉养生为特色开发温泉地产进行销售，吸引了大多数以养生为目的的购买者。与其他模式相比，有投资回收期短、回报率高等特点，从而带来巨大的经济效益。

投资风险较大。此开发模式，开发投资额巨大，投资成功，会带来巨大的收益；若投资失败，则会带来巨大的风险。

5. 生态庄园型

生态庄园型温泉地产开发模式主要以生态采摘为特色，在温泉养生的基础上，体验城市之外农家庄园的独特乐趣。主要吸引家庭、单位等团体游客。其特点为：

资金投入少。此类温泉地产开发模式结构单一，以生态植物为主，资金投入比较少。

受季节性影响较大。生态植物受季节性影响比较大，导致此类温泉地产的收益随季节变换而变化，产生的效益差异性比较大。

6. 休闲乐园型

休闲乐园型地产开发模式在温泉泡浴的基础上，与相关的运动游乐项目相结合。按娱乐项目分类，可分为与水乐园结合、与高尔夫球场结合、与滑雪场结合等。此模式的特点为：

吸引力较大。此类温泉地产的娱乐项目较多，可以满足消费者的体验性。随着社会经济的不断发展，人们的工作压力越来越大，此类温泉地产对人们减缓压力、放松心情有很大的帮助，具有较大的吸引力。

部分娱乐设施对季节性要求比较高。该模式某些娱乐设施受季节性的影响比较大，如滑雪场、水乐园等。

投入资金大。此开发模式具有丰富的娱乐项目，为满足大多数消费者的体验性，需要大量的娱乐设施，从而资金消耗较大。

7. 综合型

除以上六种经典模式外，目前我国比较广泛的开发模式为综合型温泉地产模式。该模式是在结合温泉当地特色的基础上，将上述六种温泉地产开发模式中的两种或两种以上相互组合，以满足大部分消费者的需求。此开发模式的特点为：

资金投入大。由于综合型温泉地产开发模式具备多个子模块，所以投入的资金相对于其他开发模式较大。

风险性小。综合型温泉地产开发模式的子项目比较多，满足消费者需求度较高，吸引消费者的能力较强，所以该模式的风险性相对于其他模式较小。

目前，我国温泉地产业态主要以以上几种类型为主。随着科技的发展，将会有越来越多新型温泉地产元素出现，温泉地产将会得到进一步发展（于艳，2008）。

第五节　康养产业

康养旅游的定义在第四章有详细论述，在此不再重复，本节主要对康养温泉旅游的业态进行介绍。

一、温泉康养旅游类型

康养产业内细分产品极多，康养产业群的具体落地形式也各有千秋，根据消费群体、市场需求、关联产业、资源差异、地形地貌和总体区位的不同，可以衍生出不同的康养产业类型。基于消费群体来看，康养产业可分为妇孕婴幼康养、青少年康养和中老年康养；基于关联产业来看，康养产业可分为康养农业、康养制造业和康养服务业；基于资源差异来看，康养产业可分为森林康养、气候康养、海洋康养、温泉康养和中医药康养；基于地形地貌来看，康养产业可分为高原康养、山地康养、丘陵康养和平原康养等；基于总体区位来看，可以分为市内的养老社区、城郊的康养小镇与乡村田园综合体（王汇源，2020）。

目前我国温泉康养旅游项目可分为以下六种类型：

（1）迭代提升型，即基于现状，分区分期逐步向温泉休闲与温泉康养复合叠加发展，成功案例有碧水湾、热海。

（2）整体植入型，是指将完整的温泉康养板块直接嵌入现有温泉休闲空间，直接转型为温泉康养主导型项目，如辽宁营口御景山温泉、香江健康山谷。

（3）升级改造型，主要是传统温泉疗养院的升级改造，如汤岗子温泉医院。

（4）养老度假型，是面向巨大的养老市场的市场细分策略，如山东磁山温泉、云南心境温泉集团。

（5）专业经营型，一开始就定位于温泉医疗或温泉康养市场，坚定走专业化和国际化与中医中药及本土市场结合的道路，如重庆北碚恒大健康城。

（6）国际品牌型，直接引进国际温泉康养品牌，但有一个本土化和市场落地化的艰难过程，典型案例如法国薇姿（王立红，2019）。

二、康养产业发展历程与趋势

据统计，世界上有超过100个国家和地区开展健康旅游，2013年全球健康旅游产额已经达到4386亿美元，约占全球旅游产业总体规模经济的14%。2017年全球健康旅游产业规模约6785亿美元，占全部旅游收入的16%。目前，国外的康养产业理念已经相对成熟，对康养产业的服务、模式等方面的研究较为完善，已从理论层面上升到了实践研究。其发展历程可分为市场引导、产品竞争、格局成型三个阶段。开发模式主要以生态资源为依托，逐步发展到以具备核心竞争力与独特卖点的康养产业，再到现阶段的综合开发并存。产品类型也是多种多样，有生态、文化、运动、医疗、农庄等，相对应地衍生出丰富多彩的康养项目（卫之琪，2019）。

表5–8　世界康养产业发展阶段

发展阶段	时　期	发展特征	代表案例
市场引导阶段	16–18世纪	以优势资源为驱动力，以治疗疾病为目的	德国巴登–巴登度假小镇
	19–20世纪	资源开发多样化，工业城市化背景带来许多问题	德国巴特威利斯赫恩镇
产品竞争阶段	20世纪中叶	产业类型多元化，人们开始追求健康的生活品质	瑞士蒙特勒医疗养生城、新西兰皇后镇、泰国道苑疗养度假村
格局形成阶段	现阶段	综合功能开发为主，又兼具鲜明特色，追求高品质	瑞士达沃斯小镇、法国庄园康养

而国内的康养产业起步晚，其发展历程可分为自由发展、政策引导、市场主导三个阶段。从现有发展进程来看，康养产业的发展还是以资源开发为依托且产品类型单一。可借鉴国外发展阶段，形成中国特色的有竞争力独特卖点的康养度假产品。

表 5-9　我国康养产业发展阶段

发展阶段	时　期	发展特征	代表案例
自由发展阶段	20 世纪 90 年代	康复旅游	三亚等地兴起保健康复旅游
政策引导阶段	21 世纪初	旅居养老（民俗文化、宗教禅修养生、中医药文化）	广西巴马长寿养生度假 山东庆云宫度假区
市场主导阶段	现阶段	综合开发	四川攀枝花市发展“康养 +”产业

据《康养蓝皮书》不完全统计，2018 年中国康养产业产值超过 6.85 万亿元，约占国民生产总值的 7.2%。我国已初步形成万亿级康养需求驱动的蓝海市场，形成了京津冀、长三角、珠三角及川渝区四大康养辐射片区（何莽，2019）。随着人口老龄化、亚健康等社会问题的日益凸显，加上国家层面全力推进“健康中国”战略和“美好生活”建设，可以预见康养产业发展前景无限。截至 2020 年 11 月 1 日零时，我国 60 周岁及以上老年人口 26 402 万人，占总人口的 18.7%；65 周岁及以上老年人口 19 064 万人，占总人口的 13.5%。老年人养生健康问题亟待解决。新冠肺炎疫情也促使人们对提高自身生命长度、丰度和自由度的康养核心功能有了更多的积极思考、科学认知，将有力激发康养消费（李先跃，2020）。

王立红（2019）认为，我国温泉康养旅游的发展历程可以分为四个阶段：以治疗疾病为目的康疗阶段，以休闲娱乐为目的休闲阶段，以体验感知为目的体验阶段，以健康养生和休闲娱乐为目的综合康养阶段。随着国民收入水平和消费能力的提高，以及亚健康等问题带来的巨大潜在需求，温泉康养旅游产业在未来也会得到迅猛发展。

第六节　温泉业态地区差异

一、温泉旅游业态概述

我国拥有丰富的旅游资源，但温泉旅游这一业态的出现还是在 20 世纪 90 年代后。随着我国经济的进一步发展，市场逐渐细分，温泉旅游也以原先的温泉沐浴文化，提升到符合现代消费的文化和精神层面，成为一种以健康为主题、以养生和休闲为目的的时尚旅游，把温泉的养生功能与休闲度假旅游完美融合。温泉旅游不但丰富了旅游产业的内涵，更蕴含着极高的商业价值、广阔的市场前景和极佳的投资潜力。

二、地区业态差异

我国温泉旅游在很长一段时间内是以小众服务为主的，其主要原因是温泉旅游作为一种中高端的旅游产品使温泉旅游有了一种局限性。只有当温泉旅游成为一种生活而并非仅仅是一种旅游产品的时候，大众温泉旅游业态时代才会来临。目前，中国温泉旅游业态整体依旧处于小众的时代，而温泉旅游较为发达的日本，则已经形成了相对成熟的温泉文化，基本接近大众温泉旅游业态时代。随着温泉行业的发展，我国温泉业越来越向着大众化的模式发展，以小众顾客为主要服务对象的温泉项目已很罕见，故本节将着重讨论温泉开发模式上的业态演变差异。

（一）开发模式与延伸业态

在温泉行业中，不同的开发模式往往会决定温泉旅游业态的风格。开发模式是旅游企业选择的开发利用旅游资源的方式，而这种方式会受到整个旅游业态的影响。而旅游业态的分类，也可以从开发模式的角度进行区分。除去温泉本身的开发业态，延伸产业也是温泉业态的重要元素。温泉业的发展从早期的“泡”到“吃、住、泡”，后来又加入会议、游乐、娱乐等元素。再后来，随着科技的发展，又将灯关秀、文化艺术演绎等高科技体验融入温泉项目中去，又增加了项目的游玩性。

（二）国外温泉的开发模式

国外多依据文化和自然资源对温泉发展模式进行划分。纵观全球，欧洲温泉和日本温泉是最具代表性的国际温泉。欧洲温泉有浓烈的欧式沐浴社交风格，而日式温泉则是将日式风格与温泉融合，达到更高的境界。

1. 欧洲温泉的开发模式

古罗马人首先发现了利用温泉洗澡的快乐之处及其健身等作用，并建造了一些著名的温泉城。尤其在 18 世纪后，温泉胜地更是如同雨后春笋般涌现。欧洲较早地将温泉与旅游业相结合进行开发利用。

（1）社交沐浴模式

社交沐浴模式主要兴起于古罗马，古罗马人去浴场不单可以洗澡，还可以在浴场商店进行买卖、提起诉讼等事宜，由此逐渐形成了浴场社交文化。至今，欧洲仍然保留着罗马风格的浴场，如英国的巴斯和德国的巴登，它们都是闻名世界的罗马式温泉。

（2）医疗保健模式

一般温泉水都含有矿物元素，长期沐浴温泉会缓解或治愈相关疾病。例如，法国埃维昂依云温泉，《国家地理》给予其四星级的推荐指数。1978 年，法国药学院经过严格取样分析、化验，认定了依云矿泉水的医疗功效，肯定了依云矿泉水独特的渗透性。依云温泉水的 pH 值几近中性，由于具有独特的渗透性，一接触皮肤就可以迅速渗入皮肤表层，各种有效成分就能充分发挥作用，对皮肤有极佳的治疗作用。

（3）娱乐休闲模式

除了传统的开发模式，随着人们的精神文化的提升，温泉单体项目也逐渐转型为温泉度假综合体。在传统的医疗保健外，也结合了娱乐体育、休闲农业、地域文化等其他元素，形成了业态更加丰富、齐全的温泉旅游目的地。主要代表有加拿大哈里森温泉旅游区、美国黄石温泉公园等。

2. 日本温泉的开发模式

日本是个温泉大国。据日本环境省数据，世界有 10% 的火山（110 座）集中在日本，共造就了 27 405 个温泉源泉，3159 所大小规模不一的温泉地，温泉旅馆 13 521 家。2013 年，日本温泉游近 1.3 亿人次，相当于日本国家总人口数。温泉并非日本独有，但其民众在长期的泡浴温泉过程中所形成的文化却是世界独有（徐小淑，孟红森，2015）。日本温泉文化刊物众多，但最具有影响力的著作主要有《温泉的文化志论集（温泉学Ⅰ）》、《汤治的文化志论集（温泉学Ⅱ）》和《温泉的原风景论集（温泉学Ⅲ）》。这三本论集系统地阐述了日本温泉的文化、历史和发展规律（徐小淑，孟红森，2015）。日本温泉可以分为四个发展阶段，并有其对应的发展模式。

（1）汤治时代

日本将温泉称为汤，汤治就是利用温泉治疗各种相关疾病，是日本温泉最早的模式。此阶段主要存在于日本江户时代（1603—1867）。在此时代，日本处于一个和平发展时期，大众的生活文化需求日益高涨，温泉也在此时备受重视。此时代的汤治主要有三个特征：“同公汤”、时间长和客人自带干粮。此时代的汤主要用于治疗，因此产生了诸如“汤宿”“汤集”等众多场所，并在此场所上发展商店、集市等业态，形成“温泉地”。

（2）娱乐时代

江户时代晚期，温泉旅游因为参拜寺社的原因受到限制。在明治时代（1868—1912），日本大力发展近代工业，交通铁路网的普及方便了群众的日常出游，慢慢地，温泉变成了旅游目的地之一。温泉也从“温泉地”模式转向附加观光属性的模式。1878 年，日本第一个温泉度假宾馆箱根温泉落成，1893 年长崎云仙温泉宾馆建成等，标志着温泉观光成为新方式。随后，剧场、电影院、“内汤”等元素被引入温泉宾馆，温泉完全从“汤治”变为集方便性、舒适性、娱乐性为一体的温泉度假目的地。昭和时代（1926—1937），以“××庄”“××楼”“××坊”为名的温泉娱乐业达到巅峰时期。

（3）享乐时代

在日本经济高速发展期（20 世纪 40 年代至 70 年代左右），日本经济得到了空前发展，新干线、城际列车、机场、高速公路等相关设施设备的建设，大大方便了日本居民出行。得力于经济发展，日本企业的职工福利相当丰厚，此时温泉旅行便成为很多企业慰问职工的首选。为了满足需求，温泉地新建大型宾馆、酒吧、夜总会、宴会厅等现代设施。此时，温泉不仅有娱乐元素，更包含了快乐的含义。

（4）治愈时代

进入20世纪80年代，日本经济高速增长的状态逐渐消失，人们消费观转变。进入90年代，随着科技的发展，接触自然、回归传统的呼声也越来越高。人们也逐渐从狂热的娱乐时代中反转过来，此时人们更追求平静、自然。政府开始重视温泉的规划，统一街道景观、统一布局，并增加运动、康养的元素，逐渐形成了我们目前所认知的日式温泉。例如，汤布温泉就以"安静的盆地""恍若时光停止了流逝""高原特有的清爽新鲜空气""充分享受温泉带来的愉悦""散在乡间的美术馆"等词句来描述具有丰富的自然环境、闲适的生活气息、馨香的文化氛围的温泉之乡，强调没有丝毫的喧嚣和享乐色彩。

（三）我国温泉的开发模式及地区差异

1. 我国温泉开发时期

（1）温泉1.0时期

20世纪50年代至80年代，我国以计划经济为主，由国家政府机构、企事业单位、部队及生产厂家等作为主体，组织职工进行集中方式的疗养，使得各地成立最初级的温泉疗养院来完成任务。这是现代温泉产业初期的基础，整体产业市场板块属于政府统一规划、统一安排。

（2）温泉2.0时期

改革开放后，我国经济得到了快速的发展，这也给第三产业带来了新的发展机会。随着旅游业的改革，传统的温泉疗养院进入了新的发展轨道，开始进入市场、面向大众消费，将温泉与传统旅游业态的结合成了当下的发展模式。"温泉＋观光""温泉＋休闲""温泉＋旅行""温泉＋美食""温泉＋会议"等多种复合业态的温泉目的地开始出现。全国温泉产业整体上以温泉度假村、温泉度假酒店等形式建立。此时温泉市场逐年增长，产业结构趋于完整，整个行业得到快速的发展。

（3）温泉3.0时期

温泉3.0时代大致出现于2010年左右，温泉业态已经呈现饱和之势。与经历过"享乐"时期的日本类似，中国人也开始反思自己的生活，并慢慢出现了以健康、养生、度假为理念的温泉。温泉与文旅、康养、养老、度假、地产等深入产融结合的方式进行发展。以温泉为主题的旅游康养度假模式成为市场开发主流，出现了大批大投资、大规模的温泉综合开发项目，温泉行业达到鼎盛状态。

2. 我国温泉地区差异

从广义上讲，我国在地区上最主要的差异属于南北差异。由于我国南北方所处的地理位置、气候特征、历史文化、风俗习惯以及政治经济活动等方面的不同，造成了我国南北方自然景观和人文景观的显著差异，温泉同样也适用于此种情况。文化、消费观、生活习惯等方面的差异会形成温泉业态的差异（见表 5-10）。

表 5-10 中国温泉南北差异

项 目	南 方	北 方
概念认知	偏向于休闲旅游	尚未有疗养概念
消费观	高品位、休闲业态	洗浴文化浓重
生活习惯及消费习惯影响	频率较高、消费较高、注重品质	消费普遍较低、多以“水会”为主
企业经营定位	多以度假村、综合体为驱动模式	温泉会议驱动为主

北方干燥，在设计上讲究原生态，可充分利用冰雪资源以及生态资源，开发出温泉、运动、生态相结合的旅游产品；南方较为潮湿，在设计上更追求雅致，可充分利用温泉度假村周边的山林、小溪、农田、果园等有限的自然资源，开发一些山林漫步、小溪漂流、田园观光、果园体验采摘等旅游产品，满足人们回归自然的心理需求。在施工建设上，北方温泉也需要考虑冬季保暖的问题。例如，北方温泉在室外会设置温泉暖廊、地暖等保暖设施，也会更偏向于建造室内温泉或温泉大棚等，延长整个运营时期。南方则更为接近当地自然风光。

案例分享

从传统浴场到温泉养生的涅槃

沈阳天沐金水蓝湾温泉度假酒店位于沈阳最繁华的商圈太原街，前身也是一家洗浴中心，在沈阳已经有多年的经营历史，2015 年投资 1.2 亿，重新改建成为以温泉洗浴、汗蒸为主题，集餐饮、客房、旅游接待、健身娱乐为一体的大型综合休闲度假酒店，将中国古典东方美与欧式原木风格完美结合，定位为人人都能享受生活、拥有健康、回归自然的度假酒店。2015 年正式开业至今营收入已经超过 1 亿元。获得了令沈阳洗浴行业瞩目的经营业绩，这对于当今不景气的洗浴行业来说是一个不小的奇迹。那么沈阳天沐金水蓝湾温泉度假酒店获得成功的秘诀在哪里呢？“金水蓝湾之所以能够获得成功，首先是因为我们有过多年经营洗浴业的基础，我们团队积累了一定的资金，也培养了较稳定的管理团队，我们对于洗浴行业本身很了解，现在转向温泉养生，是希望让企业在新的形势下能够长久地发展下去，而且是健康、绿色地发展。”金水蓝湾的总经理赵周如是说。

金水蓝湾转型成为温泉度假酒店之前，也曾经是沈阳地区颇有名气的一家高端洗浴中心。在沈阳，一般的洗浴店一次装修的经营时间大概在六到七年，金水蓝湾之前的洗浴中心一直经营到第九年，随之也感受到沈阳洗浴行业经营大环境的变化。这种变化一方面是由于国家对于“三公”经费管理的日趋严格；另一方面则是消费者自身的需求也在变化，越来越多的顾客开始注重健康的因素，他们不再满足于传统的洗浴、搓背和按摩，而是更关注产品的健康与养生。因此，金水蓝湾的团队在重新建设的初期就非常重视产品的健康属性。而温泉因为其特殊的水质医疗作用，天然的就具备与健康养生结合的优势。在同一时期，沈阳已经有不少打着温泉的名义开张的温泉洗浴店。但是，由于沈阳地处辽河平原腹地，历史上并没有天然出露的温泉资源，消费者对于这些温泉洗浴产品的水质普遍抱有怀疑的心理。为了打消消费者对于温泉品质的疑虑，金水蓝湾在对全国的温泉市场进行调研后，决定与天沐温泉品牌进行合作。

用金水蓝湾总经理赵周的话说，“选择与天沐合作，是因为天沐集团是国内最著名的温泉度假品牌，它自身已经积累了多年的业界口碑，我们希望通过与天沐的合作探索出一条新的发展道路。”

事实证明这次的合作效果显著。金水蓝湾开业一年来，日均接待顾客数达到1500人次，远远超过其他的洗浴中心。天沐集团对于金水蓝湾的帮助首先体现在对服务品质与服务流程的改变上。在试营业阶段，天沐集团的巡视员每天都要给金水蓝湾提出服务改进的建议。现在的金水蓝湾已经在服务流程上与传统的洗浴中心截然不同。比如，客人进店后，一般的洗浴中心会问客人：“您需要按摩吗？”“您需要做足疗吗？”金水蓝湾的客人进店后听到的是：“贵宾您好，欢迎光临，请您体验一下我们的天沐温泉水。”简单的几句接待语的变化，实际上反映的是整个服务流程和服务理念的转变，更深层次的则是消费结构的转变。

天沐与金水蓝湾合作的第二个方面是品牌的效应。因为天沐是全国第一家温泉度假上市公司，天沐最知名的企业口号就是“真山真水真温泉”。它与金水蓝湾的合作给沈阳的消费者吃了一颗定心丸，让消费者对金水蓝湾的温泉水质有了信心。

为了维护好与天沐合作建立起来的温泉品牌，金水蓝湾在温泉水质方面也做足了研究。金水蓝湾的温泉水是从距离200公里外的天沐熊岳温泉取水，每天用五辆槽罐车将200吨的熊岳温泉水运输到沈阳，储存在金水蓝湾地下一个总容量350吨的蓄水池，仅运输温泉水的成本就高达每吨140多元。其实距离沈阳20多公里的地方也有一处北汤温泉，当问到为什么不就近从北汤温泉取水时，赵总斩钉截铁地回答：“因为品质有差别，熊岳温泉在日据时期开始就有疗养的历史，我们要的就是这个品质。”为了让消费者了解到温泉水的珍贵价值，金水蓝湾专门请辽宁省温泉水质认证专家委员会对金水蓝湾的温泉水质进行了鉴定。鉴定结果表明，金水蓝湾的温泉水达到特级温泉的品质要求，对高血压、风湿病及某些心血管病有一定的辅助康复功效，能增加人体骨骼的密度，可预防骨质疏松等病状。

一年的经营也证明，好的温泉水确实带来实际的功能性差别。金水蓝湾的喜马拉雅矿盐浴房、电气石房、玉竹氧房、水晶玛瑙火龙浴等养生项目受到广泛好评。不少客人在金水蓝湾的汗蒸房体验后会发现汗液不黏，还有些客人在金水蓝湾反映泡浴多次后对类风湿有明显疗效。短短一年的时间内，在金水蓝湾办理会员的人数已经达到九万。这些客人之所以选择金水蓝湾作为长期消费的场所，很多都是因为金水蓝湾的温泉水质及其医疗效果。针对这一情况，金水蓝湾与沈阳市骨科医院已经达成了开发意向，准备专门针对康养人群开辟专区，探索更加深度的健康养生产品。从洗浴到康养，借由对温泉水质的深度挖掘与开发，金水蓝湾探索出了一条东北都市型洗浴产品转型发展的路子。

资料来源：李鹏．从传统浴场到温泉养生的涅槃［N］．中国旅游报，2016-10-6.

参考文献

［1］林怡君．身心疗愈理念融入 SPA 操作疗程之探讨［D］．台东：台东大学，2015.

［2］黄睿．颐谷 SPA 养生会所服务营销策略研究［D］．长沙：湖南大学，2017.

［3］Strauss-Blasche G，Ekmekcioglu C，Klammer N，Marktl W. The Change of Well-being Associated with Spa Therapy［J］. Complementary Medicine Research. 2000，7（6）：269-274.

［4］Latorre-Román P Á，Rentero-Blanco M，Laredo-Aguilera J A，García-Pinillos F. Effect of a 12-day Balneotherapy Programme on Pain，Mood，Sleep，and Depression in Healthy Elderly People［J］. Psychogeriatrics，2015，15（1）：14-19.

［5］陈莹．温泉疗法在健康疗养中的应用［J］．中国疗养医学，2013，22（7）：661-662.

［6］林璟，秦启忠，韩令力，等．温泉水疗对个体健康状况影响的研究［J］．保健医学研究与实践，2017（4）.

［7］Kim S Y. The Effects of Service Quality on Satisfaction，Reviewing Intentions，and Recommendation of Consumer of Water Parks［J］. Korean Alliance for Health，Physical Education，Recreation and Dance，2006，45（3）：325-333.

［8］Patrick B，Thompson J. An Uncommon History of Common Things［M］. National Geographic Books，2015.

［9］Anderson N D. Ferris Wheels：An Illustrated History［M］. Popular Press，1992.

［10］O'Brien T. The Wave Maker：The Story of Theme Park Pioneer George Millay and the Creation of Sea World，Magic Mountain，and Wet'n'Wild［M］. Ripley Pub，2005.

［11］Westwick P，Neushul P. The World in the Curl：An Unconventional History of Surfing［M］. Crown，2013.

［12］樊超．成都周边温泉度假村主题服务设施建筑设计研究［D］．重庆：西南交通大学，2014.

［13］罗红宝，李煜，林峰．温泉度假村开发模式研究［J］．中国乡镇企业，2013（6）：

76–79.
［14］李明 . 浅谈国内旅游度假村的发展［J］. 民营科技，2015，1（8）：20–25.
［15］张沈生，高云菲，殷振瑶 . 我国温泉地产开发模式研究［J］. 沈阳建筑大学学报：社会科学版，2012（4）：389–393.
［16］于艳 . 我国温泉旅游发展探析［J］. 产业经济，2008（12）：42.
［17］何莽 . 康养产业发展的六大趋势［N］. 中国老年报，2020–09–09.
［18］汪汇源 . 我国康养产业现状及海南康养产业对策研究［J］. 农业科研经济管理，2020（1）：45–48.
［19］王立红 . 基于扎根理论的温泉康养旅游体验价值评价研究［D］. 沈阳：沈阳师范大学，2019.
［20］卫之琪 . 阳城县北留镇康养产业发展对策研究［D］. 太原：山西农业大学，2019.
［21］李先跃 . 激发康养消费，做大做强康养产业［N］. 湖南日报，2020–04–17.
［22］徐小淑，孟红森 . 日本温泉文化的特征——从“汤治”到“治愈”［J］. 中北大学学报：社会科学版，2015，31（6）：14–19.

第六章 温泉旅游者

第一节 旅游者动机

本书将旅游者按不同类型划分为八大类，而这八大类中，又“以旅游目的为标准”的划分最为详细。通过相关学者的分析，我们也了解到，娱乐消遣型顾客是温泉的主要消费群体。但随着温泉形态和业态的改变，温泉游客的类型也在逐渐发生着变化，不同类型的温泉也会吸引不同目的的游客。例如，以康养为主题的温泉会吸引以养生为目的的游客。此节，我们将会对旅游者的动机进行深入剖析。

一、动机的界定

动机（Motivation），在心理学上一般被认为涉及行为的发端、方向、强度和持续性。动机为名词，在作为动词时则多称作激励（Motivating）。

在组织行为学中，激励主要是指激发人的动机的心理过程。通过激发和鼓励，使人们产生一种内在驱动力，使之朝着所期望的目标前进；在此过程中，动机通常不会是一成不变的，相反地，动机可能会增加或降低。然而，无论动机水平的高低，人们若能维持一定的动机水准，不但能维持追求该目标的行为，还能维持心理上对该目标的渴望，直到人们知觉到该目标达成为止。因此，动机时常被视为是行为的前导驱力，若能掌握人们的动机，则往往可以协助预测其行为的方向性与模式。

旅游动机是引发、维持个体的旅游行为并将行为导向旅游目标的心理动力，是推动人们进行旅游活动的内在心理动因（孙九霞，陈钢华，2015）。若想深入了解温泉旅游消费，必须了解温泉旅游动机，其原因有以下几点：

- 是了解温泉旅游者行为的基础；
- 是了解旅游决策过程的关键；
- 是评估游客满意度的基础因素。

从以上观点可以得出，温泉旅游动机是指引发旅游者发生温泉旅游行为决策的心理动力。对温泉旅游者动机的研究，是后续温泉旅游产品设计、顾客营销体系的建立、后续运营评估、服务评测等一系列环节的基础。

接下来的章节将从国内外主要的旅游动机理论入手，结合温泉旅游者的情况对温泉旅游动机的主要类型和特点进行介绍。

二、温泉旅游动机模型

（一）马斯洛需求理论

马斯洛需求层次理论（Hierarchical Theory of Needs）是亚伯拉罕·马斯洛于1943年在《心理学评论》的论文《人类动机的理论》（*A Theory of Human Motivation*）中所提出的理论。马斯洛随后延伸了这个想法，包含了他对人类天生好奇心的观察。他的理论与其他人类发展心理学的理论可以并行，尤其是针对人类成长阶段的描述。马斯洛使用了“生理”、“安全”、“归属”与“爱”、“自尊”、“自我实现”与“自我超越”等术语，描述人类动机推移的脉络。

马斯洛的理论在他1954年的著作《动机与人格》（*Motivation and Personality*）当中得到完整阐述。这种分层结构如今仍然是社会学研究、管理培训以及中等与高等教育心理课程的流行架构。

马斯洛需求理论的两个基本前提是：人类行为是由动机引起的，动机起源于人的需要；人的需要以层次的形式出现的。鉴于此观点，马斯洛将人的需求分为：“生理需求”“安全需求”“社交需求”“尊严需求”“自我实现需求”五个维度。

生理需求（Physiological Needs），是级别最低、最急迫的需求，如食物、水、空气、睡眠。生理需求未得到满足的特征是：什么都不想，只想让自己活下去，思考能力、道德观明显变得脆弱。例如，流浪汉会为了领取救助站的食物而大打出手等。

安全需求（Safety Needs），同样属于较低层的需求，其中包括对人身安全、生活稳定、身体健康、有自己的财产以及免遭痛苦、威胁或疾病等与自身安全感有关的需求。缺乏安全感的特征：感到自己受身边的事物威胁，觉得这世界是不公平或是危险的。例如，由于行情不好或者其他客观原因导致自己丢失工作、丧失劳动收入，个体将会变得惶恐不安、自暴自弃。这也是抑郁症的主要诱因之一。

社交需求（Love and Belonging Needs），属于较高层的需求，如对友谊、爱情以及归属关系的需求。缺乏社交需求的特征：因为没有感受到身边人的关怀，而认为自己没有价值活在这世界上。例如，留守儿童在生活上有政府的最低生活保障计划，但是却没法享受较好的医疗、教育等资源，这导致他们在升入高中、大学后产生自卑的情绪。

尊严需求（Esteem Needs），属于较高层的需求，如成就、名声、地位和晋升机会等。尊严需求既包括对成就或自我价值的个人感觉，也包括他人对自己的认可与尊重。

自我实现需求（Self Actualization），是最高层的需求，包括抵达真善美至高人生境界的需求。因此，只有前面四项需求都得到满足，最高层的需求方能产生，这是一种衍生性需求。例如，艺术家追寻极致艺术，科学家为了研究新课题而废寝忘食等。

马斯洛认为上述五种需求是逐渐上升的，只有当低一层的需求得到相对满意后，才能向上追寻下一个需求。另外一方面，此五种需求也是同时存在的，但是各类需求的程度不同。马斯洛的需求层次理论认为人们的需求具有层次性结构关系，而旅游需求又是需求中的一个特殊方面，在需求层次中属于较高层次的需求（王敬武，2004）。

从温泉旅游者的心理需求来看，显然温泉旅游主要对应马斯洛提到的社会需求、尊严需求这两个心理需求层次。首先，温泉过去在古罗马作为议事厅存在，如今又在当下中国温泉发展的现实场景中被众多的家庭旅游者视为享受天伦之乐的理想场所，这都反映出温泉满足人们社会需求的能力。其次，温泉旅游重视对客服务，很多温泉酒店都以提供尊贵享受为服务目标，并在硬件设施上按照高星级要求进行装饰，这实际上都是为了满足人的尊严需求，尤其是对于部分高端客人和商务客人来说，尊严需求尤其重要。

（二）旅游生涯模式理论

根据马斯洛需求层次理论，卡特边挪（Caltabiano，1983）、皮尔斯和莫斯卡多（Pearce，Mosscardo，1986）等人提出了旅行生涯阶梯（Travel Career Ladder，TCL），将旅行按照需求层次从旅游的角度进行划分。该概念模型假设人们具有一个类似职业生涯的旅行规划，背后的核心思想是游客的旅游动机随着旅游经历的积累而变化。其中，旅行者可能具有多种动机，但是有一种将作为主导的动机；虽然旅游动机可能会受到其他因素比如健康或是财务等条件的影响，但皮尔斯认为旅行者将随着旅游经验与年龄的增加，往更高阶层的动机发展。与此同时，女性旅游者比男性更重视自我实现的需求。

随后，皮尔斯和李（Pearce，Lee，2005）根据 TCL 理论改进并提出了旅游生涯模式（Travel Career Pattern Theory，TCP）。他们通过在西方国家（澳大利亚、英国等其他西方国家）和东方国家（韩国）不同文化情境下的调查，实证检验了 TCP 理论框架，比较了不同旅行生涯客群群体的动机因素，发现动机在东西国家之间有高度的一致性。

在新的模型下，皮尔斯等人发现，处于高层次的旅游者更重视外部动机因素，处于低层次的旅游者则注重内部因素。此模型也被作为旅客动机的判定标准，被用于研究各式各样的旅游产品中。例如，潘启阿（Panchal，2012）针对 SPA 行业，将健康动机加入原模型中。

表 6-1　旅游生涯模式的动机维度

学　者	旅游动机维度
Pearce & Lee（2005）	新奇（Novelty）
	逃离、放松（Escape/Relax）
	增进关系（Relationship）
	自我发展–对当地的了解与深入（Self-development-Host-site-involvement）
	刺激（Stimulation）
	自我发展–个人发展（Self-development-Personal development）
	与他人相处时的安全感（Relationship-Security）
	自我实现（Self-actualize）
	独处（Isolation）
	怀旧（Nostalgia）
	浪漫（Romance）
	认同感（Recognition）

皮尔斯最终将 TCP 总结为三个层次，其中每一层都由不同的旅游动机组成。最重要的是普遍动机，位于核心层；中间层为重要的旅游动机，从内部导向的旅游动机转换为外部导向的动机；最外层由一般动机组成（见图 6-1）。TCP 模型的完善，不仅加深了对旅游者动机的心理需求细分，更从指导经营的角度，让从业者在建立顾客服务体系、增加旅客黏性方面有章可循。

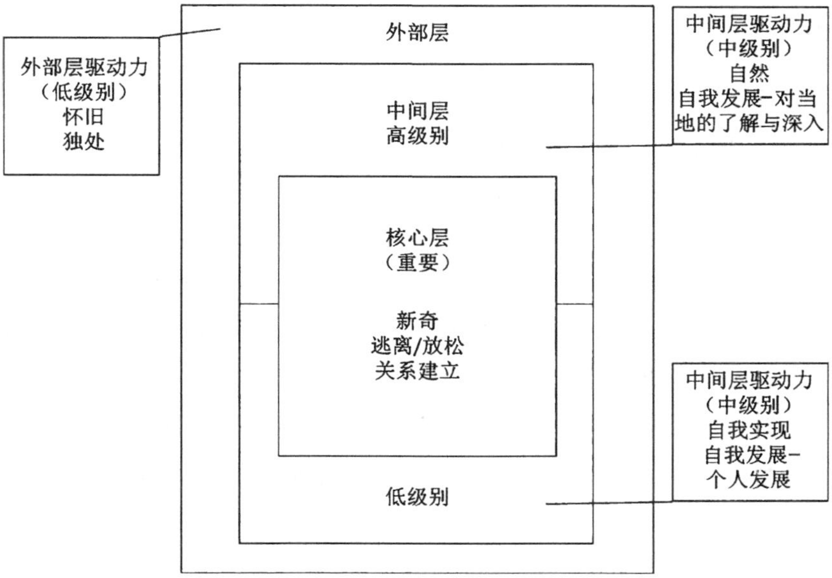

图 6-1　TCP 模型

对于温泉旅游需求而言，TCP 模型的核心层应该加入健康需求，因为这是温泉旅游区别于其他类型旅游的重要因素。

（三）推拉理论

推拉理论是研究旅游动机的一种有效方法（Dann，1977）。该理论认为，旅游者的外出旅游活动是由于受到推力和拉力的共同作用而产生的。推力由内在的心理因素产生，而拉力则产生于目的地的属性。推拉理论把旅游动机与旅游目的地属性及特征真正地结合了起来，架起了产品需求和产品供给之间的桥梁，从而使旅游目的地的一切活动都能围绕游客的需求开展。从需求的角度来研究旅游目的地发展中各种供给因素的重要性，对提高产品质量、企业的经营业绩、游客的满意度都有重要意义（刘聚梅，2007）。动机是为了满足需求而存在的，当动机掺杂了个人喜好后，将会把游客推向（推力）他们所考虑的旅游产品，最终的决策会基于旅游目的地或场景的“吸引程度（拉力）”。在旅游动机大课题下，推拉理论被广泛应用于相关研究。在旅游经济学中，推拉理论与旅游供求理论结合，旅游推力因子侧重旅游客源地对旅游者产生的推主力，而拉力因子则主要为旅游目的地对游客的吸引。推拉两大因素，正是作为旅游动机，作用于旅游者身上。

客观地讲，基于温泉本身的性质，温泉应属于产品驱动型旅游商品，此类旅游产品更适合用推拉驱动力模型做拟合分析。

推力因子方面：温泉旅游者的内在驱动力为主要动力。温泉旅游者出于休闲、聚会、疗愈、康养等目的选择温泉作为其旅游目的地，其通常的出行方式为家庭或者朋友结伴出行。

拉力因子方面：主要为温泉旅游产品。结合不同业态的温泉产品会对顾客产生拉力，吸引其去消费体验。

（四）逃避 / 寻求理论

曼内尔和阿荷拉（Mannell，Iso-Ahola，1987）在其研究中提出基于“自我–人际”和“寻求–逃避”的双维度的旅游动机模型。根据此模型的描述，旅游者在心理上追求逃离日常生活的轨迹和追寻某些心理上的娱乐休闲机会（见图 6–2）。在这种双重心理下，人们被自己驱使着去追寻其生活轨迹以外的理想生活，这不仅是想要放松，更是一种对自己深层次的奖励机制。人们每天去学习、挑战、解释、放松，都源自深层次的意识。逃避 / 寻求理论认为，旅游行为需要表达出更多的逃离的色彩，才能将人们从日常生活轨迹中带离出去。游客更偏向于选择与其日常生活轨迹不同的并带有刺激性体验的旅游目的地。大多数的人群的日常生活所经历的刺激性都小于他们所期望的，他们将会在假期中寻求刺激性较大的旅游产品。反之，如果有的人群的日常工作与生活已经充满刺激，他们则更愿意倾向于追求一种安逸和归于平淡的日常生活体验。

逃避 / 寻求理论对于温泉旅游也具有重要的启发意义。温泉旅游者泡浴温泉大多数也是出于放松身心的诉求，这一诉求的来源是现代生活的琐碎和压力导致的亚健康和烦恼。因此，温泉旅游者期望在温泉地能够得到最大可能的放松和不被打扰的环境，也希望在温泉旅游的过程中寻求到一种日常生活中难得的被尊重与被服务的感觉，这也成为温泉经营者所重点服务的内容。

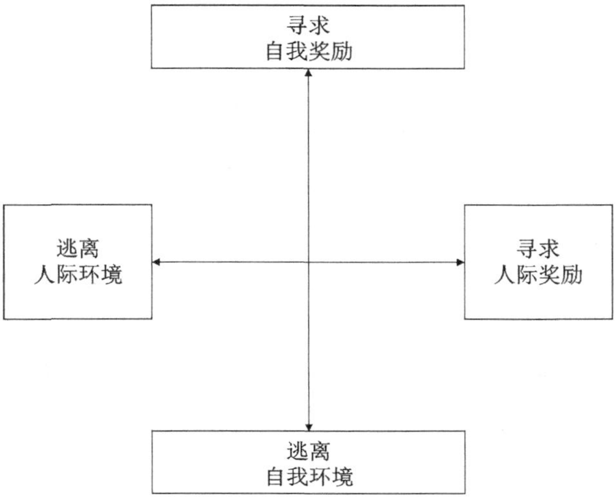

图 6-2　寻求-逃离维度

第二节　旅游体验

动机是一种内在心理过程或内部动力，是产生行为的源泉，且动机的产生必定需要一个外部对象。当游客处于外部真实的旅游环境之中，旅游环境对旅游体验影响的相关研究则更为重要。本节将对旅游体验进行系统性阐述，并对相关模型进行解析。

一、游客体验的定义

旅游体验是一种以超功利性体验为主的综合性体验。在这种体验过程中，旅游者可以在风景观赏中获得审美愉悦，可以在与人交往中品味多彩人生，可以在积极模仿他种角色的过程中发现和发展自我，也可以在旅游消费过程中享受世俗之乐。这些愉悦在总体上都富有某种超功利的色彩。旅游体验以追求旅游愉悦为目标。旅游愉悦是一种特殊的愉悦，它是旅游者在旅游过程中通过观赏、交往、模仿和消费等方式所体验到的放松、变化、经验、新奇和实在等心理快感。

布尔斯廷（Boorstin，1964）认为，旅游体验是一种大众化的旅游方式，是游客在预先构想的情况下所进行的旅游活动。他强调游客体验是一种大众化的时尚旅游方式，并不是一种传统意义上的旅游。麦克肯内尔（MacCannell，1979）把旅游体验看成是对现代生活所遭遇的困难的积极响应，他认为旅游者是在寻求“真实”的体验以战胜困难。瑞恩（Ryan，1997）则认为，旅游体验并不是单纯的休闲活动方式，它是多种休闲活动的有机结合；旅游者不仅能够获得身心上的愉悦，还能通过旅游习得更多知识。

谢彦君在 1999 年出版的《基础旅游学》中提道：“旅游体验是旅游个体通过与外部世界取得联系从而改变其心理水平并调整其心理结构的过程。这个过程是旅游者心理与旅游对象相互作用的结果，是旅游者以追求旅游愉悦为目标的综合性体验。”之后他继续补充道：“旅游体验以追求旅游愉悦为目标。旅游体验从内容上包含了对旅游审美愉悦和旅游世俗愉悦两大类愉悦的体验。旅游审美愉悦是旅游者在欣赏美的自然、艺术品和其他人类产品时所产生的一种心理体验，是一种在没有利害关系中所得到的享受，是超功利的。然而并非所有旅游者都能自觉追求这种体验，也并非每一个旅游者把这种体验视作旅游体验的唯一内容，甚至有些旅游者把旅游体验当作其旅行的部分或者主要目标，这也是旅游世俗愉悦的概念。”

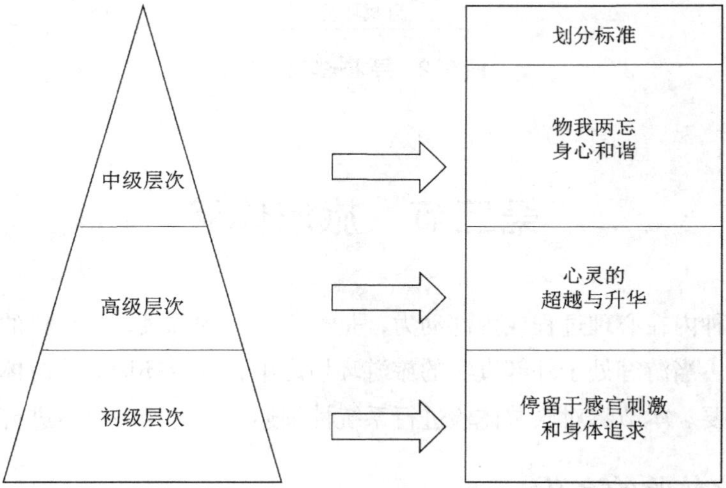

图 6–3　旅游体验层次图

二、温泉旅游体验的特点

（一）温泉旅游体验的层次构建

1. 核心利益或服务体验层次

旅游者选择温泉度假旅游产品，首先有一些基本的需求，比如享受温泉的洗浴功能，或者借助温泉的载体进行观光、会议、娱乐等其他旅游活动。温泉度假地规划设计首先要满足旅游者的这些基本需求。基于满足旅游者核心利益体验的规划设计要求对客源市场的需求类型有充分的认识，比如针对家庭度假市场，要设计丰富的观光和休闲娱乐产品；针对文化体验市场，要提供设施完善的会议场所，设计有针对性的产品组合等。也就是说，温泉度假地体验设计首先要在功能上能够满足旅游者的基本需求，这是旅游者获得体验的基本条件。在核心利益体验的基础上，才有可能针对个性化的需求对产品进行深度开发，使旅游者获得更丰富的体验层次和体验内容。

2. 一般体验层次

一般体验层次也可以理解为有形产品体验层次，就是将旅游者的核心利益或服务体验需求转化为具体的物质形态，通过规划和设计将核心需要通过一定的载体，物化为有形的产品表现出来。内容包括外观形状、质量水平、功能、品牌、特色等。表现在温泉度假产品上，可以理解为洗浴类、观光类、康体美容类、商务会议类等功能性产品。

3. 期望体验层次

同其他消费品一样，温泉度假需求呈个性化的特征，不同的旅游者可以根据自己的爱好对产品提出不同的要求，因此温泉度假产品的设计和开发必须满足旅游者的个性化需求。旅游者在消费温泉度假产品前对即将购买的产品、服务的质量、内容、特点等方面的期望值，就是期望体验。在温泉度假地的产品设计方面，可以根据旅游者需要，把产品进行各种不同的组合，并且根据游客的特殊要求，进行适当地调整，提供个性化和高质量的服务。现代的产品和服务已由传统的旅游企业设计开发、旅游者被动接受，转变为以旅游者为中心、旅游者提出要求、由旅游企业根据需求设计和改善产品，来满足个性化需要的新服务。

4. 延伸体验层次

延伸体验是指旅游者在消费温泉度假产品时所得到的附加的服务或利益体验，主要是帮助旅游者更好地享受核心利益和服务体验。从市场竞争的角度来看，温泉度假产品的竞争力不在于提供同质化或异质化的产品和服务，而在于产品和服务之外能否附加其他旅游者认为是有价值的东西。在温泉度假地体验设计中，文化是延伸体验的天然载体。同样的温泉产品，附加上不同的文化内涵，感受和价值也高低不同。

5. 潜在体验层次

这是在延伸体验之外提供的，能满足旅游者潜在需求的体验层次。它主要是产品的一种增值服务。它与延伸体验的主要区别是，旅游者没有潜在体验层次的需要时，仍然可以很好地享受核心利益和服务体验。随着社会的发展和科技的进步，有很多潜在需求、利益或服务体验需要还没有被认识到，抑或在旅游者内心深处潜在的一些体验需求还没有被意识到，因而创造这样的体验是有价值的（赵婷婷，2012）。

（二）温泉旅游体验的“界面”

根据行为与感知的特征，人们从事的各类体验经济活动可以被划分为若干阶段（象限），由一个“象限”进入另一个“象限”所经历的相对短暂时间和具有内容的空间，本文称之为“体验界面”（王艳平，金丽，2004）。王艳平认为，温泉旅游中的“更・宽衣”环节就属于一个界面问题。旅游活动中需要更衣的活动项目有限，如滑雪、冲浪、登山等一些体育性旅游活动，并且这种更衣是在期待着竞争的氛围下进行的。温泉旅游不仅有更衣，还存在着宽衣过程。遗憾的是，目前人们不仅没有充分注意这一环节，甚至将两者混为一谈。更为值得指出的是，温泉旅游的“更·宽衣”是在一种期待放松的心情下进行的，即期待温热、水压和接受水疗，这种心境放松的“宽衣”界面是旅游活动中独有的，是体验的重要过程，是通往体验高潮阶段的通路和悉心准备过程。由于体验性成分高，温泉旅游的消费也高于一般性休闲活动。

日本的温泉“更·宽衣”界面是有“宽度”的，表现在“更衣”与“宽衣”的分离与内容的丰富方面。如果以洗浴为温泉旅游体验过程之峰顶的话，在此之前以及之后存在着“更·宽衣”界面。在“更”与“宽”之间，设置了丰富的活动内容，客人可以完全按照自身的喜好选择行动路线、消费项目，挖掘自身的潜能，并挑战适合自己当前状态的组合体验产品，从而为借助于自我选择的环境达到“畅爽”的境界做好身心准备（见图 6-4）。

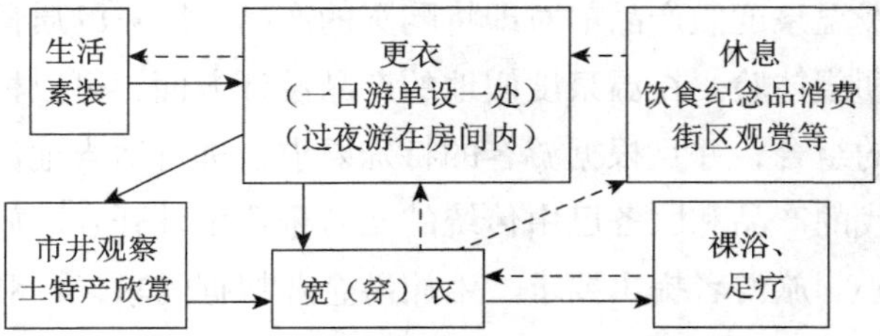

图 6-4　日本温泉的更·宽衣界面

简言之，日本在这个界面上为客人准备了一些可选择性的体验项目，以备体验者选择组合。日本温泉旅游“更·宽衣”界面的两个端面分别是“更”与“宽”，界面活动的外观标志是游客身着具有欣赏意义的“浴衣”，以及服务人员和出售土特产工作人员身着的民族服装等。这种界面文化有自己的氛围，并且扩散到了浴前“素装”阶段和浴后温泉地观赏阶段。比如，人们可以身着浴衣从事或者前往从事各种活动，概括起来有街区散步、饮食、购物、闲谈、打乒乓球、读书，甚至是前往其他旅游景点观赏（如观赏泉源）。而我国温泉旅游者往往在浴前缺少过程，浴后才有更换浴衣活动，并且供选择的活动只能是休憩，因为社会认为穿着浴衣在某些环境下是不雅的，只能在宾馆内部，甚至是只能在洗浴区活动。

案例分享

天沐“九步六法”温泉体验模式

“九步六法”沐汤仪式是天沐温泉独创的沐浴文化。“九步六法”温泉游客体验的目的是，让人以虔诚的心态、纯洁的心灵去体验自然的馈赠，将身心释放，经受大自然的洗涤，最终清脱而出，达到天人合一的境界。儒家文化“有澡身而浴德，与其澡于水，宁澡于德”之说。孔子的门生曾点把洗澡作为一种至美的人生境界加以赞赏：“莫春者，春服既成，冠者五六人，童子六七人，浴乎沂，风乎舞雩，咏而归。”这表明中国洗浴文化的传统，不仅在于发肤之康洁，而且更讲求品行之端庄、德行之良好。

▲沐汤九步

- 一步澡身：清洁的皮肤能充分吸收温泉中的有效成分，对于温泉养生更有良好效果。
- 二步爽神：在进入温泉区前，用这充满生命力的温泉水，淋身三遍，代表除尘、除垢、除秽，可使精神爽洁，同时使身体适应温泉的温度。
- 三步探泉：目的是提醒宾客，泡温泉需要适合自身，以免带来相反效果。
- 四步沐汤：进入温泉池后，用手或腿轻轻拨动温泉水，仔细感觉富含矿物质的泉水滑过皮肤的奇妙感受，亦可用手缓缓按摩皮肤，加快皮肤的新陈代谢，促进温泉物质的吸收，享受温泉对身心的全面调节。
- 五步拭肤：沐浴出水后，要用干净的毛巾擦拭身子，以俟身燥，其间还要喝一些饮料，以止口渴。
- 六步养体：道家养生中注重内外兼修，内为内丹的温养，外则为养体。其中，干浴为道家非常重要的养体方法。干浴脱胎于古医学的按摩术，分为浴手、浴臂、浴头、浴胸、浴腿、浴膝等，其核心是强调一个“动”字，主张用导引、按摩等运动方式来祛病延年。
- 七步执兰：《神农百草经》中记载，佩兰可以“杀蛊毒，辟不祥”，其后发展到沐浴后佩香囊以辟邪的礼仪。
- 八步思静：释迦牟尼得道即是在沐浴后于菩提树下静思默想，大彻大悟，得道成佛。因此，在佛家养生观中，思静是非常重要的一环。佛经《心经》中有“身心无垢，内外光洁”一语。
- 九步感恩：温泉是大自然对人类的馈赠，在充分享受了这一馈赠后，应对自然报以感恩之心；同时，“崇尚自然，亲近自然，享受自然，保护自然”是天沐温泉的经营理念。

▲沐浴六法

- 全身沐浴法：全身浸泡在温泉水中，时间视水温高低而定，一般15–20分钟为宜，休息一下再继续入浴，反复2–3次为佳。
- 半身沐浴法：半坐于温泉池中，水面齐胸口，可手持木勺将温泉水浇淋全身。
- 冷热交替法：热泉冷泉交替浸泡，促进血液循环，增强身体的抵抗力。
- 局部沐浴法：身体的局部区域进行浴疗，包括手臂浴、坐浴、足浴等，通过浸泡、按摩等方式进行治疗。

- 冲击沐浴法：利用温泉的温度和水流的冲击力来冲击身体，达到治疗的目的。
- 按摩沐浴法：在泡汤时请专业的按摩师进行按摩，可促进皮肤对温泉矿物质的吸收，更可起到最好的保健、美容、治疗的效果。

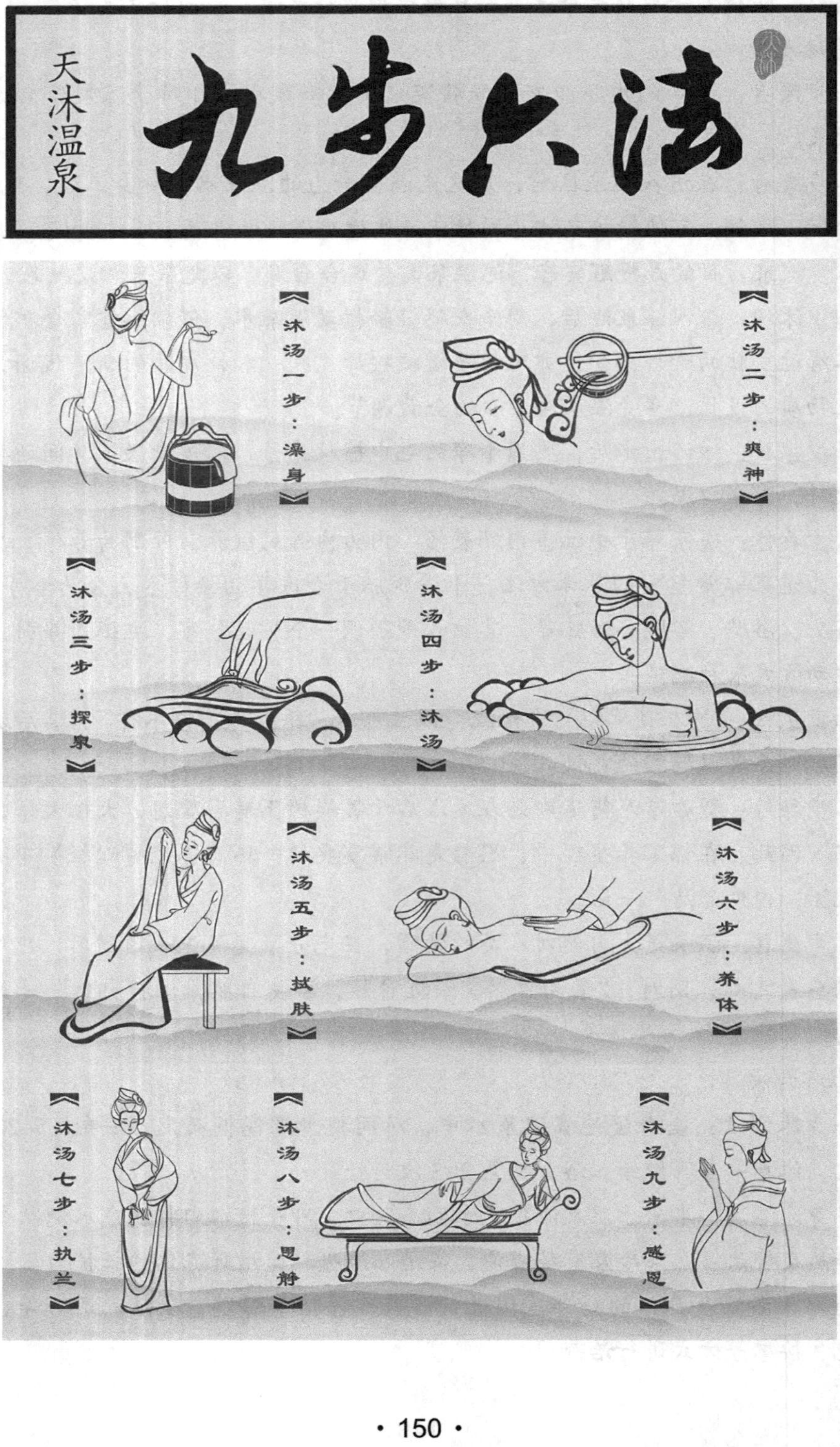

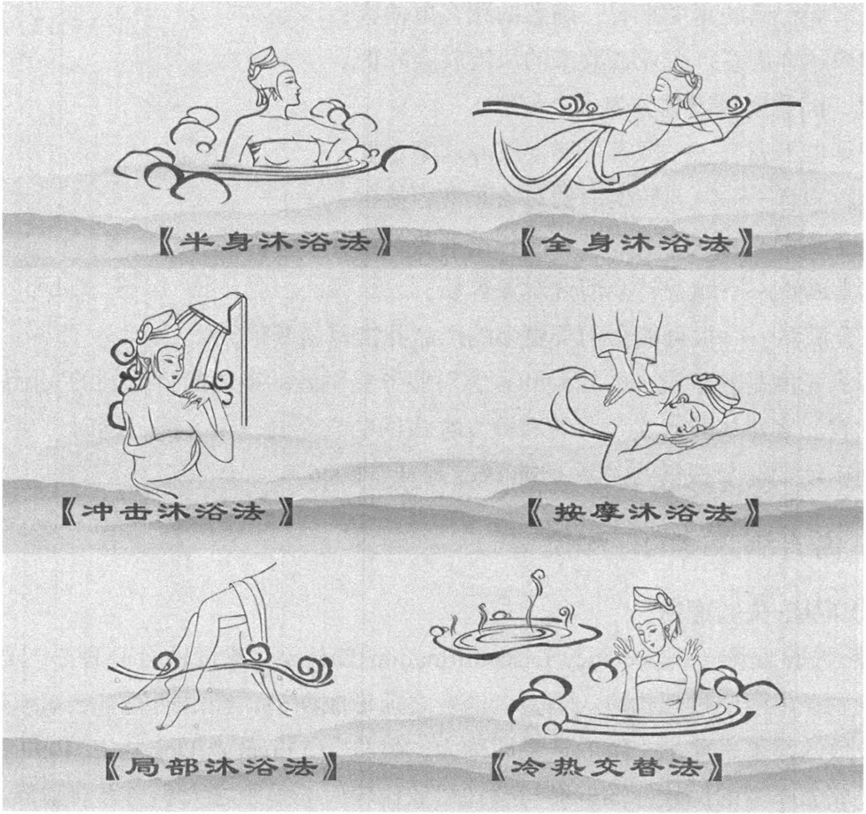

图 6–5　天沐的九步六法图示

第三节　旅游满意度

一、游客满意度的定义

消费者满意度是基于消费者行为学、消费者心理学和服务营销学的顾客满意度理论，是研究售后服务、环境评估与客户预期之间管理评价的模型。对企业来说，让顾客拥有良好满意度是至关重要的，良好的顾客满意度将为公司带来如下好处：

- 高满意度的顾客与企业的关系更长久；
- 高度满意的顾客购买更多；
- 满意的顾客更愿意促进企业的发展；
- 满意的顾客对企业的竞争对手关注较少；
- 满意的顾客并不太在乎价格；

- 从市场行销的角度来看，满意的顾客更便宜；
- 如果顾客满意，企业在股市的风险就会降低。

同时，满意度可以划分为五个评级：

- 一点也不满意——顾客可能会放弃这家企业；
- 稍微满意——顾客转换消费对象非常容易；
- 适度满意——顾客很容易就能转换消费对象；
- 非常满意——顾客转换消费对象容易；
- 完全满意——很可能会购买更多的产品并推荐给其他人。

顾客满意度是基于过去的经验和顾客对服务提供者的期望与将得到的实际服务之间差距的比较。客户体验确实是影响和激发客户回购意愿的一个方面；同时，良好的顾客体验有利于创建一个积极的关系（Sanchez et al.，2006）。

二、游客满意度的评测模型

（一）期望-失验理论

期望-失验理论（Expectancy Disconfirmation Theory）源自社会心理学与组织行为学，此模型经由两个过程构成：消费者消费之前形成期望，经由期望与感知绩效的比较产生不一致的结果，此不一致的结果即称为"失验"（Oliver & Desarbo，1998）。因此，期望水平成为顾客的比较标准，而与感知绩效比较后的差距之大小与方向则形成满意与否的评价。

期望-失验理论指出，消费者会将产品的实际绩效与事前期望作比较，当实际绩效小于事前期望时，将产生负向期望失验，并导致不满意。当实际绩效大于期望时，则产生正面的失验，即满意。实际绩效等于期望时，则无失验产生。

定义满意度值为 S，期望值为 E，实际值为 P，满意度的公式为：

$$S = P - E$$

所得的潜在的结果有：

- 正向不确定：实际服务绩效大于期望（$P > E$）
- 确定：实际服务绩效符合期望（$P = E$）
- 反向不确定：实际服务绩效小于期望（$P < E$）

因此，优化服务品质的关键是最大限度地拉大正向差距。当中显著的反向差距出现时就会引起顾客的不满。

国内部分温泉企业为提升消费者对温泉产品的期望，利用精美的图片、视频等吸引游客，诱导其进行消费和预定。但是，消费者实际前往温泉进行旅游时，企业往往忽略了场景的管理和流程的服务，导致实际体验与宣传存在较大差距，进而引发失望情绪，导致抱怨行为。

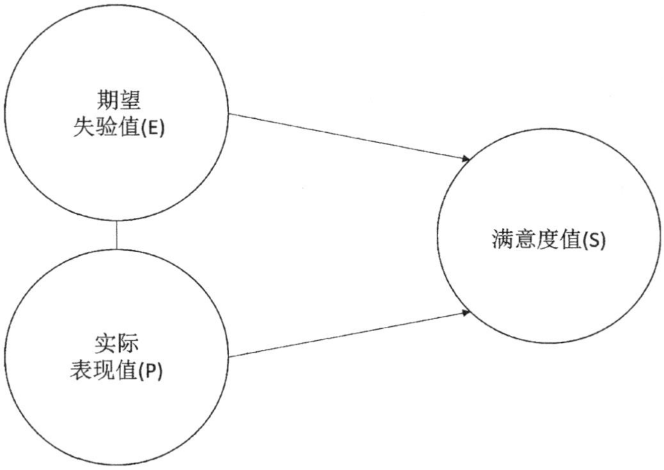

图 6-6 期望-失验理论示意图

（二）SERVQUAL 服务质量模型

路易斯和布姆斯（Lewis，Booms，1983）指出，服务品质是衡量服务水准与客户期望匹配程度的指标。提供高品质的服务意味着在一致的基础上符合客户的期望。服务的品质包含了无形的服务和有形的商品两个部分。服务质量的定义为：能够满足规定和潜在需求的特征和特征的综合，是指服务工作能够满足被服务者需求的程度。而旅游服务是指旅游服务能够满足规定和潜在需求的特征和特征的综合，是指旅游工作能够满足旅游者需求的程度。

格洛诺斯（Gronroos，1984）是第一个引入衡量服务品质模型的学者。他提出服务品质的三个组成部分，它们分别是职能品质、技术品质和企业形象。帕拉苏拉曼（Parasuraman，1985）等人研究了服务品质的维度，并开发了 GAP 模型，该模型成为衡量服务品质的框架。GAP 模型揭示了五种差距，分别是知识差距、政策差距、交付差距、沟通差距和服务品质差距。

帕拉苏拉曼、泽思马尔和贝利（Parasuraman，Zeithmal，Berry，1988）推出 SERVQUAL 问卷调查工具来衡量顾客对服务品质的感知。SERVQUAL 模型包含五个维度：有形性、可靠性、响应性、保障性和移情性。每一个维度又被细分为若干个问题。通过问卷调查的方式，让每个受访者对模型所建立的 22 个相关问题进行评分，再通过相关公式计算验证相应假说，从而得到最终的结论。

SERVQUAL 五个维度的解释：

● 可靠性——企业能够按时、准确地完成任务。

● 响应性——企业员工愿意指导、说明和提供适当的服务给他们的客户。

- 保障性——企业能够与客户建立积极的关系。例如，建立信任，在使用他们的服务时增加客户的信心，还可以表达为企业的专业知识、员工的礼貌以及他们如何建立客户信任和信心的能力。
- 有形性——在提供现代技术、升级软体等服务时，切实准备或使用先进的物理设施等。
- 移情性——额外的服务，更多的是表现在精神层面，如为客户提供个性化的关注、关怀、关爱和耐心。

自 SERVQUAL 模型提出以来，该模型就被广泛运用于饭店、航空公司、国家公园等对游客满意度的测评中。即便如此，该测评模型仍然存有缺陷。首先，SERVQUAL 评价模型的开发者对服务行业的划分是按照服务接触水平将服务分为高接触度服务、中接触度服务和低接触度服务。这样的划分本身有其局限性，那么基于这种划分方法的 SERVQUAL 评价模型必然有其局限性，它无法更好地说明在以上划分行业之外或者介于之间的行业的特性。其次，SERVQUAL 评价模型是在五个维度中开展调查分析的，在面对不同行业时，由于五个维度的重要性有所不同，因此就存在着权重的赋值以及问卷设计上前后次序这两方面的问题。最后，SERVQUAL 评价模型是一种事前研究，即顾客在最终体验到服务产品带来的利益前就对 SERVQUAL 的问卷作出了回答。服务产品的特点告诉我们，顾客从消费服务产品中得到的利益往往具有不可感知性，很难被察觉，或要经过一段时间后，消费服务的享用者才能感觉出利益的存在。也就是说，顾客的期望和感知可能在时间上具有很强的间断性，但 SERVQUAL 评价方法在实际运用中却需要时间上的连续性，以保证研究的顺利开展（潘雅芳，2007）。

（三）四分图模型

四分图模型又称重要因素推导模型，是一种定量和定性相结合的诊断模型。该法基于产品和服务的所有绩效指标，每个绩效指标分为重要度和满意度两个属性，游客根据对绩效指标的重视程度及满意程度直接打分，这可有效避免目前关于游客满意是否取决于期望与感知之差的争议问题。最后将影响满意度的各个因素归进四个象限内：优势区、改进区、机会区和维持区。需要之时，还可以确定游客整体满意度（江金波，高娟，2011）。

温泉旅游度假产品既有其作为一般旅游产品的共性特征，如以服务为主要产品类型，又有其物质性产品属性的个性特征。由理论研究专家与行业实践专家共同开发的温泉旅游度假产品的游客满意度测评指标体系如表 6-2 所示。

江金波等人对广东聚龙湾温泉度假村进行了实证研究。研究表明，游客对温泉旅游度假产品的满意程度随距离的增大而降低，即游客满意程度和客源地目的地之间距离呈负相关；不同年龄的游客其满意程度的均值排序为：18 岁以下＞ 60 岁以上＞ 18-31 岁＞ 31-40 岁＞ 51-60 岁＞ 41-50 岁，老人和孩子对温泉旅游度假产品的满意度相对较高，中青年游客满意度相对低一些，但满意度均值并不与年龄成一定的正相关或负相关关系；不同受教育程度的游客其满意程度的均值排序为：初中及以下＞高中 / 中专 / 技校＞大专＞本科＞研究生及以上，满意度均值的结果随学历增高而递减，两者呈负相关关系，即受教育程度越高，满意度反而越低。这说明学历越高的游客，其对温泉旅游度假产品的期望可能越大，对温泉旅游度假产品的质量也越挑剔，从而导致较低的满意度。

表 6–2　温泉旅游度假产品游客满意度测评指标体系

产品衡量维度	产品绩效指标
温泉资源	①温泉疗效，②温泉质量（水质、水温、水量），③温泉池特色，④温泉地文化氛围，⑤温泉项目的多样性及质量，⑥康体娱乐活动的多样性及合理性，⑦温泉地环境的生态性
温泉旅游度假地的服务	⑧工作人员具备的温泉专业知识和技能，⑨工作人员的服务态度，⑩工作人员的服务效率，⑪对游客投诉的处理，⑫住宿价格，⑬餐饮价格，⑭洗浴价格
温泉旅游度假地的设施	⑮住宿档次及条件，⑯餐饮口味及条件，⑰游览设施，⑱内部交通方式及便利性
旅游商品	⑲旅游商品价格，⑳旅游商品种类，㉑旅游商品的特色
旅游通达性	㉒外部交通的便利性，㉓通信条件的方便性

在游客对温泉产品各要素的重要性认知方面，首先工作人员的服务态度成为游客最为看重的选项，其重要度得分高达 4.49；其次是温泉的质量（水质、水温、水量）、工作人员的服务效率、温泉地环境生态性和对游客投诉的处理，得分均在 4.2 以上。这些构成温泉游客高度关注的前 5 个选项，说明温泉游客对温泉资源的质量和度假地服务质量最为看重。而旅游商品的 3 个指标的重要度得分位列倒数 3 位，说明游客对旅游商品的重视度和关注度较低。在温泉游客对不同指标的平均满意程度方面，游客对工作人员服务态度以及通信条件便利性两个选项给出较高评价，这两个因素成为游客对度假地最为满意的部分。而游客对温泉质量（水质、水温、水量）的评价最低，显示出游客对温泉资源质量不甚满意。另外，餐饮条件、旅游商品种类和游览设施方面也不尽如人意。

表 6–3　聚龙湾温泉度假村产品绩效满意度（2011 年）

产品绩效指标	满意度 S_i	重要度 V_i
温泉疗效	3.73	3.94
温泉质量（水质、水温、水量）	3.07	4.39
温泉池特色	3.62	3.85
温泉地文化氛围	3.60	4.18
温泉项目多样性及质量	3.68	3.69
康体娱乐活动的多样性及合理性	3.40	3.87
温泉地环境生态性	3.94	4.34

续表

产品绩效指标	满意度 S_i	重要度 V_i
工作人员具备的温泉专业知识和技能	3.56	4.12
工作人员的服务态度	4.00	4.49
工作人员的服务效率	3.73	4.37
对游客投诉的处理	3.60	4.24
住宿价格	3.24	3.90
餐饮价格	3.44	3.83
洗浴价格	3.36	3.74
住宿档次及条件	3.59	4.11
餐饮口味及条件	3.10	4.13
游览设施	3.18	4.05
内部交通方式及便利性	3.38	4.14
旅游商品价格	3.30	3.57
旅游商品种类	3.17	3.47
旅游商品特色	3.22	3.53
外部交通的便利性	3.84	4.04
通信条件的便利性	4.00	4.02

根据以上结果绘制的四分图分析结果如图 6-7 所示。

优势区（A 区），即产品绩效指标表现为满意度和重要度均高的区域。23 个测评指标中有 9 个落在此区域，其指标数量在 4 个区域中最多，特别是工作人员的服务态度、工作人员的服务效率以及温泉地环境的生态性这 3 项，说明度假地在主要方面做得不错，应继续保持。这也解释了聚龙湾天然温泉旅游度假村游客总体满意度较高的原因。

改进区（B 区），即产品绩效指标表现出满意度低而重要度高的区域。处在此区域的指标是度假地目前发展的软肋，必须密切关注并且马上改进。落在这个区域的指标包括温泉的质量（水质、水温、水量）、餐饮口味及条件、内部交通方式及便利性以及游览设施，度假地应通过各种方法与游客沟通，了解游客满意度低的原因，以采取相应对策，尽快将其转变为竞争优势。

机会区（C 区），即产品绩效指标表现出重要度低且满意度也低的区域。这些并不是最急需解决的问题。在此区域的指标有住宿价格、餐饮价格、洗浴价格、旅游商品价格、旅游商品种类、旅游商品特色、康体娱乐活动的多样性及合理性，说明游客对价格及旅游商品方面并不十分重视，也并不满意。对于这些因素，度假地可视自己的发展方向而确定策略，一旦它转化成 B 区（改进区）指标的可能性增大时，应当迅速作出反应，增加相关投入，提高度假地的竞争力；当它转化为 D 区（维持区）指标时，则应充分考虑成本效益原则，适当维持即可。

维持区（D 区），即产品绩效指标表现出低重要度和高满意度区域。落在此区指标有温泉疗效、温泉池的特色、其他温泉项目的多样性及质量（如桑拿浴、温泉按摩等），游客对这些方面的满意度评价较高，但其对游客来说并不重要。因此，如果度假地拥有有限的资源，应将此区域的部分资源分配至高重要度的区域，从而改善其他指标的质量水平，锦上添花，实现资源的高效利用，提高游客的整体满意水平。

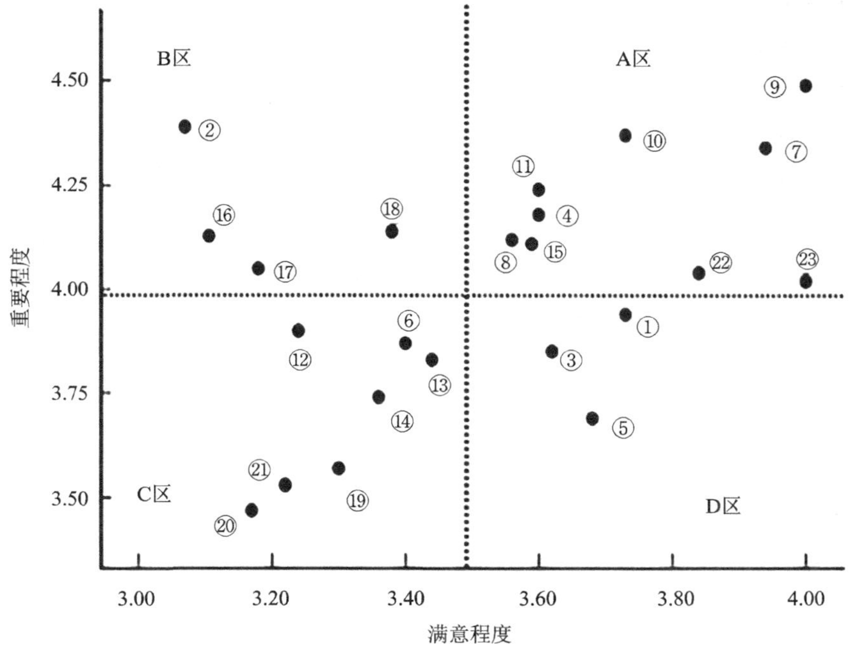

图 6–7　聚龙湾温泉满意度四分图分析结果

注：图中数字代表的指标见表 6–2

第四节　游客忠诚度

一、游客忠诚度的定义

与满意度一样，忠诚度的概念也源自消费者行为学、消费者心理学和服务营销学的相关研究。福内尔（Fornell，1992）研究发现，开发新顾客的成本是维持原有顾客的四到五倍，由此可见维系顾客的重要性。因而顾客忠诚度是重中之重。

奥利弗（Oliver，1997）将顾客忠诚度定义为一种对未来产品或服务的重新购买或重新光顾的坚定承诺，尽管情境影响和行销有可能导致转换的行为，但最终也选择重复购买相同的品牌。那些属于极度忠诚群体的客人对酒店有着高度的依恋，以至于很多人都会改变他们去旅游的时间，以确保他们能够住在自己喜欢的酒店。他们对房价问题不太敏感，愿意花更多的钱待在自己喜欢的房子里，而不是为了更便宜的房价去别的地方。

铂尔曼和格罗斯（Pullman，Gross，2004）指出，顾客忠诚是服务行业组织成功和持续竞争优势的重要因素。增加忠诚度将有助于降低吸引新客户的初始成本、增加购买数量和价值、提高市场份额、提高企业的盈利能力和绩效。

在旅游业中，忠诚度最早是用在游憩设施使用、休闲活动参与以及航空、酒店等旅游相关服务性产品的购买行为上。直接将关于旅游者忠诚度的研究运用在旅游目的地上则始于 20 世纪 90 年代左右。奥伯曼（Oppermann，2000）认为，多次购买并且在目的地停留时间较长的旅游者是旅游目的地的忠诚客户。综上所述，我们将旅游者忠诚度定义为：旅游者对某一旅游目的地或旅游产品所具有的高度认同感和归属感，以及重复购买、正面推荐和将之作为首选的行为。

二、游客忠诚度的类型

忠诚度被定义为以下三种类型：行为论（Behavioral Approach）、态度论（Attitudinal Approach）和综合论（Composite Approach）。

（一）行为论

行为论主要指消费者对某品牌和基于品牌所产生的再次消费、消费可能性等表现忠诚态度的行为（Dick，Basu，1994）。其主要观点认为，高重复性的购买行为是顾客忠诚的重要体现，对某一产品或服务连续购买 3 次即可称为顾客忠诚。顾客忠诚是由顾客心理或态度导致的一种行为偏好，顾客对某种品牌的产品或服务具有较高的推荐率也可称为顾客忠诚。

（二）态度论

态度论是消费者对某产品（品牌）表达忠诚承诺或偏好陈述的现象。游客通常对某种特定的旅行产品或者旅游目的地有种特别的喜爱态度，这种态度也驱使着他们进行重复消费、参观、欣赏和游玩。态度论从消费者对品牌 / 产品的情感强度的角度上测评了消费者忠诚度，这也解释了行为论无法解释的一些现象。琼斯和塞萨（Jones，Sasser，1995）指出，顾客忠诚更多地表现为一种情感上的认同反应，它是顾客购买产品或服务之后产生的一种对于企业、产品或服务的归属感和认同感。只有充分考虑品牌态度，才能将品牌忠诚和虚假的品牌热爱分开。

（三）综合论

综合论是态度论和行为论的综合体。综合论认为已经购买了某产品的顾客一定对某品牌有良好的喜好态度。此方法论出现的原因是，部分学者认为单一的行为忠诚和态度忠诚都不足以表现顾客忠诚的全貌，真正的顾客忠诚是包含行为忠诚和态度忠诚这两个方面在内的综合性的忠诚。

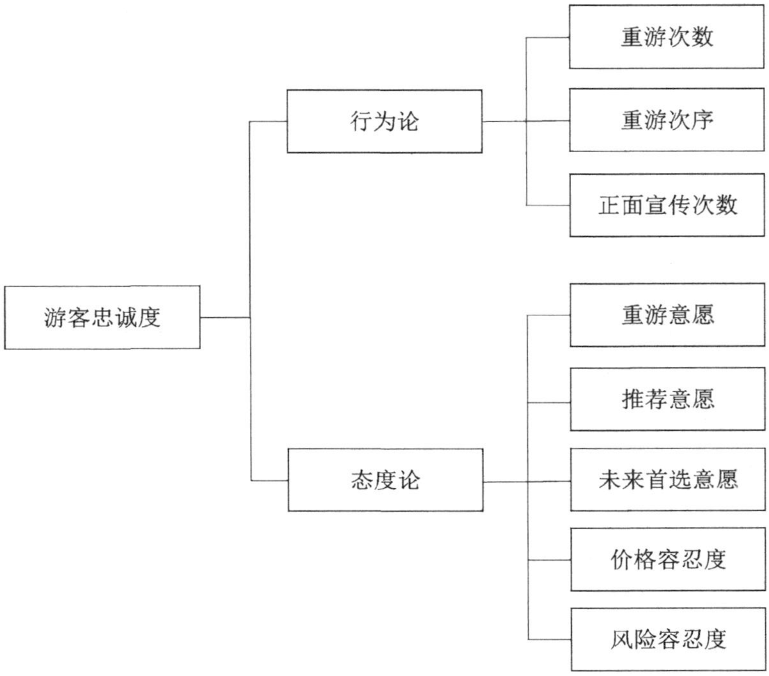

图 6–8　忠诚度测量模型（行为论和态度论）

顾客对某品牌 / 产品重复购买只是顾客忠诚的表现形式，而顾客对某品牌、产品、服务所表现的积极态度是确保重复购买行为发生的前提。忠诚涉及对某企业的尽心尽力，这就相当于是一种无形的承诺，会使各方在道义、情感、利益等方面产生互相依赖，从而在降低交易成本的同时，给各方的个性独立与自由带来限制。作为一种心理或社会契约，忠诚的存在会增加双方对于共同事物的投入，并造成退出障碍或成本机会。

三、温泉游客忠诚度

目前，我国已有众多学者从不同的方向进行温泉行业忠诚度研究，为温泉管理者提供良好的建议和意见。皮平凡和程雨丝（2014）从体验价值和品牌支持两个角度对忠诚度进行了验证。研究发现：

体验价值与酒店环境密切相关。温泉度假酒店需加强环境、气氛以及温泉文化的营造与经营，才可给消费者带来与众不同的体验价值，如此才能刺激消费。消费者如果获得良好的体验感知，就会认为他们的消费是有价值的，并激发其良好的内在和外在的价值体验。

体验价值对品牌支持产生重要的影响。体验价值正向影响品牌支持度，品牌支持度作为中介变量正向影响顾客忠诚度。品牌忠诚度越高，顾客就越容易有推荐与再次光临的忠诚行为。品牌支持对顾客忠诚度产生重要的影响。

此研究结果证实，增强消费者的体验价值将会增强温泉度假品牌在消费者心目中的影响，从而树立顾客忠诚度。

参考文献

[1] Boorstin D. The Image：A Guide to Pseudo-Events in America [M]. New York：Harper，1964.

[2] Dann G M. Anomie，ego-enhancement and tourism [J]. Annals of tourism research，1977，4（4）：184-194.

[3] Dick A S，Basu K. Customer loyalty：toward an integrated conceptual framework [J]. Journal of the academy of marketing science，1994，22（2）：99-113.

[4] Fornell C. A National Customer Satisfaction Barometer：The Swedish Experience [J]. Journal of Marketing，1992，55（1）：1-21.

[5] Gronroos C. A Service Quality Model and It's Marketing Implications [J]. European Journal of Marketing，1984，18（4）：36-44.

[6] Jones T O，Sasser W E. Why satisfied customers defect [J]. Harvard business review，1995，73（6）：88.

[7] Lewis R C，Booms B H. The marketing of service quality in emerging perspectives on service marketing [J]. Chicago，AMA，1983：99-107.

[8] MacCannell D. Ethnosemiotics [J]. Semiotica，1979，27（3）：149-172.

[9] Mannell R C，Iso-Ahola S E. Psychological nature of leisure and tourism experience [J]. Annals of tourism research，1987，14（3）：314-331.

[10] Moscardo G，Pearce P L. Visitor centers and environmental interpretation：An exploration of the relationships among visitor enjoyment，understanding and mindfulness [J]. Journal of Environmental Psychology，1986，6（2）：89-108.

[11] Oliver R L，DeSarbo W S. Response determinants in satisfaction judgments [J]. Journal of consumer research，1988，14（4）：495-507.

[12] Oliver R L. Satisfaction：A Behavioral Perspective on the Consumer [M]. New York：McGraw-Hill，1997.

[13] Oppermann M. Tourism destination loyalty [J]. Journal of travel research，2000，39（1）：78-84.

[14] Panchal J H. The Asian spa：a study of tourist motivations，" flow" and the benefits of spa experiences [D] . James Cook University，2012.
[15] Parasuraman A，Zeithaml V L，Berry L L. A Conceptual Model of Service Quality and Its Implications for Future Research [J] . Journal of Marketing，1985（49）：41-50.
[16] Pearce P L，Lee U I. Developing the travel career approach to tourist motivation [J] . Journal of Travel Research，2005，43（3）：226-237.
[17] Pearce P L, Caltabiano M L. Inferring travel motivation from travelers' experiences [J] . Journal of travel research，1983，22（2）：16-20.
[18] Pullman M E，Gross M A. Ability of experience design elements to elicit emotions and loyalty behaviors [J] . Decision sciences，2004，35（3）：551-578.
[19] Ryan R M，Frederick C. On energy，personality，and health：Subjective vitality as a dynamic reflection of well-being [J] . Journal of personality，1997，65（3）：529-565.
[20] Sanchez J，Callarisa L，Rodriguez R，Moliner M. Perceived Value of the Customer Purchase of a Tourism Product [J] . Journal of Tourism Management，2006，27（3）：394-406.
[21] 江金波，高娟 . 基于四分图模型的温泉游客满意度测评及其应用研究——以聚龙湾天然温泉旅游度假村为例 [J] . 热带地理，2011，31（1）：100-106.
[22] 潘雅芳 . 基于 Servqual 模型的饭店服务质量测评——以浙江省星级饭店为例 [J] . 商场现代化，2007（7）：129-130.
[23] 皮平凡，程雨丝 . 广东温泉度假酒店顾客体验实证研究——以广东碧水湾温泉度假村为例 [J] . 中小企业管理与科技：中旬刊，2015（4）：123-128.
[24] 孙九霞，陈钢华 . 旅游消费者行为学 [M] . 大连：东北财经大学出版社，2015.
[25] 谢彦君 . 旅游基础学 [M] . 北京：中国旅游出版社，1999.
[26] 王敬武 . 旅游需要理论的创新与发展 [J] . 北京工商大学学报：社会科学版，2004，19（2）：80-85.
[27] 赵婷婷 . 基于体验层次的温泉度假地设计方法 [J] . 统计与决策，2012（10）：66-69.
[28] 王艳平，金丽 . 界面增长：提高旅游体验总量的重要环节——以构筑温泉旅游“更·宽衣”环节为例 [J] . 旅游学刊，2004（5）：45-47.

第七章　温泉旅游企业的管理与运营

第一节　服务质量管理

一、服务质量与管理

服务质量是旅游企业所提供的综合性服务满足顾客需求的程度的总和。旅游服务产品的过程性，决定了旅游服务质量是在旅游企业与旅游者之间的行为接触和情感交流中产生的（马勇，2019）。根据温泉旅游服务的实际情况，可以将服务质量管理体系分为服务检查体系、问题管理体系和激励机制三个部分。

（一）服务检查体系

服务检查体系是指在日常的检查过程中，通过不断地总结和实践，而在一定条件下形成的关于服务检查的体系。检查制度按照一定的秩序和内部联系组合而成的一个整体，是不同检查系统组成的系统。一般分为质量检查体系和分工交叉检查体系两种。

（二）问题管理体系

问题管理体系是指针对检查的问题而建立解决方针和目标并实现解决这些目标的体系。在实际运用中主要分为质检整改通知单、“四不放过”原则、质量循环（计划、执行、检查、处理，PDCA）等方式。

（三）激励机制

激励机制是在组织系统中，激励主体系统运用多种激励手段并使之规范化和相对固定化，而与激励客体相互作用、相互制约的结构、方式、关系及演变规律的总和。服务检查制度中的激励机制，主要以用心做事奖，提名表扬、网络表扬达人，营销标兵、节能降耗标兵，创新、创意达人等形式去体现。

服务质量体系是一个动态的管理机制，通过循环往复地运行，提高服务质量。在企业内部建立服务质量检查体系的目的是，树立服务理念，让服务观念深入每个员工的思想，做到人人为客户服务。一线员工为客户服务，其他员工为一线员工服务。以这种服务链理念为支撑，从根本上提高企业的服务质量，让一线人员将发自内心的真诚服务奉献给客户。一个典型的服务质量检查的体系如图 7-1 所示：

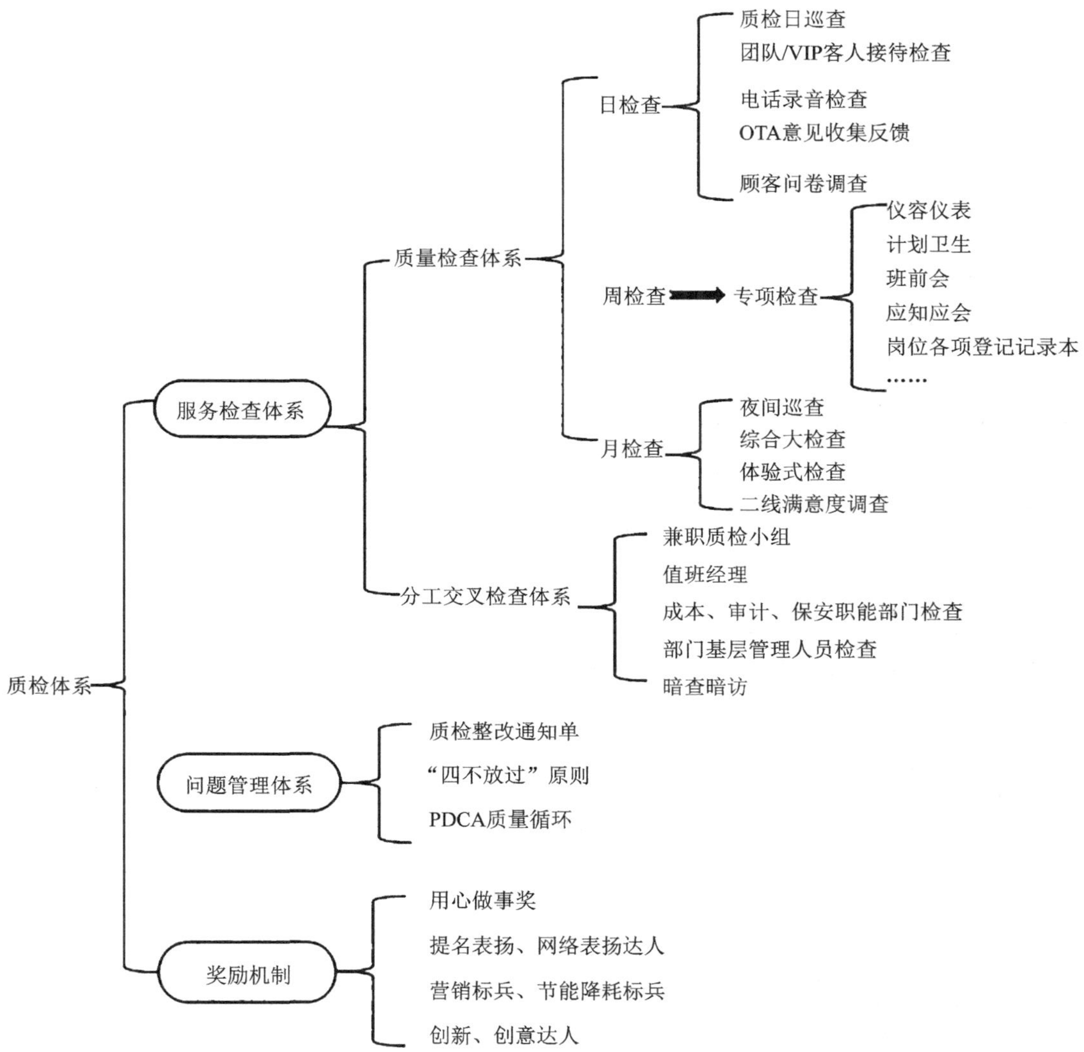

图 7-1 服务质量检查体系图

二、服务考核制度

（一）考核方式及方法

以年度每月绩效考核总成绩、当次考核总成绩为主要依据，结合员工奖惩情况、考勤情况、个人综合素质等因素进行的全方位综合测评方式，包括采取自我考评、员工互评、下属评议、直接上级评议、部门（领导）评议五个部分综合考核评议方法。

具体的计算方法如下：

- 员工考评得分 = 员工互评 ×25%+ 直接上级评议 ×35%+ 主管、经理评议 ×40%

（月度平均考核成绩 100）

- 领班考评得分 = 下属评议 ×25%+ 主管评议 ×35%+ 经理评议 ×40%（月度平均考核成绩 100）
- 主管考评得分 = 下属评议 ×30%+ 主管、经理评议 ×40%+ 领导评议 ×30%（月度平均考核成绩 100）
- 绩效考核总成绩 = 本次考核成绩 ×80%± 综合奖、惩分

（二）考核结果的比例控制及等级评定

各级别考核的结果评定比例应该相互独立（主管、领班除外）。考核的等级划分应保持有限的激励机制，比如"优秀"等级的比例不超过全部参加考核员工总数的 10%。同理，对于不合格等级的比例约占全部参加考核员工的 5%（见表 7–1）。这样既能保障大多数人能够通过考核，又能起到奖励与惩罚的效应。

表 7–1　某温泉企业员工考核的等级划分比例

等　级	优　秀	良　好	有待提高	差
等级比例	不超过本部参加考核员工总数的 10%	约占本部参加考核员工总数的 70%	约占本部参加考核员工总数的 15%	约占本部参加考核员工总数的 5%

为体现员工考核成绩的差异性，在评议表中每个评议等级可继续细分（见表 7–2）。

表 7–2　某温泉企业员工考核的细分等级与分数设置

等　级	优　秀			良　好			有待提高			差
细分等级	A+	A	A-	B+	B	B-	C+	C	C-	D
对应分数	A+ ≥ 96	93 ≤ A ＜ 96	90 ≤ A– ＜ 93	85 ≤ B+ ＜ 90	80 ≤ B ＜ 85	75 ≤ B– ＜ 80	70 ≤ C+ ＜ 75	65 ≤ C ＜ 70	60 ≤ C– ＜ 65	D ＜ 60

注：以上表格来自南京紫清湖温泉度假酒店案例

三、服务培训制度

旅游业面临着激烈的竞争、全球化以及技术革命的挑战，其中，最紧迫的挑战来自消费者对服务品质日益增长的需求。被称为国际"金钥匙之父"的斐迪南·吉列先生说："无论在世界的哪个角落，金钥匙们都将倾尽全力，延续我们肩负的使命，真诚服务于我们的职业，我们的酒店乃至整个旅游业。""金钥匙"认为员工必须具备高超的政治能力、优秀的学习能力、理解沟通执行能力、卓越的业务能力、精明的管理能力和心理调适能力，以在全球范围内提供高品质的服务（马兆兴，任翠瑜，2019）。

温泉企业一向以追求高品质的服务质量著称。提高服务品质需要一套周全的服务培

训制度。温泉企业设置服务培训制度能够开发客服员工潜能，提高客服员工素质与服务工作绩效，使员工获得客服发展所需要的知识和技能，使客服员工的培训工作稳定、规范，使服务培训管理有所遵循。典型的温泉企业服务培训体系如图 7-2 所示：

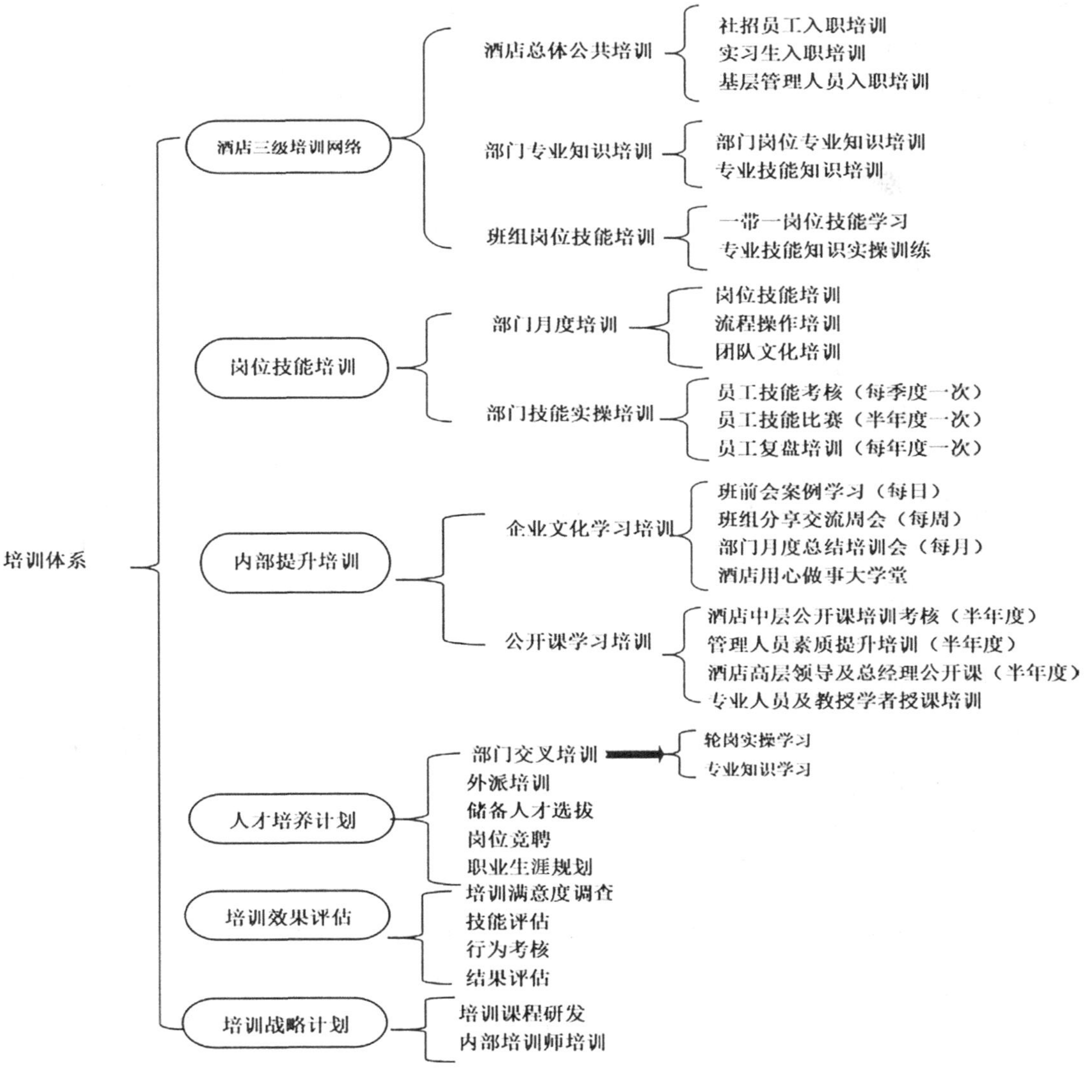

图 7-2　服务培训体系思维导图

四、服务提升与激励

（一）服务标准及流程制度化

1. 服务标准的制度化

影响服务质量的因素很多，单纯依靠日常检查和考核只不过是从服务中挑出不合格的服务，不可能以最佳成本持续稳定地生产和创造顾客满意的服务。因此，温泉企业所建立和实施的质量管理体系应能满足本部门规定的质量目标，确保影响服务质量的技术、管理和人的因素处于受控状态，无论是硬件、软件，还是服务，所有的控制应针对减少、消除不合格的服务，尤其是预防不合格的服务。目前，国际通用的标准体系是ISO/9000，它是国际标准化组织（ISO）在1994年提出的概念，是指ISO/TC 176（国际标准化组织质量管理和质量保证技术委员会）制定的所有国际标准（蔡维溪，2004）。虽然温泉服务暂时没有自己的ISO/9000标准，但是其理念广泛适用于各企业的服务管理中。

2. 服务标准制度化的方式

实现服务标准制度化的主要方式包括系统控制所有的服务过程，预防不合格服务，建立一个形成文件的科学管理体系，达到持续改进服务质量的目标，并可以定期评价质量体系。一线经营部门，按照具体岗位的服务要求，制定相应的制度，并固化标准，使之成为一种基础性的行为习惯。

（二）服务激励体系的建立

1. 激励机制的定义

激励机制是指通过特定的方法与管理体系，将员工对组织及工作的承诺最大化的过程。激励机制是在组织系统中，激励主体系统运用多种激励手段并使之规范化和相对固定化，而与激励客体相互作用、相互制约的结构、方式、关系及演变规律的总和（纳尔逊，2005）。

2. 激励机制的运营模式

（1）双向交流。这一步的任务使管理人员了解员工的个人需要、事业规划、能力和素质等，同时向员工阐明组织的目标、组织所倡导的价值观、组织的奖酬内容、绩效考核标准和行为规范等；而员工个人则要把自己的能力和特长、个人的各方面要求和打算恰如其分地表达出来，同时员工要把组织对自己的要求了解清楚。

（2）各自选择行为。通过前一步的双向交流，管理人员将根据员工个人的特长、能力、素质和工作意向给他们安排适当的岗位，提出合理的目标和考核办法，采取合适的管理方式并付诸行动；而员工则采取适当的工作态度、适当的行为方式和努力程度开展工作。

（3）阶段性评价。阶段性评价是对员工已经取得的阶段性成果和工作进展及时进行评判，以便管理者和员工双方再做适应性调整。这种阶段性评价要依据实际情况选择评价周期，可根据员工的具体工作任务确定为一周、一个月、一个季度或半年等。

（4）年终评价与奖酬分配。年终时，员工要配合管理人员对自己的工作成绩进行评价并据此获得组织的奖酬资源。同时，管理者要善于听取员工自己对工作的评价。

（5）比较与再交流。在这一步，员工将对自己从工作过程和任务完成后所获得的奖酬与其他可比的人进行比较，以及与自己的过去相比较，看一看自己从工作中所得到的奖酬是否满意，是否公平。通过比较，若员工觉得满意，将继续留在原组织工作；如不满意，可再与管理人员进行建设性磋商，以达成一致意见。若双方不能达成一致的意见，双方的契约关系将中断。

第二节 温泉区的管理流程与标准

服务流程制定是指制定者针对服务组织内外部资源结构、优化配置能力等，为提高服务效率和效益而进行综合策划的活动过程。

温泉企业期望跨边界作业流能够顺畅运行，服务产出质量能够满足客户需求和欲望。但实际情况并不如此，尤其是仍然采用等级制组织模式的服务企业，由于管理层级过多而导致官僚作风，无法获取准确信息，不仅使决策时间过长，而且往往使决策内容与现实不符，结果必然降低管理效率。因此，服务流程的目标设定要具体、可操作，便于基层员工理解与把握。

在温泉服务流程的设计过程中，有很多种的设计方案，但是都会遵循简单实用，易于理解的目标，以便于服务人员在服务过程中顺利地理解和掌握。以下分为对客服务、温泉水质管理、公共安全管理、消防系统管理和应急预案管理五个方面介绍管理流程及标准。

表 7–3 管理流程与标准制定模板

工作流程名称：××× 流程		流程编号：×××	
工作岗位：×××		工作项目数：× 项	
工作项目 （做什么）	工作流程内容 （怎么做）	标准或要求 （做到什么程度）	注释 （为什么做）

注：表格来自南京紫清湖温泉度假酒店案例

一、对客服务管理流程及标准

对客服务管理流程及标准是在实际的对客服务过程中应该执行的具体的操作流程和方法。以温泉区大堂、池区、男女宾、休息厅区四个对客频繁的经营区域为例，具体的管理流程和标准要点如下。

（一）大堂区域对客服务管理流程及标准要点

（1）应设置服务台，为宾客提供接待、问讯、结账和行李保管等服务。

（2）应设有温泉旅游营业场所示意图，沐浴温泉水温、水质、功效介绍及营业时间、价格等信息公示设施，方便宾客获取相关信息。

（3）温泉入口处应展示“沐浴温泉须知”，其内容应包括禁忌、洁身、私人物品保管及其他注意事项。

（4）应有泳衣、泳裤、泳帽等用品出售或赠送。

（5）应设有供宾客休息、等候用设施。

（6）应为宾客提供贵重物品寄存服务。

（二）池区区域对客服务管理流程及标准要点

（1）应设置相应的台阶及扶手，便于宾客出入；地板使用防滑材料，池边光滑、无棱角。

（2）温泉池旁应标有温度、沐浴适宜时间、主要禁忌等说明；有明显的温度和水深标识，45℃以上高温泉及深水区应有特别提示；加料温泉池、理疗池应标明成分及功效；严禁传染病、精神病等患者和酗酒者进入。

（3）温泉池附近应设有毛巾架，设置适量的毛巾挂钩并编号。温泉池附近应设有饮水处，提供符合 GB 5749 要求的饮用水。

（4）室内温泉的空间高度适中，并有通风换气、防存雾滴水功能。

（5）沐浴温泉区应有专人随时巡查，并及时提供服务。服务人员负责引导宾客沐浴、提供饮品、补充更换毛巾、维护沐浴秩序和环境卫生。沐浴温泉区应配备专职救生人员及相应救生设施。

（三）男女宾区域对客服务管理流程及标准要点

（1）应分设男女更衣室。

（2）室内通风良好、温湿度适宜、照明合理、清洁明亮，地面平整防滑。

（3）室内应配备具备锁定功能且标识清晰的衣柜，衣柜内配有拖鞋和衣架等更衣用品。衣柜附近有座位便于宾客更衣。

（4）室内宜设有梳妆台、梳妆镜，提供吹风机、梳子、面巾纸、棉签、护肤霜等用品。

（5）室内宜提供浴袍、休息服、浴巾、一次性内裤等布草，摆放整齐，方便宾客取用。

（6）有专人在岗及时为宾客提供更衣服务，维护更衣室清洁卫生和接待秩序。

（7）在宾客通往沐浴区的必经走道中，应设有强制性浸脚消毒池和冲淋设施。浸脚消毒池水的余氯含量应保持 5 毫克 / 升–10 毫克 / 升，并适时更换。在通往沐浴区的员工通道上应设置消毒毡。

（四）休息厅区域对客服务管理流程及标准要点

（1）温泉池附近应设置供宾客休息的座椅、躺椅，应宾客要求提供饮品。视季节和气候状况，应提供与营业场所主体设施格调、造型相协调的遮阳设施。

（2）室内休息区应配备有座椅、茶几、影视、音响等设备，并设有杂志书架、服务员工作台。可为宾客提供简单的餐饮服务。

（3）在满足宾客基本休息需求且不影响整体氛围的前提下，可进行分区设计并提供保健理疗、网吧、书吧、茶室、棋牌室、台球室等配套服务。

二、温泉水质管理流程及标准

温泉水质管理流程及标准是在实际的经营过程中应遵从的针对温泉水的正确使用和维护的具体的操作流程和方法。具体的管理流程和标准要点如下：

（1）温泉水质是消费者最关心的环节，企业所用的温泉水应当经原批准的卫生行政部门验收合格后方可投入使用。

（2）每年淡季时，每月至少保证一次水质卫生检验；旺季时，每月至少保证二次水质卫生检验。

（3）在开放时间内应不间断补充新水，保证温泉池内的水质达到相应的卫生标准。

三、温泉区公共安全管理流程及标准

温泉公共安全管理流程及标准是在实际的经营过程中应该执行的针对维护和保障温泉区公共安全相关的具体的操作流程和方法，并且按照一定的标准具体要求，以便于检查落实。具体的管理流程和标准要点如下：

（1）为确保游客温泉体验中的安全，应在适当位置设置监控设备，确保宾客人身及财产的安全。

（2）对在温泉池区、水上游乐区和易发生事故的游乐项目，应有安全事项警示或进行必要的讲解和说明，确保宾客掌握安全要领，并在相关区域配备专职安全人员。

（3）专职安全人员应采取定点监控和巡查监控的方式，密切关注安全状态，对宾客进行安全提示，及时纠正不符合安全要求的行为，排除安全隐患。

（4）应设置急救设施，配备必要的药品和医疗器械，可为发生意外事故的宾客提供临时急救，并能及时转送到相关医疗单位。

（5）购置的各种物品及设施、设备应符合国家有关标准要求并经国家法定部门检验合格。特种设备的管理应符合特种设备相关法律、法规、标准和安全技术规范的要求。

四、温泉区消防系统管理流程及标准

温泉消防系统管理流程及标准是在实际的经营过程中应该执行的针对维护和保障温泉区消防系统相关的具体的操作流程和方法，并且按照一定的标准具体要求，以便于检查落实。

具体的管理流程和标准要点如下：

（1）应符合相关消防安全法律、法规及相关标准要求。

（2）明确专人对消防设施进行管理，定期检查，保证消防设施齐备完好。

（3）紧急出口畅通无阻，标志明显，走廊通道畅通，并配有疏散指示标志等。

（4）所有间隔和装饰材料应使用阻燃材料。

五、温泉区应急预案管理流程及标准

温泉应急预案管理流程及标准是在实际的经营过程中应该执行的针对温泉区的突发和紧急事件出现时所采取的具体的操作流程和方法，并且按照一定的标准具体要求，以便于检查落实。

具体的管理流程和标准要点如下：

（1）应制定安全管理制度并严格执行。

（2）应制定高峰期人流控制方案及安全事故应急处理预案，并定期演练。

（3）应进行例行安全检查并做好记录。

（4）安装应急供电、供水系统，在主要通道和出入口设置应急照明设施。

第三节　温泉项目的人力资源管理

一、人力资源规划

（一）组织结构设计

企业常见的组织结构设计分为直线职能结构、矩阵型结构和事业部结构。各类公司根据公司业务发展需要，会采用不同的结构设计模式。国内很多温泉酒店组织结构通常采用直线职能结构，整个组织结构就像金字塔，部门之间分工较为明确。

（二）组织结构设计的思考步骤

（1）基于 SWOT 分析，确定组织的目标与战略路径。组织架构应当促进组织战略目标的达成。一个没有战略目标的组织，采用什么样的组织架构都无关紧要。

（2）定义实现战略目标需要的一级流程（市场营销、温泉、餐饮、客房、休闲康乐等）。为了实现组织战略目标，组织需要横向的主干（一级）流程去支持该战略目标的实现。任何组织都是通过提供有形的产品或无形的服务来实现组织自身价值的。

（3）定义每个流程节点的组织功能定位。每一个流程的节点，这就是一个部门的使命。需要承载什么样的功能职责？期待该节点的产出是什么？衡量该节点是否运行有效的指标是什么？

（4）定义为了实现上述一级流程有效运转而需要的其他辅助职能模块，如人力资源、财务、工程、采购、行政等。在实践中，常常会按照类似流程、职能、产品、地域、顾客的需要结合团队等因素划分部门模块。

（5）把上述各一级流程模板有机结合成公司层面的组织结构。如市场营销、温泉、餐饮、客房、休闲康乐、采购、工程维修、质检、人力资源、财务、行政、法律、安保等。

（6）设计各一级流程模块内部的组织架构图。当一个一级流程模块或职能部门被定义和赋予了确切的职责与功能后，接下去思考为了实现这些功能，如何定义部门内部的结构呢？部门领导可以思考一些主要的职责模块，更可以试着分析一些内部的流程，这些流程的节点或许就是更小的功能模块。该模块是否需要一个岗位或一群岗位的组合才能实现其职责与功能？此时，单个岗位或二级部门就产生了。

（7）进行初步的组织诊断，检查新设计的组织结构是否可行。这些诊断可能包括以下方面。

- 用组织设计的一般原则检查上述组织结构是否合理高效，是否最有利于组织目标实现。
- 检查各部门之间的输入和输出，从而识别部门之间的主干流程上是否联通和流畅。
- 有些功能是否根本没有任何组织在承担？有些功能是否没有必要？是否重复承担？
- 是否有环节很薄弱而没有能力去承担组织定义的功能？是什么原因导致该组织单元不能承担当初设计的组织功能？

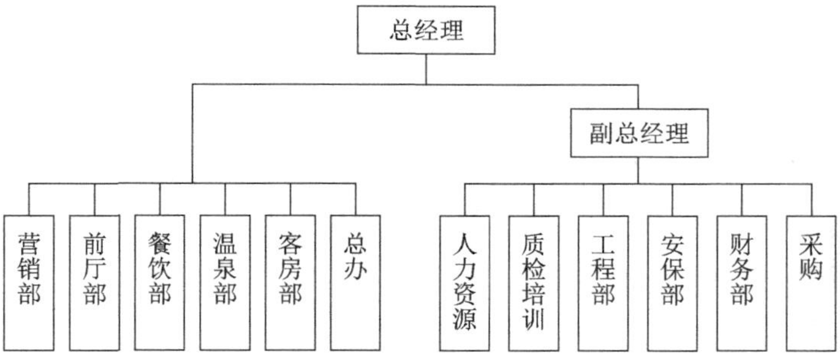

图 7-3　广东广州上水精品设计酒店组织架构图

（三）编制岗位说明书

一个温泉项目定义了自己清晰的定位和战略目标之后，就该设计支持项目战略和目标的组织结构，定义部门的职责和功能，设计合理的部门内部组织结构和岗位。每个岗位的存在都是为了支持整个部门实现部门的目标从而间接帮助项目实现整体战略目标。

1. 理解岗位说明书的用途

岗位说明书是为招聘和录用员工提供依据的。岗位说明书定义了职责是什么，要做工作的程度，需要的岗位的资质要求以及工作劳动条件等。

为设置业绩目标以及管理目标的依据。项目的目标需要层层分解落实，如何将具体指标落实到岗位上呢？此时每个人的岗位说明书就能大致回答这样的问题。

为项目制定薪酬政策提供依据。岗位要求直接决定着薪酬的高低，而岗位说明书是岗位评价的基础和依据。

员工培训和发展的依据。岗位说明书是上级评价下级、识别培训和发展需求、规划职业发展的主要依据。

员工与项目双方权利义务的客观依据。比如，主要职责、劳动报酬、录用条件、工作环境、调整岗位与工作条件等，这些都是涉及员工核心利益的关键要素。

2. 明确岗位说明书的管理职责

每个部门岗位说明书的制订与修改是该部门经理的职责，也是上级经理对该岗位员工的录用选拔、绩效管理、工作内容设定、工资结构的设计和调整、职业发展、员工培训需求分析等的依据。

3. 岗位说明书的内容

岗位说明书包含名称、部门、等级、岗位编号、编制时间、当前任职者等基本信息。

岗位说明书职责描述。职责提炼和书写要求如下：

（1）把所有职责分为大类或分成几个大块，然后对各大块进行分解和细化描述。

（2）用固定的格式来进行职责描述。任何岗位都是有输入（根据什么）、加工过程（动词和名词）、输出（目标），因此一般描述职责采用的格式是："动词 + 名词 + 目标"或者"根据 + 动词 + 名词 + 目标"。例如，根据公司战略目标和预算规则，指导审核本部门年度运营费用安排，形成年度预算决议；根据年度招聘规划，草拟年度的实习生招聘计划，经上级批准后落实计划，确保新一届实习生如期入职；每月按照卫生计划进行楼面地毯卫生清洗，确保楼面地毯整洁干净。

（3）尽量用简练、具体、精准的句子进行表述，而不用含糊、容易有歧义的表述。

（4）用词精确，任何一个动词背后都代表不同的职责、权利和义务。比如"工作计划"前面用的动词可以是主持、草拟、批准，但每个动词背后的意义都不同。

（5）确保本岗位职责与别的岗位职责无交叉重叠、无遗漏、无错位。

4. 岗位要求

任何岗位都要阐述明确的工作职责，而为了顺利完成此职责，则对在岗者有相关任职资格方面的要求。常见的如下：

（1）身体要求，包括年龄、身高、视力、性别、身体状况等方面的要求。

（2）知识要求，比如对一个弱电工程师的知识要求如下：

- 熟悉公司弱电方面业务流程；
- 理解公司企业文化；
- 熟悉酒店常用弱电项目的操作、维护、保养等；
- 具备酒店音响、灯光、门锁、门禁等基础理论知识等。

（3）面客岗位要求，比如对前台接待的基本要求可能如下：

- 酒店旅游专业中专或以上学历；
- 熟悉前台接待流程，办理客户入店及离店手续；
- 微笑服务，与客户对答如流，满足客户的各类咨询需求；
- 处理客户的日常问题，协助大堂副理处理客户投诉；
- 根据每日营业情况，使用系统生成每日报表等。

（4）软能力要求，比如对一个基层主管的素质要求为：

- 计划组织协调能力；
- 质量管控与监测能力；
- 现场问题解决能力；
- 培养与辅导下属的能力；
- 流程监控与持续改进的能力等。

（5）经验要求，比如温泉经理的经验要求为：

- 至少十年温泉酒店从业经验，有任职经理两年的管理经验；
- 领导部门去建立并实施最佳质量方案和行动的经验；
- 领导一个部门去提高某些业绩指标的经验；
- 建立一个高效率团队的经验；
- 有处理与部门或组织内部矛盾的经验。

（6）资质要求，如会计证书、英语六级证书、电工证书、电梯证、制冷证等。

5. 劳动条件

主要包括以下几点：

- 需要用到的工具设备；
- 工作场所的物理环境，比如室外露天作业，或温泉外场，或高空等；
- 职业危害，比如噪声、高空、高温等；
- 危害可能导致的职业病及防护用品佩戴要求，比如眼镜、耳塞、工作服、防电雨鞋等；
- 工作时间，比如三班倒、两班倒、长夜班、长白班、加班，以及加班的频率；
- 工作地点。

6. 权力

清楚地界定每一职责上的权限，应该用精心选择的动词恰当地描述权限范围。典型的三类权限：人权、财权、事权。在描述权力时一般用三种权力方式：一是建议权，二是审查权，三是批准权。

7. 工作关系描述

工作关系主要描述本岗位任职员工为完成本岗位工作职责需要发生的纵向、横向业务关系。纵向关系，指上级岗位名称以及直接下属岗位名称和人数；横向关系，指同一上级的内部同级岗位。通常会用一张组织结构图来描述这种关系。另外，在描述工作关系时也包括外部的岗位与该岗位密切关联的公司内部外部的相关人员或单位。

（四）人员编制预算

1. 确定编制预算的常用方法

（1）排班法。旅游服务行业一般根据项目体量进行定岗定编，然后评估岗位工作量、工作时间、人员休息等因素进行排班，最终确定人员编制和预算。此类方法一般适用于一线服务岗位。

（2）行业比例法。行业比例法是根据项目员工总数和一些后勤保障类的比例来确定岗位的人数。例如，人力资源、财务类和管理类人员这些岗位很难简单套用确定一线基层人数的方法确定人头编制，因此，另外一个思路就是计算出这类人员的总数与全公司人员总数的比例关系。比如，有的专家指出每 100 个人，应该配备 1 个人力资源专业人员；每 150 人，应该配备 1 个安全专业管理人员。比如，一个公司里，管理人员和基层人员的比例为 2∶8 等。

（3）经验预测法。经验预测法适合于较稳定的小型企业，这种方法利用现有的情报和资料，结合以往的经验和本企业的实际特点，来预测企业未来人员的需求。

2. 管理与规划

一个温泉酒店的人力预算与编制，一般由各部门确定初步的用人需求，最终由人力资源部门统一规划统一编制，并且每年或定期对人力资源需求进行回顾，用尽量科学的方法做推理测算，减少管理上的随意性。

（五）项目用工规划与形式

温泉项目一般在远离城市的偏远地区或景区，基层人员的招聘工作非常困难，大多项目已采用多种用工方式来进行补充企业用工所需。现在企业一般有哪些用工方式，理解各种用工形式利弊和适应情况，从而配合人力资源部门一起思考究竟何种用工方式最适合用人部门的需求。

1. 合同工标准工时

适应工作时间相对固定需要长期的岗位。比如，要标准作业的一线员工，需要长期持续处理事务性工作的办公室人员、管理人员，或者其他能够构建公司核心能力的岗位。这种用工方式是当前使用最广的一种用人方式。

2. 劳务外包 / 劳务合同

适应于具有临时性、辅助性、替代性特点的工作任务。例如，公司的保安、保洁、洗碗工等部门进行劳务外包，承包给第三方公司。另外，一些短期性的专业性很强的技能短缺或一项临时任务，也可以考虑此形式。比如，某些工程问题的解决、办公室装修、不定期的一项打包任务，也可以与个人签订劳务合同，相当于承包给个人，如咨询师、律师等。

3. 劳务派遣

适应于具有临时性（半年）、辅助性、替代性特点的工作任务，让被派遣的劳动者完成，这些劳动者与有资质的劳务派遣公司签订合同，并支付报酬，被派向其他有需求的用工单位。用工单位与派遣公司签订合同，并向派遣公司支付约定的服务费用。

4. 实习生

从长期来看，企业需要建立人才储备库，建立老中青有效衔接的人才梯队，培养特殊专业技能的专业人才，聘用大量在校实习生，经过实习考察后转为正式员工；也有另一种情形，就是一些临时的短期的工作，可以在别人带领下协助完成的工作，也可以让实习生来帮忙完成。

5. 非全日制用工

指以小时计酬为主，劳动者在同一用人单位一般平均每日工作时间不超过 4 小时，每周工作时间累计不超过 24 小时的用工形式。常见的岗位如保洁、厨师，或一些每天只需要几小时工作的岗位，如小时工。

6. 退休人员返聘

离退休人员再次被聘用到某个工作任务或工作岗位。

7. 延长工作时间

即通过加班来弥补劳动力的不足。

8. 综合工时制

综合工时制是指分别以周、月、季、年等为周期，综合计算工作时间，但其平均工作时间和平均周工作时间应与法定标准工作时间有相同的用工模式。适合有明显淡旺季的行业和岗位。

二、招聘规划

人尽其用，将合适的人安排到合适的岗位上，实现人这一资源的合理配置，对于企业发展有着极其重要的作用。招聘是企业招纳贤才的必要环节，拥有一支素质高、能力强的人才队伍，才能让企业永远保持发展的最优状态。

温泉酒店人力资源部在招聘之前，应制定适合本酒店的招聘管理制度和招聘工作流程，为项目选用人才，是今后有序开展、扎实推进人事工作的第一步。

（一）制定招聘管理制度

一项完善的招聘管理制度是人力资源部门开展招聘工作的基础，招聘制度至少包含如表 7-4 所示内容。

表 7-4　招聘管理制度内容

制　度	描　述
招聘原则	开展招聘工作应遵循宁缺毋滥、公平竞争、因岗配人、量才录用的招聘原则
招聘决策	应以企业的发展战略、组织结构、人员供求作为制定招聘决策的依据，有计划地同各部门负责人对经营管理、业务发展、人员使用等情况进行讨论，请各部门负责人向人力资源部提出用人需求，报人力资源部及相关负责人进行审批
招聘计划	根据酒店业务发展需要，制订年度或阶段招聘计划。阶段一般为季度、半年度。员工流动性大的酒店，还应根据实际情况，制订适应性更强的招聘计划或临时用工招聘计划
招聘渠道	选择招聘渠道，包含内部招聘和外部招聘。一般有现场招聘会、招聘网站、员工内部介绍、猎头、院校、新媒体招聘等
招聘成本	根据制订的招聘计划，根据招聘人数和招聘渠道预估招聘成本，预估后报上级主管审核，审核通过即可展开招聘工作
招聘信息	做好选择招聘渠道和预估招聘成本的工作后，即可发布招聘信息
简历筛选	对从各个渠道接收的简历进行分类归档，初步筛选出符合企业用工需求的人员，组织面试 / 笔试；对于暂不符合企业现阶段要求的人才简历按照岗位进行存档，建立备用人才库
组织笔试	根据岗位职责和岗位要求，确定笔试题型。常见的题型有智商情商测试、性格测试、专业技能测试、领导能力测试、综合能力测试
组织面试	面试可分为初试、复试，具体面试次数根据岗位职责和岗位要求而定，每个环节对应聘者的考核程度都不一样
背景调查	通过笔试、面试的人员，有意邀请其入职的，应先安排本部门员工对其进行背景调查，以达到降低用人风险的目的；难以作出决定时，应和用人部门沟通好
员工入职邀请	向符合用工需求的人员发出入职邀请。入职邀请形式可以是电话、邮件等，并应确认应聘者是否收到入职邀请。对于未被录用的人员，也应告知对方应聘结果
员工入职报到	应聘者在规定时间内到企业报到，人力资源部为其办理入职手续。如应聘者没有在规定时间内报到，企业有权取消其入职资格，另有特殊情况，可在双方沟通确认后更改报到时间
员工试用	新员工进入试用期，试用期期限多为 1-3 个月，主要对新员工的工作态度、工作能力和工作业绩等方面进行考核
员工转正	试用期员工表现优异，可申请转正。试用期已满但未达到用人标准者，人力资源部与用人部门可视具体情况决定延期转正、转换岗位，若延期转岗后仍不能达到转正要求可考虑辞退
效果评估	从选择招聘渠道一直到员工转正，要安排招聘小组跟进招聘工作流程，对招聘效果进行评估。评估标准有：岗位空缺是否得到满足，招聘成本是否合理，招聘计划的成功率是否达到标准

（二）制定招聘决策与招聘计划

在开始招聘前，应做好前期准备，包括把握招聘原则、制定招聘决策、制订招聘计划，这样才能让招聘工作的有序开展有依有据。招聘人才时应依据以下原则：

（1）宁缺毋滥原则。如果没有合适的人选，宁可让岗位暂时空缺，也不要随便招个人来充数。招聘时的考核应全面，包括面试、笔试、背景调查等。

（2）公平竞争原则。制定一套招聘制度和招聘流程，并做好公示工作，让这些制度和流程置于公众监督之下，保证招聘的程序化、规范化。安排专人对实施工作进行宣传、运作、监督，并及时收集、反馈、解决出现的问题。

（3）因岗配人原则。根据企业发展和工作进展设立岗位，然后根据岗位的职责和要求进行人员配置。因岗配人可能使某些战略人才离职，人力资源部应有“火眼金睛”，甄选出战略人才。

（4）量才录用原则。招聘时，若发现才能大的员工，在沟通好的前提下，可适当安排岗位外的工作。对才能小的员工，也可适当减少其工作；如才能与岗位要求不符，则应建议其转换岗位。

（三）制订招聘计划

每一个企业的发展战略、组织架构、人员供求规模各不相同，所制订的招聘计划也有所不同，如温泉度假酒店，往往淡旺季分明，用人时多时少，应该制订适应性更强的招聘计划（见表 7-5）。

表 7-5　招聘计划表

招聘计划表				
部门：		填表日期：　年　月　日		填表人：
招聘目标	申请部门	岗位名称	增员人数	岗位要求
招聘渠道	□校园招聘会 □企业内部招聘	□现场招聘会 □企业内部介绍	□网络招聘 □其他	□委托招聘
部门负责人意见			签名：	日期：
人力资源总监意见			签名：	日期：
分管领导意见			签名：	日期：
总经理意见			签名：	日期：

注：此表摘自广州上水精品设计酒店

制订计划后，酒店应着手组建招聘小组，做好小组人员分工。在开展招聘过程中，确保招聘流程有条不紊，各项工作能落到实处，招聘才能按计划实施。

（四）选择招聘渠道

大多数温泉度假酒店地处偏僻，远离市区，周边人口偏少，因此，温泉度假酒店想招到适合的人才非常艰难。其中，根据招聘岗位选择最合适的招聘渠道非常重要。一般来说，对酒店不同层级的人员来说，应选择不同的招聘渠道。因此，在选择招聘渠道时，要进行多方面的对比分析，必要时可将多种招聘渠道结合使用，以达到最优效果。

1. 常用的招聘渠道

随着社会不断发展，市场上招聘渠道越来越多，只要对这些招聘渠道有足够的了解，选择、使用好招聘渠道，不仅可以通过招聘渠道找到适合企业的候选人，也可以在一定程度上为企业品牌做宣传。

一般情况下，温泉酒店可通过以下这些渠道来选择和酒店岗位相匹配的人才。这些渠道包括校园招聘会、现场招聘会、网络招聘、委托中介招聘、企业内部招聘、企业内部介绍及内部竞聘等。

2. 不同岗位适应的招聘渠道

基层服务人员：此类人员主要立足于本地招聘和院校招聘，包括建立在院校实习基础上的招聘渠道和员工内部介绍。

基层管理人员：此类人员主要依托于专业招聘网络和内部竞聘渠道。专业招聘网站包括国内旅游人才网等。

高层管理人员：此类人员主要通过行业介绍、网络招聘、猎头招聘及内部培养等多种渠道进行招聘。

（五）制订面试政策与录用制度

1. 简历评估和筛选

对从各个渠道接收的简历要进行初步筛选，选出符合酒店用工需求的人员，再安排面试 / 笔试。

另外，简历筛选时，应同时建立招聘人才库，做好人才的储备工作。可将人才信息根据应聘情况分为三类，如愿聘人员、可聘人员和拒聘人员。建立招聘人才库，有利于招聘人员区分应聘人员信息，提高招聘效率和成功率，保证招聘工作的顺利开展，也可以为酒店提供不时之需，以解燃眉之急。

2. 组建面试小组

在面试前，应根据岗位的实际情况，组建面试小组。条件允许的情况下，可按照知识互补、能力互补、年龄互补、性格互补等原则组建面试小组。温泉酒店一般以用人部门主管、人力资源部招聘主管、分管领导和总经理组成，可根据招聘岗位确定小组成员的面试安排。

3. 通知面试 / 笔试

当接收到简历时，人力资源部可安排专人先进行电话面试，初步了解应聘者的情况后，再通知其面试 / 笔试的时间和地点。

需要注意的是，通知应提早 1–2 天发出，给予应聘者准备的时间，并且要通知招聘小组成员需要参加面试的计划，以免工作计划被打乱。如将应聘者约来了，招聘小组的人员却因为出差、开会等原因无法抽身，影响面试计划的开展，也有损酒店形象。

4. 进入面试流程

应聘者到达面试地点后，人力资源部做好接待工作，包括安排面试顺序、收发相关资料。很多应聘者应聘时会自备个人简历，但是由于个人简历中很多信息类目不全，招聘人员可发放企业统一制作的应聘人员登记表给予应聘者填写，这样既有利于面试，也为后期的信息收集、整理、录入带来方便。

5. 背景调查

为客观地了解应聘者的真实情况，有很多重要的岗位需要开展背景调查工作。背景调查一般是在终试通过后，录用人才前开始的，主要包括身份背景调查、学历背景调查和工作背景调查。

需要注意的是，对应聘者进行背景调查，应征求应聘者的同意，对还在职的人员，应不能对现就职的单位进行背调，以免影响到应聘者当前的工作。

调查身份背景，人力资源部可到专门网站，比如全国居民身份证号码查询服务中心查询或核实身份信息。

调查学历背景，人力资源部则要对毕业证、学位证等原件进行审核，同时还要配合其他方式，比如到教育部学历验证中心网站上进行查询或核实。

调查工作背景，一般通过致电到应聘者之前的单位人事部门进行了解，包括了解原岗位的为人品德、工作经验、工作能力、综合素质，从而作出正确的招聘决策。

（六）入职邀请和报到

结束面试 / 笔试后，应严格按照招聘计划，通知合格的应聘者入职。一般 2 天之内通过邮箱发出通知比较合适，让入职者尽快作出入职决定。

1. 入职邀请

通过面试，应聘者被录用，招聘小组应向应聘者发放录用通知书。如果应聘者未被录用的，也应给通知，一来让招聘流程有始有终，二来让应聘者不用一直等消息。

2. 入职报到

入职者如期到达公司后，人力资源部安排其填写员工相关资料，办理相关入职手续，并应通知用人部门进行报到，并开始新员工入职培训事宜。

（七）招聘效果评估

对招聘效果的评估主要有以下几个标准：岗位空缺是否得到满足，招聘成本是否合理，招聘计划的成功率是否达到标准。换句话说，也就是人才质量以及招聘的成本和效率评估。最后，对招聘工作进行评估，改进和优化招聘流程，使其能够真正为企业的发展服务。

三、培训发展

一个企业的发展和壮大，离不开培训工作的开展。温泉酒店是典型的人口密集的服务性行业，员工的工作态度、服务意识、业务水平、工作流程与标准的执行，直接决定温泉酒店管理水平的高低；而这些环节都少不了培训工作的有效开展。

目前，培训内容多种多样，不同部门、岗位的员工，所要掌握的知识、技能都是不一样的。而随着科学技术的发展，在形式上，不同的媒介为培训提供了极大的便利。这就对管理者提出了要求，管理者要带领下属，及时了解培训的内容和形式，如此才能为各个员工选择出最适合的培训课程。

（一）开展培训工作的原则

（1）战略性原则：培训应服务于企业的战略。除了解决当前经营管理中出现的问题，也要看到企业的发展目标，变被动为主动，通过培训，让员工能够满足企业未来的发展需要。

（2）针对性原则：培训项目的内容和形式要解决实际问题，能让员工掌握更多知识和技能，工作态度也更为积极，变被动学习为主动学习。

（3）有效性原则：把每一次培训的价值最大化。设计符合企业和员工需求的培训项目，让培训对企业的经营管理产生实质性的效果，并且要注意培训后的效果。

（4）全方位原则：把知识、技能、态度等方面的需求结合起来，多种方式综合运用，尽可能地覆盖每个员工的需求。

（5）性价比原则：在培训项目的安排上，要根据企业的能力作出恰当的安排。使培训不会影响企业当前的生产或经营，做到投入和收益成正比。

（二）明确员工培训的内容

在进行员工培训前，应进行妥善的安排，明确具体的培训计划，包括培训的人员、时间、内容、讲师、培训形式等。

一个温泉度假酒店，企业发展到不同阶段，员工的培训需要也会发生变化，因此，需要知道企业中有哪些员工是需要接受培训的。

（1）新员工：帮助他们尽快了解企业的规章制度、酒店介绍、酒店产品、消防安全、礼节礼貌以及明确岗位的工作要求等，最快地进入工作状态。

（2）专业知识或工作能力不足的员工：帮助他们提升自身的知识和工作能力，如岗位技能、管理方法、沟通交流等，使他们适应行业的经营变化，更快更好地开展工作。

（3）工作态度不好的员工：改善员工的工作态度，如开展心态管理、沟通艺术及人际关系等培训课程，使员工与企业之间建立起互相信任的关系。

（4）工作潜力大的员工：最大限度地挖掘他们的潜力，着力让他们参加管理能力、团队合作、沟通艺术、经营收益管理等提升类培训，为其日后承担重要工作奠定基础。

总的来说，不同岗位的员工要培训的具体内容既有联系，也有区别，作为培训部门的管理人员，要熟悉每个岗位的职责和要求，在设计培训课程和制订培训计划时才能有依有据。

（三）员工培训的形式

为了使员工全面掌握培训要求，企业的培训形式应多种多样，层出不穷。包括使用多媒体教学，结合角色扮演、案例讨论、游戏体验分析等各种培训方式，让培训不再是枯燥的说教，内容更丰富，形式更生动。

其中最常用的培训方式主要概括为以下三种：直接传授培训、态度转变培训和实践参与培训。

1. 直接传授培训

直接传授培训即直接对员工进行知识的教授，其特点是交流的单向与对象的被动。常用的方法包括讲授法与讲座法（见表 7–6）。

表 7–6　直接传授培训方式

方　法	优　点	缺　点
讲授法	● 对培训环境要求不高 ● 能全面、系统地教授知识； ● 允许参与的员工数量较多； ● 课后能及时向讲师请教或反馈问题。	● 可能抑制员工个性； ● 讲师与员工互动少； ● 讲授知识量大，难以消化； ● 讲师水平直接影响培训成果。
讲座法	● 讲座培训时间灵活； ● 适合某方面的专题知识介绍。	● 讲授内容的系统性可能有所欠缺； ● 讲师需要具备一定的讲授技巧。

2. 态度转变培训

常见的态度转变培训方式包括素质拓展与角色扮演（见表 7–7）。

表 7–7　态度转变培训方式

方　法	优　点	缺　点
素质拓展	● 以体验活动为培训的主要形式； ● 是心理、体力、智力的综合训练； ● 培养员工的团队精神与集体荣誉感。	● 培训成本较高； ● 若流于形式，难以调动员工热情； ● 若组织不当，容易成为缺少目标的培训； ● 单纯团队活动。
角色扮演	● 真实的模拟场景利于强化培训效果； ● 员工与员工、员工与讲师之间交流互动性强； ● 形式灵活，讲师能根据培训需要调换员工角色，调整教学内容。	● 对培训环境要求较高； ● 模拟的场景是静态的，实际的工作则是多变的。

3. 实践参与培训

任何知识技能的掌握都离不开实践与运用，因此实践参与培训更强调员工的参与性。常见方法包括模拟演示和头脑风暴（见表 7-8）。

表 7-8　实践参与培训方式

方　法	优　点	缺　点
模拟演示	● 是视觉、听觉与大脑思考的结合； ● 有利于激发员工的学习兴趣； ● 有利于加深员工对知识的印象。	● 只适用于能模拟演示的教学内容； ● 对培训设备与培训环境要求较高； ● 对讲师的授课准备提出更高要求。
头脑风暴	● 员工的讨论交流能促进相互学习； ● 有利于激发员工的思考热情； ● 有利于加深员工对知识的理解。	● 不利于员工掌握系统的知识技能； ● 若引导失当，容易使讨论偏题； ● 对性格内向、不善表达的员工可能达不到理想的培训效果。

（四）不同员工类型的培训方式

不同的培训方式适合不同类型的员工，总体来说，员工主要分为非管理类员工和管理类员工。

1. 非管理类员工培训方式

对于非管理类员工的培训，重心会更多地放在员工岗位知识技能的掌握与拓展上。常用的培训方式有如下四种：在职培训、学徒式培训（一对一培训法）、按计划指导与情景模拟（见表 7-9）。

表 7-9　非管理类员工培训方式

方　式	描　述
在职培训	● 在职培训，即让没有经验的员工通过向同事与上级学习从而获得提升； ● 员工通过此培训方式能在上级的指导下获直接的经验，并获得与同事建立良好关系的契机； ● 在职培训在培训材料、培训人员、培训成本等方面投入较少，但员工取得的培训成效相对显著，因此是企业常用的一种培训手段。
学徒式培训	● 学徒式培训是在职培训的分支，更多在技术岗位中实行，通过“师傅带徒弟”的方法，员工能获得理论与实践两方面的指导； ● 学徒式培训结合在职培训与课堂培训，在让员工学习的同时也不耽误工作，并让其达到实践与强化的培训目的。
按计划指导	● 按计划指导是员工按照个人的步骤工作；在实行按指导计划培训时，要先把工作内容分门别类，待员工完成一阶段的学习后，再继续进行下一步的学习； ● 按计划指导让员工根据自己的实际情况调整学习计划，调动学习的热情，获得学习的反馈，使培训充满人性化。
情景模拟	● 情景模拟，即有针对性地进行工作情景设计，让员工扮演情景中的角色应对模拟工作中出现的问题，是沟通交流培训中常用的方法； ● 情景模拟能让员工在高度仿真的情景中获取知识与技能，增强员工的信心，但由于现实的工作情况多变，在模拟情景中培训的知识技能不一定总能奏效。

2. 管理类员工培训方式

管理岗位的工作内容更多地倾向于企业管理，因此针对管理类员工常用的培训方式有经验积累、研讨会议、案例研究、游戏与行为模拟等（见表 7-10）。

表 7-10 管理类员工培训方式

方 法	描 述
经验积累	● 经验积累，即通过实践获得经验，从而达到培训效果。管理类员工在工作中总结，在错误中学习，以此累积经验，这是最可贵，也是最有效的方法。 ● 员工能积累相关经验的重要工作节点包括代理上级处理事务、岗位调动、岗位轮换、行动学习等。
研讨会议	● 研讨会议主要组织员工在企业战略与工作流程方面展开讨论交流，以及对某些尚未有明确结论的问题进行研讨或辩论，是为员工提供培训与发展机会的一种常用手段。 ● 通过参加研讨会议，员工能更好地知道企业与员工的变化，更妥善地处理企业事务与人际关系。
案例研究	● 案例研究是把实际发生的工作真实情况用视听媒介展现，让员工对该案例进行思考、诊断、分析，并提出解决与决策方案，是课堂培训方式中的一种有效的学习方式。 ● 案例可从日常工作中实际出现的情况加以筛选提取，对案例进行研究有助于提高员工的决策能力与问题解决能力，因而适用于高级技能开发。
游 戏	● 游戏，即让员工在仿真的商业竞争情景下，收集、分析信息并根据分析结果作出决策的一种培训方式，常用于管理技能的开发。 ● 由于游戏涉及方方面面的管理内容，如市场营销、预算控制、劳务关系等，因此能帮助员工迅速建立管理的知识框架，激发其学习热情，培养其团队合作精神等。所以，游戏也被认为是真实性与意义性结合的一种培训方式。
行为模拟	● 行为模拟主要是向员工介绍在工作中出现各种情况时需要采取的行为，让员工模拟这些行为并听取反馈意见。 ● 行为模拟包括以下四种内容：学习要点的描述、展示典型的行为、角色扮演的实践、学习反馈与强化。

（五）培训准备阶段

1. 分析员工培训需求

培训需求分析的三个层面如表 7-11 所示。

表 7-11 培训需求分析的三个层面

层 面	描 述	消息来源
企业层面	根据公司的战略发展目标对公司的关键部门、关键岗位、关键能力的培训需求	把握公司整体发展方向的高层管理者
岗位层面	与岗位工作绩效提升直接相关的培训需求	部门主管或中层管理者
个人层面	个人对培训需求的意愿	个人

培训需求分析，可以通过让员工填写相关的培训需求调查实现。员工培训需求调查表如表 7-12 所示。

表 7-12　员工培训需求调查表

<table>
<tr><td colspan="6">员工培训需求调查表</td></tr>
<tr><td colspan="4">填表日期：　　年　　月　　日</td><td colspan="2">填表人：</td></tr>
<tr><td>姓　名</td><td></td><td>性　别</td><td></td><td>工　龄</td><td></td></tr>
<tr><td>学　历</td><td></td><td>专　业</td><td></td><td>毕业学校</td><td></td></tr>
<tr><td>入职日期</td><td></td><td>部　门</td><td></td><td>现任岗位</td><td></td></tr>
<tr><td colspan="6">工作概况</td></tr>
<tr><td>当前工作中面临的困难与挑战</td><td colspan="5">至少列出两项</td></tr>
<tr><td>您迫切希望掌握的知识和提高的技能</td><td colspan="5">至少列出两项</td></tr>
<tr><td>您的职业生涯规划概况</td><td colspan="5">短期目标（1-2 年）：
中期目标（2-5 年）：
长期目标（5-10 年）：</td></tr>
<tr><td colspan="6">培训概况</td></tr>
<tr><td rowspan="4">培训时间</td><td colspan="5">您认为进行一次培训的最佳时长为多久？
□ 0.5 小时　□ 1 小时　□ 1.5 小时　□ 2 小时　□ 2 小时以上
□其他（请说明）</td></tr>
<tr><td colspan="5">您能接受的培训时间是什么时候？
□上班时间　□下班时间　□休息日　□无所谓</td></tr>
<tr><td colspan="5">您认为进行一期培训，时间持续多久最为合适？
□ 1 天　□ 2 天　□ 3 天　□ 1 周　□ 1 周以上　□其他（请说明）</td></tr>
<tr><td colspan="5">您认为多久进行一次培训最为合宜？
□每月一次　□两月一次　□季度一次　□半年一次　□其他（请说明）</td></tr>
<tr><td rowspan="3">培训内容和培训方式</td><td colspan="5">您最希望了解本公司的哪些情况？
□公司发展概况　□公司规章制度　□主要业务及产品结构
□岗位职责和岗位要求　□晋升机制　□薪酬福利　□其他（请说明）</td></tr>
<tr><td colspan="5">您最希望公司提供下列哪些培训内容，并按照您认为的重要程度列出先后顺序：
□知识类　□技术类　□态度类</td></tr>
<tr><td colspan="5">您认为最有效的培训方式排序为：
□直接传授　□实践参考　□远程教育　□其他（请说明）</td></tr>
<tr><td rowspan="3">培训效果</td><td colspan="5">您认为影响培训效果的最主要因素是什么？
□培训内容的合理性　□培训方式的选择　□讲师的水平　□培训时间的安排
□其他（请说明）</td></tr>
<tr><td colspan="5">您认为讲师来自哪里比较合适？
□公司内部讲师　□外部专业培训机构　□经验丰富的人员　□高等院校的人员
□其他（请说明）</td></tr>
<tr><td colspan="5">您认为公司开展的各项培训是否应与个人绩效考核、岗位晋升挂钩？
□是　□否　□无所谓</td></tr>
<tr><td>对培训的意见和建议</td><td colspan="5"></td></tr>
</table>

（六）制订员工培训计划

完整的培训计划包含的要素有培训目标、培训对象、培训内容、培训方式、培训资源、培训时间、培训地点及设备。

1. 明确培训目标

明确总体培训目标，再将其进行细化为各层次的具体目标。各层次的目标越具体，可操作性就越强；同时，这些具体的目标也会用于评估培训效果。

2. 选择培训对象

培训对象可以分为理论范围和实际范围两个部分。理论范围：人力资源部门根据企业计划和培训需求制定的人员范围；实际范围：人力资源部门向用人部门征求意见后，根据实际情况确定的人员范围。与理论范围相比，实际的培训对象范围可能更大，也可能更小，人力资源负责人需要与用人部门就企业、岗位、个人三个层面充分沟通后才能作出决定。

3. 选择培训内容和培训方式

培训内容主要包括知识培训、技能培训和态度培训。把需要培训的员工类型、员工培训内容结合起来，确定具体的培训方式。同时，还要考虑接受培训的员工是非管理类人员，还是管理类人员。

4. 选择培训资源

企业应根据培训需求和培训内容来确定使用什么培训资源。如果培训内容涉及企业战略、商业秘密，以及与岗位知识或技能关联性比较大，则应选择内部开发的讲师。如果培训内容是涉及通用理论、公共知识的，以及内部无法提供的，则可选择外部聘请的讲师。

5. 确定培训时间、地点和设备

不同的培训内容和培训方式最终决定了培训的时间、地点和设备。如知识类培训，可以选择远程教育培训，不受时间、地点的限制。而技术类培训，则可以选择实践参与培训，这就要提前做好准备。人力资源部甚至还需要组建培训小组，安排不同的人员跟进每一个环节。

培训计划表如表 7-13 所示。

表 7-13　培训计划表

培训计划表				
填表日期：　　年　　月　　日			填表人：	
培训目标				
培训对象	培训部门	岗位名称	培训人数	培训需求

续表

<table>
<tr><td>培训内容</td><td colspan="4"></td></tr>
<tr><td>培训方式</td><td colspan="4"></td></tr>
<tr><td rowspan="3">实施安排</td><td>培训时间</td><td></td><td>培训地点</td><td></td></tr>
<tr><td>授课时数</td><td></td><td>主讲人</td><td></td></tr>
<tr><td>培训教材</td><td colspan="3"></td></tr>
<tr><td>制表：</td><td>审核：</td><td colspan="3">审批：</td></tr>
</table>

（七）培训实施阶段

培训计划的良好实施是培训效果的基础保障，培训课程组织得如何对于培训的最终效果有着至关重要的影响。培训计划实施得不好，即使企业拥有充足的培训资源、正确的培训目标、完美的培训计划，学员也不会获得良好的体验，培训课程甚至还可能会引起学员的不满。

1. 培训前的工作

（1）培训 7 天前：把酒店确定的培训计划、学员名单，以培训通知的形式在企业内部系统公示出去，确保信息的有效传达。

（2）培训 5 天前：确定讲师的时间和培训的内容，同时提前审核课件，准备考试的内容、确认考试时间等。做好详细的培训计划及培训课程描述。培训课程描述是指从培训需求分析中得到的和培训项目有关的总体信息，包括培训的目标、时间、地点、方式、内容、培训对象、讲师、使用教材等。

（3）培训 1 天前：列出本次培训所使用到的物料，清点好已经准备好的物料和经过调试后确认可以正常使用的设备培训过程中所使用的各种电子资料，需要在培训前 2 天复制到相关的电脑及 U 盘中，并保证其正常可用。注意培训所使用的视听设备、考试试卷、培训教材、评估问卷等，除正常使用的量外，需要多准备一套作应急之用。

2. 培训期间的工作

（1）培训开始前：组织学员签到，发放培训教材。宣读培训须知，主要是培训课程描述和培训纪律声明。

（2）讲师进行持续沟通：如果请了多位讲师对学员进行培训，要安排好每一位讲师的授课时长并及早与下一位讲师联系，让其有足够的时间前往相应地点做好准备。要注意控制授课时长，分别在预定时间结束前的 15 分钟提醒讲师。若无特殊情况，在授课时长超出预定时间 15 分钟时，应礼貌地打断当前讲师的授课，防止下一位讲师等待时间过长。

（3）培训服务工作：培训小组须时刻注意培训期间的各种情况，并做好相应的服务工作，包括用水用餐、补充培训教材、检查视听设备等。

3. 培训后的工作

（1）整理学员对此次培训的反馈：发放反馈表给学员填写，并仔细检查每一份表。注意细节，确保得到的反馈是可靠的，而不是无效的。

（2）收集人力资源部培训报告：人力资源部也要收集人力资源部对于本次培训的报告，包括此次培训遇到的困难和挑战、解决方案、培训心得等。

（3）归档员工培训档案：将员工培训期间的所有资料按部门、按日期分类整理、归档。包括培训签到表、考试试卷、学员培训课程反馈表、员工培训档案、学员培训效果追踪表、学员工作改进计划表、培训心得等。

（4）汇总员工培训结果：汇总员工培训结果，形成最终的数据和结论，将其上报给各用人部门主管。注意及时组织部门主管对培训结果进行讨论。

学员培训课程反馈表如表 7-14 所示。

表 7-14 学员培训课程反馈表

<table>
<tr><td colspan="6">学员培训课程反馈表</td></tr>
<tr><td colspan="4">填表日期：　　年　　月　　日</td><td colspan="2">填表人：</td></tr>
<tr><td>姓名</td><td></td><td>部门</td><td></td><td>岗位</td><td></td></tr>
<tr><td>学历</td><td></td><td>专业</td><td></td><td>工龄</td><td></td></tr>
<tr><td>参加此次培训的原因</td><td colspan="5">□自己要求　□自费学习　□企业要求　□上级指派</td></tr>
<tr><td>此次培训的方式</td><td colspan="5"></td></tr>
<tr><td rowspan="5">培训反馈</td><td colspan="5">您认为此次培训使用的方式是否合适，如不合适，请说明
□合适　□一般　□不合适</td></tr>
<tr><td colspan="5">您认为此次培训时长是否合理，如不合理，请说明
□合理　□一般　□不合理</td></tr>
<tr><td colspan="5">您认为此期培训的持续时间是否合理，如不合理，请说明
□合理　□一般　□不合理</td></tr>
<tr><td colspan="5">您认为此次培训使用的场所是否合适，如不合适，请说明
□合适　□一般　□不合适
您认为此次培训的讲师水平如何，如较差或很差，请说明
□很好　□较好　□一般　□较差　□很差</td></tr>
<tr><td colspan="5">您认为此次培训使用的教材是否合适，如不合适，请说明
□合适　□一般　□不合适</td></tr>
<tr><td>此次培训您最大的收获</td><td colspan="5"></td></tr>
<tr><td>您对此次培训的意见和建议</td><td colspan="5"></td></tr>
</table>

员工培训档案如表 7-15 所示。

表 7-15 员工培训档案

员工培训档案					
填表日期：　　年　　月　　日				填表人：	
姓名		部门		岗位	
学历		专业		工龄	
培训记录	起止日期	培训内容	培训方式	培训结果	备注
教育经历	起止日期	就读院校	学习形式	证书名称	备注
进修记录	起止日期	课程内容	进修方式	成绩或证书	备注

（八）培训效果评估阶段

评估培训效果有四个层面，分别是反映层面、学习层面、行为层面和结果层面。

（1）反映层面：了解学员对此次培训各方面的意见，这是评估培训效果最直接的反映。

（2）学习层面：通过考试来了解学员对此次培训教授的知识的掌握、技能的提升情况。

（3）行为层面：了解学员培训前后的工作能力的变化情况，考察学员有没有把学到的知识和技能应用到工作中，以及学员培训前后的工作态度的变化情况。行为层面的评估一般通过绩效考核方式来完成。

（4）结果层面：了解是否达到了改变学员态度和行为的目的，以及这种改变是否对企业改善管理状况和提升经营业绩起到积极的作用。

归根到底，企业要对培训所产生的收益与培训的成本进行比较，以此评估企业从培训中所获得的价值。除此之外，企业还可以把不同培训项目的成本做比较，或培训项目不同阶段所发生的成本做比较，以此确定企业最需要什么样的培训。

四、绩效考核与绩效管理

（一）绩效管理的内容

1. 工作任务

- 确保员工的岗位职责清晰；
- 确保员工按要求和规定完成任务；

- 确保员工在规定时间内完成任务；
- 确保员工工作熟练度的提高。

2. 绩效考核

- 确保绩效结果符合公司要求；
- 分析员工绩效下降原因；
- 鼓励员工提升自身技能水平；
- 创造让员工学习和提升的机会。

3. 职业生涯规划

- 发现员工的发展潜能；
- 帮助员工作出恰当的选择；
- 向处于职业生涯发展选择中的员工给予建议或帮助；
- 帮助员工实现预期的工作目标。

4. 个人生活

- 清楚员工的个人生活问题对绩效的影响；
- 协调员工生活与企业利益的冲突；
- 为员工生活目标和方向给予建议；
- 从个人层面出发，表达对员工的支持和帮助。

（二）绩效考核

1. 绩效考核的类型

根据考核时间、工作性质和考核目的，绩效考核可以分为日常考核、关键技能考核以及晋升考核。

（1）日常考核：对员工进行的每日工作考核。包括对员工当日的工作数量、工作质量以及工作态度等方面的检查和考核。日常考核更能反映员工真实的工作水平与进步状况，是发放员工薪酬福利的重要参考依据。

（2）关键技能考核：对员工的某些专业技能，如关键设备的操作、关键作业流程的掌握等进行严格的考核。员工的专业知识和技能考核的内容不是固定不变的，还必须紧跟行业发展动向及时更新，因此还有必要定期对员工进行工作培训。

（3）晋升考核：在确定晋升员工、提高员工薪酬福利和职务的一系列严格考核。不同岗位的工作情况、工作重点各不相同，要做到晋升考核有针对性，应根据具体的岗位制定相应的晋升考核标准。如对普通员工，重点考核其专业知识技术；对管理级别员工，重点考核其经营业绩、管理能力、处理事务的能力。对员工进行晋升考核有利于确保员工满足晋升的条件，具有晋升的能力，并保证晋升的公平性与可靠性。

2. 绩效考核的标准

绩效考核标准是管理人员在绩效考核进行之前通过各方面的观察、对比、测量所制定的关于各项指标的评分标准。一套明确完善的绩效考核标准有助于提升绩效考核的可行性。因此，员工绩效考核标准需要具备如下特征：

（1）具体。在制定绩效考核标准时，必须使用准确具体的描述，不能使用模糊的用词，要让员工清楚明确绩效的标准，避免可能出现的错误理解。

（2）可行。要让制定的标准得以实行，可以与各级员工沟通，使他们积极参与到绩效考核标准的制定中。

（3）关联。绩效目标是一个评判标准，但不是唯一的标准，应该和其他目标关联起来，使其他目标执行起来更顺畅。

（4）有时限。在考核之前，应该先明确时限，让人力资源部的员工在规定的时间内做好考核，掌握情况。

（5）有层次。绩效考核设定的标准应具有层次性。可以采用评分等级方式评定员工的绩效情况。

（6）可量化。制定的标准必须是可量化的。由于定性的标准可能因人而异，但定量的标准是可比较、可测量的，更易于对员工的工作绩效高低进行评价。

（三）绩效考核的方法

1. 相对评价法

（1）配对比较法。即通过周密的比较和排序来考核绩效水平，每一位员工按照所有的考核要素来与其他员工进行比较。其特点是所有考核要素都在员工之间进行了比较和排序，员工清楚自己在每个考核要素的横向比较和纵向排序上的位置。具体步骤如下：

- 任何两位员工之间都要进行一次比较；
- 较优秀的员工计 1 分，稍逊色的员工计 0 分；
- 全部员工比较完毕后，计算所有员工的得分，得分越高的员工就说明越优秀。

（2）交错比较法。指把员工的绩效从最好到最差交替排序，然后依据排序值计算出考核的最终分数。交错比较法是常用的绩效考核方法之一。相比其他相对评价方法，交错比较法在员工中选出最好和最差绩效表现者的操作较为简易。具体步骤如下：

- 先在员工中选出“最好”与“最差”，然后将其排序；
- 之后再在剩下的员工中选出“最好”和“最差”的，如此类推，直到所有员工排序完毕；
- 最后依据排序的数值得出最终分数，排名相加得出的数值越小，说明员工越优秀。

（3）强制比例法。即按照绩效等级的高低，强制对员工评定等级进行考核的方法。由于在所有员工中，一般表现的员工会占大多数，因此可以强制划拨优秀员工与不合格员工的人数。此方法适合采用员工淘汰机制的企业。具体步骤如下：

- 在绩效考核开始之前，先划分优秀、良好、中等、及格、不及格等选项；

- 确定各等级中，员工应占人数的比例；
- 根据员工绩效高低，强制地将其评为某等级。

2. 绝对评价法

（1）目标管理法。目标管理法更强调利润、成本、目标等能带来成效的结果，是现代企业绩效管理中较常使用的一种方法。这些目标的完成度与工作的成功展开直接相关，所以考核人可以根据员工工作目标的完成情况对其进行绩效评价、考核、奖励和惩罚。具体步骤如下：

- 先将每个员工的工作划分成若干具体明确的目标，包括目标的分类、制定目标的依据等；
- 监督员工目标的实施；
- 对员工目标完成的情况进行绩效考核。

（2）平衡记分卡。即对企业的财务、顾客、内部运营过程与学习成长四个方面进行综合评估，以实现企业的战略目标。在使用平衡计分卡时，应就这四方面设立相应的目标，以及判定目标是否达到标准。具体步骤如下：

- 建立财务、顾客、内部运营过程以及学习成长方面的具体愿景，然后建立细致的绩效目标；
- 结合企业长期及短期的发展目标，定下最有代表性、最有发展性的绩效标准；
- 加强对员工企业战略和目标的教育，采用不同方式进行宣传，让所有员工朝着实现目标的方向共同努力；
- 结合企业的计划与预算，制定短期的具体绩效目标，包括月度、季度、半年度、年度绩效目标；
- 对工作目标完成的情况进行绩效考核，并进行反馈。

（3）等级评估法。又称等级评定法，是最为常用且操作简单的一种绩效考核方法。主要根据员工在工作各个方面的表现与完成情况进行评价，来得出员工的最好绩效成绩。具体步骤如下：

- 先对考核岗位的工作划分出具体的、相互独立的内容；
- 划分评价等级，如优秀、良好、中等、及格、不及格；
- 根据员工实际工作完成程度和表现情况进行评级。

（4）360 度考核法。又称全方位考核法、交叉考核法，是绩效考核时常用的一种方法。传统的绩效考核方式主要由上级评定下级，而 360 度考核法则通过上级、下级、同事、客户、自身的评价来对员工进行全方位、多维度的考核。这种全方位的考核，有助于更客观地评定员工，找出问题的根源，制订出合适的改进方案。具体步骤如下：

- 要先确定是否采用 360 度考核法，此方法适用于内部凝聚力高、团结性强的企业，在这些企业里使用此方法能发挥出较大效用；

- 做好绩效考核问卷或绩效访谈的准备；
- 收集多方评价者对员工的评价，扩大评价的采集范围；
- 根据收集回来的评价，对员工进行绩效考核，并向员工反馈评价结果。

（四）绩效的反馈与改善

1. 改善绩效的注意事项

改善绩效不能简单地与员工的薪酬福利、晋升降级联系，而是应该与企业的培训工作、员工的职业规划相结合，如此才能真正激励员工的积极性，进而提升企业的整体业绩。人力资源部在改善绩效时应注意以下事项：

（1）预估改善绩效的成本。通过预算，估计改善绩效需要花费多少人力、物力、财力和时间，以此作为参考，选择最合适的方法改善员工绩效。

（2）重审绩效考核的不足。在进行绩效考核时，可能忽视了员工的优点，或过大地放大其缺点。为了确保绩效考核的公平、公正性，重新审视绩效考核便变得很有必要。

（3）寻找员工接受突破口。从员工乐意接受评价与建议的方面作为改善绩效的突破点，这样能减少员工的抵触反感情绪，让其更愿意改进工作。

（4）从效益最大方面着手。先帮助员工建立起自信心，会使后面的工作开展得更加顺利。因此，可以从效益最大的方面展开改善绩效的工作。

2. 提高绩效反馈水平

要想提高绩效反馈的工作水平，应遵循如下原则：

（1）准备充分，气氛和谐。在进行绩效反馈工作前，除了做好时间、地点的安排以及相应资料的准备外，员工的沟通工作也应到位。与员工进行绩效反馈沟通时，要营造和谐轻松的气氛，避免自己可能出现的负面情绪给整个反馈过程带来消极的影响。

（2）鼓励参与，积极沟通。应鼓励员工积极参与到绩效反馈的工作中来。只有与员工积极沟通，才能知道员工在工作中出现的问题、对工作的真正想法，如此才能取得绩效反馈的预期效果。

（3）重视非正式绩效反馈。很多人力资源部门只重视正式的绩效反馈，但其实非正式的绩效反馈亦非常重要。非正式绩效反馈能让员工了解到更多关于行业、工作的信息，及时得知上级对其工作的评价，进而让他们及时改进工作上的不足。

（4）绩效反馈评价要具体。对员工进行绩效反馈时，切记不要只是笼统地评判，进行负面反馈时更不能如此，因为这样的反馈没有建设性，员工也无法认同。最好能为员工提供具体可行的方案，为他们提供悉心指导，使员工不仅能看到实际的工作成绩与工作目标间的差距，还能认清自己的不足，找到改进的方向。

（5）解决实际问题为重心。绩效反馈的工作重心在于解决员工工作中的实际问题。所以要求在帮助员工发现问题后，要积极提出解决问题、改善现状的方法，帮助员工提高工作能力。对员工工作一味批评的做法不可取，更不能将负面的绩效当作惩罚不及格员工的依据。人人都有被尊重的需要，对于员工的不足之处，应该进行正确的引导，即使批评也应该是具有建设性的，单纯为了批评而批评，只会让员工更加抵触。所以，如果员工的绩效没有达标，应该和员工细谈，了解其工作情况，帮助员工分析原因，寻求解决问题的方法。

3. 绩效反馈面谈

绩效反馈面谈，即面谈人与员工就考核期内的绩效情况展开面谈交流。绩效反馈面谈是绩效反馈流程中最重要的环节。绩效反馈面谈的目的是，使员工清楚自己在考核期内的绩效情况，在肯定员工的工作成果时，也指出其不足的地方，共同讨论提升改进的计划，由此形成新一轮的绩效目标以及对员工的绩效要求。

为了实现行之有效的绩效反馈面谈，在进行绩效反馈面谈过程中需要注意如下事项：

（1）评价结果必须反馈。为了让员工了解自己的绩效评估以更好地改进，将评价结果反馈给他们是必须的。认为员工不必知道其工作评价，或担心考核结果会引起员工的不满都是不正确的观念。

（2）反馈面谈必须及时。在绩效考核评价出炉后，就必须开始着手准备反馈面谈。及时的绩效反馈面谈有助于趁热打铁帮助员工解决工作上的问题；若过一段时间再进行面谈，容易使员工产生松懈和抵触的情绪。

（3）面谈氛围必须融洽。在进行绩效反馈面谈时，面谈人要营造出安静融洽的谈话氛围，既不过于严肃，也不太过随意，且尽量免受外界的干扰。面谈中要先肯定员工在工作中的贡献和成绩，再告诉其不足以及提出改善其工作的具体建议。

（4）多用事实数据说话。绩效反馈面谈不是单纯地告诉员工评价结果的过程，而是整个绩效管理的流程之一。这就要求面谈人在面谈过程中，不能只单纯地告知评价结果，要多摆事实，用数据说话，争取让员工理解和接受。

（5）多点赞扬，少点批评。在面谈过程中，不要总用一副追究员工过错的口吻和态度去谈话，言辞应该诚恳真挚，不带有说教的口吻。若员工成绩相当出色，应不吝啬表扬，且有技巧地告诉他还能做得更好。面谈交流必须双向，绩效反馈面谈过程须保持双向交流。这既能帮助面谈人了解员工在工作中遇到的难题，听到他真实的想法，又能使员工感到自己受到重视。

参考文献

[1] 李应军，唐慧，杨结. 旅游服务质量管理［M］. 武汉：华中科技大学出版社，2019.

[2] 马兆兴，任翠瑜. 服务培训技巧［M］. 北京：旅游教育出版社，2019.

[3] 蔡维溪 . 星级饭店客房服务：ISO/9000 质量国际标准化管理 [M] . 北京：中国旅游出版社，2004.
[4]（美）纳尔逊 .1001 种激励员工的方法 [M] . 北京：中信出版社，2005.
[5] 谢山 . 人力资源管理新逻辑：人人都是 HR [M] . 北京：化学工业出版社，2019.
[6] 陈琦 . 非人力资源经理的人力资源管理：管理者如何选人、育人、用人、留人 [M] . 北京：人民邮电出版社，2020.

第八章　温泉旅游市场营销

第一节　客源市场细分与定位

一、旅游市场细分

（一）旅游市场细分的定义

客源市场是一个人口众多、构成复杂的巨大市场。游客来自不同的国家，有不同的信仰、不同的个性、不同的文化兴趣和不同的旅游需求。因此，客源市场的需求是多样化的。市场细分是将一产品或服务的整体市场划分为若干有共同特点的消费者群，所划分出来的消费者群，即人们通常所称的细分市场（莫里森，2012）。

所谓旅游市场细分，实际上就是在对旅游景区进行市场调查的基础上，依据旅游者的需要、行为、习惯等方面的差异，把整个旅游景区市场划分成若干个旅游者群的过程。

（二）旅游市场细分的标准

划分旅游细分市场有多种标准。

1. 按空间距离细分

地理变量是景区市场细分的基本变量，它主要根据旅游者所居住的地理位置、环境、气候等把市场进行细分，从而确定自己的目标市场。

2. 按区域细分（常住地）

主要有华东旅游区、华南旅游区、华中旅游区、华北旅游区、东北旅游区、西北旅游区、西南旅游区、粤港澳地区。

3. 按距离细分（城市距离）

可以分为近距离市场、远距离市场。

4. 按气候细分（气候）

可以分为避暑市场、避寒市场、冬季（滑雪）市场、夏季（游泳）市场。

5. 按人口特征细分

（1）按年龄细分。老年市场喜欢怀旧，时间充裕，收入稳定且比较关心旅游服务质量；中年市场较理智、逗留时间短，适合商务旅游居多，消费水平较高些；青少年市场喜欢新颖与刺激的产品，消费水平较低。

（2）按性别细分。性别不同，消费行为会有很大区别。男性多追求参与性强、运动量大、刺激性强的旅游活动，因此在体育旅游、探险旅游、商务旅游等活动项目上男性居多。而女性喜欢购物，注重旅行的安全、卫生、舒适，对色彩、气氛、价格较为敏感等，因此，充满浪漫气息的是女性旅游者的向往之地。

（3）根据职业与收入细分。根据职业可分为公务旅游、商务旅游、农民旅游、学生团体旅游等。职业不同，旅游机会就不同，旅游消费也会不一样。根据旅游者的收入状况，可以把市场分为高档旅游消费市场、中档旅游消费市场和低档旅游消费市场。

（4）按家庭结构细分。可以分为情侣市场、蜜月旅游市场、中年家庭旅游市场、老年夫妇市场等，从而相应地推出"新婚旅游""合家欢旅游""追忆往昔旅游"等不同的旅游产品来满足个性化的需要。

6. 按心理需求细分

人们外出旅游主要是追求一种精神享受，所以旅游者的行为也取决于他们的心理特征。个性、兴趣、爱好等是心理特征的主要表现形式，人们的购买行为受这些心理特征的影响较大。按照心理特征细分，常见的分类方法有两种：一是按生活方式细分，可分为基本需求者市场、自我完善者市场、开拓扩张者市场。二是按性格特点细分，可分为安逸者市场、冒险者市场、廉价购物者市场等。

7. 按旅游行为细分

不同的旅游者在行为上往往会有很大的差异，因此按照旅游者的行为进行市场细分是很有效的。依据购买组织形式将旅游市场细分为团队市场和散客市场，是旅游市场最基本的细分形式之一。而近些年来散客市场得到很大的发展，成为世界旅游市场的主题。在这一市场中，形式也日益复杂多样，出现了独自旅游、结伴同游、家庭旅游、小组旅游等形式。又比如，有些旅游者在旅游时只乘坐某一家航空公司的飞机或只住一家旅店，因此，航空公司和饭店可以按照这种行为习惯将旅游者分为坚定的品牌忠诚者、转移型的忠诚者和无品牌偏好者，然后通过一系列市场营销活动来扩大市场占有率。

一些旅游方面的专家认为，随着旅游市场全球化进程的加快，用来划分国际市场的一些传统变量，如地理变量和国家界限等，将会逐渐被心理变量、行为细分所代替，因为它们能够更加准确地反映顾客之间的文化异同，从而更加有利于确定目标市场。在西方发达国家里，新出现的一些细分市场包括：老年人市场、年轻的单身者、旅游探险者、文化探索者、高尔夫爱好者以及其他特殊兴趣团体。

8. 按旅游目的细分

可分为度假市场、观光市场、探亲访友旅游市场、教育旅游市场等。

9. 按组织方式细分

可分为组团旅游市场、散客旅游市场。

10. 按频率细分

可分为随机性市场、选择性市场、重复性市场。

二、旅游市场细分的原则

（一）可衡量性

可衡量性指各细分市场的需求特征、购买行为等要能被明显地区分开来，各细分市场的规模和购买力大小等要能被具体测量。

（二）可赢利性

可赢利性指细分出的市场在游客人数和购买力上足以保证景区取得良好的经济效益。

（三）稳定性

景区市场细分必须保证细分市场的相对稳定性，即景区占领后的目标市场要能保证景区在相当长的一个时期内经营上的稳定，以便于景区制定较长期的经营策略。

（四）可进入性

可进入性即经过细分后所确定的目标市场要使旅游景区产品有条件进入并能占有一定的市场份额。

三、温泉旅游市场定位

针对温泉旅游的市场特征，下面将根据“家庭生活阶段”及“区域”两个标准进行划分及详细分析。

（一）以“家庭生活阶段”为划分标准的客户分析

表 8–1　以“家庭生活阶段”为划分标准的温泉旅游市场细分

家庭生活周期阶段与特点	消费特点	旅游及温泉旅游消费特点
单身阶段：年轻、单身	几乎没有经济负担，新消费观念带头人。但普遍没有厚实的经济基础。	对新生事物的接受较快，对旅游拥有浓厚的兴趣与热情，尤其对自助游情有独钟。出游以朋友同事作为组合元素。
新婚阶段：年轻夫妻，无子女	经济条件比将来到来的满巢阶段要好。购买力强，对耐用品、大件商品的期望和要求强烈。	经济处于上升阶段，购买力强，开始以家庭为旅游的组合方式。对自助游拥有更充足的财力、精力和兴趣，而暂时没有繁重的工作与家庭负担。

续表

家庭生活周期阶段与特点	消费特点	旅游及温泉旅游消费特点
满巢阶段（一）：年轻夫妻，有6岁以下子女	家庭用品购买的高峰期。不满足现有的经济状况，注意储蓄，购买较多儿童用品。	开始承担繁重的工作及家庭压力，开支剧增，对旅游的兴趣和精力明显减弱。
满巢阶段（二）：年轻夫妻，有6岁以上子女	经济状况较好。购买趋向理智，受广告及其他营销刺激的影响减少，注意档次较高的商品及子女教育投资。	经验的积累、职位的升迁令该群体拥有更强、更稳固的经济实力。开始注重投资及对生活质量的提高，高质量的休闲度假生活已经提到议事日程。时间与财力对此的支持处于不断上升阶段，同时财力和对新事物的接受程度正处于一个最佳的平衡点。
满巢阶段（三）：年长夫妇，与尚未独立的成年子女同住	经济状况仍然好。伴侣或子女皆有工作。注重储蓄，购买冷静、理智。	仍然拥有较强的经济实力，对高质量度假生活的需求及消费能力达到高峰。
满巢阶段（四）：年长夫妇，子女离家自立	前期收入较高。购买力达到高峰期，较多购买老年人用品，如医疗保健品等。后期退休收入减少。	有充足的时间和金钱计划度假生活，其中部分由于子女的支持，更拥有强大的经济实力实现高质量的退休后的度假生活。
孤独阶段：单身老人独居	收入锐减。	消费力和消费兴趣明显下降。

从表8-1分析可知，以“家庭生活阶段”为标准划分的不同客户群中，温泉度假项目的主要目标客户群应包括下列三个部分：

1. 经济富裕的年轻阶层（年轻夫妻，无子女或单身人士）

行为及性格特征：对新生事物拥有最快的接受速度和最浓厚的兴趣，因而是温泉旅游度假推广的突破点。

对自助游情有独钟，出于个人喜欢和闲暇时间，他们是温泉游需求最为旺盛的一族，对温泉游表现出极大的热情。

容量大、快节奏的旅游活动比较适合他们的口味。因而周边旅游景点广泛分布的温泉度假村将对其有强大的吸引力。

经济实力及消费习惯：本阶段的客户群体虽然积蓄有限，但已经开始进入经济实力的上升阶段。随着产业结构的改变，高薪年轻一族的比例正呈不断上升的趋势。由于暂时没有很重的经济负担，所以消费欲望相对较强，而且容易受到媒体及市场营销活动的影响。同时，彼此间的相互影响力也不容忽视。

2. 注重生活质量的成熟家庭［表中满巢阶段（二）、（三）的人群］

行为及性格特征：该类人群的家庭结构及经济收入已经进入稳固并不断上升的阶段。经济实力的不断提高使他们对生活质量的要求提升到一个更高的层次，享受型而非纯粹观光型的温泉度假生活更适合该群体的口味。度假及其余的消费活动通常以家庭为单位进行。这里的家庭消费包括了家人、亲属团体的共同消费，也包含亲朋好友偶尔的小聚。他们的消费习惯因人而异，有的喜欢新鲜刺激，有的热爱松弛恬静。这些人在非假期时段也是温泉度假较为稳定的客源。

经济实力及消费习惯：经济实力不断加强的同时，消费态度也日趋理智。在整个家庭有条理的理财模式形成并稳定后，媒体或市场营销活动的影响而激发的冲动型消费行为已基本不存在。他们对自身的生活品质追求较高，同时具备一定的养生知识，不会满足于温泉常规的服务项目。同时，这些人的消费能力也比较高。

3. 财力雄厚人群［表中满巢阶段（四）的人群］

行为及性格特征：拥有最充足的时间和精力计划退休后的度假生活。回复年轻时代的习惯，喜爱与同龄人结伴而行。节奏缓慢、配套服务细致周到、环境良好的乡居式度假生活较为适合该类人群的口味。

经济实力及消费习惯：虽然逐步进入“无收入”的阶段，但由于多年的积蓄及子女在经济上的支持，拥有充裕的时间和金钱去享受退休后的悠闲日子。期望可供支配的入住时间和其他优惠远比年轻一族要多，拥有长时间自住机会的温泉度假物业更适合该类客户的需要。另外，此类人群多数为亚健康人群、注重身体健康的人群、退休人群。此类人群特征：健康需求、生活质量要求较高。从用户购买习惯来看，此类人群也是温泉游用户复购率（消费者多次购买同一产品）中最“长情”的消费者。

最后，随着消费观念的变化，女性游客在旅游消费中已撑起“半边天”，这在温泉游中表现较为明显。数据显示，在温泉游用户中，女性用户占比为58%，远高于男性用户。女性经济日益独立，加之女性周到、体贴的天性，大部分家庭的出行决策由女性作出。调查结果显示，不管是近年火热的亲子游，还是年轻情侣出行，女性都占据着决策主导权。

（二）以“区域”作为划分标准对目标客户层的定位

很多温泉度假村在市场开发策略及区域市场划分方面一直延续以往的方式，就是先进入和开发几大潜力市场。例如，度假村周边的省会城市及发达城市等，然后再逐渐开发其他区域市场。尤其是一些新开业的度假村，根据以往的市场特性，在客源市场方面先以周边经济发达城市为主打开市场，再逐渐将客源市场进行转型。但随着市场的变化，未来肯定要有新的方式与方法才能够更好地把握市场。温泉度假村目标客户层的创新与管理方面的主要原则是整体布局、市场细分、加强活动策划、加强客户有效管理。例如，将目标客源市场整体布局，按照区域市场距离进行划分，然后再按区域市场距离逐一开发，将客源市场逐渐扩张。首先，度假村所属县区，包括政府、企事业单位等客源市场；其次，所属市，包括度假村所属县区以外的各个县、区，其中有政府、企事业单位以及旅行社；再次，100公里以内的各市、区；最后，100公里以上、200公里以内……按照区域距离划分的方式进行市场开发及巩固，往往能取得良好的效果。

因此，综上分析，温泉度假村目标客户应确定为以下几个市场：

一级市场：温泉度假村所在地及周边县镇居民，主要依靠市内城镇中心的交通优势，游客利用节假日来泡温泉、休闲观光、度假。这一级市场客源稳定，但消费水平低，一般停留 1 天。

二级市场：以温泉度假村 1-2 小时车程的周边省会及经济发达城市等为主，平日、节假日、差旅到旅游区进行温泉沐浴、观光、娱乐、休闲度假、商务会议及旅游活动。一般停留 1-3 天，消费水平较高。

三级市场：省内其他城市及部分省外客源，广东包括港澳游客，以差旅、考察、观光、公务、会议等活动为主。一般停留 1-3 天，消费水平高。

四级市场：境外市场，也包括港澳市场，以及日本、韩国、东南亚地区。对于四级市场，要形成重点突出、渠道多元、增长稳定的客源市场格局。要在培育中国特色温泉文化的基础上，多举办和参与与温泉相关的节事活动，加深国外旅游者对中国温泉的认识，使得更多的海外旅游者向往中国的温泉。

第二节　温泉企业的定价

一、定价的误区

市场营销中的定价要全面地考虑各方面因素，制订一个合理价格不是一件容易的事。温泉企业在制订产品价格时，常存在许多误区和问题（曲颖，李天元，2018）。

（一）过于“成本定位”

许多企业在制订价格时常常沿用“成本加”这一简单的价格制订方法，即在产品单位成本上加上一定的利润为销售价格。但是，市场营销理论认为，产品的最高价格取决于产品的市场需求，最低价格取决于产品的成本费用。

在制订价格过程中，如果过于依靠成本，而忽略了需求弹性，很可能在市场需求旺盛、可以获得高额利润时，由于价格偏低而不能抓住良机。

（二）价格过分统一，缺少价格变化，没有根据不同地区的消费水平而制订

高消费地区和低消费地区产品价格相同，导致高消费区利润不丰，低消费区销售不旺。没有根据产品生命周期对产品价格进行适当调整，自始至终都保持一个价位，从而限制了销量。

温泉产品的生命周期可以分为导入期、成长期、成熟期和衰退期。导入期为向消费者介绍产品的阶段，如果定价过高，不易被消费者接受（某些高性价比的温泉度假产品，由于产品的新颖性和多功能性，一投入市场即畅销，温泉企业往往采用“撇脂定价”，产品价格很高），而在产品已在市场站稳脚跟的成长期和成熟期，价格则可高些。

在衰退期，由于产品已不受欢迎，往往应降价销售以确保利润回收。

（三）价格的制订没有与企业的长期战略目标统一

一般情况下，如果企业以获取税前最大利润为目标，则产品的价格可以定得高些；如果企业的目标是获得最大的销售收入，则产品价格应低些；如果企业欲通过销售产品获得最大的市场占有率，产品价格就应更低些。因为根据商品的需求弹性理论，对于弹性需求的商品，低价可使产品销量大大增加。但也有例外的情况，某种商品适当地提价可促使其销量增加，这在人均消费水平提高显著时容易出现。制订价格应以企业自身的发展战略为前提，而不能与其相左。

二、温泉企业常用的定价方法和策略

在旅游业中，可供营销者选择的定价方法很多。在本节中，我们将这些方法归纳如下：

（一）基于竞争的定价法

基于竞争的定价法（Competitor-based Pricing），简称竞争定价法，俗称随行就市定价法。通常是指将应对竞争作为定价目标，参照市场上同类竞争产品的价格制定企业产品 / 服务项目的价格。这类定价方法常应用于一些竞争激烈的商业领域。近年一些热点地区的温泉旅游开发趋于成熟、竞争对手增加的情况下，竞争定价法在温泉旅游中十分普遍。温泉旅游企业在采用这类方法为产品定价时，关注的重点在于应对竞争，以维护企业在市场中的地位，避免因竞争对手实行低价策略而使企业被排挤出市场。

这类定价法的基本特点是，企业的产品定价跟随竞争对手同类产品价格的涨落而升降，因而属于被动反应式的定价法。在市场竞争激烈的背景下，温泉旅游企业在为自己的产品或服务项目制定价格时有必要考虑竞争对手的同类产品价格，否则有可能因竞争者的低价策略而导致企业的市场份额丧失。但无论如何，对于一个温泉企业来说，这绝不应是制定产品价格时的唯一考虑，特别是在制定企业产品 / 服务项目的常规价格时。这主要是因为，各温泉企业产品的成本结构不尽相同，虽然某一价格有可能为某温泉企业带来理想水平的利润，但这一价格不一定令另外一家温泉企业获得利润。

追随大户定价法（Follow-the-leader Pricing）是竞争定价法的一个变种。这种定价法指的是，当行业中实力雄厚的领袖企业推出新的价格时，其他企业可效仿。这种定价方法常为市场占有率相对较低的企业所采用。显然，如此定价同样属于被动反应式的做法。温泉旅游营销者应当看到，由于实力雄厚的大型企业具有很大的规模经济优势，因而其单位产品的成本往往比中小型温泉企业低。因此，在以同样的价格经营某一类产品或服务项目时，大多数中小型温泉企业所能实现的利润往往会比较低，这意味着中小型温泉企业盲目地追随经营大户制定自己的产品价格会有很大的风险。

（二）基于利润目标的定价法

以所要实现的利润目标为基础的定价方法，通常简称目标定价法（Target Pricing）。这一目标也可用营业收入来表达。

温泉旅游企业的客房定价通常可以采用目标定价法。流行于饭店业的哈伯特公式法便是这类目标定价法中的一个典型。具体做法是，营销者通过自下而上地编制饭店的管理人报表，确定为实现目标投资回报而需要的房价。表 8-2 显示的是利用哈伯特公式法计算房价的过程。

表 8-2　哈伯特公式法的计算过程

所希望实现的税后投资回报
+
所得税
应付利息
保险费
财产税
折旧费
行政管理及常规开支
营销费用
能源费用
房产的使用与维修费
−
餐饮部门的营业收入
会议及商务部门的营业收入
其他部门的营业收入
+
餐饮部门的成本费用
会议及商务部门的成本费用
其他部门的成本费用
= 客房部所需创造的利润
+ 客房部的成本费用
= 客房部所需实现的营业收入
÷ 所计划实现出租的客房夜次数
= 所需实现的平均房价（扣除优惠折扣与佣金之后）

资料来源：修改自莫里森《旅游服务业市场营销（第 4 版）》，2012

按上述过程初步计算出目标房价之后，温泉酒店还需要对照主要竞争者的房价进行微调，以更好地反映企业的形象 / 定位。

值得注意的是，在计算出的房价中，并未考虑酒店向旅行代理商支付的佣金，也没有涉及有可能面向特定目标市场提供的价格折扣。因此，在估算最终正式公布的房价之前，营销者必须对这两项成本费用进行测算。表 8-3 提供的是有关这方面测算工作的一个假设案例。

表 8-3　哈伯特公式法举例：如何处理价格折扣

第一步：计算所需实现的平均目标净房价

所需实现的客房收入　3 888 332 元

目标出租率的客房销量（间夜）=（客房总数 ×365）× 目标出租率（假定目标出租率 =0.65）　11 863 间夜

所需实现的平均目标净房价　327.8 元

第二步：计算针对各个目标市场的具体房价

目标市场	客房出租量（间夜）	所占百分比（%）	所提供的价格折扣（%）	平均每间客房的占用人数
一般商务客人	593.125	5	5.0	1
协议的商务客人	593.125	5	12.5	1
会议团体	4745.00	40	20.0	1.5
旅行团	1779.375	15	25.0	—
OTA	4151.875	35	15.0	2.5
合　计	11 862.5	100	—	1.5

所需实现的打折之前的平均房价 =452.9 元

各目标市场所需实现的平均房价	打折之前（元）	减去折扣（%）	平均房价（元）	单人间房价（元）	双人间房价（元）
一般商务客人	452.9	5	430.22	430.22	—
协议的商务客人	452.9	13	396.27	396.27	—
会议团体	452.9	20	362.32	344.82	379.82
旅行团	452.9	25	339.64	—	339.64
OTA	452.9	15	384.93	—	384.93

资料来源：修改自莫里森《旅游服务业市场营销（第 4 版）》

（三）取脂定价策略

取脂定价（Skimming Pricing）策略，有时简称取脂策略。该策略往往为旅游企业推出新产品或新服务项目时采用，即当企业新投放的某一产品或服务项目对于目标市场来说比较新颖，并且竞争者很少时，便可为该产品 / 服务项目制定较高的价格，并通过加大促销力度诱使消费者购买。采用这一定价策略主要有两大优点：一是可借机增大产品/服务项目的利润；二是可借竞争者尚少的时机，尽快收回产品的开发投资（曲颖，李天元，2018）。

取脂定价策略适合弥补区域空白的温泉企业，但是取脂定价策略的执行时间不会太久，原因在于，当温泉产品的利润很高，销售前景看好，周边的区域竞争者会抓紧时机开发与之相近的同类产品并尽快投放市场。这无疑会迫使原有的温泉企业重新评价自己的定价策略，并且随着同类竞争产品的增多而最终放弃这一定价策略。

（四）市场渗透策略

市场渗透（Market Penetration）是企业为了进入市场并扩大市场份额而对其产品/服务实行低价经营的一种策略，也是全球各地旅游业中采用最广泛的一种定价策略（曲颖，李天元，2018）。对于温泉旅游经营者而言，目前大多数成熟区域的温泉旅游企业在开业初期一般会实行低价策略，以吸引消费者尝试购买，并形成强大的口碑传播。很多温泉企业之所以选择这种定价策略，主要是基于这样一些假设：第一，在温泉旅游市场中，大多数消费者对价格很敏感，因而比较容易为物美价廉的产品所吸引；第二，在区域市场上存在大量可替代的产品，企业有必要通过具有竞争力的价格获取和维护自己的市场份额。对于温泉旅游企业来说，既可将市场渗透用作短期性的定价策略，也可用作长期性的定价战略。当用作短期性定价策略时，企业的主要目的是使自己能够进入市场并赢得顾客的口碑传播。当用作长期性定价战略时，企业的目的则主要在于争取尽可能大的市场份额，从而抑制竞争者进入该市场。

（五）差别定价策略

差别定价有时也称柔性定价（Flexible Pricing）。一般来讲，差别定价是指企业根据不同的具体情况，对同一产品或服务项目实行两种或多种不同的价格（曲颖，李天元，2018）。

面向不同的目标市场人群实行不同的价格，通俗地讲，就是针对某些特定的目标市场人群实行折扣价格。主要有以下几种情况：

（1）根据不同的时间实行不同的价格。由于温泉旅游产品具有不可储存的特点，因此根据需求的变化，在特定的时间范围内实行价格折扣，是温泉旅游企业经营中的普遍做法。例如，很多旅游景点在淡季实行门票打折，或者在周一至周四推出特别折扣；有些温泉则会对那些在非需求高峰时段光顾的顾客实行价格打折，等等。

（2）根据客户的购买量或顾客对企业产品的忠诚度实行不同的价格。比如，推出温泉年卡或会员卡，针对会员推出优惠折扣价格。

（3）根据不同位置或设施服务的私密性程度实行不同的价格。例如，温泉企业会有VIP更衣区、VIP会所和VIP泡池，都是因为提供了更加私密的环境和更为周到的服务而收取更高的价格。

总而言之，温泉旅游企业对其产品或服务项目实行差别定价的目的在于：吸引更多的顾客购买其产品，在满足不同顾客的需要的同时，使企业的设施设备得到最大限度的利用，从而增加企业的经济效益。

实施差别定价策略时，成功的关键主要在于：第一，准确识别如果不实行差别定价便不足以吸引目标消费者人群；第二，准确了解在不实行差别定价的情况下的需求格局及有关设施设备的利用状况。

（六）生存定价策略

生存定价（Survival Pricing）指的是旅游企业为了维持生存，以增大现金流为直接目的而在短期内实施的一种定价策略（曲颖，李天元，2018）。在短期内，由于需求疲软或竞争状况的影响，温泉旅游企业在资金运转方面有可能会出现流动性问题。这一问题若不能及时得到解决，势必会威胁企业的生存。特别是对于为数众多的中小型温泉企业来说，随时有可能遇到流动性问题的威胁。此外，外部经营环境中某些突发事件通常会加剧旅游企业的资金流动性问题。在这种情况下，旅游企业往往不得不将求得生存作为自己短期内的定价目标。

第三节　旅游市场营销环境分析

一、旅游市场营销微观环境分析

旅游市场营销微观环境，是指存在于旅游企业周围并直接影响企业营销活动的各种参与者。主要包括购买者、中间商、竞争者、公众等（李光瑶，石斌，2013）。温泉企业营销人员及高层决策人员应每年或定期对面临的微观环境及其因素进行分析，以便认清形势，适应环境的变化，从而根据微观环境及其因素的变化，灵活地调整企业的营销策略，使企业的市场营销活动得以顺利地开展。

（一）购买者对旅游企业营销活动的影响

旅游购买者是影响旅游企业营销活动的最基本、最直接的环境因素。从购买者的角度看，这一因素又可分为旅游者和公司购买者。

1. 旅游者

旅游者是指温泉旅游产品最终的购买者，包括购买温泉旅游产品的个人或家庭。如观光旅游者、度假旅游者、商务旅游者、会议旅游者等。旅游者购买温泉旅游产品是为了满足个人或家庭的物质需要和精神需要，并无牟利动机。此类旅游者具有以下特征：

（1）人多面广。购买温泉旅游产品的旅游者包括各种类型、各个阶层的人员。

（2）需求差异大。温泉旅游者因性别、年龄、习惯的不同，对温泉产品的需求存在较大的差异。

（3）多属小型购买。温泉旅游者多以个人或家庭为单位，故购买的数量较少。

（4）购买频率较高。温泉旅游者的购买量虽少但品种多样，频率较高。

（5）多属非专家购买。由于大多数温泉旅游者对温泉产品缺乏专门知识，他们对温泉产品的选择不属专家购买。

（6）购买流动性较大。温泉旅游者的购买力和时间都有一定限度，对所消费的温泉产品都需慎重选择，这就造成温泉旅游者对地区、企业以及替代品选择的流动性较大。

企业营销人员应该根据温泉企业本身的特点来分析企业所提供的产品和服务最适合于哪一种温泉旅游者类型、购买行为以及消费方式。

2. 公司购买者

公司购买者是指各种企业或组织为开展业务而购买温泉旅游产品的购买者。如到温泉举行会议的企业或协会就属于此类购买者。其特点如下：

（1）公司购买者数量较少，但购买规模较大。此类购买者大多是企业单位，购买者的数目必然比消费者数目少得多，但由于公司是为举办会议等用途购买，所以购买规模较大。

（2）公司购买属于派生需求。购买者是为开展业务、扩大“生产”而购买，其费用是生产性费用。

（3）公司购买需求弹性较小。因为公司是为开展业务而购买，费用由单位支出，所以公司购买者对温泉旅游商品和服务的需求受价格变动的影响较小。

（4）专业人员购买。公司有专门的购销人员，他们是受过训练、有专门知识、内行的专业人员，专门负责采购工作。

掌握上述特点对温泉旅游企业开展营销活动具有重要意义。如公司购买需求弹性较小；专业人员购买时重视产品和服务的质量，一般的广告宣传对他们影响不大，对此类购买可采用高价优质旅游产品策略。

（二）中间商对旅游企业营销活动的影响

旅游中间商是指处在温泉旅游企业与旅游者之间，参与商品流通业务，促使买卖行为发生和实现的集体或个人。包括经销商、代理商、批发商、零售商、交通运输公司、营销服务机构和金融中间商等。这些旅游中间商一方面要把有关产品信息告知现实的和潜在的温泉旅游者，另一方面又要使旅游者得以方便地克服空间障碍，到达备有温泉产品的地方去。这类购买者的特点如下：

第一，购买产品和服务的目的主要是转卖，以取得利润。

第二，由专家购买。转卖者由各种旅游批发商和零售商组成，以转卖为生，属于内行，因而对产品及价格非常熟悉。

第三，购买次数较少，但每次购买数量较大。

旅游中间商一般都处于旅游者密集、丰富的大中城市里，往往各自有自己的目标群体。因此，通过中间商易于沟通旅游企业和旅游者。旅游中间商是一批旅游专门人才，一般受过专业训练，懂业务，有经验，了解市场，也掌握旅游者的心理，能够给旅游者提供最有价值的信息，帮助旅游者选择最理想的旅游产品。某种意义上说，中间商可以帮助旅游产品供给者提高产品的质量。

因为中间商对旅游企业的营销活动影响重大，又是旅游产品销售渠道中不可缺少的一个环节，所以如何选择中间商事关重大，关系着旅游营销计划的完成。因此，营销人员应全面、深入地调查和分析旅游中间商的发展趋势，做好旅游营销中间商的评估、选择和管理工作。选择旅游中间商必须从了解自我开始。要明确建立销售网的目标，以及自己的旅游产品的种类、数量及质量。此外，还要结合市场需求、结构、竞争情况、产品发展趋势、市场变化趋势等确立产品的市场重点和进入市场的策略。

在了解“自己”的基础上才能按照既定的目标，寻找自己需要的旅游中间商。选择中间商的关键性因素是：中间商的素质、劳务费用、履行职责效果以及可控程度。

（三）竞争者对旅游企业营销活动的影响

竞争者属旅游企业市场营销微观环境因素之一。竞争者的状况，直接影响温泉企业的经营活动。对竞争者应着重进行分析。

美国哈佛大学教授迈克尔·波特（Michael Porter）认为，行业竞争强度的高低是由六种基本竞争力决定的。这六种竞争力分别是：①新进入者的威胁；②现有企业的竞争；③替代产品的威胁；④购买者讨价还价的权利；⑤供应者讨价还价的权利；⑥其他利害相关者的权利。

旅游营销者应当充分分析本温泉企业所处的竞争环境，发挥自身优势，以便在营销活动中取得有利的地位。

（四）公众对旅游企业营销活动的影响

公众是温泉企业市场营销微观环境的重要因素。它对温泉企业实现目标产生实际的或潜在的影响。作为微观环境因素的公众环境，主要表现为以下几个方面：

（1）金融公众：即关心、了解并影响温泉旅游企业取得资金能力的任何集团，包括银行、投资公司、证券经纪行和股东等。

（2）媒介公众：主要是报纸、杂志、广播和电视等有广泛影响的大众媒介。

（3）政府公众：即负责管理旅游企业业务和经营活动的有关政府机构。

（4）市民行动公众：包括保护消费利益的组织、环境保护组织、少数民族组织等。

（5）地方公众：如旅游企业附近的居民群众、地方官员等。

（6）旅游企业内部公众：包括企业董事会、经理、职工等。

温泉旅游企业必须采取适当措施与周围各种公众搞好关系，因为这些公众都能促进或阻碍企业实现其目标。以大众媒介为例，报纸、广播、电视对某温泉企业一篇优质服务的报道，就能使这一企业提高信誉，扩大销售；反之，一篇损害旅游者利益的报道，就能使这一温泉企业商誉形象大大受损。为处理好与周围公众的关系，树立旅游企业的良好信誉和形象，大多数的温泉企业都设立了公共关系部，其主要业务是处理好内部与外部以及与社会公众的关系，增进理解，互相合作。公共关系并非只是公关部门的事，还必须有全体员工的积极参与。

二、旅游市场营销宏观环境分析

旅游市场营销宏观环境，是指旅游企业或旅游业运行的外部大环境。对于旅游企业来说，宏观环境既不可控制又不可影响，却对企业营销的成功与否起着重要作用。在温泉旅游的市场营销中，宏观环境因素主要包括政治法律因素、文化因素、社会因素、经济因素、技术环境因素等各个方面（李光瑶，石斌，2013）。

（一）政治法律因素

温泉旅游消费的需求弹性系数较大，它不仅对价格敏感，而且对政策法规也十分敏感。一个国家的政府总是要运用自己的法律行政手段，干预社会经济生活。因而政府的法令条例，特别是有关旅游业的经济立法，对旅游市场需求的形成和实现具有不可忽视的调节作用。而这些法律或规定都是在企业的控制范围之外，其调整变化将对旅游企业营销活动产生很大影响。

形成旅游活动的两大客观条件是可支配收入和闲暇时间。居民的收入水平不仅与经济发展有关，还与国家采取何种分配制度有关；而闲暇时间的多少也与政治法规有一定关系，比如假日立法使发达国家居民有了两周的带薪假日，才对远距离旅游目的地形成现实的需求。因此，接待国就可根据这一法规调整自己的营销策略，以适应市场的变化。例如，2020 年疫情期间，政府要求做好防疫工作，温泉企业受到重大影响，超过 90% 的温泉景区都在春节黄金周停止营业。

（二）文化因素

文化因素是指一个国家或地区的民族特征、文化传统、价值观、宗教信仰、教育水平、社会结构、风俗习惯等情况。文化对个人必然有暗示、提醒、制约的力量及潜移默化的作用，它影响和支配着人们的生活方式、主导需求、消费结构和方式及人们对旅游的观念态度等。因此，旅游营销活动必须要适应文化的特点。为了成功地吸引某国家或地区的旅游者，了解当地的文化十分重要。营销活动能否适应当地文化，决定着市场经营的成败。

在旅游营销过程中，在分析宏观文化因素时应考虑以下几点：

（1）确定文化中相关的动机。例如，老年人多半出于健康的目的泡浴温泉，而年轻人则更多出于娱乐与休闲的目的，家庭客人更在乎亲子游乐设施完备情况。

（2）确定文化价值观与温泉旅游的关系。在欧洲，温泉旅游中存在不少历史与文化深度旅游者，对于他们而言，温泉地的历史文化是他们最重视的品质。在中国，很少有人关心温泉地自身的历史，而更在意温泉设施的新旧程度和奢华程度，因为泡浴温泉在中国属于彰显身份的符号消费。

（3）评估适合某种文化的营销方法。什么样的营销技巧、措辞和图片对这种文化中的人是可以接受的或不能接受的？例如，在英国，幽默的广告双关语往往能吸引他们；而在美国，广告为了引起注意就需要使用较为直截了当的语言；在中国，过于露骨与直接的广告并不适合东方人内敛的性格。

（三）社会因素

影响消费者行为的社会因素主要包括相关群体、家庭和社会阶层等。

1. 相关群体

所谓相关群体，就是能影响一个人的态度、行为和价值观的群体，如家庭、邻居、亲友等，或因某社会风尚的影响而形成具有一种消费需求倾向的群体。相关群体为个人的所思提供参考依据，是人们行为的主要影响因素，从而导致购买行为的异同。

相关群体可以小到几个人的小组，大到一种文化团体。相关群体对人们的消费行为起着参谋指导作用。相关群体对个人的影响方式十分巧妙，一个人通常不知不觉地就与相关群体协调起来了，多数人怎么做自己便怎么做，多数人干什么自己便干什么，这样一个人就会接受和同意本群体的行为，并避免犯规的风险。因此，相关群体会影响用户购买产品的方式、品牌等。比如，如果到温泉进行蜜月旅行成为一种时尚，那么大部分人会有从众心理选择到温泉旅游地度过蜜月。

2. 家庭

家庭是基本的社会单位，家庭对购买者的购买行为影响最为强烈。每个人都会受到来自其他家庭成员的影响，如宗教、经济、爱好、价值观等。每一个家庭都会有各自不同的旅游决策模式。此外家庭生命周期也对一个家庭旅游活动产生重大影响。例如，无子女的青年家庭往往会对温泉不太感兴趣；而有了孩子的家庭则因为温泉酒店的设施完备性和亲水属性，更有兴趣选择温泉度过假期。

3. 社会阶层

同一社会阶层的成员具有相似的价值观、兴趣爱好和行为方式。不同阶层的人会表现出不同的旅游倾向。如上层阶层的人一般比较重视旅游，在选择旅游团队时会考虑其同伴的社会地位，且倾向于购买高档的旅游产品；而下层阶层的人在旅游中更注重实用性，人均花费少。由此可见，针对不同阶层采取不同的营销手段是十分重要的，温泉旅游企业必须为不同阶层设计不同的广告和产品，选择各阶层都愿意接受的销售渠道和价格。

（四）经济因素

从宏观上分析经济环境时，要着重分析以下主要经济因素：

1. 国民生产总值

国民生产总值（GNP）是反映国民经济发展的综合指标。人均国民生产总值更能反映出一个国家人民的富裕程度。有研究指出，一般来说，人均 GNP 到 300 美元就会兴起国内旅游，而人均 GNP 达到 1000 美元就会有出境旅游的需求。特别是人均国民生产总值为 1500 美元以上的，旅游增长速度更为迅速。温泉在中国属于中高端的旅游消费产品，因此，在广东、浙江、江苏等富裕地区的温泉旅游开发成熟度相对也会较高，而贵州、广西、甘肃等内地经济发展滞后地区的温泉旅游开发成熟度相对较低。

2. 个人收入

经济条件是人们进行旅游活动的必要条件之一。个人收入，尤其是个人可自由支配的收入更是决定旅游消费者购买力和支出的决定性因素。据统计，在经济发达国家中，每个国民的旅游支出占个人收入的 4%-6%。因此，个人收入是衡量当地市场容量、反映购买力高低的重要尺度。一般来说，高收入的旅游者往往比低收入的旅游者在温泉旅游度假过程中平均逗留时间长、平均花费高。温泉旅游者在旅游中选择参加的活动类型、购买的旅游产品也因收入不同而有很大的差别。

（五）技术环境因素

技术是指人们所有行事方法的总和。它直接影响到旅游企业的产品开发、设计、销售和管理技术，决定了企业在旅游市场上的竞争地位。作为温泉旅游企业的营销者，需要考虑以下两方面的技术环境：

1. 运用新技术可以提供竞争优势

许多温泉企业认识到，谁能推出引人注目的新产品，谁就能保证获得未来几年良好的收益。经验证明，注重革新的企业通常要比不注重革新的企业在旅游市场上成功的概率高。在中国，20 世纪 90 年代之前的温泉多半属于温泉宾馆形式，温泉水通过管道运输到房间内进行泡浴。广东在 20 世纪 90 年代初期推出的露天温泉泡浴产品就是一次设计层面的创新，早期赢得了巨大的成功，并将这一设计理念推广到全国各地。但是一旦大多数的企业都采用同一模式进行温泉景区建设后，这一形式上的创新优势就开始大幅降低，需要有更新的模式才能获得新的竞争优势。

2. 技术对旅游者的影响

技术对游客行为的影响是巨大的。先进的室内娱乐系统如 VR、私人电影院等逐渐成了外出娱乐和旅游的替代品。技术一方面对旅游活动造成危机，另一方面又带来便利。家庭电气设备的发展缩短了家务劳动的必要时间，从而提供更多的余暇外出旅游。高技术的娱乐项目已经成为旅游活动吸引物。迪斯尼乐园就是集光、声、电等多种发达技术于一体的产物。中国最近在声光电融合景区的技术方面取得了很大的进步，不少的温泉旅游景区都开始运用声光电技术创造新的夜间经济。

第四节　分销渠道

一、分销渠道的定义

旅游产品的销售价值和使用价值并非只是将产品生产出来便可以体现，还需要消费者产生购买行为，使企业产品的所有权发生转移。因此，必须建立顺畅的销售渠道，才能实现旅游产品的价值。旅游营销渠道又称为分销渠道（Distribution Strategy），是旅游产品从生产企业转移到旅游消费者所经过的中间通道（胡亚光，胡建华，2015）。分销活动是指企业为了使其产品进入目标市场所进行的路径选择活动，它关系到企业在什么地点、什么时间、由什么组织向消费者提供商品和劳务。企业应选择经济、合理的分销渠道，把商品送到目标市场。分销渠道涉及渠道的长短、宽窄决策，中间商的选择以及分销渠道的分析评价和变革等内容。

温泉旅游的季节性非常强，不同的地区温泉经营的淡旺季也不一样。一般南方的温泉淡季为盛夏时节，中原与北方的温泉淡季有盛夏和隆冬。淡季是温泉企业必须面对的问题。淡季真的无法提高销售吗？淡季有那么淡吗？当温泉旅游进入淡季，因季节发生的温度变化，使得选择泡温泉的消费者减少。由于其他经营项目如观光旅游、漂流等的存在，许多企业选择在夏季放弃温泉销售，通过创造新的销售渠道以应对常规销售渠道的萎缩。建立良好的并适合自己的分销渠道对于温泉的销售意义是非常重大的，而对于企业来讲，一个分销渠道的改变或许有着更为深远的意义。

二、分销的渠道

良好的温泉分销渠道的建立，可以使信息更为畅通，并对节省营业成本、扩大知名度和客源基础起到积极作用。温泉旅游区的分销渠道可以分为直接销售渠道和间接销售渠道。

（一）直接销售渠道

直接销售渠道主要是指近距离游客直接来到温泉旅游区购买产品。对于这种散客，用优惠的价格可以吸引他们前来购买温泉产品。

（二）间接销售渠道

间接销售渠道是温泉产品销售的重要渠道之一，包括旅行社、OTA、会议公司、网络公司及其他代理商。

1. 通过与旅行社合作分销

与旅行社合作拉动团队旅游发展在客源组织方式中占有重要地位，由此可见旅游景区的发展，离不开作为中间商的旅行社的推荐和宣传促销。在现阶段的旅游中，团队旅游仍占据着重要的地位。温泉地应重视旅行社这一重要销售渠道，加强跟重要客源地区知名旅行社或旅行社集团的合作，建立起长期有效的战略合作关系，在条件成熟时应建立自己的旅行社或设立旅行社的分支机构，从而拓宽温泉销路，开发更广阔的旅游市场。

2. 通过 OTA 渠道营销

OTA 渠道营销即依靠网络渠道进行的营销。OTA（Online Travel Agent）是指在线旅游代理商，是旅游电子商务行业的专业词语。代表有：同程网、去哪儿网、村游网、旅游百事通、驴妈妈旅游网、携程网、乐途旅游网、欣欣旅游网、芒果网、艺龙网、搜旅网、途牛旅游网、易游天下、快乐 e 行旅行网和驼羊旅游网等。OTA 的出现将原来传统的旅行社销售模式放到网络平台上，更广泛地传递线路信息，互动式的交流更方便客人的咨询和订购。

3. 建立温泉旅游网络，发展网络营销

随着旅游消费的日益成熟，越来越多的旅游者选择自驾车或其他方式进行自助旅游。对于以度假型产品为主且依赖于周边城市群的温泉度假区而言，自助旅游者在温泉的客源市场中占据着很重要的地位。现在的自助旅游者越来越多地从网络中获取旅游地信息，并尝试通过网络购买旅游产品。因此，温泉度假区应尽快组建和完善“温泉旅游网”，与各大网络平台合作，进行网络销售，拓宽销售渠道。网络温泉酒店合作模式包括：

前台现付：酒店给予网络会员略低于前台散客价的会员价格，在网站上对酒店进行免费宣传，并向会员推荐，会员电话或网上预订酒店并获得确认，然后给客人予以回复确认；游客直接到酒店入住，房费前台现付。

预付月结：酒店给予网络旅行社团价，网络用来包装线路，网络旅行社电话或网上预订包括酒店在内的产品并获得确认，然后给客人予以回复确认；游客出行前付款给网络订房公司，后直接到酒店入住；网络订房公司与酒店月底结算前台现付佣金时，统一按约定价格支付房费。如酒店价格具备独一无二的竞争力，网络订房公司也可以按冠名线路方式进行宣传。

4. 通过与新媒体平台合作分销

随着互联网时代的发展，网络营销已经成为温泉酒店行业的一种主要营销手段。顾客通过各网页、小视频来了解温泉酒店的产品，从而作出预订决策。温泉酒店可深度开发网络，利用温泉酒店自有微信平台或寻求旅游达人、微信大 V、直播平台、团购平台合作推广。利用第三方团购平台定期促销温泉门票已成为大多数温泉景区线上促销门票的主要路径。

5. 通过拓展公司、专业会议合作分销

选择一些信誉好、客源范围广的专业拓展公司、会议会展公司，并与之建立合作协议，与他们合作开发相关公司的全国性以及地区性销售会议、新产品发布会议、分销商会议、专业会议、技术会议、培训会议、拓展会议、股东会议等，也是温泉分销渠道极大的合作空间。

6. 通过温泉代理商合作分销

温泉代理商是以温泉景区为中心，并以专业、系统、全方位推广温泉文化与养生、汇集温泉旅游资源、服务温泉旅游度假为内容的专业商务公司。主要承接中小旅行社服务，为温泉景区组织客源。

7. 通过开设办事处分销

部分温泉度假村选择在省会城市或周边经济发达城市直接开设办事处的方式开展销售工作，以抢占终端客，特别是开发集团以及大客户，架起客户和公司之间的桥梁。

8. 行业合作分销

与银行的信用卡、移动公司的 VIP 卡以及某大型公司消费卡（如中石化）等合作，将它们的消费网络化作温泉酒店的消费网络，而且在它们的网络内不停地发布温泉消费信息及优惠方案等，并可直接预订。这种合作分销的经济效益也是相当可观的。

9. 通过景区内部员工全员销售分销

通过介绍亲戚朋友及转发景区微信公众号活动链接等来销售景区的产品，也可以达到不错的宣传及销售效果。

第五节　营销战略与方法

营销战略与方法在市场经济条件下是第一位的，是涉及温泉酒店经营成败的核心问题。没有好的促销手段和促销方法，再好的产品在市场上也卖不动。从现在来说，温泉全行业对营销的关注程度远超以往，在观念、认识、措施和制度等各个方面也有许多成功的经验。

一、媒介传播

（一）软文宣传

通过评估和选择合适的若干媒体，如报纸、电视台和本地电台等，与其旅游等专版建立合作关系，主动向内部刊物、媒体相关版面提供新闻、广告素材，积极投递有关温泉度假村先进事迹的“软文”。

（二）新媒体传播

新媒体宣传是报纸、电视、广播之后，出现的第四媒体。要利用网络的多维宣传、传播范围广、不受时空限制、受众具有活力、成本低、速度快、周期短，以及其交互性、纵深性、可重复性、可检索性等特点，在适当、审慎的信息选择基础上，增加温泉度假村的竞争优势，迅速提升知名度和认可度。具体做法是：建立和完善度假村主页，与其他各类网站建立友情链接，在外网上投放网络广告，加强温泉度假村的网络宣传力度。

（三）户外宣传

利用灯箱、路牌以及公共交通工具嵌入式视频和户外 LED 等，进行温泉度假村可视要素宣传，增加与社会的接触频率。

二、公共关系活动策划

（一）联盟与合作

温泉度假村可与省市内企业、同行、旅行社甚至政府机关、学校等进行广泛合作，如联合打造旅游胜地或共同宣传当地旅游资源和温泉文化，与大学建立科研合作交流，为企业的发展做顾问等；邀请企业人士、业内专业人士、行业管理专业人士来温泉度假村开设理论与实践结合的专业课程，组织员工去其他企业观摩学习，为企业的发展出谋划策。

（二）公益活动

温泉度假村要注重企业经济效益与社会效益的同步提高，时刻不忘自身社会责任，积极投身社会公益事业，为社会奉献爱心，同时树立温泉度假村的良好形象。

（三）举办或承办论坛、宴会等专题公共活动

温泉度假村要积极邀请或努力承办各大中小型讲座、论坛以及宴会等，如承办国际温泉旅游节、当地市域旅游发展大会、选美活动等，通过媒体与参会嘉宾对优质温泉和会议服务给予的良好评价来宣传自身的形象。

（四）宣传物制作

温泉度假村要积极设立内部刊物，每月一期，在温泉度假村的各柜台免费派发，让游客了解到度假村当前的方方面面。同时，度假村还可以根据不同的季节或主题活动，制作精美的宣传单张和广告供游客了解。另外，度假村还要专门制作广告视频，在每客房电视内循环播放。让每位游客在村内各个区域都能够第一时间了解和获得度假村的营业资讯。

（五）内部公关宣传

组织各种规模的员工内部比赛，如房务部业务技能大赛、温泉部员工举行“全家欢乐行”趣味游乐活动等，一方面提升员工素质、丰富员工生活，另一方面可以展示度假村及全体员工的精神面貌。在宿舍区与各服务区域张贴格言、企业文化标语等传播企业

理念，促使村内各工作人员树立品牌意识和管理理念，让维护自身形象成为自觉行为。

三、渠道组合传播

（一）重视与渠道合作伙伴的关系

作为一家温泉景区，要站在景区经营的角度来考虑渠道传播的策略，比如和当地及周边知名旅行社、网络公司建立良好关系。作为旅游产业链条上的终端，温泉度假村必须和各个渠道建立良好的关系。要求各级管理人员都将建立良好渠道为己任，上至政府单位，下到每一个客户。这种建立在情感基础上的关系是牢靠的，是不计较彼此得失的，在关键时刻就会得到回报。这种感情投资渠道也是营销成功的原因之一。

（二）重视联合促销

联合促销关乎扩大市场。传统温泉酒店在市场上的影响正在不断削弱，新兴中小温泉酒店虽然不断加大促销力度，但已无法形成相当的市场影响，单个企业也几乎不可能完成此项任务，因为企业需要联合促销。

联合促销就是温泉度假村联合本度假村周边景区或一个小时左右车程的外部景区，树立共同的市场形象，达到共同开拓市场的目的。就是大家共同造一条船，在市场经济的海洋中争取共同受益。联合促销需要相应的共同条件、共同认识和共同的积极性。例如，温泉度假村夏季经营受限，可以与周边漂流达成合作意向，共同推出夏日旅游新亮点——白天激情漂流，夜沐养生温泉；两地资源共享，互售门票，游客可享受两地最大便利和实惠。

（三）重视集团营销

温泉市场的持续火热吸引了不同领域的集团，各集团依托各自行业背景和资源，从景区设计、主题温泉、特色温泉小镇等产品切入。从市场现状来看，投资主体依然呈现出民营资本为主、政府投资和国有企业为辅的多元化格局。目前，温泉酒店投资主体主要有以下五类：地方国企系、全国性房企系、地方民企系、传统文旅企业系和跨界大型企业系。不同投资主体在旅游产品投资开发中呈现出不同特点。

各个集团凭借自身在本行业的优势，跨界进入温泉产业，与旅游业嫁接形成新的增长点，也为温泉产品的开发和创新打开了新的思路。然而，温泉消费市场注重体验，运营很关键。跨界大型集团企业，拥有所在产业的资源和流量，有一定口碑效应，但在运营思路上要注意二者的差异性。同时，因为下属温泉酒店不是主营业务，在企业的资金和人力布局不占优势的情况下，怎样做好营销运营和管理，提供专业舒适的服务也需深思。

总结来看，集团营销具体的方式有很多：一是地方性旅游集团，利用旅游集团的牌子在市场上营销，如天沐温泉；二是很多行业性旅游集团，借助行业性优势进行网络化营销，如碧桂园温泉酒店形成集团式的营销概念；三是仍然凭借行政性优势，尤其是在一些政企还没有完全脱钩的情况下，进行集团营销；四是海外饭店管理集团，很多效果也比较突出。

不是说温泉酒店集团营销就必然起作用，关键是要选择最合适的。过去卖房子的产品销售导向转变为卖生活方式，但这种方式毕竟是一种方式。其他行业结合旅游，利于发挥多产业的协同效应，形成的新业态独特性强，而且所在产业的收益、客户资源可反哺温泉，为温泉产品的持续、长期投资提供资金、客流支持。

案例分享

聚龙湾的“温泉旅游 +”生意经

广东清远聚龙湾天然温泉度假村利用“温泉旅游 +”的综合带动功能，近些年逐步推进温泉旅游与会议、汽车特技、儿童乐园、明星演艺等项目融合。2016 年兴建水上乐园，2017 年引进了汽车特技、儿童游乐园。2018 年 1 月，聚龙湾天然温泉度假村举办跨年演唱会，邀请庄心妍、大壮等明星莅临演唱，促进营销活动，提升节假日营业额。2018 年新建了可同时容纳 3000 人开会的超大型国际会展中心，逐步形成度假区相关产业全域联动大格局，是目前温泉行业的多产业联合发展的典范。通过大型会议会展与温泉的结合及提供各项配套设施与服务，使各项配套设施与服务得到一定程度的提升，最终实现了温泉资源综合开发价值的巨大突破，形成了一种典型的创新模式。

在温泉 + 会议转型升级后，2019 年共接待两天游客 303 296 人次，单温泉游 23 524 人次，会议 58 741 人次，拓展 7074 人次，取得销售营业额 11 229.55 万元的良好效益。各项数据统计如下：

表 8–4 清远聚龙湾天然温泉度假村 2019 年经营数据统计表

季度	散客	团队	一天游			会议		拓展	
	两天游	两天游	单温泉	自助餐	套票				
	人数	人数	人数	人数	人数	节数	人数	次数	人数
春季	9741	61 943	8820	674	2364	421	13 538	12	459
夏季	4685	31 772	2445	108	742	220	8441	26	1238
秋季	3191	40 316	497	21	201	254	10 582	35	1840
冬季	17 617	134 031	11 762	803	3307	658	26 180	73	3537
合计	35 234	268 062	23 524	1606	6614	1553	58 741	146	7074

资料来源：根据聚龙湾天然温泉度假村具体经营数据表统计

实践证明，主题营销活动策划是酒店取得成功的一大法宝，它给酒店带来的效益是不可估量的，所以要引入主题销售活动，带动市场风气。温泉企业可出台季度营销主题活动策划制度，如第一季度贯穿春节节日氛围、第四季度贯穿圣诞活动氛围，与合作良好的旅行社共同推行此项策略。一是可加强市场收客，对市场起到推动作用；二是消费者可以领略到酒店时尚的风气，感受到时代的脉搏。

随着温泉经营竞争压力的加剧，温泉度假村要积极调整产品营销策略，转型升级产业结构，开启“温泉旅游+”营销模式，利用“温泉旅游+”的综合带动功能，逐步推进温泉旅游与会议、水上乐园、儿童乐园、主题公园等项目融合，向温泉度假综合体发展。大力发展健康养生旅游产品，深度挖掘做强文化体验，逐步形成度假区相关产业全域联动大格局，并着力提升整个区域旅游品质，为广大游客创造更加美好的生活，不断提升游客的幸福感，更好地满足大众旅游时代广大游客个性化和多样化的出游需求。

四、口碑营销

口碑营销一词源于传播学，而应用于营销学。关于它的定义可以说是众说纷纭。维多利亚大学的皮特·肯尼迪认为，口碑传播指的是消费者之间的任何信息交流，包括朋友或邻居之间的闲谈，也包括咨询公开出版的消费者调查结果。口碑是指个体之间关于产品和服务看法的非正式传播，包括正面的观点和负面的观点，但不同于向公司提出正式的抱怨或赞赏（焦家良，2002）。在网络时代，口碑在温泉旅游的营销中占据越来越重要的位置。

（一）内部员工口碑营销

通过建立完善的员工管理制度，使每个员工工作和生活在一个有序的环境下，建立高标准的员工宿舍、员工康乐设施等，令员工有一个舒适而安全的环境。温泉度假村不仅看重提升员工“硬件”上的福利待遇，更从“软件”上提高员工的归属感和满意度，如开展员工嘉年华活动、员工生日庆祝活动等。以上种种举措，不仅使度假村的业务水平得到提高，更为度假村留下好的口碑，有利于吸引更高素质的员工，进一步提升度假村的竞争力。

（二）外部客户口碑传播

温泉度假村要秉承诚信经营的信念，持续提供优质的服务和出色的产品，坚持顾客最高的标准，不因事小而不为，耐心、热忱、高效地解决顾客的疑难，从不与顾客发生争执。在与渠道如旅行社、OTA 等企业合作时，不分淡旺季，也绝不做高低价格，通过种种举措赢得合作商及顾客的广泛好评。温泉度假村不只是一个会赚钱的企业，更是一个具有社会责任心的企业，度假村要积极参与各类社会公益活动，回馈社会。要得到媒体和同行业的一致好评，让前来游玩的消费者成为其忠实客户，其竞争力才能得到大大的提升。

（三）最好的营销是服务

众所周知，酒店硬件设施所产生的效果远不及软件设施，软件设施虽是无形的、复杂的，但其发挥的作用是无法比拟的。事实上，营销也是如此，嘴上说得再好，若和事实有太大差距也很难留住客人，只有好的服务才能让客人有流连忘返的感觉。应当要求度假村的员工，尤其是一线对客服务的员工，对每一批客人做好服务工作，必要时提供特色服务，使得营销的口碑在这样的坚持中得到提升。利用服务赢得客人的心远比单纯靠营销手段要好。

营销的关键在于服务的理念的建立，只有正确的理念得以贯穿始终，才能使企业在营销上掌握主动权。为此，需要研究制定针对各类客户提供的服务，如主要客户、团队客户、散客、常客等。例如，对于时常光顾的散客，要将个性化的东西做到细致，运用现有的技术手段尽可能取悦客户。例如，为住店 15 次以上的客人提供专门的睡衣，上面绣着客人的名字，客人走后便把睡衣和拖鞋存入仓库，客人再来便可续用绣有自己名字的睡衣和拖鞋。这类服务的完善会使酒店留住这类客户，拥有一个客户就等于拉住了一批客人。从旅游营销的角度，经过调查显示，有 45% 的客人的选择依靠口口相传，15% 的客人是靠广告。以质量带促销的根本就是只有有了好的质量，才会口口相传。服务不仅是营销手段，也是温泉酒店综合质量的重要组成部分，企业在这方面应下大功夫。

五、品牌营销

品牌是一种名称、术语、标记、符号，或是它们的组合运用，其目的是借以辨认某个销售者或某群销售者的产品或服务，并使之同竞争对手的产品和服务区别开来。品牌专家大卫·艾克认为，品牌就是产品、符号、人、企业与消费者之间的联结和沟通，牵涉到消费者与品牌沟通的方方面面，并且品牌更多地被视为一种“体验”，一种消费者能亲身参与的更深层次的关系，一种与消费者进行理性和感性互动的总和，若不能与消费者结成亲密关系，产品就从根本上丧失了被称为品牌的资格（余明阳，朱纪达，肖俊崧，2016）。

如今品牌营销的观念和行为在很多大型温泉酒店基本上已经树立起来了，一般的温泉酒店还谈不上，但总体上是这样一个方向。每一个温泉旅游目的地总要有几个叫得响的温泉酒店品牌，这几个温泉品牌要在所在区域形成一些说法。例如，“希尔顿酒店”在顾客认知中意味着“高效率的服务”，“假日酒店”则给人“廉价、卫生、舒适、整洁”的市场形象。顾客在选择到哪家温泉酒店入住或用餐的时候，很大程度上考虑了温泉酒店在社会中的品牌定位、形象与知名度，这就是品牌的形成。市场的品牌效应也存在问题，品牌使消费者产生局限性，反而会影响温泉酒店的发展。通过市场定位，温泉酒店要逐步树立自己的品牌，使这种品牌形成消费者的一个口碑，而这种口碑一旦形成，就会产生长远的效应。最好是形成综合性的品牌，如果难以形成综合性的品牌，形成一个方面的品牌也可以。比如，说某个温泉酒店做会议旅游做得最好，这个品牌形成了，其功能定位就是温泉会议之都。这样，凡有会议需要组织，首先考虑的便是温泉，其次就是会议，这样该企业在市场上便是一定程度上的综合性经营。当然，品牌不是在短期之内就可以形成的，但从企业长远发展的角度来看必须向这方面努力。

从目前市场来看，温泉市场营销战略与方法已经多种多样，内容也比较丰富，总体来说，推动了市场的扩大。但是选取什么样更合适的方式，实际上并不完全清楚，这里面也有一个各种方式的投入产出的比较问题，有的效果突出，投入也大，所以这也要掂量，需要结合温泉酒店自身定位问题一并研究。促销的方式很多，不同的方式能形成不同的组合，每个温泉酒店都可以形成一个多种方式的最佳组合，而不是单一的销售方式。这就如同是选择一条最合适的船，但是这条船也有一个下海的过程，也有一个在海上经受风浪磨合的过程。

参考文献

[1]（美）莫里森．旅游服务业市场营销［M］．李天元，主译．4 版．北京：中国人民大学出版社，2012.

[2] 曲颖，李天元．旅游市场营销［M］．2 版．北京：中国人民大学出版社，2018.

[3] 李光瑶，石斌．旅游市场营销［M］．北京：清华大学出版社，2013.

[4] 胡亚光，胡建华．旅游市场营销学［M］．北京：旅游教育出版社，2015.

[5] 焦家良．口碑营销理论与实务［M］．北京：企业管理出版社，2002.

[6] 余明阳，朱纪达，肖俊崧．品牌传播学［M］．上海：上海交通大学出版社，2016.

第九章　温泉旅游对目的地的影响

第一节　温泉旅游的经济影响

温泉旅游项目通过投资、建设和旅游者的消费，为目的地带来巨大的经济效益。温泉旅游项目对一个地区的经济影响主要通过投资开发和旅游者消费两个环节展现。前者指的是温泉项目涉及的硬件设施投入及其带来的经济效应，比如国内很多温泉项目与地产相结合，投资规模日益庞大，成为很多区域拉动经济增长的有效方法。后者指的是项目建成之后的温泉旅游地能够形成综合性的消费，温泉旅游者在酒店、温泉区、餐厅和娱乐场所的支出能够产生持续的经济效益，形成大量的就业岗位，为本地的国民经济作出贡献。

一、温泉旅游花费

旅游者到温泉目的地旅游时，会在住宿、餐饮、交通、娱乐项目和其他零售产品上消费，这些花费的总和构成了温泉旅游总花费。虽然温泉旅游总花费不能完全准确地反映旅游者消费对于目的地的经济影响，但是它是衡量温泉旅游对目的地经济影响的重要指标。

温泉旅游者的消费在目的地会引起直接、间接和诱发性经济影响（Cooper，2004）。

直接影响是指温泉旅游花费总额减去温泉旅游企业为进口所需的商品和服务的支出后的余额。直接影响一般会低于旅游者花费的总额。但是，不同企业因为其采购渠道的不同，以及所在地区产业链和融入本地经济模式的区别，直接影响与温泉旅游总花费之间的比值关系也不尽相同。

间接影响是指温泉企业在收到旅游者的支付总额后，将其中一部分用于支付供应商、水电局，以购买服务和产品，而与其关联的这些企业也需要将获得的款项用于其自身运营所需的产品和服务而再次支出一部分金额给它们自己的供应商、水电局等，如此循环下去，由此派生出的经济活动被称为温泉旅游花费的间接影响。间接影响实施的主体是温泉目的地的供应商和基础服务提供商。因此，如果一个地区的经济繁荣，本地供应商多，间接影响也会较大，反之亦然。

诱发性经济影响指的是温泉旅游花费在直接和间接的循环中以工资、利润分配、租金和利息等方式成为当地居民的收入，这些当地所增加的收入中的一部分被重新花费到购买当地经济的产品和服务中，从而再次产生的新一轮的经济活动。温泉旅游项目需要的本地劳动力数量较多，因此诱发性经济影响也是对本地经济的重要影响方面。

中国温泉旅游协会每两年会进行一次全国的温泉旅游者消费调查，其中包括了温泉旅游花费。任何一个国家的旅游消费调查都不能完全准确地反映消费者的实际消费情况，但是定期的消费者调查因为提供了定量测算的依据，而对于评估温泉旅游的经济影响具有重要意义。

表 9–1　2018 年中国温泉旅游者消费构成

门　类	门　票	餐　饮	住　宿	交　通	纪念品	会　议	体　检	运动设施	周边景点	酒　吧	游乐项目
百分比	25.48	24.26	30.77	7.23	1.92	1.31	0.37	0.52	2.51	1.31	4.32

二、温泉旅游的乘数效应

乘数效应是研究旅游经济影响最重要的概念。如前所述，旅游者在温泉旅游目的地的花费流入到温泉企业后，温泉企业又会向当地经济部门中的另一个企业购买产品或服务。因此，温泉旅游者的消费不仅会影响到温泉旅游产品的供应商，也会影响到温泉企业自身的供应商。温泉旅游花费的变化会对温泉产品、从业者家庭收入、就业、政府收入等带来相应的变化。温泉旅游乘数效应指的就是旅游者总花费与当地经济的变化值之间的比率。

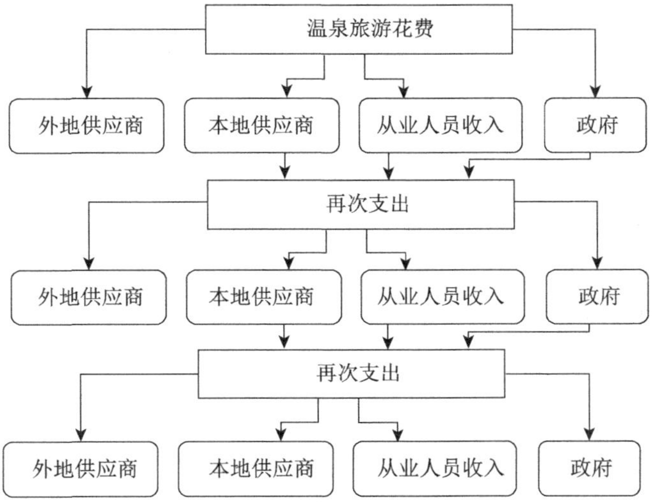

图 9–1　温泉旅游的乘数效应

根据乘数的定义，温泉旅游乘数就是温泉旅游消费（目的地接待温泉旅游的总收入）所带来的全部经济效应（直接效应 + 间接效应 + 诱导效应）大小的系数。伦德伯格提出的乘数计算的公式为（田里，2002）：

$$k=\frac{1-L}{1-c+m}$$

其中：c 为边际消费倾向；m 为边际进口倾向；L 为旅游进口倾向，即在旅游业经营中漏损掉的外汇占旅游外汇收入的比例，这类漏损包括在国外的旅游宣传费用、购置外国的专用设备和物资费用、支付旅游行业外方人员的工资、偿还外国贷款利息、外商独资企业的大部分收入等。将此公式应用于温泉旅游乘数中时，需要注意：我们应用乘数计算的研究对象是某一个地区，而不是一个国家，这将使旅游漏损的计算要以一个城市或一个省为边界，与该区域范围外的企业和经济主体发生的资金流出都属于漏损。实际上，要精确计算温泉旅游的乘数效应是十分困难的。要获得符合现实的，反映出随旅游投资、消费的变动而变化的模型，用简单的旅游业总收入来表示是远远不够的，需要建立大型的旅游经济计量模型，并通过计算旅游投资变动对经济的影响在模型中进行数值检验。乘数效应在不同的地区是不同的，在同一地区不同的时期也是变化的。旅游业的乘数与旅游开发地区的总体经济规模、经济结构、居民收入、消费、就业等相关（师守祥，2007）。因此，温泉旅游乘数作为一种理论工具，可以用于研究温泉旅游对于区域经济的影响，但是在应用的过程中需要因地制宜地进行条件假设和翔实的经济调查才能实现。

应用乘数研究温泉旅游对于区域经济的影响时，可以分为收入乘数、销售乘数、就业乘数和进口乘数等多个类型。针对温泉旅游的特点，收入乘数和就业乘数尤其重要。

（1）收入乘数。温泉目的地的收入乘数是温泉旅游消费带来的总收入与温泉消费之比，可以用来说明单位温泉消费额增量所产生的区域经济效应。温泉旅游总收入等于直接收入、间接收入和诱发收入之和，温泉旅游收入的乘数 =（直接收入 + 间接收入 + 诱发收入）/ 温泉旅游总花费。

（2）就业乘数。温泉就业乘数是指单位旅游消费所引起的全日制就业机会的数量变化。在劳动力大量剩余的欠发达地区，就业乘数和收入乘数同等重要。在中国，温泉旅游目的地大多数处于欠发达地区，且服务人员的用工比例高于其他国家，因此，中国的温泉就业乘数相对较高。

三、温泉旅游的宏观经济效益

温泉旅游的宏观经济效益，从狭义上讲是一个地区所有温泉企业的经济效益的总和，从广义上讲是由温泉旅游企业的直接经济效益及因温泉旅游带动的其他相关行业发展的间接经济效益的总和。对于一个温泉目的地而言，旅游总收入是常用的经济指标。

旅游总收入是指在温泉旅游过程中，游客购买相应的服务或商品以满足自己旅行、沐浴、住宿、餐饮、娱乐和购物等方面的需求而支付的所有货币。旅游总收入可以通过游客消费的抽样调查获取，相对容易获取。但是，因为它包括了对中间消耗的重复计算部分，不能真实地反映旅游业对区域经济的贡献。因此，如果要衡量温泉旅游在区域经济中的地位，用温泉旅游总收入相当于地区国民生产总值的百分比来说明是不科学的（保继刚，2003）。只有旅游增加值才能与国民生产总值相比。

温泉旅游的增加值等于温泉旅游的总收入减去外购的商品和服务（中间消耗）。从一个地区国民经济中统计温泉旅游的增加值是比较困难的，因为温泉旅游行业没有被列入国民经济的单独统计口径，温泉旅游业涉及的交通、通信、购物（商业）、餐饮和娱乐（其他社会服务）都有独立的行业增加值的统计。但是，这些独立统计的部门并不能区分出哪些是温泉游客产生的，哪些是非温泉游客产生的，因此无法从现有国民经济统计中读取温泉旅游业的增加值。为了解决这一问题，可以借鉴旅游卫生账户的方法。20 世纪 90 年代中期，旅游卫星账户核算方法一经出现就受到了世界有关经济学家和统计学界的推崇。2000 年 3 月联合国统计委员会正式批准了世界旅游组织提交的《旅游附属账户：建议的方法框架》（简称“框架”），使旅游业成为第一个拥有获得联合国首肯的国际性标准来测量和计量的产业。旅游卫星账户（Tourism Satellite Account，TSA）又称为旅游附属账户，是一种宏观统计计量方法。它是以国民经济核算为统计基础，按照国际统一的国民账户的概念和分类标准，在国民经济核算总账户下所单独设立的一个子系统。通过编制这一账户可以把由于旅游消费而引发的国民经济各行业中的直接和间接的旅游产出，从相关行业中分离出来单独进行核算，从而达到在国际统一的统计框架下对旅游经济进行全面测量和分析比较的目的。旅游卫星账户区别于传统的旅游统计体系，为各旅游发展国家提供了一个国际统一标准的计量方法，不仅大大提高了旅游统计数据的可信度和区域间的可比性，还能够准确全面地测度旅游经济在整个国民经济中的地位和作用，实现国家间的可比性和对旅游业经济影响的量化分析。理论上，对于某些完全依靠温泉资源发展旅游的目的地，其旅游卫星账户可以成为研究温泉旅游增加值的替代方法；而对于一些包括温泉项目在内的综合性旅游目的地来说，衡量温泉旅游的增加值就必须构建单独的温泉旅游卫生账户。鉴于这一工作需要政府和统计部门的密切配合，世界上还没有针对温泉旅游业开展的卫星账户研究。

虽然温泉旅游增加值的计算相对困难，但是对于温泉旅游发展对区域发展的宏观经济效益可以通过投资带来的经济效益和就业能力来反映。

（一）温泉旅游投资效益系数

温泉项目的投资效益系数，指在一定时期内，由于温泉旅游投资所带来的利润额与投资额之比。该系数反映单位投资所得的利润，又称投资利润率或投资回报率。

$$投资效益系数 = \frac{投资年利润额}{投资总额} \times 100\%$$

（二）投资拉动就业能力

投资拉动就业能力，指的是就业人数增加值与同期投资增加值之比。

$$投资拉动就业能力 = \frac{一定时期内直接、间接就业人数增加值}{同期温泉旅游投资增加额}$$

四、温泉旅游的漏损

（一）漏损的定义

漏损这一概念本来是用于衡量国际旅游的外汇流出问题的，因为在大多数发展中国家，国际旅游业的发展需要从国外进口所需要的原材料、物资设备，引入先进的管理技术、管理人才和高档商品等，从而形成严重的外汇流失现象。根据世界银行的统计，发展中国家的旅游外汇漏损率一般为 55% 左右。考虑到中国的温泉旅游项目在建造和设备技术方面基本为国产，客源市场和消费品的采购也很少涉及国际贸易，因此传统的旅游业漏损概念并不适合研究温泉旅游业的漏损。所以，本书将温泉旅游收入的漏损定义为：温泉旅游目的地的温泉旅游部门和企业，用于购买外地商品和劳务，在外地进行旅游宣传，支付外地贷款利息等原因而导致的收入的减少。漏损的发生将极大地削弱温泉旅游的乘数效应，因此有必要引起各温泉目的地政府部门的重视。

（二）漏损的分类

温泉旅游的漏损主要形式可以分为直接漏损和间接漏损。

1. 直接漏损

直接漏损主要如下：

（1）进行温泉旅游开发建设和经营运转，需要从目的地之外引进原材料、机器设备、建筑及装饰材料、食品饮料、高档消费品、办公设备、运输工具、陈设用品等物资而发生的资金支出。

（2）为进行温泉旅游开发和基础设施建设，旅游企业通过举借外债和吸收外来投资的方式筹集资金，以此用于支付负债本息和利润分配。

（3）为提高经营管理水平，很多目的地的温泉旅游企业需从外地引进高层管理人才和技术人才，以此用于支付的管理团队工资及福利。

（4）为开拓市场，通过外地的营销平台（各类 OTA）进行旅游宣传促销活动所支付的各种费用。

2. 间接漏损

间接漏损主要如下：

（1）为温泉旅游企业提供产品和服务的单位从外地购买物资和聘用劳动力所引起的资金的流出。比如，当地的泳装供应商并没有自己生产泳装，而是从外地生产厂家提货，从而增加了漏损额。

（2）因温泉旅游业的发展致使各种基础设施使用的增加而引起的资金的流出。比如，温泉游客的增多会对无线网络产生更大的需求，企业或当地政府会因此投资兴建信号塔站；周边的居民在参与旅游的过程中也会使用更多的通信流量，而这些通信资费的使用都是流出目的地的。

（三）减少漏损发生的措施

温泉旅游的收入漏损影响其乘数效应的发挥，不利于目的地的经济发展，因此必须采取各种措施减少旅游漏损的发生，主要的途径包括以下几个方面：

（1）积极培育目的地温泉产业链，通过本地企业创新和生产，满足温泉旅游发展对各项物资和产品的需要。

（2）将温泉旅游与本地生活方式进行嫁接，如发展周边的生态旅游、文化旅游和参与式的活动，使游客的消费更多地依靠本地社区与自然资源，而不要过多依靠外来商品和商业模式。

（3）着力培养具有现代经营理念、具备现代管理才能和技术的本地温泉旅游专门人才，并努力争取管理团队能够在当地安居乐业、长期生活，减少对外来管理团队的依靠，减少资金的外流。

（4）利用互联网、社交平台搭建自身的网上宣传和预订渠道，减少对旅游预订渠道商（OTA）的依赖，减少在营销环节出现的漏损。

第二节　温泉旅游的环境影响

一、温泉旅游对环境的主要影响

与大多数旅游项目一样，温泉的旅游开发过程涉及对原生环境的破坏与重建，对当地的水环境、空气质量、植物群落和动物活动都会带来一定影响。除此之外，因为大多数温泉水含有一定浓度的矿物质和放射性气体，致使温泉旅游出现一些特殊的环境问题。

（一）室内氡污染

氡（^{222}Rn）是广泛存在于人类生活和工作环境中的无色、无味的天然放射性惰性气体。进入居室内的氡主要来自地基（土壤和岩石），约占 90%；水或天然气所带来的氡占 8%-9%。如果是在开放空间中，来自地基和水中的氡气进入空气后很快就会被稀释和流动掉，对人体没有影响。但是，如果是在密闭的室内环境中，氡气的浓度就会积累上升，达到一定浓度后就会出现氡污染，严重的可以诱发肺癌。《住宅设计规范（GB 50096—2011）》中规定，氡的浓度不能超过200贝克勒尔/升（Bq/L）。

温泉水很多都含氡，氡本身是惰性气体，不与其他元素化合，质量比空气重，易溶于水和油脂，更易溶于空气。因为温泉中少量的氡气对高血压、高血脂、冠心病、痛风、糖尿病等有一定的疗效，所以很多温泉企业会宣传自己温泉中的氡含量。根据《地热资源地质勘查规范（GB/T 11615—89）》医疗热矿水的水质标准，具有医疗价值的氡温泉浓度为37贝克勒尔/升，命名矿水浓度为129.58贝克勒尔/升。如果是在室外温泉，一般不存在氡污染，但是由于部分温泉企业存在温泉入户到客房，或者封闭的室内温泉泡池，为氡气的积累创造了条件，因此存在一定的氡污染隐患。

宋刚等人（2004）在广东省从化、南水、中山和台山四个温泉宾馆的研究表明，在宾馆室内旅客利用温泉水洗浴总时间1.75-2.1小时，不管室内有无人洗浴，在中山和台山宾馆室内平均氡浓度均低于美国现行标准（148贝克勒尔/立方米）和WHO标准（200贝克勒尔/立方米），也低于我国现行室内标准（400贝克勒尔/立方米）。而在从化和南水宾馆室内无论有人洗浴还是无人洗浴，室内氡浓度都比较高，在从化宾馆室内氡浓度超过600贝克勒尔/立方米，均超过上述标准；尽管南水宾馆室内氡浓度超过美国标准，但在无人洗浴和用温泉水洗浴时氡浓度相差很大（见表9-2）。关于南水和从化温泉宾馆的调查分析表明，土壤氡对与地面直接接触楼层房间内氡浓度影响很大，是宾馆室内氡的重要来源之一。从室内有无使用温泉水的测量结果来看，温泉水的使用也是室内氡的来源之一。一些宾馆中高浓度氡对短期入住的游客的健康影响尚无法估计，但对在宾馆中长期工作的服务人员的影响不可忽略。

表9-2 广东省四处温泉宾馆室内外氡浓度测试结果

单位：Bq/m^3

温泉地点	卧室				浴室				室外	
	无人洗浴		温泉水洗浴		无人洗浴		温泉水洗浴			
	范围	M+S*	范围	M+S*	范围	M+S*	范围	M+S*	范围	M+S*
从化	616-720	677±55	678-789	751±61	749-912	848±86	851-1091	965±107	31-45	33±4
南水	79-246	172±85	753-1909	1569±304	269-382	364±57	753-2855	753±2855	38-110	76±36
中山	34-64	54±14	69-108	88±18	29-86	51±31	91-466	91±466	25-38	29±5
台山	17-45	18±11	22-48	37±11	21-40	30±13	40-298	89±64	17-21	19±3

数据来源：宋刚，张伯友，王新明.《广东省温泉宾馆室内氡来源分析》

（二）温泉水中的军团菌

军团菌是一种在自然界土壤和水环境中广泛存在的革兰阴性杆菌。军团病主要是由嗜肺军团菌感染引起的以肺部感染为主的疾病，嗜肺军团菌血清 1 型（LP1）为主要致病的血清型。军团菌的生长繁殖与环境因素密切相关，军团菌在温水和温暖潮湿环境中可迅速繁殖。目前，我国《公共场所集中空调卫生规范》中已规定，空调冷却水中不得检出嗜肺军团菌，但温泉水却没有相应的卫生标准。由于军团菌对温度耐受性强，使得温泉水可作为其天然的栖息地和繁殖场所。

西方国家多次报道温泉水域暴发军团病。例如，荷兰 1999 年花展大厅涡流温泉污染致 133 例确诊病例感染嗜肺军团菌血清 1 型；1999 至 2005 年美国佐治亚州报道温泉水引起的 1 例嗜肺军团菌血清 6 型的病例；2000 年日本石岗市洗浴循环过滤系统污染致 34 人患病、3 人死亡；2003 年德国一艘游船的温泉污染致 1 人死亡，感染菌型为嗜肺军团菌血清 1 型。1982 年我国报道了首例军团菌病例，但由于军团病的实验室检测手段缺乏，国内后续报道的军团病例较少。从已发表的温泉水嗜肺军团菌污染研究来看，各地有一定差异。北京曾经做过一次 87 份温泉水的军团菌检测，检出 47 株军团菌，检出率为 54.02%，昌平一所温泉度假村检出率最高为 84.38%。济南的研究中，24 份温泉水检出 3 株军团菌，检出率 12.5%。广东研究了 74 份温泉水，检出 6 株军团菌，检出率为 8.11%。四川调查的 7 所温泉中，只有 2 所未检出嗜肺军团菌，说明四川省温泉水嗜肺军团菌污染比较严重。

已有的研究发现，当温泉水水温在 32-50℃之间时，军团菌更容易存活，温度低于 32℃或高于 50℃的温泉水样抽检中的军团菌数量都大幅下降。这说明温泉中的嗜肺军团菌可能更易在 32-50℃之间的温度中生长（刘谊，曾林子，王常苏，2017）。军团菌感染的主要途径是经呼吸道感染，气溶胶、原虫是军团菌传播的重要载体。军团菌污染的水由于多种原因变成感染性气溶胶悬浮在空气中。军团菌的菌体微小，人在正常呼吸时，会将含有军团菌的气溶胶同时吸入呼吸道内，而引发军团病。温泉水在洗浴过程中容易产生气溶胶，加之温泉休闲场所人员相对集中，可成为感染军团病的高危场所。

（三）地热田破坏

地热田的形成是大地构造运动和地下水补给运动的综合作用的结果。随着中国的温泉旅游开发和城市化进程的加快，温泉水的超采现象日益严重，开采层位也越来越深。地下水开采引起的区域地下水位大幅度下降，不可避免地影响了地下水补给的机制，并可能对地下热储产生不可逆的影响。

李鹏（2010）对从化温泉的研究说明了长期超量开采温泉对地热田的破坏。从化的流溪河两岸原本有 9 处泉眼自然涌出热水，自流量为 1454 吨 / 天。随着从化温泉疗养单位的增多，依靠天然露头分享式的开采已经不能满足进驻单位的用水，矛盾开始凸显。1971年，广东温泉宾馆钻孔开采地下热水成功，有条件打井的单位纷纷效仿广东温泉宾馆出资打井，至1986年，各单位在从化温泉地区总共打造生产井8口，而原自然涌出的9处温泉露头全部断流。1986年各温泉水井的抽水量已达2488吨/天，至2009年从化温泉实际抽水量则已达3700吨/天，而从化温泉的开采量极限值仅为2500吨/天。从化温泉超量开采的历史已有20多年。在长期超量开采地下热水的过程中，全区地热降落漏斗范围扩大，引起浅层地下水及流溪河水反补给加剧，其结果除使各开发井水温大幅度下降外，还造成1986年圈定的2个60℃等值线分布范围内，北部一个消失，中部一个向地热中心区收缩变小。

类似从化温泉的超量开采温泉水的现象在中国比较普遍，其风险就是改变地下水补给的机制后引发地下热存储的破坏，进而导致温泉水水温下降，甚至温泉完全消失。

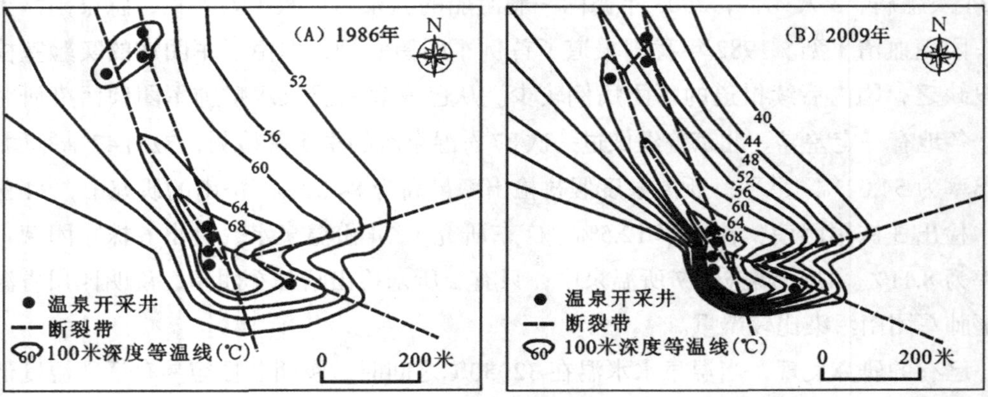

图9-2 从化温泉地热田的变化

（四）地面沉降

地面沉降是在自然和人为因素作用下，由于地壳表层土体压缩而导致区域性地面标高降低的一种环境地质灾害现象。地面沉降是一种难以补偿的永久性环境和资源损失。在温泉地区，自然状态下含水层中的沉积物和孔隙水浮力支撑上覆地层及地面上的建筑物，如果长期大面积地超采地下温泉水，会导致含水层热水的抽取量大于补偿量，打破含水层中的压力平衡，孔隙水压力减小、有效应力增加，从而导致土层压密，地面下沉。

樊秀峰等人（2004）对福州的研究提到，1991—1992年，福建省第二水文地质工程队利用20世纪70年代在福州盆地水文地质勘探时施工保留的地下水动态监测孔及少量的热水开采井作为地面沉降的观测点，观测发现周边地面相对井管均有不同程度的下沉，最大沉降点达74.5厘米，多数在10-30厘米间。 1967年至1986年，地热区内五四路一带部分地面点高程均有所降低，热水开采中心区降低最多，最大者19年间降低414厘米。1985、1987、1988年又测量了部分地面点高程，结果年平均降低13-20厘米，较大的达 67 厘米。福州地热区内建筑物四周与地面接触的部分则表现出明显的地面沉降特征：地面或台阶外斜式下沉，与建筑物接触部呈“V”形裂口或错位。

地面沉降是较为严重的地质灾害，区域内的建筑安全存在较大风险，也容易诱发山体滑坡等潜在地质灾害。

（五）地表水环境污染

1. 废水水质影响

温泉旅游项目产生的废水包括生活污水及泡池区温泉废水，除含一般生活污水的污染因子外，还包含区域地热水的特征污染因子氟化物。外排废水中的氟化物会对下游农作物产生影响，使农作物氟化物含量增加。另外，鱼体中氟含量与水中氟含量呈显著相关性，地热水中的氟对鱼体影响明显。

2. 热污染

热污染主要来源于泡池区温泉废水余热。温泉废水余热会使受纳水体的温度升高，水温升高会使水中溶解氧含量减少，同时温度升高会影响一些水生生物的生理功能，会使某些水生生物的正常生活、发育、繁殖等受到影响甚至死亡，从而影响环境和生态平衡。此外，河水水温上升给一些致病微生物提供一个人工温床，使它们得以滋生、泛滥，引起疾病流行，危害人类健康。

二、温泉旅游开发中的环境保护措施

（一）水环境的保护

1. 地表水的环境保护措施

针对地表水环境的保护可以采取以下措施：

（1）工程措施。根据温泉建设项目特点，针对生活污水和温泉废水采取不同的处理方式。生活污水主体工艺采用 A2/O 法污水处理工艺，具有一定的脱氮除磷能力。生活污水经 A2/O 法处理后，再经过滤、消毒后回用于温泉度假区内绿化，多余的尾水则外排。温泉废水经毛发过滤器过滤及消毒后，会回收作为项目景观用水。在景观溪内通过跌水设计、喷泉及人工瀑布等方式，提高温泉废水的冷却效果，景观溪水循环使用，多余水通过景观溪终端纳入项目污水排放口外排。经过景观溪的循环流动，温泉废水水温基本可以降到环境温度，对纳污水体影响较小。废水处理工艺流程见图 9-3。经上述工艺处理后，温泉项目的外排废水可满足《污水综合排放标准（GB 8978—1996）》中的一级标准要求。

（2）其他措施。在排污口下游混合过程段内设置保护河段，设置警示标志。在此河段内河水禁止用于农灌及渔业养殖，以减小废水中氟化物及热量对农作物及渔业养殖的影响；严格禁止废水大量集中外排，应控制景观溪终端外排废水量，使温泉废水降温后能均匀外排，同时应合理设置生活污水调节池，确保生活污水均匀外排；下游选择种

植以富集氟能力较低的籽实和茎干为主要食用部位的农作物，以降低人体对氟化物的摄入；加强下游居民的温泉知识普及工作，提高下游居民的自我防范意识。

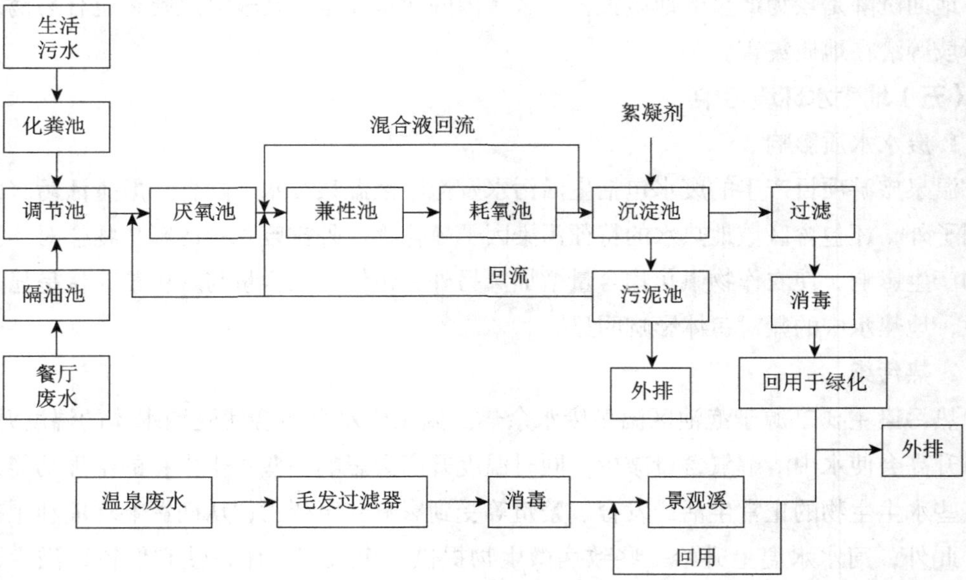

图 9-3　废水处理工艺流程

数据来源：邓赐洪.《浅析温泉度假村建设项目的水环境影响评价》

2. 地下水的环境保护措施

针对地下水的环境保护，可以采取以下防治措施：

（1）在地热取水过程中，地热水的开采量应严格控制在采矿许可证许可的范围内。

（2）加强地下热水、浅层地下水位、地面沉降监测，建立完善的动态监测网络，收集并积累长期观测资料。

（3）做好地下热水开采管井的长期观测工作，当发现地热水的水量、水温、水质等发生异常时，应及时分析原因，及时调整开发利用方案，以减轻地热取水对地下水的影响。

（二）温泉泡浴卫生管理

所有温泉池在使用期间应定期对露出水面的池体和池沿的污垢进行清洁，发现树叶、昆虫等落入水体时应及时打捞，以免异物沉入池底增加维护管理难度。温泉池宜根据客流量情况和天气因素及时换水；换水时，建议采用草酸对池壁和池底进行彻底清洁，尤其应注意水池角落的清洗，以免滋生细菌和藻类造成水质恶化。

温泉池应尽量采用循环利用。循环水池因有加热系统按照设定温度自动恒温，无须进行水温管理，但须及时清扫池沿和打捞异物。直补池采用补充温泉热水实现恒温，所以需根据热损耗情况调节阀门开度保证水温达到使用需要。循环池应每天清洗。池排尽后进行彻底清扫消毒，然后全开大阀门，在冲洗水池的同时，也使阀门内的矿化沉淀物全部冲出去，待水位达到使用深度后及时关闭。温泉池注水期间必须有人看护，以免温泉水溢出池外造成事故。

降低氡污染。应采取技术或管理措施降低其暴露水平，如服务人员和游客在室内工作和泡浴时应加强室内通风、尽量减少在高氡浓度环境下的时间，尽量减少直接使用温泉水作为生活用水等。

（三）温泉企业的能耗管理

从温泉企业的费用支出组成来看，水、电、煤、油、气等能源消耗占经营成本的30%，能源费用在其成本开支中仅次于人力成本。能源费用已经成为酒店业经济发展的“瓶颈”。温泉企业应采取各种措施降低能耗。

在气候适宜的地方推广地源热泵的应用，利用地源热泵系统替换原来的锅炉加空调的两套装置或系统，特别是对于同时有供热和供冷要求的建筑物。地源热泵有着明显的优点，不仅节省了大量的能量，而且一套设备可以同时满足供热、供冷、供生活用水的要求，减少了设备的初投资。

践行绿色管理，将绿色理念融入酒店管理之中，以充分利用资源、保护生态环境和促进顾客身体健康为己任。绿色酒店要秉持企业文化、管理战略和组织结构的绿色化，实行绿色设计、绿色采购、绿色技术、绿色清洁、绿色营销、绿色会计及绿色审核，为顾客提供安全、健康、环保的绿色客房和绿色餐饮，加强对环境的保护和资源的合理利用。

案例分享

日月谷温泉公园执行三条浴巾政策的启发

对于温泉企业而言，汤客在泡汤过程中，浴巾更换过分频繁，汤客浴巾随处丢弃，使用没有节制，从而导致园区浴巾随处摊放，不仅影响周边环境，而且极不环保。日月谷员工曾表示：看到有客人更换浴巾，另外一批客人根本不管自己身上的浴巾有没有湿，走到哪就换到哪，感觉真的很浪费资源。

针对这一现象，厦门日月谷温泉公园积极采取措施，让多名员工亲身体验，发现入园泡温泉至出园，沐浴更衣时需要一条毛巾，泡汤时更换一至两条毛巾，这就足够能满足泡汤所需。日月谷在同时期采访了汤客关于园区浴巾的使用情况，经过一系列调研之后发现：三条毛巾能满足大多数汤客的需求，最终提出“三条毛巾”的环保理念，并向所有汤客推广该理念，最大程度实现园区的节约环保。

同时为响应国家及中国温泉协会的号召，日月谷温泉作为福建省温泉行业的会长单位，从自身企业实际情况出发，从2019年8月1日起，提出温泉汤客每人限额使用三条浴巾的政策。经过近 1 年的执行，使用情况如下：

2018 年 8 月到 2019 年 7 月，浴巾使用量共计 941 068 条；2019 年 8 月到 2020 年 7 月，浴巾使用量共计 509 154 条；共计减少 431 914 条。2018 年 8 月到 2019 年 7 月，人均使用量 4.69 条，2019 年 8 月到 2020 年 7 月，人均使用量 2.57 条；人均减少 2.12 条。

按照一条浴巾洗涤预估需使用 0.1 升水、0.1 度电的能效需求计算，根据上述的服务周期，2019 年 8 月到 2020 年 7 月浴巾使用量比 2018 年 8 月到 2019 年 7 月浴巾使用量减少 431 914 条，共计减少使用水约 43 191 升、减少使用电约 43 191 度。

按照上述的数据测算，在国家节能减排的大力倡导下，日月谷温泉度假村从自身做起，从企业的细节做起，节约使用水资源，减少碳排放，在同行温泉企业中做到先行者，切实践行倡导“乐活理念，改善人类生活品质，推动人与自然的和谐发展”的企业使命。作为优秀的企业公民，日月谷致力于绿色环保、永续发展，推动人与自然的和谐发展。

第三节　温泉旅游的社会影响

一、温泉旅游发展的飞地模式

温泉旅游发展对于边远地区带来的最大的社会影响是飞地旅游模式。所谓飞地旅游，是指一种高度集中的旅游发展模式，通常是旅游发展不成熟阶段的产物，在发展中国家比较常见。飞地旅游的特征归结为四点：一是界线分明、对外封闭，设施完备独立；二是飞地主要依赖于国外旅游者；三是用定价策略强化其排外封闭性；四是飞地与周边社区有着截然不同的生活方式。飞地最主要的特点之一就是，它的“无所不包”性，以及由管理部门所创设的全控式的旅游环境。飞地旅游从总体上主要有以下几个特征：

（1）外来资本控制旅游设施的所有权。在飞地旅游中，旅游设施大都受外来资本控制，因此外来资本的所有权和控制权是一个重要特征。波童（Britton，1977）曾指出，外来资本对酒店、宾馆和其他设施的控制程度存在差异，但控制比例一般都在 50% 以上。

（2）客源以发达国家的国际旅游者为主。游客的旅行方式高度定向在飞地旅游中，客源主要以发达国家的国际旅游者为主。在飞地旅游中，旅行方式具有高度的指向性，旅游者一般直接往返于国际交通终端与飞地度假区之间，很少与目的地飞地之外的居民接触，尤其是包价旅游者，他们的旅游线路都由旅游公司事先设定，从旅游交通终端

（机场、车站）到住宿宾馆，到飞地度假区，到旅游纪念品商店，都通过引导式旅行开展。这些做法使得旅游地的飞地性更为突出，深化了飞地性的概念。

（3）旅游者与当地居民的接触和联系少。由于旅行方式和飞地旅游固有的缺陷，在旅行过程中，游客与当地居民之间的接触和联系受到了限制。设施完备独立的度假区飞地的管理者总是特别留意，确保旅游者不会在度假区飞地以外进行消费。度假区飞地的各级管理部门为了限制和控制旅游者与当地社区之间的经济贸易和文化交流，通常使用包括劝说、警告在内的"遏制政策"，从而确保度假区飞地的封闭性。

（4）当地居民的就业机会少，就业层次低。在飞地旅游中，当地居民通常只能从事报酬低、地位较低、没有技术含量的工作，而管理阶层或报酬较好的工作则通常被外来人员所占据；当地劳动力和外来人员的待遇存在极大差异。空特吉（Kontogeorgopoulos，1998）以飞地度假区的住宿接待单位为对象研究了就业机会和就业结构状况，认为设施的规模和等级与当地劳动力的受雇用比例呈负相关关系，而设施所有权与当地劳动力的受雇佣比例则呈正相关关系。

根据刘爱利、刘家明等人（2008）构建的旅游飞地的特征与影响框架，温泉旅游发展的飞地特征及影响如表 9-3 所示。可以发现，温泉开发引发的飞地旅游与国外的飞地旅游具有显著的差别。首先，国内的温泉资源作为一种国有资源，其开发过程除了土地出让，还涉及矿产资源权证的办理，因此较少有境外资本的介入，大部分是依靠国内的投资商进行开发的。虽然如此，中国大多数边远地区的温泉项目的投资者多半来自外地发达地区，本地人主导的开发项目较少。另外，因为中国国内的温泉企业都属于劳动密集型产业，需要大量的一线服务员，往往能对当地的就业和扶贫起到一定作用，这与国外的飞地也存在较大差异。

表 9-3　温泉旅游发展的飞地特征及影响

因　素	飞地旅游的特征	飞地旅游的影响
客源及市场特征	客源以经济较发达的度假旅游者为主，旅游者支出水平高	忽视了本地居民的诉求，甚至排除当地居民的使用
游客旅行方式及与当地居民的接触机会	自驾车为主要方式，很少与当地居民接触	一价全包式的消费减少了旅游者拉动当地经济的可能性，拉大游客与居民间的社会隔离
对 GDP 和政府税收的贡献	建设过程对当地 GDP 贡献大，建成后也对地方经济有税收贡献	温泉设施和设备多引自外地，存在一定漏损
旅游设施所有权	外来投资者控制项目所有权和经营权，本地社区缺乏投资能力	温泉资源被外来投资者控制，导致本地社区失去主导权
居民参与	多从事一线服务工作，进入管理层的较少	影响到企业决策过程中对本地社区的考量
创造就业	温泉所需一线服务员工较多，能够解决一定数量的本地就业岗位，但是薪资水平一般在 1500-4000 元，与管理层员工有差距	本地社区成为一线员工，而不是企业的主体

续表

因　素	飞地旅游的特征	飞地旅游的影响
脱　贫	有助于当地脱贫	对于缺乏经济资源的地区，温泉旅游的发展提供了大量就业岗位，能够解决部分贫困的问题
产品采购	食品的材料采集大部分来源于本地，但是消费品更多来自外地	消费品销售方面存在一定漏损
与当地其他部门的联系	与农业、旅游业有一定联系，但是受制于产业基础，与工业及第三产业的联系较弱	农业方面存在一定的产业关联，与周边的景区经济也可以发生联系

二、示范效应

旅游者以其自身的意识和生活方式介入旅游地社会中，引起旅游地居民的思想变化，产生各种影响，这种作用称为示范效应。示范效应是旅游对目的地社会发生影响的主要途径（保继刚，楚义芳，2003）。温泉旅游目的地大多位于较为偏远的乡村地区，温泉旅游者与本地社区居民相比，在收入水平、受教育程度等方面都占据主导地位，而旅游者与本地居民在文化习俗和价值观念方面都存在较大差异。因此，温泉旅游过程中当地居民会受到温泉旅游者消费行为的示范效应。

从积极的方面来看，温泉旅游的发展可以明显改善当地居民的行为举止、卫生习惯和经商意识。比如，云南保山施甸县于2010年后建成的现代温泉度假村就毗邻原来当地的公共温泉澡堂。当地居民通过在度假村工作的机会，了解了温泉泡浴的健康知识以及水质卫生的管理标准，激发起他们对原有公共温泉澡堂卫生的反思。这有助于当地社区逐步提高公共温泉澡堂的卫生水平，改善居民的健康状况。但是，由于现代温泉度假村对于温泉水的使用主要是从休闲、娱乐的功能出发，因此游客会身着艳丽的泳装进入温泉池区，而施甸县的本地社区则更多的是将温泉水作为沐浴的资源，他们所习惯的温泉沐浴都是裸浴，这一温泉文化观念上的差异则较难被完全改变。此外，外来游客以及温泉度假村的投资者和管理方都是按照发达地区的经验来建设和运营温泉度假村，他们所认定的温泉度假的方式被认为是代表着先进和时尚的文化；而当地社区对于温泉澡堂的理解则往往会被认为是传统的、保守的观念，当地居民在温泉度假村的管理者和游客的示范效应下，有的也会对自己的文化传统作出反思，但是更多地会坚持自己的观念。

温泉游客的示范效应也会产生一些消极的社会影响。温泉旅游对于大部分地区而言，都属于中高档消费场所，也是一种社交场所，管理不当容易成为炫耀性消费的场所，或者招引一些不道德的行为。比如，在改革开放初期，部分温泉宾馆出现了色情消费，严重影响了温泉旅游在社会大众心目中的形象，成为当地社区居民嫌弃的场所。随着中国国民收入不断增加，贫富差距也越来越大，温泉消费也逐渐成为显示游客自身社会地位和炫耀财富的场所，进而导致温泉消费在一段时间内成为奢侈消费的代表。这些都属于温泉游客和温泉经营者自身的行为不当引发的社会消极影响。

案例分享

黄石国家公园经营管理多措并举

黄石国家公园是美国第一个国家公园。由于地处美国西部北落基山和中落基山之间的熔岩高原上，因此整个公园的海拔为 2134–2438 米，是美国 50 个州中少有的且保存最好的大面积自然环境之一。它多姿多彩的地质地貌生成于近 200 万年前的一次火山爆发。现在全境绝大部分尚未开发。在这片广袤而洁净的原始自然区，有山峦、石林、冲蚀熔岩流等地质奇观。异常丰富的旅游资源、长达 100 多年的旅游历史以及众多特许经营商的加盟，使得黄石国家公园闻名遐迩，成为旅游者向往之地。从 1872 年创办以来，来此观光的人次已超过 1 亿。

从组织形式看，有官方性质的活动、有公园守护者组织的活动、有特许经营者组织的活动、自助旅行等；根据旅行所采用的交通方式，可分为乘坐公园大巴旅行、自驾车游览、骑自行车旅行、骑马、徒步旅行等；由于地质特征和生态景观的不同，有温泉旅游、峡谷瀑布旅游、黄石湖区旅游等；根据旅游活动内容的不同，可分为参观景点、讲解和讨论、观赏野生动物、探险、野营等。对黄石国家公园的科学调查，科研人员早在 1871 年就已开始进行。公园批准的科研项目每年有 250 个到 300 个，其中由大学教授或与大学有密切联系的研究人员所主持或监督的项目大约占了一半，还有近 25% 的项目是由私人基金会、企业或个人完成的，其余的项目则由公园的工作人员或其他政府机构的科研工作者完成。

美国黄石国家公园是世界上国家公园管理的典范，其管理理念概括起来为三“坚持”：坚持国家利益高于一切，只供游览和参观，禁止利用公园的景观和物产进行任何形式的商业开发；坚持生态优先，减少人类活动的负面影响，保护脆弱的生态系统，维护生态平衡；坚持为大众服务，身为世界级的名胜，门票选择性强，而且十分低廉。例如，一辆私家车（非商业营运车）在黄石公园游览一周的门票是 20 美元，步行入园一人一票，每周一票 10 美元，可以在一周内不限次数出入。

为了加强经营管理和资源保护工作，黄石国家公园在 20 世纪 80 年代推出了“资源运营”项目。要求资源方面的专家负责监督公园的自然和文化方面的资源状况，确定需要采取什么措施去保护或修复；任命 5 个全职协调员，协调资源运营的管理；聘请 15 名雇员，安排在资源运营和保护部工作。从 1994 年起，黄石国家公园建立了赔偿基金，一方面用于修复那些遭到人为破坏的自然或文化资源，另一方面用来改造警务部门的设备、培训员工、奖励打击违法犯罪活动的贡献者。在制作告示牌、组织讲解、准备演示等方面，黄石国家公园花费了大量的人力、物力和财力，目的在于教育游客，提高认识，更好地保护公园内的野生动物、本地植物和那些极易受到损害的地热资源。

黄石国家公园管理层认为，对游客进行有关公园的自然和文化特点的教育，能为游客提供更愉快的旅游经历，使公园免遭破坏，让子孙后代继续享用。一般情况下，讲解工作从游客进入公园前就已经开始，一直持续到游览结束，以便在保护资源的同时，给每个游客留下终生难忘的旅游经历。

为了满足来访游客和其他公众的需要，黄石国家公园每年要出版大约 60 种报刊和读物。印刷的 4 种报纸，分发给驾车驶入公园的游客手中的就有 85 万份。出版的 7 种自助游读物，每年的发行量达 75 万份。另外一些小册子内容广泛，涉及滑雪、徒步旅游、划船、骑马等。《黄石公园科学》作为季刊，备受专业人士的青睐。黄石国家公园协会是公园主要的教育和讲解合作伙伴。该组织在公园的游客中心销售出版物，获得的资金用来印制黄石国家公园的外文版地图，提供外文导游，出版法文、德文、西班牙文、日文报纸等。在为游客提供黄石国家公园的信息方面，广播也起着重要的作用。当游客驾车驶入公园时，可将自己的收音机调频到 1610 频道，便能收到关于公园的简短信息和注意事项，其中包括道路封锁情况、天气预报、野营和住宿的建议等。

在美国，国家公园的工作人员作为公园的守护者，很受人们尊敬。他们努力工作为游客提供一系列的优质服务。因为在旅游旺季急需人手，黄石国家公园每年都要招募许多临时雇员和志愿者，他们当中各行各业的人都有，如工程师、造景师、机械师等。长期以来，黄石国家公园坚持与非营利机构合作，在从一些慷慨的支持者那里获得捐赠的同时，努力说服那些关心公园的机构或私人提供帮助。

黄石国家公园协会自 1933 年成立以来，会员人数大幅度增长，募集了大量的资金。为了吸纳更多的私人资金，1996 年还创立了黄石国家公园基金会。黄石国家公园的资金大部分是经国会批准，从税收中划拨的。划拨给公园的年度拨款中还包括一些针对特别项目的资金，这些项目首先必须由国家公园服务法认可，才能够获准列项，获得拨款。另外，国会还专门为全国的国家公园系统划拨建设资金，每一个建设项目必须由国会单独批准，因此黄石国家公园必须通过和其他国家公园竞争才有可能获得该项资金。除了黄石国家公园协会和黄石国家公园基金会所获得的捐赠之外，公园被授权接受私人捐赠，用于弥补运营经费的不足，其中有一些捐赠可用于任何项目，而另一些捐赠只能用于指定的项目。黄石国家公园还被授权对特殊的活动收取酬金，门票收入也是重要资金来源。

资料来源：李忠东．黄石国家公园经营管理多措并举［N］．中国绿色时报，2009-7-7（A04）．

三、温泉旅游地发展的生命周期

旅游地生命周期理论是描述旅游地演进过程的一种理论。1980 年，巴特勒（1980）对周期理论重新做了系统阐述。他将旅游地生命周期分为六个阶段：探索、起步、发展、稳固、停滞、衰落或复兴，并且引入了使用广泛的“S”形曲线来加以表述。

（1）探索：少量的“多中心型”游客或“探险者”，少有或没有旅游基础设施，只有自然的或文化的吸引物。

（2）起步：当地投资于旅游业，明显的旅游季节性，旅游地进行广告宣传活动，客源市场地形成，公共部门投资于旅游基础设施。

（3）发展：旅游接待量迅速增长；游客数超过当地居民数；明确的客源市场地；大量的广告宣传；外来投资出现，并逐渐占据控制地位；人造景观出现，并取代自然的或文化的吸引物；“中间型”游客取代“探险者”和“多中心型”游客。

（4）稳固：增长速度减缓，广泛的广告宣传以克服季节性和开发新市场，吸引了“自我中心型”游客，居民充分了解旅游业的重要性。

（5）停滞：游客人数达到顶点，达到容量限制，旅游地形象与环境相脱离，旅游地不再时兴，严重依赖于“回头客”，低客房出租率，所有权经常更换，向外围地区发展。

（6）衰落：客源市场在空间和数量上减少；对旅游业的投资开始撤出，当地投资可能取代撤走的外来投资；旅游基础设施破旧，并可能被其他用途取代。

（7）复兴：全新的吸引物取代了原有的吸引物，或开发了新的自然资源。

巴特勒认为，旅游地衰落往往与旅游接待量超过一定的容量限制或者过度商业化相关。因此，巴特勒建议旅游发展应保持在既定的容量限制之内。对于温泉旅游的发展而言，因为不同时期的温泉开发模式发生了较大的改变，导致温泉的接待容量也出现了调整，从而引发了温泉旅游目的地的多次衰落与复兴。李鹏（2010）对从化温泉的发展历史的研究发现，温泉旅游目的地的重构主要包括五个方面：温泉地建设的投资主体、温泉使用方式、温泉消费群体、温泉出游方式、温泉认知形象。从化温泉经历的社会重构改变了巴特勒的生命周期进程，使得从化温泉经历了三次衰落和四次复兴的过程。

表 9–4　从化温泉历次兴衰的内外部原因

时　段	年　份	外部原因	内部原因
第一次兴起	1934—1936	温泉的理疗功效，温泉作为地位的象征	官僚投资，别墅建设
第一次衰落	1937—1949	战争	
第二次兴起	1950—1965	温泉的理疗功效，温泉作为地位的象征	军队、上级政府建设疗养院、招待所
第二次衰落	1966—1978	温泉的“资本主义”形象	

续表

时　段	年　份	外部原因	内部原因
第三次兴起	1979—1991	温泉的理疗功效，温泉作为地位的象征	军队、上级政府、基层政府投资建设温泉宾馆
第三次衰落	1992—2002	新温泉地的竞争，温泉疗养功能淡化，温泉的地位象征性弱化	温泉水量达到极限，温泉产品落后，形象衰落
第四次兴起	2003—	区位优势，大众温泉市场兴起	户外温泉产品的建设，整治环境形象，大众市场的营销

通过对从化温泉的案例研究，可以发现，温泉旅游重构发生之前，由外部负面因素导致的温泉旅游地衰落现象在负面因素消失后会出现自然反弹；由温泉旅游重构（也是一种外部因素）引起的温泉旅游地衰落，必须通过温泉旅游地调整内部产品结构以应对外部结构的变化才能实现温泉旅游地的复兴。

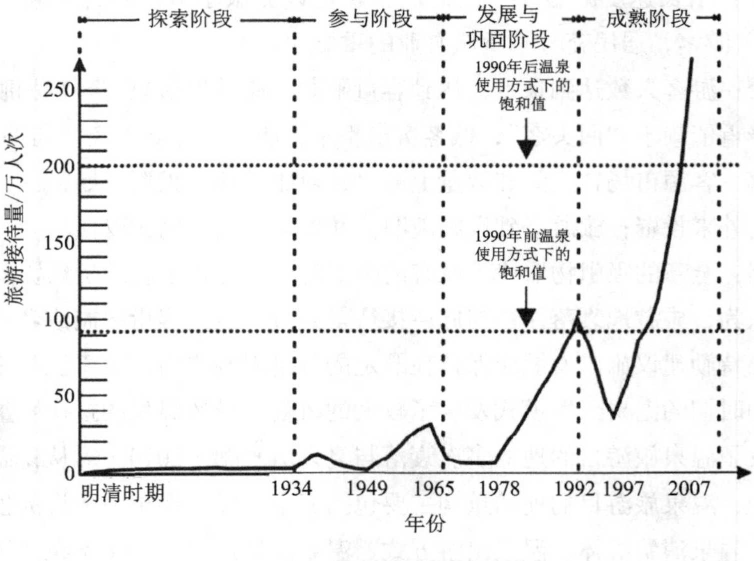

图 9-4　从化温泉生命周期

温泉旅游地的生命周期，以温泉水资源实际使用量与可开采量的关系作为划分发展阶段的标准。温泉旅游地的核心吸引物是温泉水资源，也就是说，温泉旅游地的核心产品就是温泉产品。正因如此，温泉资源量与旅游接待规模呈某种强相关的数量关联。当温泉地的温泉水资源实际使用量低于可开采量时，温泉地理论上可能处于探索、参与或发展巩固三个阶段之一，即具备旅游进一步大发展的资源基础；反之，一旦温泉地的温泉水资源实际使用量达到或超过可开采量，则可以判断温泉地进入成熟阶段。以温泉水资源使用量作为生命周期的判定标准是温泉旅游地的特殊经验，也正因为如此，旅游地生命周期理论在温泉地应用中的科学性也大大提升。

温泉旅游重构过程通过改变温泉水资源的产出效应，为进入成熟或衰落期的温泉旅游地提供复兴的可能性。在旧的温泉旅游结构不变的情况下，温泉地偶尔因为外部环境的变动引发阶段性的衰落，但是这类衰落在负面外部因素消失后较容易实现反弹，一旦温泉地进入成熟期，因温泉水量极限造成的温泉地发展停滞或衰落则很难克服。然而，在温泉重构过程中，由于温泉地内部的温泉企业改变了温泉水的使用方式，从而使单位温泉水资源量可供接待的游客数量大幅提升，进而为成熟期的温泉地复兴创造了机会。

参考文献

[1] Cooper C. 旅游学——原理与实践［M］. 张莉莉，蔡利萍，主译 . 2 版 . 北京：高等教育出版社，2004.

[2] 田里 . 旅游经济学［M］. 北京：高等教育出版社，2002.

[3] 师守祥 . 旅游业乘数研究辨正［J］. 旅游学刊，2007（10）：30-34.

[4] 保继刚，楚义芳 . 旅游地理学［M］. 北京：高等教育出版社，2003.

[5] 宋刚，张伯友，王新明 . 广东省温泉宾馆室内氡来源分析［J］. 矿物岩石，2004（2）：117-120.

[6] 刘谊，曾林子，王常苏 . 四川省部分地区温泉水嗜肺军团菌污染状况及基因分型［J］. 寄生虫病与感染性疾病，2017，15（2）：64-68.

[7] 李鹏，保继刚 . 国家名义之下的旅游资源垄断与产权困境——以从化温泉风景区为例［J］. 地理科学，2010，30（5）：710-716.

[8] 樊秀峰，吴振祥，简文彬 . 福州市温泉区地面沉降分析［J］. 地质灾害与环境保护，2004（2）：89-92.

[9] 邓赐洪 . 浅析温泉度假村建设项目的水环境影响评价［J］. 能源与环境，2014（3）：85-86.

[10] Robert A Britton. Making Tourism More Supportive of Small State Development：The Case of ST. Vincent［J］. Annals of Tourism Research，1977，4（5）：268-278.

[11] Kontogeorgopoulos N. Accommodation Employment Patterns and opportunities［J］. Annals of Tourism Research，1998，25（2）：314-339.

[12] 刘爱利，刘家明，刘敏 . 国外飞地旅游研究进展［J］. 人文地理，2008（1）：102-106.

[13] Butler R W. The Concept of a Tourist Area Cycle of Evolution：Implications for Management of Resources［J］. Canadian Geographer，1980，24：5-12.

第十章　温泉旅游规划与设计

温泉旅游的规划与设计，具体而言就是针对具有旅游休闲和旅游度假价值的温泉项目和产品进行的规划与设计。这是一种基于温泉旅游产业的特性和需要而进行的专业规划与专业设计。严格意义上讲，温泉旅游的规划与设计是规划设计的一个特殊分支或特殊领域，犹如医疗和养老项目的规划设计也是规划设计的一个特殊分支或特殊领域一样。

要做好温泉旅游的规划与设计，必须先具有一般规划和设计的基础知识，掌握国家和地方有关规划与设计的法律、规范和标准。一般的规划与设计无论在法律、法规和标准等方面，还是在技术、教育和执业资质上都已经非常成熟。因此，本章不准备讨论一般的规划设计，而是要重点阐述温泉旅游规划与设计的特殊性和需要重点关注的部分。

第一节　温泉旅游规划与设计的历史和现状

温泉资源遍布全球，全世界有 100 多个国家和地区拥有温泉资源。人类开发和利用温泉的历史非常久远，甚至可以追溯到古埃及、古希腊和中国的西周时期。因此，可以说温泉是世界上最古老的行业之一。人们在开发利用温泉的历史长河中，积累了大量的规划设计等相关技术和经验，经典的温泉规划设计案例层出不穷。例如，2000 多年前古罗马时代设计的英国巴斯温泉、1500 多年前设计的西安临潼华清宫、1300 多年前设计并且从未中断经营的日本皇家御用温泉庆云馆等，都是人们耳熟能详的经典之作。遗憾的是，可能是由于绝大部分温泉的规划设计都是由跨界设计师尤其是建筑师操刀，没有形成持续性的资料积累、研究和整理，难以形成单独的学科，导致国内外有关温泉规划设计的专著、规范、标准和教科书非常罕见，也极少有专门的设计学院来培养专业温泉规划设计人才。尽管如此，还是有一些国内外对温泉有兴趣、有研究和实践经验的设计师出版了相关的设计案例、设计论著和论文。在这方面，欧洲和日本出版的相关书籍比较多。

例如，当今国际上最有影响力的康养研究机构——全球康养研究院（GWI）为了弥补温泉行业的这个弱项，于 2014 年组织编写了一本具有里程碑意义的行业指南，名为《温泉 SPA 与康养开发标准导论》（*Guide to Hydrothermal Spa & Wellness Development Standards*）。该书第一次从全球温泉与康养产业的角度比较全面和系统地介绍了温泉与康养设计的方方面面，技术性和实用性比较强，值得行业人士学习借鉴。

欧洲模式的温泉疗养院在 20 世纪初引入中国后，也带来了与设施建设有关的规划设计技术体系。1949 年后，在党和政府的重视和支持下，中国的疗养事业从 1950 年开始，经过 30 多年的稳步发展，在 80 年代初期已经达到一个新的鼎盛时期，全国的疗养院总数达到了 1000 多家，其中包括 200 多家温泉疗养院。在总结了国内外百余年疗养院规划设计经验和技术的基础上，由福建省建筑设计院主持编制的中国第一部《疗养院建筑设计规范》，经中华人民共和国城乡建设环境保护部审批，于 1987 年 8 月 8 日发布，1988 年 1 月 1 日正式实施。这部设计规范虽然是针对整个疗养院系统的，但因为当时的疗养院系统中，温泉疗养院是最重要的组成部分，因此，其大部分内容也适用于温泉疗养院。2019 年，一部全新的《疗养院建筑设计标准 JGJ/T 40—2019》由当时的住房和城乡建设部发布实施，标志着疗养院的建筑设计标准有了与时俱进的发展和更新。虽然它是针对所有类型的疗养院的建筑设计规范，但其基本原则和方法对温泉旅游的建筑设计仍具有一定的借鉴价值和参考意义，值得温泉旅游规划设计者学习和参考。

自 20 世纪 90 年代中期中国温泉旅游从广东省开始兴起之后，迅速风靡全国，在短短的 20 多年中取得了令人瞩目的成绩，成为一个新兴的产业类别。据统计，截至 2018 年，全国建成并运营中的温泉总数已达到 3700 多家。未来 5-10 年，预计还会有上千家温泉项目陆续建成开业。如此庞大的温泉数量，意味着上千亿的直接投资。这些项目的规划设计水准和质量，会直接影响到整个行业的市场吸引力和可持续发展能力，不可不予以高度重视。

温泉旅游行业兴起的初期，市场上基本上找不到真正精通温泉规划设计的专业机构和专业人员，只能找一些有常规规划设计经验的设计师和行业经营者来担纲规划设计任务。于是，在温泉旅游的规划设计领域，呈现出了如下两种突出现象：

一种现象是，规划设计师在对国内外尤其是对日本、韩国和中国台湾等温泉项目考察学习的基础上，结合国内的规范、标准及市场实际，逐步摸索出了一系列温泉规划设计的方法和技术，并协助开发商一起设计建造了最初的一批温泉项目，如珠海御温泉就是典型的代表。御温泉的设计建造模式一度成为中国温泉旅游规划设计的经典模式，在全国范围内被广为复制，当然御温泉模式在被模仿和复制的同时也在不断地被修改、优化和提升。

另一种现象是，在中国温泉旅游发展进入新世纪之后，有的温泉项目开始聘请国外和境外设计单位或名师操刀设计，陆续涌现出了一批比较优秀的温泉作品，如广东从化的从都温泉（美国设计单位）和都喜泰丽（泰国设计单位）、珠海海泉湾（日本设计单位）、厦门日月谷（新加坡设计单位）、云南和重庆柏联 SPA 温泉（英国设计师）、腾冲悦榕庄（泰国设计单位）和石头纪（日本设计师）、融汇温泉中心（日本设计单位）等。这些里程碑式的项目极大地激发和启迪了中国温泉旅游规划设计师的创新活力，带动了本土温泉旅游规划设计师的成长与壮大。与此同时，国际上先进的温泉设备和技术也陆续进入中国市场，国产温泉设备和技术也在学习模仿中不断创新，不断替代进口，逐步发展成熟。如今，一个国内外规划设计师同台竞赛、共同为中国温泉旅游自立于世界温泉产业之林而努力的多元化设计市场已经初步形成。未来，中国温泉旅游界必将涌现出越来越多的由本土规划设计师担纲的优秀作品。

尽管目前中国还没有产生一部有关温泉旅游的规划设计规范和相关标准，但是，相关的大学教授、规划设计公司以及温泉经营企业已经积累了相当丰富的经验、技术和资料，也翻译出版和编写了少量有关温泉旅游规划设计的书籍和文章。可以预见，不久的将来，中国将诞生第一部温泉规划设计规范或标准。

第二节　温泉旅游项目策划与规划的原理

一、温泉旅游项目的策划与规划的区别

长期以来，在中国温泉旅游项目的开发建设过程中，重设计施工、轻策划规划的倾向相当普遍，结果往往导致建成之后的项目要么与经营需要不匹配，要么造成不必要的浪费，要么缺乏后续延展性，严重影响了项目的可持续发展。

从某种意义上来说，温泉的策划和规划是一体两面的关系。温泉的规划需要策划的内容来支撑，温泉的策划需要规划来表达和落实。

那么如何来理解策划和规划的异同呢？我们将从以下几个方面来阐述。

策划是基于项目的资源条件、市场条件和投资者意图及能力而制定的投资策略，包括项目开发的目标确定、资源分析、市场研判、产品定位、经营计划、经济技术分析和盈利模式等。显然，策划是供投资决策人作出投资或不投资的决策的参考依据，是决定项目成败的顶层设计，是以经营为导向和最终评判标准的决策方法论。

世界权威的《朗文大词典》对规划的定义是：“规划是一种使预定目标得以实现的有条理的行动序列。”这个经典定义揭示了规划的几个特性：

- 目标性：规划必须是围绕着一个预定的目标的实现来进行的；
- 前瞻性：规划的目标是基于对未来形势的预测和预判而制定的；

● 行动性：规划是要用一系列理性行动来逐步实现的；

● 程序性：规划是按照一定的科学程序来安排先后次序和排兵布阵的。

我们在项目开发前期的具体工作中往往将工作划分为“策划”和“规划”两个步骤。实际上，在英文中，策划和规划通常都使用同一个词汇，即 Planning，它是计划和规划的动名词形式，强调的是行动性和实施性。有时候也有人将 Strategic Planning（战略规划）翻译为“策划”。

如果说一定要对策划和规划进行一个明确的区分的话，那么可以这样理解：策划更偏重于设定项目的发展目标和市场定位，规划则更偏重于通过一系列科学高效的行动来达成策划的目标。

在国内旅游规划界，吴必虎教授（2001）关于旅游规划的定义比较简明扼要和经典，他在 2001 年出版的《区域旅游规划原理》一书中提出：规划是对未来状态的设想。他在这里所指的规划其实是指旅游规划。唐代剑教授（2005）在其主编的《旅游规划原理》一书中给“旅游规划”所下的定义是：“旅游规划是根据旅游业发展规律和市场特点制定目标，以及为实现这一目标而进行的各项旅游要素的统筹部署和具体安排。它是在一定的目标和价值判断下，提出行为标准，研究如何符合这些标准，并回答‘为什么这样’以及‘应该怎样’的过程。”

理解了什么是旅游规划，我们就更容易理解什么是温泉旅游规划了。

二、温泉旅游规划

（一）温泉旅游规划的定义

温泉旅游规划是在对温泉旅游相关资源和市场条件准确研判的基础上，结合投资者的开发意图和可控资源而制定的项目目标与定位，以及为实现该目标和定位而进行的项目相关要素的统筹安排和空间布局。

（二）温泉旅游规划中需要重点关注的六个要素

第一个要素：温泉水资源及其附属资源

温泉水资源的条件如何决定了项目有没有投资开发价值，以及投资的规模和方向。通常来说，一个温泉项目的温泉水资源起码要符合以下条件：

（1）符合相关标准中温泉的定义。

（2）日出水量和日允许开采量满足项目经营的最低需要（一般来说日允许开采量低于 200 吨的就没有太大的商业开发价值了）。

（3）水温比较高。虽然出水口温泉高于 25℃以上的含有对人体有益的一定量的矿物质的地下水就可以定义为温泉，但一般而言，温度越高，温泉的能源价值就越高，即后期经营的成本就越低，经济价值就越高。

除了以上三个条件，如果项目地的温泉资源在涌出形态、历史文化背景和周边自然资源环境等方面也很有特色的话，那么这个项目的开发价值就会更大。

基于以上的考虑，我们特别设计了以下的分析模型，来帮助投资人分析温泉资源的投资开发价值。

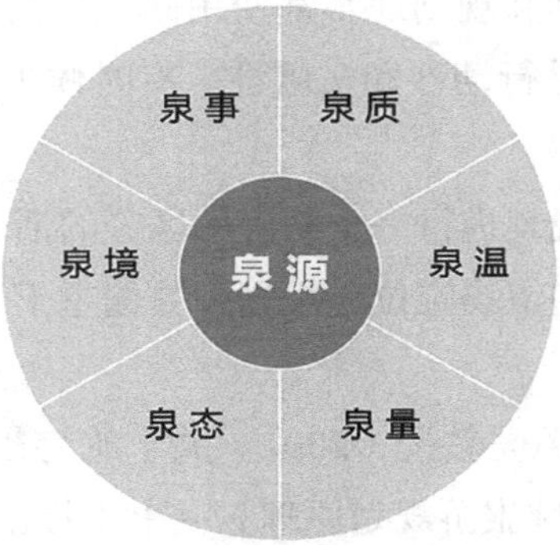

图 10-1 温泉评价六维体系

泉质：指对人体健康而言温泉的质量和品级，包括水化学类型、矿化度、矿物质含量组合及其比例、pH 值、氧化还原电位（ORP）以及安全性等。一般而言，达到医疗价值浓度标准和矿水命名浓度标准的温泉泉质有更高的开发价值。

泉温：指温泉出水口的温度。一般而言，50℃左右的温泉开发价值较高。如果温度过低，则需要耗能加温；如果温泉太高，则需要降温。不过，温度过高的温泉可以通过热交换等技术将温泉中多余的能源转换为其他用途，从而大大节约能耗。所以，高温温泉是绿色低碳能源，能有效降低经营成本。

泉量：指温泉井每日的出水量和允许开采量。允许开采量是指经自然资源主管部门核定批准的每日允许的实际温泉水开采使用量。允许开采量通常低于实际出水量，有的情况下仅为实际出水量的一半。允许开采量越大，则项目的开发价值越大。如果可用的温泉水量太小，则项目的开发价值就值得考虑，至少开发规模会受到限制。

泉态：指温泉的出水口呈现出来的温泉涌出形态。在自然状态下，温泉有自涌、沸泉、间歇泉、喷泉、蒸汽泉、叠泉、瀑布泉等，甚至还有“水热爆炸（Hydrothermal Explosion）”温泉。丰富多彩的天然温泉涌出形态具有各自独特的审美价值和科研价值，是人工钻井的温泉难以媲美的。即便是人工钻井取得的温泉，也因为压力大小和自然补水能力不同而有自涌井和水泵抽取井的差异。

泉境：指温泉泉眼及周边视野与项目影响范围内的自然环境、气候条件和人文环境。一般而言，环境与生态越良好、空气质量越好、气候越宜人，则项目的开发价值越大。

泉事：毫无疑问，有故事的温泉更有市场吸引力，更具备文化旅游开发价值。事实证明，世界上最著名的那些温泉旅游与度假胜地和温泉小镇，无疑都是有故事的温泉。

中国有两千多年的温泉文化历史，有明确记载的天然温泉就有584处（陈炎冰，1939年），这些温泉迄今绝大部分仍然存在，它们大都是有历史有故事的温泉，具有或大或小的文化旅游开发价值。

第二个要素：项目开发的可用土地资源

土地资源是温泉旅游项目投资开发中除温泉资源以外的最关键要素。应根据项目可用土地的属性，尤其是建设用地（农用地、林用地、建设用地、未利用土地等）的地类属性来确定投资开发的方向、策略和规模。实际上，建设用地还细分为国有建设用地和集体建设用地。集体建设用地又分为保障性、公益性和经营性三种。如果规划不能准确地预判或按照项目可用地的属性来实施，就很难落地，甚至可能会因与土地利用规划冲突而前功尽弃，推倒重来。

第三个要素：项目周边环境和区位交通

项目地所处的地理环境、自然生态环境、区位条件、交通可达性条件等是温泉旅游项目规划的第三个要素。即便前两个条件再好，如果周边环境和区位交通条件不好，那么也可能意味着项目的市场价值低，投资价值小。

第四个要素：市场接近性

温泉旅游项目地距离人口稠密的城市和经济发达的地区、主要交通干线节点以及著名旅游目的地越近，开发价值越大；反之则越小。交通的便捷性、可到达性、时间成本及价格是优先考虑的因素。如果单纯从投资风险的角度考虑，那么在交通条件暂时不具备优势的情况下，应该考虑放缓甚至放弃项目。

第五个要素：竞争市场

在同一地区、同一个主要目标客源市场或者两小时车程范围内的已经开业或计划开发的温泉项目情况，也是规划时必须考虑的因素。同类项目既可能是同质竞争对手，也可能成为特色互补的盟友。规划设计人员必须明确制订差异性竞争策略和特色产品方案，以避免恶性竞争，两败俱伤。

第六个要素：获取资源的成本和投资营商环境

对于温泉水资源和土地资源乃至劳动力资源价格过高的项目，特别是所在地投资与营商环境不佳的项目，策划规划人员必须高度警觉。可以说，即便以上其他五个要素都不错，而这一个要素不可靠，投资人应慎重考虑投资策略或放弃投资。

（三）温泉旅游规划的内容

1. 温泉旅游规划的类型

温泉旅游规划按照规模可以划分为区域性、景区性、小镇性和单一项目四种。

区域性的规划通常是由政府文化旅游主管部门通过招标方式委托实施的。例如，已经完成的重庆市温泉旅游总体规划、贵州省温泉康养产业总体规划、福建省温泉旅游总体规划、山东省温泉旅游总体规划等；次一级的如江苏省扬州市温泉产业规划和云南保山市温泉旅游规划等地级市规划；县域级的温泉旅游规划就更多了。景区性的温泉旅游规划有时会与温泉小镇规划重叠，如南京汤山国家级旅游度假区规划、江西明月山国家级旅游度假区规划和湖南灰汤国家级旅游度假区规划等。单一项目规划通常由开发商委托实施，项目规模大到数千亩甚至上万亩，小至几十亩不等，如重庆融汇温泉城、四川花水湾温泉小镇、浙江云澜湾温泉和江苏恐龙谷温泉等。单一项目的规划往往与设计、开业筹备和运营紧密联系，因此要求更高的建设落地性和经营实施性。

2. 温泉旅游规划的流程

温泉旅游规划项目的工作流程大致可以概括为以下几个步骤：

项目发起方邀请或招标→签约→搜集资料 / 市场调研→初步方案 / 汇报讨论→优化细化 / 中期成果汇报（内部评审）→修改优化 / 最终成果汇报（专家评审）→修改优化→审核通过 / 公示或实施。

一般情况下，合同金额在一定金额以上，如 50 万元以上的政府项目需要走公开招投标、专家评审和公示流程。私营企业或某些特殊性的项目为提高效率，往往会采取比价和竞争性谈判流程，直接进行委托，内部评审通过后即予以实施。

3. 温泉旅游规划的主要内容和文本制作

温泉旅游规划的主要内容一般包括：

- 规划背景和规划依据；
- 上位规划；
- 项目基本情况；
- 资源分析（重点是温泉资源分析和项目基地分析）；
- 市场分析与竞争分析；
- 规划目标与发展定位；
- 市场定位与产品定位；
- 功能分区与交通分析；
- 产品策划与产品创新；
- 营销及市场推广建议；
- 投资分析与经济效益分析；
- 生态环境影响分析与社会效益分析；
- 图件与附录。

在规划文本编写和制作过程中，以上每一章节的内容都需要根据实际要求进行分述和细化，除了内容充实、创意独特、逻辑清晰、文字严谨之外，还要注重图文并茂，用数据说话、用图说话，甚至用视频表达。

4. 评审与通过

一般来说，规划的评审需要经过初步评审、中期评审和最终评审几个环节。最终评审往往是正式的，一旦获得通过后，规划便可经过征求相关部门意见或公示等一定程序后，得以合规合法化，然后付诸实施。

第三节　温泉中心的设计

温泉中心（Hot Spring Center）是指在一个以温泉为主题和核心功能的项目中提供温泉相关服务和体验的集中设施或设施群。温泉中心通常包括室内温泉设施和室外温泉设施两个部分。一般情况下，温泉中心与温泉酒店是各自独立但又相互联系的；有些情况下，温泉中心和温泉酒店甚至是在同一个建筑体内相互连通的；有些情况下，温泉中心只提供温泉体验服务和简单餐食，没有住宿和会议等配套。

一、温泉中心的主要功能

要设计好一个温泉中心，必须了解并深刻理解温泉中心的功能、产品和服务，以经营和顾客体验为核心来进行构思及设计。一个典型的温泉中心主要包括以下几个主要功能：

（一）迎客和送客功能

迎客和送客功能承载着向顾客提供到达时良好的第一印象和离开时的美好印象的使命，可以说是温泉中心的脸面和客厅，是规划设计时需要高度重视和精心考虑的功能区。该功能区一般包括进入温泉中心范围的建筑立面、室外景观环境和大堂区。

（二）接待和结算功能

这一功能是迎客和送客功能的延续和紧密关联功能，也是整个温泉服务链条中的关键环节之一。

（三）等待、会合、购物与展示功能

这一功能主要在大堂区实现。

（四）更衣、淋浴、整理及二次更衣功能

这些功能主要在更衣淋浴区实现。

（五）室内温泉体验功能

为了尽量减少气候因素的干扰，我国的大多数温泉中心都会设置室内温泉区，尤其是在华北、东北、西北和华东地区。根据空间大小和经营需要，该功能区一般设置静态泡池、动力水疗池、游泳池、水乐园区、亲子互动区、各式蒸汽浴、药浴、沙浴甚至泥浴等。

（六）休息功能

通常设于室内，部分也设于室外和半室外。休息通常是体验完温泉湿区的产品和服

务并进行二次更衣后进行的。休息功能包括餐食、饮料、小憩（坐或躺）、游戏、阅读、影视观赏、美容美甲等。

（七）康养功能

康养功能是以预防和亚健康调理为主的非医疗性的主动积极的健康行为，可以与传统温泉项目公用设施结合，分别在湿区和干区、室内和室外进行，也可以单独设置一个专属区。康养功能通常包括健康咨询、健康教育、健康活动体验、中医药、微运动、导引术、健身、能量房（集桑拿、汗蒸、盐屋等为一体的热疗康养集合体）、保健按摩、健康饮食、助眠、芳疗及美体美容等。

在医养结合类项目，特别是以疗养与康养为主要功能的项目中，通常会设置专业级的水中康复、水中运动与水疗泳池和专业理疗区。

在室外区的康养功能，也可以包括森林康养、气候康养和其他康养方法和自然疗法。

（八）后勤保障功能

后勤保障功能可以说是温泉中心的“后台”功能，通常是顾客接触不到，但又是确保经营正常运行的必不可少的，主要包括厨房、机电设备和水处理功能、布草设施、垃圾和污物处理、仓库、员工休息和值班室、员工培训和餐饮以及宿舍等功能。

要实现温泉中心的功能，就必须向消费者提供具体的产品、服务和环境。温泉中心的产品包括软件和硬件两大类。软件是人对人的服务，这是顾客体验中最重要的部分；硬件则是顾客能够看得见、摸得着和体验得到的具体产品，包括设备设施和各种体验活动等。随着顾客不断提高的“对美好生活的向往”，是否能够设计出具有“新、奇、特”属性的创意产品，是否能够设计出具有差异性和新颖性的“网红”和“打卡”产品，成为未来检验温泉中心设计成败的关键点。

二、温泉中心设计的原则

（一）根据温泉的泉质进行独特功效设计

具体而言，就是要认识和理解温泉泉质资源的特性，打造出与泉质特性相匹配、能够发挥泉质特性的差异性和唯一性的产品。例如，要有意识地根据常见的氯化钠泉、硫黄泉、碳酸泉、碳酸氢钠泉以及硫酸盐泉等不同泉质类型的温泉特性和健康价值来设计出差异化的产品。即便是同一种泉质类型的温泉，因其所含的矿物质浓度、比例和数量不同，也可以发掘和创造不同特色的康养功能和产品。例如，对于含有的氡、硒、锶、锂、氟、偏硅酸和偏硼酸等矿物质指标达到医疗价值浓度和矿水浓度的温泉，就可以考虑设计医养结合型或康养型功能产品。

（二）根据项目所在地的自然条件进行地域特色设计

具体而言，就是要根据项目地的地理环境、地形地貌、生态景观条件、植被条件、气候条件等自然条件进行设计，让项目的建筑和景观设计不仅与自然环境相协调，也与气候条件相呼应。

（三）根据项目所在地文化条件进行主题设计

需要深入调查项目所在地的历史和人文素材、民间传说、民风民俗、特色文化产品甚至特色建材等，对这些文化素材作提炼升华并进行创意设计。

（四）根据项目开发和经营的实际需要进行规模合理的落地性设计

投资者对项目的需求是千差万别的，有的需要温泉中心能够独立运营，自负盈亏；有的只是作为大项目开发中的一个配套，有其他收益来平衡和补充温泉中心的投资。因此，需要设计团队与开发商共同制定一个清晰明确的设计任务书，根据设计任务书给定的有关主题、风格、规模、功能分区、产品策划、运营要求等条件和指标进行设计。

（五）重视水质、空气和设施的卫生与安全设计

一般而言，温泉中心是一个人流聚集、人流量大的公共场所，易发生溺水、疾病传染等安全和突发性公共卫生事件。因此，是否从设计的角度考虑到了温泉水的品质和等级、温泉水和室内外空气的质量和卫生状态、温泉设施的安全级别和安全事故预防措施及突发紧急事件预案等，是温泉中心设计的头等大事和贯穿整个设计建造和运营中的重中之重。最好的温泉中心设计是好用又安全的设计。

（六）节能设计与绿色设计

这个方面重点要求根据温泉地的气候，温泉的水温、水量和水质情况以及当地的能源与给排水价格情况进行科学合理的机电系统和给排水系统设计，重点是节能设计和绿色设计。

（七）根据市场消费行为分析和竞争市场分析确定温泉中心的差异性设计

考虑到温泉中心所在地消费市场的发展阶段和消费者的审美偏好不同，同时也考虑到竞争性项目的先发性优势，温泉中心在建筑设计、景观设计和室内设计的主题、造型和风格等方面都要进行创造性思考，确保构建成具有差异性和唯一性的竞争优势。

三、温泉主要功能区的设计要点

如果把温泉中心视作一个独立经营的有机体，那么它是一个由各个功能子系统或功能区以及相关硬件和软件组成的完整系统。其子系统包括建筑系统、景观系统、温泉体验系统、机电系统、暖通系统（主要是室内温度、湿度和空气质量控制系统）、温泉水处理和给排水系统、交通系统、温度探测和显示系统、灯光系统、音效系统、安全系统等。这些子系统有的与酒店设计等常规设计大同小异，有的则是特别针对温泉作专题设计。一般的设计要求无须在此赘述，我们重点介绍与温泉设计直接相关的以下几个要点：

（一）接待区

温泉中心的接待区是顾客的第一印象区。在设计时，首先要考虑如何体现温泉的特色和主题氛围营造，给顾客留下美好而深刻的印象，激发顾客的消费热情。其次要考虑到实用性，满足温泉短时间大流量接待和结算的便利性和舒畅性。最后要利用高科技（尤其是互联网、人工智能和大数据技术）来提高接待和结算的效率，增强接待和结算的体验感。

（二）更衣区

更衣区主要包括更衣柜区和整容区等。设计时，首先要考虑在条件允许的情况下尽量提供较为舒适的空间。通常情况下，按照每一个两层的衣柜分配的面积计算，在 0.7-1.0 平方米 / 个较为合理。根据具体情况，可以设计更舒适的豪华更衣空间，也可以设计更加紧凑的更衣空间。有的情况下为加大瞬间接待容量，甚至可以考虑设计三层的更衣柜。更衣柜的内部尺寸根据不同情况也有较大差异，如在北方地区寒冷的冬季，就要考虑提供足够大的空间来存放大衣和长筒靴等，华南地区就不必考虑太大的衣柜。

（三）更鞋区

目前，国内外更鞋区主要分为两个模式或流派。以国内为例，一种是衣服和鞋子分开的模式。这种模式源自日本，其好处是比较卫生，也更有温泉沐浴的仪式感，但流程上会比较复杂，而且也会增加一些鞋柜空间。另一种是衣物和鞋子同置于一个更衣柜的模式。这种模式的好处是效率高，但不太卫生。鞋子上沾染的污物和细菌病菌容易被带入衣柜。采用何种模式，取决于温泉中心经营者的经营理念和经营需要。

（四）干区和湿区

从顾客的体验角度看，温泉中心的室内基本分为干区和湿区。室外区则大部分属于湿区。湿区包括淋浴区（基本和更衣区设计在一起）、室内温泉泡池区，有时还包括泳池、水疗池和桑拿等。干区包括更衣、更鞋、二次更衣、休息、休闲、娱乐及保健区等。在设计上要严格区分干区和湿区，在空气温度、湿度、材料、防滑等方面都要有所区别，精心设计，以尽可能给消费者提供舒适安全的体验感。

（五）室内温度和空气质量控制

无论湿区还是干区的温度、湿度、新风、空气安全性等，都要符合舒适性和安全性原则。为了确保顾客的舒适性，干区的温度应该根据季节和室外温度情况控制在 18-26℃之间，湿度控制在 40%-60% 之间；湿区的温度应该根据季节和室外温度情况控制在 26-30℃之间，湿度控制在 60%-80% 之间。在温泉游泳池、水疗池和泡池区域，应采取有效的通风和除湿技术设备，以确保空气的适当湿度和清新度，防止水蒸气在建筑物顶部和墙面上冷凝为水滴后滴到地面或池面，带给顾客不好的体验感。

（六）水疗池和泳池设计

有的温泉中心会考虑设计水疗池和游泳池，也有的将水疗池和游泳池合二为一。水疗池根据经营定位可以分为医疗级的水中康复池和非医疗级的水中运动健身池。泳池也分专业级泳池和休闲泳池。在设计这类设施时，除了遵循有关设计规范和要求外，最重要的是池体和末端体验设备与水处理系统、循环加热保温系统和水动力系统的整合设计，同时要高度重视防滑、防摔倒、灯光照明和防划伤设计。

（七）温泉泡池

温泉泡池设计是最基本也是最考验温泉设计师专业功力的地方。

泡池的面积：泡池的面积规格不一，从一人独泡的迷你泡池（如陶缸浴和石缸浴）到两人泡池，再到 4-10 人的中泡池和 10 人以上的大泡池，以及可以容纳上百人的超大泡池。泡池的人体工程学尺度、材料的舒适度和安全性等细节设计是重点考虑的因素。

泡池的深度设计要考虑到坐、躺、站等多种姿势，进行科学合理的人体工程学设计。

泡池的样式可以是多种多样的，除了传统的圆形、方形和长方形，也可以是异形的，甚至可以设计为屋顶空中泡池、洞穴泡池、悬崖泡池和树屋泡池等。

泡池的给水和排水形式也是多种多样的，但要设计为短时间内可以注满或排干的给排水系统并不容易。例如，有的温泉中心的小型和中型泡池就要求设计为 5 分钟可以注满，3 分钟内可以排干的。有的温泉中心要求设计出更短的给排水时间。

泡池的灯光、音效和园林景观设计是泡池最亮眼的“颜值”部分。美感、层次感、安适感、愉悦感、热闹感和静谧感是检验泡池设计水准的重点指标。

精准无误的泡池水温度探测和显示系统，是检验泡池设计的技术水平和指导顾客安全泡浴的关键指标，需要给予高度重视。

为顾客方提供简单有效的呼救终端设施并确保经营方能够作出迅捷的救助行动，完善有效的呼救和施救系统设计也是必不可少的。

室外温泉区根据经营需要可以设计背景音乐系统，也可以不设计。

（八）温泉水乐园

近年来，越来越多的温泉中心配置了室内或室外的水乐园。水乐园可以补充温泉中心的娱乐功能、平衡温泉的季节性经营难题，在提供顾客欢乐、激情和动感体验，吸引年轻人和亲子家庭顾客等方面优势明显，但也存在占地面积大、投资大、受气候条件影响巨大和消费时长短等问题。如何将温泉与水乐园进行整合设计、互补互动，也是温泉设计的重要课题。

水乐园设计中需要考虑的因素与温泉设计有同有异，其中两个突出的因素是季节性因素和成本效益因素。如果规划为露天水乐园，一般只需考虑在夏季天气良好的情况下经营的需要，也无须使用加温的自来水或者直接使用温度合适的温泉水。但这样的水乐园每年实际可经营的时间很短。以长江中下游地区为例，如果排除夏季的恶劣天气，实际的经营时间每年大约只有 70 天。如果项目地是在东北、华北和西北等“三北”地区，那么设计为室内或室内外结合的水乐园往往是明智之举。如果规划为室内水乐园，那么一次性投资会大大增加，而且日常的经营费用尤其是能耗会非常大，但理论上可以做到全天候运营。有的情况下，也可以设计为室内外结合的水乐园，即一部分水乐园在室内，一部分在室外，这样的话每年经营时间可以达到300天以上。室内水乐园的规模、档次和能耗的把控是否合理，是成功的关键之一。因此，在设计时要经过充分的研究和计算后再作出决定。一般温泉水乐园最基本的设备和设施配套为“四大件”，即：冲浪池、漂流河、滑道和组合式水寨。在此基础上可以根据经营、经费和场地情况叠加更多的设备。规模大的至少配置10台以上的各型设备。

（九）温泉机电、水处理、管网、给排水系统和能源综合利用系统

为了确保温泉中心正常、安全和低成本运营，温泉机电、水处理、管网和给排水的科学合理设计至关重要。

1. 机电系统

机电系统的设计与节能、安全和舒适密切相关，尤其是室内温泉面积大的温泉中心，机电设计的水平和施工质量直接影响到经营的效果和效益。

2. 水处理系统

温泉水的处理应该参照有关标准，在确保卫生安全的前提下，应该尽可能地保持温泉水的“原汤性”，保持温泉水与普通水的差异性优势。

3. 管网系统

温泉的管网系统是温泉的“血管系统”，应根据温泉的泉质、温度、压力要求、水价以及实际可使用量来确定管道材料、动力系统、保温系统和其他配套件的选择，并在设计和施工中采取有效措施，确保在使用中便于检修和更换。此外，使用后的温泉水的排水系统要单独设立管道，一是为了便于循环加热再利用，二是为了把温泉尾水中的能源通过热交换器收集利用，三是为了方便单独处理达标后排入市政的污水。

4. 给排水

给排水系统指除了温泉水系统外的常规水系统。该系统一般可以按照有关给排水的设计规范进行设计，但在有条件的情况下，应尽量利用温泉水的多余热能来给生活用水加温甚至作为采暖使用。

温泉中心的能源综合利用系统，是指以系统化、集成化、网络化和智能化技术对温泉中心的所有形式的能源进行综合设计，以实现能源的梯级利用和综合利用，达到节约能源、保护环境的目的。

（十）温泉景观

温泉景观实际上包括了温泉中心室外温泉核心区景观、周围景观以及包括建筑物和构筑物在内的建筑景观。也就是说，应该把整个温泉中心视为一个景观系统。从这个意义上说，建筑即景观。温泉中心的设计一定要融入景观、成为景观并与项目周边视野范

围内的景观和环境和谐共处、有机结合。

1. 温泉核心区

在这个景观系统中，以泡池为中心的核心区占据着无可争议的首要位置，需要精心设计、精心布局、精心施工。核心区的魅力不仅来自精美的泡池，也来自精致实用的游泳池、水疗池、水乐园、室外休闲区、动线、地铺、植被、构筑物等，这些景观元素通过优秀的设计构成一幅立体的温泉美景，营造出一种令顾客流连忘返的温泉氛围。此外，温泉核心区的魅力也来自泡池规格、形态、空间布局、材料选择、竖向和横向关系、层次感、动线安排、动静关系、疏密关系、明暗关系、对景和借景关系、软景与硬景关系、私密和公共关系等因素。总之，温泉核心区是整个温泉空间最集中的展示和体验区，体现出一个温泉中心的景观设计和建造水平的高低。

2. 温泉建筑

温泉建筑主要指温泉中心的主体建筑、附属建筑以及构筑物。优秀的温泉建筑应该体现出温泉文化特有的气质和造型，令人印象深刻。温泉建筑设计有三个要点：首先要满足功能需要，其次要具有较好的地标性、识别性、昭示性和美观性，最后要与周围环境和谐共融。做到这三点，基本上就算是一个比较优秀实用的温泉中心建筑了。

3. 温泉中心的周边景观

在温泉中心设计中，如果项目选址位于优美动人的自然景观中，那在景观上首先就胜人一筹了。选址于海边、湖边、江河边、古城、古镇、名山及著名景区的项目无疑是最幸运的，因为这样比较容易打造出令人震撼的景观，甚至是超级网红景观。因此，温泉景观设计一定要想方设法“借景”，应用“对景”，规避不利的外部环境。即便近周边环境缺乏震撼性景观，也要设法创造条件去“借景”远处的景观、天际线甚至日出与日落等。例如，四川理县古尔沟华美达温泉酒店的空中温泉一夜网红，关键就是设计师巧妙地借景于远方的两座雪山。广东从化的碧泉空中温泉，在设计时考虑到地面既无用地，周边建筑和街道又比较杂乱，于是设计师巧妙地将温泉设计到酒店主体建筑的三楼和四楼屋顶，借助了流溪河的风景和远山的天际线，一时间成为珠三角地区的网红温泉。广东从化碧水湾原来的景观设计没有很好地利用流溪河的风景和对岸的山景，在二期改造升级时有效地弥补了这个遗憾，沿河边设计了滨河温泉区，取得了非常好的景观效果，为顾客提供了全新的体验，赢得了新老顾客的喜爱。

（十一）私汤

在后疫情时代，“私汤”成为中外温泉业界的热词。人们为了避免被陌生人感染，同时又想与自然亲近、解压放松、愉悦身心，私汤便成为最好的温泉度假选择之一。

“私汤”，即私密和排他的独立式温泉空间。一般包括汤屋、汤院和温泉别墅（别院）三种形式。

1. 汤屋

典型的私汤就是汤屋。汤屋是一个带温泉泡池和休息区的独立或半独立的私密泡汤空间。泡池可以是室内的、半室内的和室外的，条件许可的话也可以三者兼具。一般认为，汤屋最早起源于日本的“家族风吕”，就是限于个人和家庭内部人员自用的独立泡汤空间。据说，后来这种形式传到我国台湾地区后，得到了进一步丰富和完善，然后再“出口转内销”，传回日本，于是升级版的汤屋在日本很快流行起来，继而传遍全世界。汤屋的空间设计虽然比较紧凑，但必须具备最基本的功能，包括泡池、起居休息或茶饮空间、卫生间 / 化妆台以及休息床 / 卧榻。理想的汤屋空间是一定要有室外或半室外汤池的。在此基础上，可以增加私密小院、室外和半室外汤池、景观露台、桑拿房。

2. 汤院

“汤院”这个词汇最早起源于中国隋唐时期的皇家御用温泉，典型的例子就是隋朝和唐朝时建于陕西省蓝田县东汤峪地区的“大兴汤院”，后来唐朝在黄山也建了“黄山汤院”。近年来，“汤院”一词重新流行起来，如陕西的南山汤院。汤院可以泛指提供温泉设施和服务的院落式温泉别院和温泉会所。汤院的规制和内容通常都比汤屋要宽大豪华，价格也会比较高。

3. 温泉别墅

温泉别墅就是在度假别墅甚至普通别墅中加入温泉设施和服务，这个词汇可能来源于英语中的“SPA Villa”一词，翻译为温泉别墅。因为受欧美 SPA 文化的影响，因此温泉别墅在建筑、景观、室内装饰等方面也更体现出欧美温泉和水疗别墅的风格和功能特性，与“汤院”和“汤屋”有一定区别。

第四节　温泉度假村的设计

虽然说温泉度假村（Hot Spring Resort）的核心和主体往往就是温泉中心，但温泉中心并不等同于温泉度假区。温泉度假村指以温泉体验为核心功能，并包括住宿、餐饮、会务、休闲、娱乐、运动、周边游览及其他相关设施和配套的综合性休闲和度假旅游综合体。休闲旅游型的温泉度假村通常可以提供 1 日游体验或者过夜体验，甚至 2-7 天的休闲度假接待服务。医疗型和康养型的温泉度假村通常可以提供 7 天以上甚至 21 天以上接待服务。即，温泉度假村是比温泉中心的综合性和配套性更强、更丰富的温泉服务设施。

温泉度假村根据其规模大小、聚集的功能和业态的多少、吸引力的强弱和主力产品能够提供顾客停留时间的长短，可以划分为以下三种形态：

- 休闲旅游型温泉度假村；

- 康养旅游型温泉度假村；
- 目的地型温泉旅游度假村 / 温泉旅游目的地。

一、休闲旅游型温泉度假村

休闲旅游型温泉度假村往往建于离大城市或人口密集的城市群距离较近的温泉地，核心价值诉求是休闲怡情、欢乐放松、保健养生以及社交聚会等（王艳平等，2011）。其主要功能设置包括温泉中心、温泉酒店、餐饮、会议、婚庆、运动、活动体验以及周边观光等。典型的顾客人群是亲子客群、情侣客群、亲友聚会客群、会奖客群以及康养客群等。旅游方式一般是 1 日游，少部分为 2-3 日游。

在规划和设计休闲旅游型温泉度假村的时候，除了一般的要求，还要充分考虑以下五个要点：

（1）根据市场分析定位，设计出符合市场定位要求的多层次、多档次的产品；

（2）在市场细分的基础上，突出主题特色和主体功能，着力打造和设计亮点产品和“网红产品”，以便在经营中采取差异化竞争策略；

（3）针对目标客群的消费行为习惯设置功能和产品，用巧妙的空间和动线设计来对顾客的活动进行时间设计和体验设计；

（4）充分考虑到平日、周末、节假日、气候以及四季变化等因素，设计适应全天候和全季节的功能和产品；

（5）留有余地，为未来迭代更新产品和扩展经营空间埋下伏笔。

二、康养旅游型温泉度假村

（一）康养旅游的定义

关于“康养旅游”的定义，学术界和产业界有不同的解读。目前各界主要以《国家康养旅游示范基地标准》（LB/T 051—2016）给出的定义为参考，即“康养旅游是通过养颜健体、营养膳食、修身养性、关爱环境等各种手段，使人在身体、心智和精神上都达到自然和谐的优良状态的各种旅游活动的总和”。简言之，各界均认可康养旅游是以身心健康为目的的一种旅游活动。

根据国际上的一般定义，健康旅游分为医疗旅游（Medical Tourism）和康养旅游（Wellness Tourism）两大类型。康养旅游不同于医疗旅游，不是以治病为目的，而是以预防疾病、调理身心和健康管理为主要内容。

在实践中，针对银发族的“候鸟式养老”和“旅居养老”也属于康养旅游的范畴。

在我国健康旅游发展的初期，单纯以预防疾病为目的的纯粹意义上的康养旅游在实践中由于不属于“刚需”，且得不到医保的支持，在市场竞争中往往处于较弱势的地位，市场需求有限，盈利能力较差。然而，医养结合型并以康复、疗养和慢病调理为主体功能的专业康养旅游项目，则比较容易获得市场的青睐，获客能力和盈利能力都比较强。但医养结合型的康养旅游项目对资质和人才的要求很高，初期投资也会比较大。

（二）康养旅游“处方”

在温泉康养旅游活动中，要想取得健康的效果，达到健康的目的，就要遵循一定的健康原则和健康方法来进行。主要的原则和方法就是要基于健康体检和健康诊断，为顾客开具个性化、疗程化和身心一体化的康养旅游“处方”。

康养旅游“处方”一般要求顾客在温泉度假村度过一个康养旅游周期，按照一定的日程表进行每一天的活动。这个周期通常7天或14天，标准的周期则是21天或28天。在康养期间，顾客除了泡温泉之外，还会辅以水中运动、水中康复、中医、食疗、室内外陆地运动、健康教育、森林浴、日光浴、正念、冥想以及周边旅游等活动。

（三）温泉康养与温泉疗养

王艳平等（2009）认为，温泉健康旅游的源头是温泉疗养，但又与温泉疗养不尽相同。传统的温泉疗养主要是在温泉疗养院内进行的。温泉疗养院就是利用自然疗养因子和人工疗养因子，结合自然和人文景观，以传统和现代医疗康复手段对疗养员（顾客）进行疾病治疗、康复保健和健康管理的医疗机构。温泉康养度假村一般不属于医疗机构，即便是有医疗资质和医技人员的温泉康养项目，也不主要依赖医疗的手段来促进健康。温泉康养只是利用自然疗养因子和人工疗养因子等来刺激人的自愈力，从而达到身心平衡、保健康复以及促进健康的目的。

（四）规划与设计

为实现康养旅游的目的，在规划和设计康养旅游型温泉度假村时，需要注意以下几个方面：

1. 项目选址

项目选址首先除了考虑要有温泉资源之外，还要考虑温泉的泉质是否达到疗养泉的标准？泉质的特点和适应证是什么？其次要考虑选址于空气质量、气候条件、噪声水平、地表水质、地形、景观以及其他生态环境质量等比较优越的地方；最后要考虑选址于交通方便和人文环境优越的地方。

2. 功能设计

要根据项目的定位规划布局，设计能够满足康养功能需要的产品体系。

3. 时间设计

在考虑功能、动线和空间布局的同时，要充分考虑到顾客在温泉康养旅游期间如何度过一段身心愉悦的度假时光。简言之，就是要设计好空间中的时间。

4. 卫生与安全设计

以健康为目的的康养旅游，在卫生和安全方面必须要精心设计。

5. 环境设计

大量科学研究证明：优美宜人的环境设计，包括建筑设计、室内设计、景观设计以及色彩设计等，能够令人愉悦，起到促进身心健康。因此，在设计中要充分考虑利用环境设计因素，正向刺激“五感”，以达到温泉康养事半功倍的作用。近年来兴起的疗愈花园（Healing Garden）和康复景观（Therapeutic Landscaping）设计，可以适当借鉴和运用到温泉康养项目的规划设计中。

6. 设备设计

温泉康养旅游项目涉及很多专用设备和器材的设计，如专业游泳池、水疗池、水中康复器械、水疗按摩浴缸等，需要在设计之初就与康养专业运营团队商定设备采购清单，并最终在设备商和机电专业及温泉水处理专业等团队的协助下完成设计和施工。轻视或者忽略这个关键环节，会给后期设计、项目建设和运营带来诸多隐患和麻烦，绝不可掉以轻心。

7. 项目规划设计的兼容性

目前，国内康养旅游型温泉度假村尚处于探索发展阶段，大部分的项目实际上是在现有休闲旅游型温泉的基础上进行的迭代升级或增加一个康养旅游功能模块。因此，一方面以原有设施继续开展休闲旅游，另一方面增加一个康养旅游功能模块进行市场试探，以期逐渐转型升级，是当下温泉旅游经营企业比较合理和安全的操作方法。

对于新建的以康养旅游为主体功能的温泉度假村而言，也应该考虑到市场的现实情况，在规划设计时尽可能地考虑配置一部分休闲旅游功能，一方面可以丰富康养旅游的内涵，另一方面也是尽可能地兼顾一部分一般的温泉旅游顾客，以便平衡经营。

当然，对于一些定位非常清晰和坚定的项目来说，也不必过多考虑一般的休闲旅游市场，只需要考虑为康养旅游项目配置一部分配套性的休闲娱乐功能就可以了。

三、目的地型温泉旅游度假村 / 温泉旅游目的地

（一）温泉旅游目的地的特征

温泉旅游目的地，就是具有强大的以温泉为主题的旅游吸引物，促使游客非去不可的地方。这样的目的地国内外都有，小到一个度假村，大到可以是一个城镇或是一个大都市。冰岛的蓝湖温泉度假村（Blue Lagoon）和新西兰的罗托鲁阿（Rotorua），就是以单一温泉项目，成为国家的旅游名片。英国的巴斯、比利时的斯帕（Spa）、法国的薇姿、匈牙利的黑维兹、日本的箱根和草津等，都是享誉全球的温泉小镇。在匈牙利和日本等国，温泉已经成为国家的旅游名片。我国的腾冲、温汤、从化等市镇，也是名副其实的温泉旅游目的地。

纵观国内外的温泉旅游目的地，都有这样一些共同的特征：

● 温泉资源丰富而疗效突出；

- 自然景观优美而独特；
- 人文历史悠久、温泉文化鲜明；
- 有标志性的温泉龙头项目；
- 除了温泉资源还有其他旅游吸引物；
- 功能配套齐全、形成产业集聚效应和多产业协同效应。

（二）温泉旅游目的地的规划与设计

国内外知名的温泉旅游目的地基本上都是以温泉的泉源为核心渐次展开而逐步发展起来的。据此，温泉旅游目的地的规划与设计一般应该遵循以下原则：

（1）以泉源为中心。有天然自涌的温泉泉眼的地方，应该围绕泉眼这个核心来规划和设计系列产品；没有天然自涌泉眼的地方，也应该以展示温泉源头活水涌出景观的设计手法，来规划一个空间布局上和精神上的核心产品。

（2）规划建设龙头性或"旗舰店"温泉中心项目，以旗舰项目为中心展开其他功能性设计。

（3）策划设计具有唯一性和强大吸引力的标志性温泉产品、建筑或景观，使之成为温泉旅游目的地的 IP。

（4）设计表达在地特征的文化地标。

（5）以温泉旅游为主轴，规划建设尽可能丰富多元的业种业态，以延长顾客的滞留时间。

（6）观光、休闲、度假有机结合，旅游、文化和康养融合发展。

参考文献

［1］陈炎冰 . 中国温泉考［M］. 上海：中华书局，1939.

［2］章鸿钊 . 中国温泉辑要［M］. 北京：地质出版社，1956.

［3］吴必虎 . 区域旅游规划原理［M］. 北京：中国旅游出版社，2001.

［4］唐代剑 . 旅游规划原理［M］. 杭州：浙江大学出版社，2005.

［5］王艳平，王捷 . 温泉开发的策划与规划——构筑旅游与休闲的温泉世界［M］. 大连：东北财经大学出版社，2009.

［6］王艳平，王捷 . 旅游地理与温泉度假［M］. 武汉：武汉大学出版社，2011.

［7］FL 33131-2014，Guide to Hydrothermal Spa Development Standards：What Your Need to Know Before Building Wet Areas［S］. Global Wellness Institute.

［8］JGJ/T 40—2019，疗养院建筑设计标准［S］. 北京：中国建筑工业出版社，2019.

［9］LB/T 042—2015，国家温泉旅游名镇［S］.

［10］LB/T 051—2016，国家康养旅游示范基地标准［S］.

第十一章　温泉旅游的行业标准与行业组织

第一节　温泉旅游的相关标准

一、标准的基本概念

标准，按国际通用的定义，是指为了在一定范围内获得最佳秩序，经协商一致制定并由机构批准，共同使用的和重复使用的一种规范性文件（李春田，2014）。

《中华人民共和国标准化法》（以下简称《标准化法》）于1988年12月29日第七届全国人民代表大会常务委员会第五次会议通过。2017年11月4日第十二届全国人民代表大会常务委员会第三十次会议修订通过，并于2018年1月1日起施行。《标准化法》所称标准，是指农业、工业、服务业以及社会事业等领域需要统一的技术要求。

《标准化法》将中国标准分为国家标准、行业标准、地方标准、团体标准和企业标准。

（一）国家标准

国家标准的编号由国家标准的代号、国家标准发布的顺序号和国家标准发布的年号（发布年份）构成。国家标准分为强制性标准（GB）和推荐性标准（GB/T）。

对保障人身健康和生命财产安全、国家安全、生态环境安全以及满足经济社会管理基本需要的技术要求，应当制定强制性国家标准。强制性国家标准由国务院有关行政主管部门依据职责提出、组织起草、征求意见和技术审查，由国务院标准化行政主管部门负责立项、编号和对外通报。强制性国家标准由国务院批准发布或授权发布。强制性标准必须执行。

示例:《食品安全国家标准：饮用天然矿泉水》（GB 8537—2018），表示2018年发布的顺序号为8537的强制性国家标准《食品安全国家标准：饮用天然矿泉水》。

对于满足基础通用、与强制性国家标准配套、对各有关行业起引领作用等需要的技术要求，可以制定推荐性国家标准。推荐性国家标准由国务院标准化行政主管部门制定。国家鼓励采用推荐性标准。但推荐性国家标准一经接受并采用，或各方商定同意纳入经济合同中，就成为各方必须共同遵守的技术依据，具有法律上的约束性。

示例:《饮用天然矿泉水检验方法》(GB/T 8538—2008)，表示 2008 年发布的顺序号为 8538 的推荐性国家标准《饮用天然矿泉水检验方法》。

(二) 行业标准

行业标准是在全国某个行业范围内统一的标准。行业标准由国务院有关行政主管部门制定，并报国务院标准化行政主管部门备案，由归口部门审批、编号和发布。当同一内容的国家标准公布后，该内容的行业标准即行废止。行业标准为推荐性标准。

示例:《温泉旅游企业星级划分与评定》(LB/T 016—2017)，表示中华人民共和国国家旅游局 2017 年发布的顺序号为 016 的推荐性行业标准《温泉旅游企业星级划分与评定》。

(三) 地方标准

地方标准是由地方(省、自治区、直辖市)标准化主管机构或专业主管部门制定、审批、编号、批准和发布，并报国务院标准化行政主管部门备案，在某一地区范围内统一的标准。制定地方标准一般有利于发挥地区优势，有利于提高地方产品的质量和竞争能力，同时也使标准更符合地方实际，有利于标准的贯彻执行。地方标准为推荐性标准。

示例:《旅游温泉标识使用规范》(DB53/T 256—2008)，表示云南省质量技术监督局 2008 年发布的顺序号为 256 的推荐性地方标准《旅游温泉标识使用规范》。

(四) 团体标准

团体标准是由团体(具有法人资格，且具备相应专业技术能力、标准化工作能力和组织管理能力的学会、协会、商会、联合会和产业技术联盟等社会团体)按照团体确立的标准制定程序自主制定发布，由社会自愿采用的标准。团体标准为推荐性标准。

示例:《旅游景区分类》(T/CTAA 0001—2019)，表示中国旅游景区协会 2019 年发布的顺序号为 0001 的推荐性团体标准《旅游景区分类》。

(五) 企业标准

企业标准是在企业范围内需要协调、统一的技术要求、管理要求和工作要求所制定的标准，是企业组织生产、经营活动的依据。国家鼓励企业自行制定严于国家标准或者行业标准的企业标准。

示例：西藏拉萨日多温泉山庄有限公司企业标准《日多饮用理疗天然矿泉水》(Q/LSRD 001S—2018)，表示西藏拉萨日多温泉山庄有限公司 2018 年发布的顺序号为 001S 的企业标准《日多饮用理疗天然矿泉水》。

二、温泉服务的相关国家标准

(一)《温泉服务基本术语》(GB/T 33533—2017)

该标准是由全国服务标准化技术委员会温泉服务分技术委员会于 2013 年申请立项，

国家标准化管理委员会于 2014 年年初下达任务（项目编号：20132680-1-469），由全国服务标准化技术委员会（SAC/TC 264）提出并归口的。标准起草单位：广东省珠海市质量技术监督标准与编码所、珠海御温泉度假村、中国疾病预防控制中心环境与健康相关产品安全所、北京市地质环境监测总站、中国商业联合会沐浴专业委员会、重庆箱根温泉投资顾问有限公司、溧阳市天目湖御水温泉度假有限公司。

该标准于 2017 年 2 月 28 日由中华人民共和国国家质量监督检验检疫总局和中国国家标准化管理委员会发布，2017 年 9 月 1 日实施。

随着温泉服务产业的不断发展，温泉的种类和服务的类别也不断增多，国内对温泉的定义以及温泉服务的定义分类，有着不同的表达和见解，这影响了消费者对温泉产业的信任，不利于温泉服务产业的规范和发展。因此，如何定义和统一什么是温泉以及界定温泉种类，如何定义温泉服务，以及如何对温泉服务分类，成为行业内亟待解决的问题。

该标准分“基础概念”（6 个术语）、“服务保障”（24 个术语）和“服务提供”（24 个术语），共计定义了 54 个术语。

该标准是构成温泉服务标准体系的重要部分，是制定温泉服务标准体系内所有标准的基础，也是信息交换处理、服务评价的重要保障。

（二）《温泉服务基本规范》（GB/T 35555—2017）

该标准曾列入国家标准化管理委员会 2013 年国家标准制修订项目计划，项目编号为 20132667-T-469。由全国服务标准化技术委员会（SAC/TC 264）提出并归口。标准起草单位：常州恐龙谷温泉有限公司、常州市标准计量技术情报研究所、珠海市质量技术监督标准与编码所、大庆北国温泉旅游度假有限公司、七仙岭鹤川温泉酒店、云南省旅游业协会 SPA 与温泉分会、重庆箱根温泉产业发展集团。

该标准于 2017 年 12 月 27 日由中华人民共和国国家质量监督检验检疫总局和中国国家标准化管理委员会发布，2018 年 7 月 1 日实施。

该标准规定了温泉服务的总则、组织与人员、服务保障、服务内容与要求、安全应急、评价与改进。该标准适用于温泉服务提供与管理。

该标准的制定和实施将有效提高温泉服务质量，促进温泉服务健康发展。

三、温泉旅游的相关行业标准

目前，由文化和旅游部归口的行业标准有 5 项，分别是:《温泉企业服务质量等级划分与评定》（LB/T 016—2011），2017 年修订为《温泉旅游企业星级划分与评定》（LB/T 016—2017）;《国家温泉旅游名镇》（LB/T 042—2015）;《温泉旅游服务质量规范》（LB/T 046—2015）;《温泉旅游泉质等级划分》（LB/T 070—2017）;《温泉旅游水质卫生要求及管理规范》（LB/T 081—2020）。

由商务部归口的行业标准有2项:《温泉服务业经营技术规范》(SB/T 10470—2008)、《SPA经营技术规范》(SB/T 10509—2008)。

(一)《温泉旅游企业星级划分与评定》(LB/T 016—2017)

该标准由中华人民共和国国家旅游局提出，由全国旅游标准化技术委员会（SAC/TC210）归口。该标准代替《温泉企业服务质量等级划分与评定》。

主要起草单位：中国旅游协会温泉旅游分会、云南省温泉与水疗行业协会、云南省标准化协会。参与起草单位：广东省温泉行业协会、辽宁省冰雪温泉旅游协会、福建省旅游协会温泉分会、重庆市旅游协会温泉旅游分会、海南省温泉旅游协会、湖北省旅游协会温泉旅游分会、四川省温泉旅游协会、江苏省旅游协会温泉旅游分会、山东省旅游协会温泉旅游分会。2011年2月1日由国家旅游局发布，2011年6月1日实施。

(二)《国家温泉旅游名镇》(LB/T 042—2015)

该标准的制定旨在规范国内温泉小镇建设，完善温泉小镇的综合配套服务功能，提高温泉小镇的接待服务质量和综合管理水平，促进新型城镇化建设，实现温泉小镇的资源保护、科学开发、合理利用和可持续发展。

该标准由国家旅游局于2015年7月27日发布，2015年11月1日实施。

该标准规定了国家温泉旅游名镇的评审条件，包括基本条件和一般条件两类。

基本条件是国家温泉旅游名镇的必备条件。

一般条件按照评分表和游客综合满意度调查表进行评分。两类评分达到一定得分要求的温泉旅游小镇即可评定为国家温泉旅游名镇。

该标准的制定是为了进一步规范温泉度假地建设，完善其综合配套服务功能，提高其接待服务质量和综合管理水平，促进温泉度假地建设，实现温泉度假地的资源保护、科学开发、合理利用和可持续发展，引导全国温泉度假地有序发展，并与文化、康体养生、生态环保等行业的融合发展，加强市场监管，更好地适应温泉旅游发展的新变化、新趋势，满足温泉旅游市场发展的需求，推进我国温泉旅游产业转型升级和健康快速发展。

(三)《温泉旅游服务质量规范》(LB/T 046—2015)

该标准由国家旅游局监督管理司、湖北省旅游局、咸宁市旅游局、浉水县旅游局起草。由国家旅游局于2015年7月27日发布，2015年11月1日实施。

该标准规定了温泉旅游服务的水资源利用要求、温泉旅游服务功能区域与服务要求、安全要求、卫生要求、服务人员要求、管理要求、服务质量监测与持续改进。

(四)《温泉旅游泉质等级划分》(LB/T 070—2017)

随着全国温泉旅游行业的快速发展，温泉泉质等级划分及其医学辅助疗效的检测依据和认证方法仍缺少科学严谨、可操作性的技术规范。为了推动温泉旅游与地质科学、医疗健康、生态环保等行业的融合发展，规范行业秩序，加强市场监管，使温泉旅游企业和消费者科学、系统地了解温泉泉质，帮助消费者能够识别与选择适合的温泉旅游产品而制定的标准。

该标准由中国旅游协会温泉旅游分会负责组织，云南省温泉与水疗行业协会、云南省标准化协会、昆明市温泉旅游协会作为主要起草单位。由国家旅游局于 2017 年 12 月 17 日发布，2018 年 5 月 1 日实施。

该标准依据温泉的温度分为温泉和冷泉。依据其化学成分和温度划分为三个等级，从低到高依次为温泉（或冷泉）、优质温泉（或优质冷泉）、优质珍稀温泉（或优质珍稀冷泉），并给出了温泉泉质等级评定的机构、证书及标识有效期的要求，以及温泉泉质等级标志的图案和文字构成、等级证书和标识的使用要求。

2020 年新一届全国温泉旅游企业星级评定委员会批准成立全国温泉泉质评定委员会，同时批准了该标准的《实施细则》，2020 年 9 月 1 日实施。

（五）《温泉旅游水质卫生要求及管理规范》（LB/T 081—2020）

该标准由文化和旅游部提出，由全国旅游标准化技术委员会（SAC/TC 210）归口。主要起草单位：中国旅游协会温泉旅游分会、云南省温泉与水疗行业协会、天沐集团、港中旅（珠海）海泉湾有限公司、恐龙谷温泉、云南省标准化协会、云南省卫生监督局、北京市疾病预防控制中心、古兜控股、云南腾冲火山热海投资开发有限公司、广州碧水湾温泉度假村有限公司、云南希恩环境科技有限公司、广州绿沁旅游规划设计有限公司、江西明月山维景国际温泉度假酒店、玉溪映月潭温泉娱乐有限公司、重庆统景旅游开发有限公司、昆明市温泉旅游协会。参与起草单位：广东温泉行业协会、辽宁省冰雪温泉旅游协会、福建省旅游协会温泉分会、重庆市温泉旅游行业协会、江苏省旅游协会温泉旅游分会、海南省温泉旅游协会、四川省温泉旅游协会、陕西省温泉旅游协会、河南省旅游协会温泉旅游分会、湖北省旅游协会温泉旅游分会、贵州省旅游协会温泉与康养分会、福州市旅游协会、青岛市温泉协会。

该标准由中华人民共和国文化和旅游部于 2020 年 3 月 6 日发布，2020 年 4 月 1 日实施。

该标准的编制，是为了贯彻落实“人民群众对美好生活的向往，就是我们的奋斗目标”的指示精神，从人民群众最关心最实际的问题入手，进一步推动温泉健康旅游与公共卫生安全的同步发展，规范行业秩序，加强市场监管和行业监管，使温泉旅游企业和温泉供水机构能够及时管控温泉旅游的水质卫生，使消费者能够选择卫生安全的温泉旅游企业。

该标准根据温泉旅游行业实际情况和温泉泉质特性，明确了作为企业自检或委托有资质的第三方检测机构应进行的常规性检验项目及限值，以及作为卫生疾控部门抽检或由温泉行业组织委托有资质的第三方检测机构（中国计量认证 CMA）检测的非常规检验项目及限值，并量化了相关参数指标及检验频次，同时给出了温泉水物理和化学的消毒方法，包括给出了能在一定程度上保留温泉固有属性且消毒成本较低的无氯化学消毒方法（过氧化氢法）；强调了温泉水质卫生的管理规范，包括相关管理制度。

该标准明确了水质卫生信息的公示制度，以标识牌的方式将更全面的管理规范内容向社会公示。要求温泉旅游企业必须在温泉沐浴场所的入口处设置包括温泉沐浴礼仪规范、温泉沐浴卫生禁忌等事项在内的游客须知。

（六）《温泉康养旅游项目类型划分与等级评定》

该标准由国家旅游局提出，于 2017 年下达编制任务（项目编号：2017-LB-01），由全国旅游标准化技术委员会（SAC/TC 210）归口。主要起草单位：中国联合温泉旅游分会、辽宁省冰雪温泉旅游协会、重庆箱根温泉产业发展集团有限公司、鞍山市汤岗子温泉集团有限公司、南京汤山温泉资源管理有限公司、大连金石滩国家旅游度假区管委会、重庆统景旅游开发有限公司、临沂蒙山康谷温泉疗养服务有限公司、辽宁北黄海温泉度假村有限公司、云南腾冲火山热海投资开发有限公司等。

该标准于 2019 年 7 月 16 日通过了全国旅游标准化技术委员会组织的专家审查会，目前该标准（报批稿）正等待文化和旅游部的批准。

该标准规定了温泉康养旅游项目的类型划分与等级划分、申请评定的必备条件、等级评定条件和等级评定方法。该标准适用于由单个经营主体独立经营的会所、会馆、中心、酒店、度假村和疗养院等项目的类型划分与等级评定工作。

四、温泉旅游的相关地方标准

截至 2020 年 12 月，广东、云南、广西、重庆、湖北、贵州、江西、北京、海南、辽宁、陕西、河北、福建等 13 个省、自治区、直辖市，从温泉服务、水质卫生、等级划分、供水技术规范等方面，合计制定了 22 项地方标准。

从标准制定及颁发的时间上统计，《温泉旅游服务规范》（DB44/T 297—2006），是国内首部温泉地方标准，主要起草单位：珠海御温泉、珠海市质量技术监督局、珠海市旅游局。

从标准化体系建设的角度统计，云南省制定的涉及温泉旅游的地方标准有：《旅游温泉标识使用规范》（DB 53/T 256—2008）、《温泉旅游服务规范》（DB 53/T 257—2008）、《温泉旅游服务场所等级划分与评定》（DB 53/T 258—2008）、《SPA 经营场所等级划分与评定》（DB 53/T 259—2008）是目前国内首套温泉系列的地方标准。主要起草单位：云南省旅游业协会 SPA 与温泉分会。

此外，还有部分省、自治区、直辖市和地市制定的涉及温泉旅游的地方标准有：《广西地热温泉卫生安全要求》（DB 45/T 474—2008）。《重庆市温泉旅游服务质量规范》（DB 50/T 284—2008）、《福州市温泉供应技术规程》（DB J13-103—2008）、《从化沐浴温泉水质要求》（DB J440100/T 54—2010）、《咸宁沐浴温泉水质标准》（DB 42/

T 646—2010）、《贵州省温泉旅游设施与服务》（DB 52/T 692—2010）、《温泉旅游服务规范》（DB 37/T 1796—2011）、《重庆市温泉场所卫生规范》（DB 50/T 471—2012）、《星子庐山温泉旅游服务质量规范》（DB 36/T 722—2013）、《旅游饭店温泉设施与服务规范》（DB 11/T 1216—2015）、《温泉旅游标识使用规范》（DB 46/T 302—2015）、《温泉旅游小镇评定规范》（DB 21/T 2458—2015）、《温泉旅游服务规范》（DB 46/T 301—2015）、《温泉旅游服务规范》（DB 61/T 1005—2015）、《温泉度假区服务规范》（DB 13/T 5035—2019）、《温泉服务质量监测规范》（DB 44/T 2162—2019）、《温泉旅游服务质量规范温泉品质等级划分》（DB 61/T 1380—2020）。

由于每个地方标准的适用范围及对象、实施监督主体，以及行政主管部门、行业组织变更调整等诸多原因，在上述地方标准中只有云南、重庆、陕西等少数省、直辖市真正开展了相关标准的宣传与落实工作。

五、温泉标准实施的重要意义

标准的实施是标准化工作的基本目标，只有通过实施，标准才能发挥作用。《标准化法》第三章标准的实施中的第三十一条规定："县级以上人民政府应当支持开展标准化试点示范和宣传工作，传播标准化理念，推广标准化经验，推动全社会运用标准化方式组织生产、经营、管理和服务，发挥标准对促进转型升级、引领创新驱动的支撑作用。"《标准化法实施条例》对标准的实施提出严格的要求，其中的第二十三条规定，从事科研、生产、经营的单位和个人，必须严格执行。不符合强制性标准的产品，禁止生产、销售和进口。对于推荐性标准，国家鼓励企业自愿采用。

我国在推进标准实施方面采取了很多措施，通过法律、行政、市场、行业组织，以及认证、评定的方法，来保障标准的有效实施。

（一）地方标准的实施，促成了行业标准的制定

云南《温泉旅游服务场所等级划分与评定》（DB 53/T 258—2008）、《旅游温泉标识使用规范》（DB 53/T 256—2008）两项地方标准实施的主要路径及工作时间节点如下：

2008 年，云南省旅游业协会 SPA 与温泉分会（云南省温泉与水疗行业协会的前身，以下简称"云南温泉协会"）成立，同年率先在全国制定了《旅游温泉标识使用规范》（DB 53/T 256—2008）等四项系列涉及温泉的地方标准。

2009 年，经云南省旅游局批准成立了全国首个省级温泉旅游质量等级评定机构——云南省 SPA 与温泉等级评定委员会。云南省 SPA 与温泉等级评定委员会办公室设在云南温泉协会秘书处。同年在云南省开展相关温泉标准的宣贯培训工作，经考试筛选出了来自州市旅游局、旅游协会、温泉企业等单位相关负责人组成的首批云南省 SPA 与温泉等级评定检查员。

2010 年，云南省 SPA 与温泉等级评定委员会依据《温泉旅游服务场所等级划分与评定》（DB 53/T 258—2008）标准，评定出了昆明滇池春天温泉会馆、安宁心景花园酒店、腾冲火山热海旅游景区、昆明君豪国际会所四家温泉为云南省旅游温泉五级皇冠企业。

2010 年 6 月，云南温泉协会提出在此地方标准的基础上，结合标准的实施情况，在综合广东、广西、重庆等省市相关地方标准的基础上，提出了上升为中国温泉旅游行业标准的立项申请，经云南省旅游局同意并给予相关编制经费的支持，报请中国旅游协会温泉旅游分会，批准在云南成立了《中国温泉行业标准》编委会秘书处，负责标准的课题编制工作。

2011 年 2 月 1 日，国家旅游局批准发布了 LB/T 016—2011《温泉企业服务质量等级划分与评定》，并于 6 月 1 日起在全国实施。

2013 年，《温泉企业服务质量等级划分与评定释义》一书由中国旅游出版社出版发行。

2015 年，云南温泉协会为此荣获云南省政府标准化创新贡献奖。

根据国家旅游局《关于成立全国温泉旅游企业星级评定委员会开展温泉企业星评工作的通知》（旅发办〔2012〕224 号）和云南省旅游局《云南省旅游局关于印发全面推进旅游局标准贯标工作实施方案的通知》（云旅行管〔2012〕188 号）文件的相关要求及温泉贯标工作规程，在云南省 SPA 与温泉等级评定委员会下成立了云南省旅游温泉品质认证标准专家组，成员来自云南省旅游发展委员会、云南省质量监督局、云南省国土资源厅、云南温泉协会、相关高校及科研机构等专家。专家组的职责：依据《旅游温泉标识使用规范》（DB 53/T 256—2008）等相关标准，在具有国家计量认可资质（CMA）机构对温泉企业的温泉水质进行取样检测后，对检测报告中温泉的泉质及类别进行综合研审，形成认定结论，并由云南省 SPA 与温泉等级评定委员会负责统一制作和颁发云南旅游温泉品质认证标识牌和证书。昆明滇池春天、阳宗海柏联、安宁温泉半岛、心景温泉、腾冲火山热海、玛御谷温泉小镇、曲靖麒麟温泉旅游小镇、玉溪映月潭温泉、保山施甸娲女温泉、保山昌宁丰安温泉等数十家企业及项目的温泉，依据标准通过了品质认证。

目前，已有云南、辽宁、广东、四川、陕西、江西五省的温泉协会，依据并参考相关国家标准及行业标准，组织有关专家对本省的温泉泉质开展认证或评定工作，促进了当地温泉旅游行业的规范发展。

2020 年，全国温泉旅游企业星级评定委员会批准成立了全国温泉泉质评定委员会，同时也批准了《温泉旅游泉质等级划分》（LB/T 070—2017）的《实施细则》。

综上所述，以《温泉旅游服务场所等级划分与评定》（DB 53/T 258—2008）、《旅游温泉标识使用规范》（DB 53/T 256—2008）两项云南地方标准为基础，结合标准实施的情况及全国温泉旅游行业的共性与发展趋势，促成了《温泉企业服务质量等级划分与评定》（LB/T 016—2010）、《温泉旅游泉质等级划分》（LB/T 070—2017）两项行业标准的制定。

（二）行业标准的实施，推动了标准的修订

2011 年 7 月至 2014 年 10 月，国家旅游局先后在湖北、广东、江苏、辽宁、重庆、海南、福建、云南、山东、陕西、山西等省市，举办了 11 期标准宣贯培训班。

2014 年 9 月，中国旅游出版社出版了《温泉企业服务质量等级划分与评定释义》一书。

2015 年 12 月，根据国家旅游局旅发〔2015〕271 号文件的要求，《温泉企业服务质量等级划分与评定》列入修订项目。《温泉旅游企业星级划分与评定》（LB/T 016—2017）由国家旅游局于 2017 年 12 月 17 日颁布，2018 年 5 月 1 日实施。

在标准制修订过程中，《标准编制说明》是必不可少的重要文件之一，因为标准本身的编制质量直接影响和决定了后续开展标准化一系列活动的质量及效果，提高标准编制质量是课题组及相关各方的工作目标，其重要性可归纳为以下六个方面：

- 编制说明是全面真实反映标准编制过程的载体。
- 确保了标准技术内容的可追溯性。
- 有利于提高标准编制的高质量。
- 有利于提高标准的意见征求及报批效率。
- 有利于标准中相关新技术的应用及发展。
- 有利于标准批准颁布后的宣贯与实施。

《温泉旅游企业星级划分与评定》（报批稿）标准编制说明，摘要及节选如下。

案例分享

《温泉企业服务质量等级划分与评定》标准的修编

1. 任务来源

2. 标准编制的必要性

3. 标准编制的依据和原则

4. 标准结构框架和相关修订说明

4. 1 标准结构框架

4. 2 相关修订说明：

1）名称修改为《温泉旅游企业星级划分与评定》。

本标准的原名称为《温泉企业服务质量等级划分与评定》。征求专家与温泉企业、各省行业协会的意见汇总，认为：①“温泉旅游”是国家旅游行业新业态的要素之一，本标准适用的对象是温泉旅游企业。原名称中“温泉企业”范围过泛，许多与温泉相关

的企业如温泉供应、温泉衍生产品的生产等企业，并不是本标准的适用对象。②本标准评价的范围，是温泉旅游企业的合法依规、泉质特性、设施设备与环境质量、运营质量等各个方面，并不局限于服务。③在本标准的实施中，国家旅游局已成立了全国温泉旅游企业星级评定委员会，国内主要温泉旅游的省份也成立了省级温泉旅游企业星级评定委员会，为了名称的协调一致。故将原名称《温泉企业服务质量等级划分与评定》，变更为《温泉旅游企业星级划分与评定》。

2）增加对国家标准 GB 8537、GB 8978、GB/T 18883、GB/T 18973 和行业标准 LB/T 034、LB/T 051 中相关内容的引用。

3）对温泉（含冷泉）的术语和定义进行了修订，人工钻井取得改为经钻井采集，增加了多种矿物质。

4）更加注重温泉旅游企业核心产品，弱化配套设施。

5）明确四、五星级温泉旅游企业必备项目中对前厅、客房、餐饮、会务等内容的要求。

6）突出低碳环保、循环经济的要求。

7）规范温泉旅游企业康复疗养服务的要求。

8）强化温泉资源的可持续开发利用。

9）提高了温泉旅游企业服务质量评价的操作性。

10）补充房车、帐篷、集装箱式特色客房等例外条款，引导特色经营。

11）取消了附录 B、附录 C、附录 D，原附录 E、附录 F 调整为附录 B、附录 C，新增了附录 D（规范性附录）。

12）增加对温泉旅游企业作为景区的最大承载量的要求。

13）明确了其他特色主题温泉对房务、餐饮评价的要求。

14）取消了必备项目中对足部保健师、保健按摩师、芳香保健师等职业资格证书的要求。

5. 标准编制过程

标准的编制工作在国家旅游局监督管理司、中国旅游协会的领导下和全国旅游标准化技术委员会的指导下进行。起草前制定了本标准编写的指导思想，即充分体现科学性、规范性、前瞻性和适用性。课题组查阅了大量的中外文参考文献和国际、国内标准，并拟定了详细的时间表。计划 2016 年 11 月底完成修订并报请国家旅游局审核发布。

6. 标准主要条款说明

7. 标准编制主要参考资料

8. 采用国际标准或国外标准程度

截至 2020 年 12 月，全国温泉旅游企业星级温泉评定委员会分四批共评定了 34 家五星级温泉，9家四星级温泉，涉及辽宁、云南、广东、福建、江苏、重庆、山东、浙江、吉林、陕西、山西11个省、直辖市。与此同时，云南、辽宁、广东三省的省级温泉星级评定委员会评定了6家三星级的温泉。在2018年以前，星级评定工作是依据《温泉企业服务质量等级划分与评定》（LB/T 016—2010）标准评定的，2020年起是依据《温泉旅游企业星级划分与评定》（LB/T 016—2017）标准评定的。

标准化是建设质量强国的基础，是市场监管的重要职责和目标任务。党中央、国务院印发的《关于开展质量提升行动的指导意见》文件明确要求，坚持提升质量标准先行，突出标准化的质量基础作用，加快形成高质量的标准体系，提高“供给质量”。因为标准供给的“制定-实施-修订-再实施”的过程，就是科技“创新-应用-改进-再创新”循环往复并同步提升的过程。

标准的实施，对于行业组织规范市场秩序、推动标准体系建设工作具有重要意义。例如，中国旅游协会温泉旅游分会在组织领导温泉旅游行业标准体系建设方面走在了相关旅游协会的前列，在2020年12月16日荣获文化和旅游部、全国旅游标准化技术委员会颁发的优秀组织奖。

第二节　温泉旅游行业组织

一、中国旅游协会

中国旅游协会（China Tourism Association，CTA）是由中国旅游行业的有关社团组织和企事业单位在平等自愿基础上组成的全国综合性旅游行业协会，具有独立的社团法人资格，是1986年1月30日经国务院批准正式宣布成立的第一个旅游全行业组织，1999年3月24日经民政部核准重新登记。协会接受文化和旅游部的领导、民政部的业务指导和监督管理。

2016年2月，中国旅游协会第六届会员代表大会在北京召开。按照中央办公厅、国务院办公厅关于《行业协会商会与行政机关脱钩总体方案》（中办发〔2015〕39号）文件要求，行业协会与主管部门实现“五分离、五规范”，中国旅游协会按照国家旅游局统一部署，被列入民政部第一批脱钩试点单位。因此，第六届理事会会长、副会长、秘书长人选均来自大型旅游集团、涉旅企业及相关企事业单位代表。此次换届大会的召开标志着中国旅游协会与行政部门试点脱钩工作正式启动，标志着旅游协会改革工作正式进入实操阶段，也标志着中国旅游行业组织进入新的时期。段强当选中国旅游协会第六届理事会会长。2016年12月，国家旅游局（现为文化和旅游部）已正式致函中国旅游协会，告知经民政部审核，该会已完成脱钩，开始依法独立运行。

中国旅游协会遵照国家的宪法、法律、法规和有关政策，代表和维护全行业的共同利益和会员的合法权益，开展活动，为会员服务，为行业服务，为政府服务，在政府和会员之间发挥桥梁纽带作用，促进我国旅游业的持续、快速、健康发展。

中国旅游协会现有温泉旅游分会、休闲度假分会等 18 个分支机构，还有 4 个相对独立开展工作的专业协会：中国旅行社协会、中国旅游饭店业协会、中国旅游车船协会和中国旅游报刊协会。

二、中国旅游协会温泉旅游分会

中国旅游协会温泉旅游分会（简称中温协）是经国家旅游局和民政部批准成立的行业协会二级分会，旨在为全国的温泉旅游行业创造一个信息交流、经验借鉴、共谋发展的服务平台，广泛团结和凝聚温泉企业的力量，促进我国温泉旅游的可持续发展和服务管理质量的提升。协会于 2009 年 6 月 18 日在珠海海泉湾正式成立。

中温协的会员单位覆盖了全国大部分省、自治区、直辖市，协会主导编制了《温泉旅游企业星级划分与评定》《温泉旅游泉质等级划分》《温泉旅游水质卫生要求及管理规范》行业标准，每年出版《中国温泉旅游产业发展报告》。

自成立以来，中温协一直聚焦行业需求，策划、举办各项温泉旅游精品活动，包括中国温泉旅游行业总经理培训班、中国温泉旅游推广季、中国温泉管理商学院高级研修班、中国温泉旅游学术大会等，同时支持各地温泉节庆活动，推动温泉旅游行业发展。

三、中国温泉行业相关的行业组织

（一）中国商业联合会沐浴专业委员会

简称沐浴委，是 2005 年 1 月 31 日经民政部（民社登〔2005〕66 号）批准成立的全国沐浴行业社团组织。其宗旨是认真执行国家方针政策和法律法规，遵守社会道德风尚；以社会主义市场经济发展战略为指导，发挥行业组织同政府职能部门之间的桥梁和纽带作用；从事行业管理，维护市场秩序，保护会员权益；研究行业的发展动态，反映和研究行业经营中的新情况和新问题；按照市场化的原则，依法开展业务活动，推动全行业科学、健康、有序发展。

沐浴委牵头组织制定了《温泉服务业经营技术规范》（SB/T 10470—2008）、《SPA 经营技术规范》（SB/T 10509—2008）两项与温泉 SPA 相关的行业标准。

（二）中国标准化协会温泉服务与文化分会

2019 年 9 月 3 日，北京召开了中国标准化协会第八届理事会第四次常务理事会，审议了关于成立温泉服务业与文化分会等 6 个分支机构的提案。该协会是在全国服务标准化技术委员会温泉服务分技术委员会的基础上发起成立的。

温泉服务分技术委员会牵头组织制定了《温泉服务：基本术语》（GB/T 33533—

2017）、《温泉服务：基本规范》（GB/T 35555—2017）两项关于温泉服务的国家标准。

四、省市温泉旅游行业组织

据不完全统计，截至 2020 年 8 月 31 日，国内现有省级温泉协会 19 家，包括成立协会筹备组的广西。现有广东、重庆、云南、辽宁、海南、四川、陕西 7 个省级独立法人协会；福建、湖北、山东、河北、江苏、江西、河南、浙江、贵州、湖南、吉林、广西等省区的旅游协会，先后成立了温泉分会，其中，河北温泉分会是河北省旅游协会饭店与温泉分会、贵州省旅游协会成立的是温泉与康养分会，湖南是在省旅游饭店协会下设立分支机构——温泉分会。温泉旅游资源及产业发展好的地级市也有温泉协会，如昆明、青岛、玉溪就有独立法人的市级温泉旅游协会，也有 2015 年 3 月 26 日成立的咸宁市旅游协会温泉分会，还有县区级温泉协会，如广州市从化区温泉旅游协会。

五、国际及国外温泉行业组织

（一）世界温泉及气候养生联合会

世界温泉及气候养生联合会是世界卫生组织下属的非政府组织，是世界上有关温泉、气候和 SPA 研究最权威的一个机构，是世界各国 SPA 和温泉养生组织最具代表性的协会，和欧洲 SPA 协会、世界旅游组织以及联合国教科文组织等其他国际组织有着密切的联系，现有近 50 个正式会员国。

世界温泉及气候养生联合会（FEMTEC）前身是国际海浴、气候、海洋养生度假区联合会（The Federation Internationale Des Stations Balneaire，Climatique et Maritimes），于 1937 年成立；经两次更名，现名为世界温泉及气候养生联合会（Federation Mondiale du Thermalisme et du Climatisme，简称 FEMTEC）。

现任主席是意大利人恩贝托·索利曼教授。秘书处设秘书长居住地，现设于意大利米兰。该协会由国家级 SPA 和温泉养生业协会或联合会构成，包括许多从事 SPA 课题研究工作的国家和各大洲中央组织。世界温泉及气候养生联合会在世界卫生组织指导下运作，每 3 年向其报告工作情况。

世界温泉及气候养生联合会主要职能是在国际层面上代表世界温泉领域事务，向各国和公共组织推广温泉事务；促进保健养生领域国际性合作；SPA 疗法方面的研究和经验交流；在世界各国发展温泉 SPA 和保健养生度假地为会员等。世界温泉及气候养生联合会下设有 4 个常务委员会：医学委员会、经济委员会、技术委员会和社会事务委员会。

2008 年，世界温泉及气候养生联合会在珠海海泉湾举行了第 61 届年会，投票同意中国成为正式会员国。

（二）国际水疗协会

国际水疗协会于 1991 年在美国成立，英文名称：International SPA Association，简称 ISPA。它是国际水疗行业的专业性社团组织，有来自 70 多个国家的会员，包括温泉及水疗行业的度假酒店、目的地、医疗热矿泉、SPA 俱乐部及相关供应商等团体会员，还有医生、健康管理师、营养师、按摩师等个人会员。其使命及愿景是通过提供专业的服务及培训，推动和促进国际水疗行业的发展，提高所服务人群的健康福祉。

（三）日本温泉协会

日本温泉协会成立于 1929 年，英文名称：Japan SPA Association。该协会的宗旨是致力于温泉的相关研究，普及温泉知识，保护温泉资源，改善温泉的利用设施及温泉的合理化利用，更加有助于增进国民保健和观光资源的利用。其有两个行政主管机构：环境省、国土交通省观光厅。

（四）泰国 SPA 协会

2000 年左右，泰国卫生部就宣布“所有 SPA 水疗机构都必须在国家药品监督管理局或当地卫生署登记”，来提高行业标准和水疗机构的可靠性。泰国 SPA 协会积极与政府合作，为 SPA 水疗行业制定具体的标准，包括以立法和制定标准的方式，使 SPA 水疗行业更规范。例如，泰国目前有 1341 座鱼 SPA 服务场所，卫生部已把该行业列入 SPA 类服务业，按照 SPA 服务管理标准进行监管，并制定出 7 项标准，要求业者严格遵照执行，因为鱼 SPA 也属于 SPA 水疗行业的一种业态产品，受到保健行业管理条例的约束，规定营业者必须达到一定的标准，否则就属于非法经营场所。鉴于鱼 SPA 可能使接受服务者感染皮肤病，卫生部促进健康服务厅已制定了 7 项标准，分别针对营业场所、名称、所使用的鱼、服务操作、相关器材、环境卫生和监控感染 7 项因素作出细节规定。

泰国 SPA 协会参与制定的该标准规定，所用的鱼必须是颚上没有牙齿，规格 2-4 厘米，满足作为“鱼医生”的条件；规定所用的泡脚水必须经过紫外线杀菌，并使用高性能过滤器；规定水的酸碱度为 pH 值 6.5-8.5，不含大肠杆菌。每天至少换水一次，及每天更换一次细滤网；提供给顾客使用的擦脚毛巾也必须清洁卫生，服务环境通风；为防止带有皮肤病的顾客在鱼 SPA 池中传染疾病，卫生部规定业者对顾客进行初步检查，如果发现脚部有皮肤病或者过敏症状，应拒绝提供鱼 SPA 服务，并要求记录每一名顾客的服务情况，建立健全顾客的数据库。

综上所述，国内外行业组织共同特点之一是通过制修订标准提升产品及服务的质量，引导产业的发展，并在此基础上，积极参与政府的相关产业政策及规划的制定，承担市场调研及行业统计工作；共同特点之二是依据相关法律法规及标准制定行业自律公约规范行业的市场秩序，指导开展行业服务质量及品牌的评定 / 评选活动，组织召开行业年会或产业发展论坛，与高校及科研机构联合编写及发布产业发展报告等工作。例如，《中国温泉旅游产业发展报告》一书就是由中国旅游协会温泉旅游分会组织、华南师范大学中国温泉旅游可持续发展产学研中心担纲、联合各省温泉旅游协会和有代表性的温泉企业共同编写的，此书已陆续编写并出版了六本，深受温泉行业的广泛关注。

参考文献

[1] 李春田．标准化概论［M］．北京：中国人民大学出版社，2014.
[2] GB/T 33533—2017，温泉服务：基本术语［S］.
[3] GB/T 35555—2017，温泉服务：基本规范［S］.
[4] LB/T 016—2017，温泉旅游企业星级划分与评定［S］.
[5] LB/T 042—2015，国家温泉旅游名镇［S］.
[6] LB/T 046—2015，温泉旅游服务质量规范［S］.
[7] LB/T 070—2017，温泉旅游泉质等级划分［S］.
[8] LB/T 081—2020，温泉旅游水质卫生要求及管理规范［S］.